20 世纪中国图书馆学文库·80

比较图书馆学引论

钟守真 编著

國家圖書館出版社

本书据南开大学出版社 1993 年 11 月第 1 版排印

目　　录

1

序

来新夏

随着学术研究的日益发展,国际交流的日趋频繁,学者的视野也由局促一地一国而逐渐远瞻世界,从而引发学术领域中跨地域比较研究的兴起,于是比较教育学、比较法学、比较文学等新兴学科的领域次第开辟;而图书馆学,在中国既有二千余年的历史传统,又有自明以来引进西方文化的相应撞击。它之所以进行相互补益、相互推进的比较研究也是一种历史的必然。比较图书馆学就因此成为一种专门学科而屹立于图书馆学研究领域之中。

比较图书馆学为从世界范围内作宏观的考察:它不仅得到学术界的应有重视,而且已拥有一批有成就的学者和为数较多的专门著述,成为图书馆学中的重要分支学科;它在一定程度上更集中地反映出世界图书馆事业的发展水平。这就迫使中国学者不能不倾注精力于这一学术领域的研究与撰著。这些学者有一种共同的理念,就是想通过比较图书馆学的研究,不仅可借引进、介绍各国图书馆学理论和图书馆事业的实践来推动和发展中国的图书馆学理论及图书馆事业,改善当前进展迟缓的现状和促进国际间的学术交流;而且还能把中国二千余年的图书馆学理论和图书馆事业的状况向世界介绍和宣传,以弘扬中华文化。本书作者钟守真教授便是这批学者中的一员。

本书作者钟守真教授早年毕业于北京大学图书馆学系,是一位接受过图书馆学严格的正规教育的女学者;她又在科研单位和高等院校从事教学与科研工作三十余年,具有丰富的实践经验;特别是八十年代,她又以访问学者的身份历访美国和加拿大,并在美国奥尔巴尼情报学院进修一年,更加开阔了视野,加深了认识,于是倾全力于比较图书馆学这一领域的研究与教学,并积数年之功,精心结构,编著成这本《比较图书馆学引论》专著。

我有幸得到钟教授的俞允,把《比较图书馆学引论》归属到由我主编的《图书馆学情报学系列教程》之中,因而有了先睹的机会。在我循读全书之后,不仅使我获得不少教益,而且也感到这本专著具有与其它图书馆学方面论著有所不同的特点:

近年来问世的图书馆学专著,为数已不少,虽不乏佳作,但有些著作偏重于描述而理论性的升华则显得薄弱。《比较图书馆学引论》则以理论阐述作为重点部分,但又不偏废实践应用,致使这一著作成为一本有体有用而具有学术价值的好教材。

《比较图书馆学引论》既介绍国内外专家学者的诸多观点,却又极其鲜明地表述作者所持的见解,显示了作者广征博收的胸襟和畅述己见的才识,体现了百家争鸣的精神。致使这本著作成为既能兼收并蓄,又有独立见解的力作。

《比较图书馆学引论》多方位地叙述了国内外比较图书馆学方面的主要论点,旨在使中国的图书馆学领域能吸取域外的新鲜事物以彻底摆脱"封闭",走向改革开放的坦途;也使中国灿烂夺目的图书文化能推向世界,获取了解。当前,比较图书馆学领域中的专著还不多,《比较图书馆学引论》应该算是一部立足中国,面向世界而值得称道的著述。

作者既具有较深厚的系统专业知识基础,又有长期从事专业实践的经验,因此,这本书中映现出若干理论结合实践的范例。作者还通过这门学科高层次的教学与研究,培育了一批青年学者,并能坦诚地和她们合作,勤勤恳恳地耕耘,也体现了作者的善良用心。

当然,由于这是一门发展历史还不很长的新兴学科,有些问题尚待探讨与研究,加以作者是在工作任务繁重情况下,为应社会需求而加速完成的,所以很可能存在一些不足,甚至是缺点。我相信作者会以虚怀若谷的态度欢迎同行专家和广大读者的批评与指正。我也期待着这一领域有更多的论著相继问世,为繁荣图书馆学领域而共同奋进。

1992 年 6 月 1 日
写于南开大学

第一章　比较图书馆学的定义

1.1　名称的由来

对"比较图书馆学"这个名称的由来,目前学术界还存在着争议。从什么时候开始有这个名称? 最先提出这个名称是在中国还是在西方? 这些问题都是我们首先要弄清楚的。根据目前所掌握的资料表明,西方学者认为比较图书馆学这个术语,首先是在美国出现的。然而,在东方却认为它是中国的图书馆学者最先启用的。因而,我们有必要认真地查考一下有关资料的记载。

比较图书馆学这个术语,在中国,最早出现于 1935 年程伯群编写的《比较图书馆学》一书。该书是由杜定友校订,杜定友、崔竹溪作序,世界书局出版的。全书分为:图书馆行政、图书馆技术、分类编目学、书志目录学 4 篇,共 25 章。程伯群直接将该书取名为"比较图书馆学",并指出:"中西各有所长……取名比较图书馆学,所以示其纲领而作综合之比较,以为研究图书馆学之门径。"①这段引文表明了作者对比较图书馆学的认识。在书中,作者不仅对中西图书馆学教育、分类编目、图书馆历史进行了详细的对比。而且,还比较研究了中西图书馆学的内容。他说:中国的图书馆学过去主要研究的是"目录、版本、校勘之学等等",形成了"书志目

---

① 程伯群编著.《比较图书馆学》.上海:世界书局,1935. 书中"自序"

录",而"西洋各国图书馆发达后,对于编目、分类、登片、索引、标题等,很注重科学的整理,造成了图书馆学。"可见,程伯群在1935年就试图应用比较方法来研究中西图书馆学的差异。综观全书的内容,作者虽没有对比较图书馆学作系统的理论探讨和研究,也没有在"比较"的基础上,进行阐释以及提出结论性的观点来。因而,从严格意义上讲,它还不能算是现在意义上的"比较图书馆学"。然而,程伯群最早使用了"比较图书馆学"这个名称,却是一个不可否认的历史事实,这点我们是应当给以肯定的。在这一时期,中国图书馆界也发表了若干运用比较方法进行研究的成果。例如,张鸿书的《比较图书馆》一文,刊登于《文华图书馆专科学校季刊》第七卷第一期上。在该文里,作者从目录和流通两个方面,对东方和西方,特别是中国、英国、美国、前苏联的不同作法进行比较,并指出它们各自的优劣。再如,王晓初的《杜威、卡特、王云五分类法比较》等等,这些研究成果的问世,可以说是中国图书馆学研究领域应用比较方法的尝试。这不仅反映了当时中国图书馆学研究的兴趣和要求,而且,从比较图书馆学形成的历史过程来考察,也可以视其为比较图书馆学研究在中国兴起的标志。

在西方,有的学者认为,首次提出"比较图书馆学"这个名称是挪威的奥斯陆大学图书馆馆长威廉·芒森(Wilhelm Munthe)。他在1936年发表的"从一个欧洲人的角度看美国的图书馆事业"(American Librarianship from a European Angle)论著中,提出了"比较图书馆学"(Comparative Library Science)这个术语。该作是芒森于1936年3月应纽约卡内基公司董事长弗雷德里克·P·凯佩尔(Frederick P. keppel)的邀请,在美国和加拿大考察了三个月之后,对北美图书馆事业所作出的评价。美国图书馆学家理查德·克尔齐斯(Richard Krzys)等认为该书是一部比较图书馆学的经典著作。① 虽然图书馆学界对这种评价至今没取得共识,对该书能否称得上是比较图书馆学经典著作还有争议。但芒森在这本著作中,确实提出了"比较图书馆学"这个术语,而且在西方也堪称最先之例。

然而,更多的西方学者却认为,从严格意义上讲,"比较图书馆学"的名称始于1954年蔡斯·戴恩(Chase Dane)发表的题为"比较图书馆学的益处"(The Benefits of Comparative Librarianship)的论文中。在该文里,戴恩不仅使用了"比较图书馆学"这个术语,而且提出了他对比较图书馆学的初步认识。他把比较图书馆学表述为"就许多国家的图书馆学所作的研究,以发现哪些因素是某些国家所共有的,哪些是某一国特有的。它是以国际范围对图书馆原理和方针的评价,借以确定长远的趋势,鉴定其缺陷,揭示实践与理论之间的矛盾和脱节。"②然而,这篇论文在当时并没有引起多大反响。但自此以后,这一领域的学者纷纷使用这一名称,并在著述中时常出现,逐渐成为这一学科的正式名称。因而,在西方图书馆学界大都认为戴恩的这篇论文是比较图书馆学成为专门学科的发端。

由上可见,无论是威廉·芒森或是蔡斯·戴恩,他们启用比较图书馆学这个名称,比起中国的程伯群要晚一些时间。因而,比较图书馆学这个名称最先出现是在中国,是中国的图书馆学者首先提出的,这点应当是毫无疑问的。然而,比较图书馆学作为一门学科,即使从程伯群开始采用这个术语算起,至今也只有几十年的历史,和其它学科比较起来,它还是一门年轻的学科。但是,当前在

---

① Richard Krzys,Gaston Litten. World Librarianship:A Comparative Study. N. Y.,Macel Dekker,1983

② J. 珀利阿姆·丹顿著;龚厚泽译;陈鸿舜校,《比较图书馆学概论》.北京:书目文献出版社,1980.11 页

世界范围内,比较图书馆学已日益受到关注,人们已开始意识到图书馆事业研究的潮流正向全球拓展,图书馆学观念上的全球意识和学术上宏观意识正在形成。比较研究越来越受到人们的欢迎和普遍的重视。可以肯定,随着全球意识、宏观意识、比较意识的形成和发展,比较图书馆学研究必将向前推进,比较图书馆学这个名称也将越来越为人们所熟悉。

1.2　定义的论争

什么是比较图书馆学的确切定义?人们对它作过多种表述,但至今各国比较图书馆学者的认识还不一致。不可否认,要从理论上给比较图书馆学下个科学的定义,不是一件容易的事。当我们探讨这个问题时,立刻会发现,由于人们世界观与专门知识的不同,给比较图书馆学所下的定义也有所差异,在这个领域里,"仁者见仁,智者见智"的现象是异常明显的。但是,要阐明比较图书馆学的本质、特性、价值,又不能回避这个基本问题。因而,有必要给比较图书馆学下一个具有普遍概括性的定义。如同美国图书馆学家 J. 珀利阿姆·丹顿(J. Periam Danton)所说:"……假设之一是,阻碍着图书馆学比较研究开展的一个因素是,在诸如究竟什么是比较图书馆学这个问题上,……存在着巨大的混乱。如果语意含混,互相曲解,没有公认的定义和术语,我们便难以指望产生出来的作品能有什么精确性。"[①]显然,他希望对比较图书馆学作出明确的认定。可以说,这也是符合比较图书馆学研究者们的愿望的。

---

① J. 珀利阿姆·丹顿著;龚厚泽译;陈鸿舜校.《比较图书馆学概论》.北京:书目文献出版社.1980.10 页

值得注意的是,造成比较图书馆学定义的众说纷纭,观点殊异,其原因是多方面的,归纳起来,大致有以下几方面:

其一,要给一门学科下定义,本身就是一件不容易的事,所下定义如果要做到绝对准确,那就更难了。尤其是比较图书馆学还是一门年轻的学科,要明确它的定义也就更不容易了。

其二,以发展的观点看,比较图书馆学的研究对象、研究范围正在不断地扩展。一门学科的定义既反映该学科的本质,也表明其自身的发展状况。从某种意义上讲,比较图书馆学也是一门发展中的学科,它的发展,也不受定义的限制,当人们为它的定义给出界定后,学科本身的发展往往突破定义所规定的内涵,从而否定了原有的定义。

其三,从比较图书馆学的研究范围看,它是极其宽泛的,而且,比较图书馆学研究者的思想观点、研究角度、认识程度又各自有别,他们对比较图书馆学定义的解释也就有所不同了。

最后,对比较图书馆学定义的表述之所以多种多样,与这一名称本身的意义含混有关。在西方,首次提出"比较图书馆学"这一名称的是威廉·芒森,他在"从一个欧洲人的角度看美国的图书馆事业"一文中,采用了"Comparative Library Science"(比较图书馆学)。十几年后,蔡斯·戴恩发表的"比较图书馆学的益处"一文,所使用的术语则是"Comparative Librarianship"。在当时,芒森采用的"Comparative Library Science",这一术语虽然没有被西方图书馆学界所接受。然而,"Comparative Library Science"却是明确地指"比较图书馆学"。而"Comparative Librarianship"虽有"比较图书馆学"之说,但"Librarianship"是由"Librarian"(图书馆员)和"ship"组成,"ship"具有状态、性质、身份、职位等意,因而"Librarianship"更含有"图书馆事业"之义。可见英文的"Comparative Library Science"和"Comparative Librarianship"的含义及概念,也给比较图书馆学的定义增加了复杂的色彩。但是,最根本的问题还是"比较"一词本身,因为它并不能完全反映这门学科的本质特征。许多学者在讨论过程中都发表过这类看法。如丹顿,他直接指出:"……'比较图书馆学'和'比较教育学'及'比较法学'一样,多少有一点用词不当。……本书所研究的不是像情报学或目录学那样的一门分支学科或分支领域,毋宁说,本质上是一种方法,一种途径。因此,更符合逻辑一些,更精确一些,我们应当使用'图书馆学中的比较方法'这一提法。"①的确,"比较图书馆学"名称的提法引起一些人否定比较图书馆学是一门独立学科,认为它只是一种研究方法。相反的,也有人把比较图书馆学的研究范围搞得过于宽泛,凡是"比较"都列入比较图书馆学,这种作法实质上是否定了比较图书馆学特定的研究领域,因而也就等于否定了它的存在的必要性。这一切都给比较图书馆学的定义增添了多样化理解的成分。

比较图书馆学的名称,虽然不十分贴切,但是,目前国际上仍然使用它,这一名称已是约定成俗,被人们所接受。倘若起用新的称谓,将会增加认识上的混乱。正如丹顿所言:"逻辑和精确性在这里只好让步于习惯和传统;'比较图书馆学'一语在学界人士的思想上和文献中已经变得如此根深蒂固(并且被当作一个主题标引词用于《图书馆文献》和《图书馆与情报学文摘》上),以至于现在要改变过来已经不可能了。'比较图书馆学'一语至少有一个优点——简洁,也许就是因为这个,人们从一开始采用这个提法,就像采用'比较教育学'和'比较法学'一样。"②确实,比较图书馆学这个名称用词简练,内涵较大,比起丹顿提出的"图书馆学中的

① J. 珀利阿姆·丹顿著;龚厚泽译;陈鸿舜校.《比较图书馆学概论》.北京:书目文献出版社.1980.10 页

② J. 珀利阿姆·丹顿著;龚厚泽译;陈鸿舜校.《比较图书馆学概论》.北京:书目文献出版社.1980.10 页

比较方法",用起来更为方便些。从严格的意义上讲,比较图书馆学的称谓与这门学科的概念更贴切些,人们也会像采用"比较教育学"、"比较文学"、"比较法学"那样接受它的。

基于上述原因,比较图书馆学的定义,至今尚未形成共同的认识,看来这是个不可避免的过程。那么,要不要对比较图书馆学下个定义呢?我们认为,当我们要了解这门学科时,还是有必要从概念入手,弄清它的定义、研究对象、研究范围、研究方法等基本知识,这些都是我们无法回避的问题。而且,对于学科的发展,同样它也是首先需要解决的问题。所以,无论是比较图书馆学本身,还是客观需要,都应当给它下个定义。当然,如前提及,给比较图书馆学作出解释,不是一件轻而易举的事。因此,我们有必要先回顾一下有关这个问题的主要论述。在这里,我们着重地介绍一些中外学者及有关辞书对比较图书馆学定义的解释。

第一,我们按时间顺序介绍西方学者的观点,略加分析、归纳:

1954 年,蔡斯·戴恩在连续发表的两篇论文中,提出他的看法。他把比较图书馆学最初表述为:"就许多国家的图书馆学所作的研究,以发现哪些因素是某些国家所共有的,哪些是某一国特有的。它是以国际范围对图书馆原理和方针的评价,借以确定长远的趋势,鉴定其缺陷,揭示实践与理论之间的矛盾和脱节。"[①]这种表述,正如丹顿所指出:"这与其说是在下定义不如说是在谈论目的。只字未提究竟是什么构成'比较',也没有提到比较研究应当寻求提供解释,寻求发现原理。"[②]后来,戴恩又对比较图书馆学的定义作了补充。他认为比较图书馆学"是对许多国家图书馆发

---

① J. 珀利阿姆·丹顿著;龚厚泽译;陈鸿舜校.《比较图书馆学概论》.北京:书目文献出版社,1980 年.11 页

② J. 珀利阿姆·丹顿著;龚厚泽译;陈鸿舜校.《比较图书馆学概论》.北京:书目文献出版社,1980 年.11 页

展情况的研究,以发现哪些发展是成功的,可以供别国模仿。它是以国际范围对图书馆原理和方针所作的考察,以确定长远的趋势,鉴定其缺陷,揭示实践与理论之间的矛盾和脱节。而最重要的是,它是对全世界图书馆发展原因和效果的研究。"①这段引文表明,戴恩主要是侧重于比较图书馆学研究的目的、意义以及研究模式的表述。显然,作为定义的解释还很不成熟。然而,它反映了戴恩在50年代,已试图对比较图书馆学的定义作出解释。他不仅指出比较图书馆学应是"多国度"的研究,而且也涉及到比较图书馆学的研究模式——模仿,尽管这种表述是隐约的、不成熟的。但是,从学科历史的角度来衡量,可以说戴恩的解释具有"拓荒"的价值。

本世纪30年代至50年代,这一期间,比较图书馆学研究,始终处于"拓荒"阶段,概念尚未明确,也没能引起图书馆学界的重视和响应,对以后的研究也未能产生实质性的影响。

1964年,卡尔·M·怀特(Carl M. White)在"图书馆系统的比较研究"(Comparative Study of Library Systems)一文中,表述了他对比较图书馆学定义的认识,怀特指出:"比较图书馆学是一门以不同地理区域和政治区域中的理论上和实践上的材料为对象的学科,但它不仅是一门学科,也是一种研究方法。"②这种解释,反映了怀特对比较图书馆学性质的探讨是持折衷的态度。他既承认比较图书馆学是一门独立的学科,但又强调它是一种研究方法。

1966年,路易斯·肖尔斯(Louis Shores)提出,比较图书馆学

① J. 珀利阿姆·丹顿著;龚厚泽译;陈鸿舜校.《比较图书馆学概论》.北京:书目文献出版社,1980年.11页

② Carl M. White. Comparative Study of Library Systems. In Bases of Modern Librarianship. Oxford：Pergamon Pr. ,1964:13~26

是"对世界所有各国图书馆理论和实践的研究和比较"。① 这种表述显然过于含混、空泛,缺乏实质性的内容。

1968年,K. C. 哈里森(K. C. Harrison)把比较图书馆学定义为:"对发达的图书馆地区管理实施的比较研究。"②他把研究范围局限于"发达的图书馆地区管理实施",引申出的定义,必然不贴切。

1969年,美国俄克拉荷马大学图书馆学院举行的一次学术会议,采用了这样一个定义作为讨论的依据:"比较图书馆学包括对两个或两个以上社会或地区中图书馆理论、实践或影响之某一方面或更多方面的研究",并把比较图书馆学看作是"国际图书馆学这一总学科的一个分支。"③这种把比较图书馆学明确地列为国际图书馆学的一个分支学科的提法,我们不能苟同,而且也有待于进一步地探讨。

60年代,西方学者对比较图书馆学的研究已开始表现出浓厚的兴趣,学者纷纷发表论著,对比较图书馆学的基本理论问题提出各自的看法。但从总体上看,对比较图书馆学的定义的表述,还不够严谨,往往把研究目的、方法、意义混合在定义里,缺乏实质性的内容。尤其是有的学者将比较图书馆学列入国际图书馆学体系内,以及把研究范围局限于"发达的图书馆地区管理实施"的提法,都是很有必要商讨的。

1970年,路易斯·肖尔斯发表了若干篇论文,除了重复1966年对比较图书馆学定义的解释外,又加上这样一句话:"这个定义

① J. 珀利阿姆·丹顿著;龚厚泽译;陈鸿舜校.《比较图书馆学概论》.北京:书目文献出版社,1980年.14页

② J. 珀利阿姆·丹顿著;龚厚泽译;陈鸿舜校.《比较图书馆学概论》.北京书目文献出版社,1980年.14,15页

③ J. 珀利阿姆·丹顿著;龚厚泽译;陈鸿舜校.《比较图书馆学概论》.北京书目文献出版社,1980年.14,15页

暗含着(只是强调得还不够)这样一个意思,即一国之内的比较跟各国之间的比较一样重要。"①在这里,肖尔斯提出了"一国之内"的比较研究问题。显然,他认为比较图书馆学的研究范围不应局限于"跨国"的比较。赞同他这种观点的还有英国比较图书馆学家西尔维亚·西姆索娃(Sylvia Simsova),她于1970年发表的论著中,征引了比较解剖学的定义:"整个躯体与其所有主要构成部分之比较,即整体与其部分之相互关系"之后,她建议把这定义"应用到比较图书馆学,使这定义得以包括那些不须超越国界的研究,例如,一国内农村和城市图书馆服务的比较。"②1974年西姆索娃进一步指出:"比较图书馆学是以图书馆事业中一切可比事物为研究内容的一门学科。"③这个定义把图书馆实践与理论中所有可比现象都涵盖在比较图书馆学的研究范畴之内。在该文里,她还指出:"过去普遍认为,比较研究具有跨国性质。然而,这一观点却把比较研究简单化了。"她认为"一种文化中"、"各种不同文化中"的图书馆事业领域里一切可比事物都可以作比较研究。显然,她以"一种文化中"涵括了"一国之内"的比较研究了。

在西方,得到多数图书馆学者认同的比较图书馆学的定义,当属多罗西·柯林斯(Dorothy Collings)为1971年出版的《图书馆与情报科学百科全书》(Encyclopedia of Library & Information Science)撰写的条目。在释文里柯林斯把比较图书馆学的定义解释为:"对不同环境中(通常是不同国度中)的图书馆发展、实践或问题的系统分析,这种分析是与存在于那些环境之中的历史的、地理

---

① J. 珀利阿姆·丹顿著;龚厚泽译;陈鸿舜校。《比较图书馆学概论》. 北京:书目文献出版社,1980年. 17页

② J. 珀利阿姆·丹顿著;龚厚泽译;陈鸿舜校。《比较图书馆学概论》. 北京:书目文献出版社,1980年. 19页

③ S. Simsova. Comparative Librarianship as an Academic Subject. Journal of Librarianship. 1974. 6(2):115

的、政治的、经济的、社会的、文化的及其他决定性背景因素相联系的。从本质上说，它是探讨图书馆发展的原因和作用，了解图书馆问题的一个重要途径。"①柯林斯对于比较图书馆学定义的这种认识，被学术界大多数人所接受，"大概也是最'权威'的"②、"相当令人满意的"。③

1973年，丹顿在《比较图书馆学概论》(The Dimentions of Com-parative Librarianship)中，仔细分析了各种解释之后，提出他的看法，他认为："比较图书馆学可以定为对两个或两个以上国家、文化或社会环境的图书馆、图书馆体系、图书馆学的某些方面或图书馆问题，与社会政治、经济、文化、意识形态和历史相联系所作的分析。这种分析旨在了解根本的异同性，确定差异的原因，而最终目标是得到有效的归纳和原理。"④同时，他还提出比较图书馆学必须具备这样三个要点：(1)具体的对照，(2)多国度、多社会或多文化的因素，(3)对已知差异的解释。显然，丹顿强调比较图书馆学应从多国度或不同环境下作比较，他认为"多文化"、"跨国度"是比较图书馆学的基本特征。

总之，70年代西方比较图书馆学者，肖尔斯、西姆索娃、柯林斯、丹顿等，都对比较图书馆学的定义进行探讨。但是，他们的观点既有相似，也存在着歧异。肖尔斯和西姆索娃的观点有相似之处，他们认为比较图书馆学的研究对象不应局限于"多国度"，"那

① J. 珀利阿姆·丹顿著;龚厚泽译;陈鸿舜校.《比较图书馆学概论》.北京:书目文献出版社,1980年.20~29页

② J. 珀利阿姆·丹顿著;龚厚泽译;陈鸿舜校.《比较图书馆学概论》.北京:书目文献出版社,1980年.20~29页

③ J. 珀利阿姆·丹顿著;龚厚泽译;陈鸿舜校.《比较图书馆学概论》.北京:书目文献出版社,1980年.20~29页

④ J. 珀利阿姆·丹顿著;龚厚泽译;陈鸿舜校.《比较图书馆学概论》.北京:书目文献出版社,1980年.30页

些不须超越国界的"、"一国之内的"比较研究也应属于比较图书馆学的研究领域。与此观点有差异的是丹顿和柯林斯,他们强调比较图书馆学的研究对象,必须具有多国度、多文化的特点;必须联系社会环境中的历史、地理、政治、经济、文化等方面进行研究;必须研究多国度、多文化的图书馆事业中的理论与实践两大方面的问题。他们的观点在当时具有一定的权威性和影响力。

1978、1980年,美国西蒙斯大学教授林瑟菲两次访问中国,在专题报告中介绍了比较图书馆学,林瑟菲认为"比较图书馆学是这样一门学科,它从社会政治、经济、文化、思想和历史的角度出发,对两个以上国家的文化或社会环境中的图书馆、图书馆体制、图书馆事业的某些方面或图书馆问题进行分析。分析的目的在于了解基本的共同点与差别,并对这些差别作出解释,最终加以正确的归纳,得出各种准则。"[①]这段引文表明了林瑟菲和丹顿的观点是一脉相传的,没有突破丹顿的基本理论框架。

总之,西方对比较图书馆学的定义的论争从70年代一直持续到80年代。在这一时期里,比较图书馆学的理论研究领域仍然没有多少创新和发展。

第二,在浏览西方图书馆学界对比较图书馆学定义作出的各种解释之后,我们仍然依照时间顺序介绍中国研究者对比较图书馆学定义的种种认识。

早在1935年,程伯群在其编著的《比较图书馆学》一书中,明确指出:"中西各有所长,……取名比较图书馆学,所以示其纲领而作综合之比较,以研究图书馆学之门径。"[②]这段引文表明了程伯群对比较图书馆学的认识,他认为比较图书馆学是对不同国家的图书馆事业和图书馆学,比较其异同、追溯其渊源、探究其原因,

---

① 林瑟菲.国际图书馆学与比较图书馆学,图书馆工作与研究,1981(1):22
② 程伯群编著.《比较图书馆学》.上海:世界书局,1935.书中"自序"

以为借鉴。虽然,程伯群在该论著中,没有系统地阐述比较图书馆学的基本理论,但是程伯群却是最先采用了"比较图书馆学"这个术语。然而,由于种种原因,比较图书馆学的研究在中国却中断了,重新引起人们关注时,时间已步入80年代。

1981年,北京大学图书馆学系、武汉大学图书馆学系合编的《图书馆学基础》一书,在"图书馆学内容"这一节里,提到"比较图书馆学主要研究世界各国的图书馆事业。"[①]显然,该书作者并不着意于比较图书馆学定义的探讨,只是从图书馆学的研究内容的角度来界定而已。

1983年,周启付在"为什么要研究比较图书馆学"一文里,指出:比较图书馆学是"对不同国家、不同文化或不同社会环境中的图书馆作精确地、系统地比较分析,探求异同发生原因,以求得问题的正确解决。"[②]

同年,陈传夫在"倡导创立中国式的比较图书馆学理论"论文中,将比较图书馆学的定义表述为:"是对不同环境下受各种因素影响或制约的图书馆事业和工作进行系统比较评价,以解释图书馆体制的差异,归纳制定图书馆各种准则的一门图书馆学分支学科。"[③]

1984年,杨若云主编的《图书馆学辞典》在台北出版,他将比较图书馆学定义为:"从不同国家、不同文化、不同社会的角度,研究图书馆的方法制度与问题,分析其异同。"[④]

1986年,钟守真,倪波撰写的"比较图书馆学导论"中指出:

---

① 北京大学图书馆学系,武汉大学图书馆系合编.《图书馆学基础》.北京:商务印书馆,1981.11页

② 周启付.为什么要研究比较图书馆学.图书馆学研究,1983(5):30

③ 陈传夫.倡导创立中国式的比较图书馆学理论——比较图书馆学体系初探.图书馆学研究,1983(5):34

④ 杨若云主编.《图书馆学辞典》.台北:五洲出版社,1984.73页

"比较图书馆学可以表述为,专指超越国界、民族、文化、社会环境界限以及超越时代界限的图书馆实践和理论的比较研究,以揭示其发展规律。"①

1987 年,吴慰慈在"论比较图书馆学的特征、目的、内容和方法"一文中,指出:"比较图书馆学是用比较分析的方法,研究当代世界各国图书馆事业建设的理论和实践,找出图书馆事业发展的共同规律和发展趋势,并揭出经济、社会政治和哲学基础以及各自的民族特性,以作为发展本国图书馆事业的借鉴。"②

同年,朱定华的"试论比较图书馆学的研究对象和方法"一文,在探讨比较图书馆学研究对象和方法的基础上,归纳出"比较图书馆学是将不同社会环境中的同类或近似同类的图书馆现象置于直接对照之下,比较其异同,并联系影响或制约这些现象的具体社会环境因素进行分析,以解释差异,探讨不同社会环境中图书馆事业发展规律,制定图书馆各种准则的一门图书馆学的分支学科。"③

张天俊在《四川图书馆学报》(1987 年第 1 期)发表的题为"从比较说开去:也谈比较图书馆学的一些理论问题"论文,明确提出"比较图书馆学是运用比较的方法,分析与社会的政治、经济、文化、思想和历史内容有关的,将不同国家、不同地区、不同民族、不同文化及不同类型的图书馆、图书馆系统、图书馆学各家学说、方法、技术、组织、管理等加以综合比较,找出相同与相异点,解释这些异同所蕴含的本质问题,从中获得借鉴,以发展图书馆事业

---

① 钟守真、倪波. 比较图书馆学导论. 津图学刊,1986(2):131

② 吴慰慈. 论比较图书馆学的特征、目的、内容和方法. 大学图书馆通讯,1987(1):16

③ 朱定华. 试论比较图书馆学的研究对象和方法. 安徽高校图书馆,1987(1/2):5

的一门学科。"①

1988年，宓浩主编的《图书馆学原理》一书出版。在"图书馆学的体系结构"这一节里，对比较图书馆学的解释是："以世界各国图书馆学研究和事业发展为对象的比较图书馆学是近几年发展颇为迅速的一个图书馆学分支学科。通过跨时空的各国图书馆学理论与实践的调查分析、事业规模、发展趋势与社会背景的差异比较，对不同国家或地区、不同社会政治历史条件下的图书馆模式和图书馆学思想进行系统分析，运用比较的方法，找出它们的相同或相似点，区别它们的差异、分析各自的优劣得失，从社会政治、经济、科学文化、思想、历史及民族传统等多角度查清产生的原因。在这个基础上去正确地借鉴、学习、吸收他人的长处和有益的经验，避免发展中的不必要弯路，为我国图书馆学研究和图书馆事业发展提供有价值的材料。同时，寻求达到一个完好的统一化的原理这一目的。"②在这里，作者对比较图书馆学的性质、研究对象、范围、方法、目的和意义作了全面的阐述。

同年，郑挺在"概论比较图书馆学"一文中提到："我们可以这样认识比较图书馆学，它是以图书馆学整个领域为研究对象，对两国以上的现行图书馆活动进行比较，并把外国图书馆学包括在内的一门学科。"③他是在分析比较图书馆学特点的基础上，阐述了他对比较图书馆学的认识，明确地指出外国图书馆学应包括在比较图书馆学之内的学科关系。

1990年，科技文献出版社出版了武汉大学图书情报学院主编的《中国图书情报工作实用大全》。该作的"比较图书馆学"条目

---

① 张天俊. 从比较说开去：也谈比较图书馆学的一些理论问题. 四川图书馆学报，1987(1)：16

② 宓浩主编. 《图书馆学原理》. 上海：华东师范大学出版社，1988. 224 页

③ 郑挺. 概论比较图书馆学. 图书馆理论与实践. 1988(1)：11

是由黄宗忠执笔,他写道:"比较图书馆学是图书馆学的一门分支学科,形成于本世纪上半叶。它有自己的发展史以及独特的研究对象和范畴。比较图书馆学就是致力于超越国界、民族、文化、社会环境界限以及超越时代界限的图书馆实践和理论的比较研究,揭示其发展规律。具体说,就是运用比较方法,突破时间与空间界限,对不同国家、不同民族、不同社会环境的图书馆实践与理论进行阐述、分析、综合,强调纵横方向的比较与对照,从而达到从总体上认识图书馆活动规律的目的。"①

同年,安徽人民出版社出版了《当代学科大全》,作者对比较图书馆学的解释是:"从政治的、经济的、文化的、历史的、地理的角度对不同环境中的两个或两个以上的国家或地区的图书馆发展、图书馆体制、图书馆学研究、图书馆发展模式等进行比较研究的学问。"②

1991年南开大学出版社出版的《图书馆学情报学档案学简明辞典》中关于比较图书馆学的解释是:"图书馆学的一门分支学科。致力于超越国界、民族、文化、社会环境界限的图书馆实践和理论的比较,从而揭示其发展规律。它从社会政治、经济、历史、文化的角度出发,对两个或两个以上的国家、地域、民族的图书馆、图书馆体制、图书馆事业发展的经验或问题进行纵向和横向的比较研究。纵向的是指超越国度、民族、区域,在时间上相继的图书馆实践与理论所存在的差异与同一性比较;横向是指跨越空间界限相同时期的图书馆实践与理论所存在差异与同一性的比较。比较研究的目的在于了解并掌握这些共同点和差异点,并作出科学的

---

① 武汉大学图书情报学院主编.《中国图书情报工作实用大全》.北京:科学技术文献出版社,1990.71 页

② 《当代学科大全》编委会.《当代学科大全》.安徽人民出版社,1990. 81 页

解释,从而得出正确发展图书馆事业的准则。"①这个条目具体地介绍了比较图书馆学的性质、研究对象、范围、方法和目的,力图阐述比较图书馆学作为一门独立学科的本质。

以上介绍了一些中外学者对于比较图书馆学的定义所作的种种解释,目的不在于要求研究者接受哪一种观点,而在于如何参照这些论点去进行思考,从而对比较图书馆学有所认识。我们认为,要掌握这门学科的基本原理,有必要对比较图书馆学的定义有个总体的把握,了解中外学者对比较图书馆学的认识的分歧点和共同点。这些相异与相同的观点,正是我们认识比较图书馆学这门学科时不可忽视的地方。

1.3 比较图书馆学的定义

当我们浏览了中外学者和有关辞书对比较图书馆学定义的解释之后,不难发现,不同时期,不同国家的比较图书馆学研究者,对于什么是比较图书馆学都作过探讨,提出了自己的看法,也都有所贡献。但是,由于他们所处时代不同,立场、观点和方法不同,因而所提出的结论也各不一样。而且,或多或少地存在这样或那样的片面性,这是一方面;另一方面,中外学者对比较图书馆学定义虽有不同的解释,也存在着争议,然而,这种论争并不局限于定义的表述,事实上还涉及到比较图书馆学的界限,研究范围以及比较图书馆学的特征等问题,要在这些方面得出一致意见,目前还有一定的距离。

就定义而言,它是对一种事物的本质特征或一个概念、一门学

---

① 来新夏主编.《图书馆学情报学档案学简明辞典》.天津:南开大学出版社,1991.20 页

科的内涵和外延给出界限。对一门学科下定义的目的则是界定它的研究范围和研究内容,对比较图书馆学也如此。而其难点在于要对这门尚未得到普遍认可的原则基础上、还处于不断发展变化的新兴学科作出确切的界说,难免要引起争议,而且至今还没有取得共识。尽管如此,多少年来,各国学者一直在锲而不舍地对比较图书馆学进行种种探索,提出种种解释、种种论证。毫无疑问,他们对比较图书馆学的探述,给了我们许多有益的启示。但是,要给比较图书馆学下定义,应该注意下面几个问题:

一、应该认识到对一门学科下定义是件严肃的科学工作,尤其是给比较图书馆学这样一门新兴学科、年轻的学科下定义,困难就更大了。

从上面介绍中外学者对比较图书馆学的解释,已反映出他们的立场不同、重点各异、方法不一,目前虽没有取得共识,还在论争,但这种争论并不是毫无价值的,而且这种争论在学术研究中也是正常的现象。争论是这门学科具有生命力的象征,也是向新的境界发展的标志。比较图书馆学作为一门发展中的学科,是在不断揭示其矛盾并克服其矛盾的斗争中发展起来的。因而关于比较图书馆学基础理论问题出现的论争,可以说这是学科发展过程中不可避免的现象。随着论争的深化与普泛化,比较图书馆学必将逐渐明确与升华。

事实上,要给比较图书馆学下定义,其实质是高度概括它的本质特征,是确切界定它的内涵和外延,是表述比较图书馆学这门学科的准确概念。因此,它本身就有个探讨的过程,这也是不足为奇的。

二、比较图书馆学是一门独立学科,是图书馆学的分支学科,而不仅是一种研究方法。作为一门专门学科,它有自己独立的研究对象、研究目的、研究范围,有其自身的发展历史和独立的研究方法。给比较图书馆学下定义的时候,应该注意到这些问题。

三、对比较图书馆学的定义、研究对象、研究范围、研究方法等基础知识、基本理论作出解释是很有必要的,是一项有价值的基础理论研究。无论从比较图书馆学作为一门学科本身而言,还是从学习、掌握比较图书馆学入门的需要而言,都应该了解比较图书馆学的定义。特别是近十几年来,在中国,学习、研究比较图书馆学的兴趣已初见端倪,在这种形势面前,我们有必要探讨比较图书馆学的基本理论,尤其是比较图书馆学的定义。我们同意肖力的观点,他在"比较图书馆学研究现状综述"论文中指出:"阐明学科的定义,乃是建立该学科的第一要旨,这是需要花大气力研究的问题。"①

四、比较图书馆学是一门发展中的学科,当我们探讨它的定义时,既要注意前人的研究成果,也要注意把握比较图书馆学的发展脉络,要有所发现。对于什么是比较图书馆学,不同历史时期、不同国家的研究者,都作过探讨,提出自己的看法,他们的结论也各有千秋。如前两节列举的中外学者的见解,有着明显的分歧。有的强调比较图书馆学应从多国度或在不同环境下进行比较,提出该学科的跨国性特征;有的则认为比较图书馆学不仅仅是不同国度的比较研究,一国之内,不同环境下受各种因素影响制约的图书馆事业,都能进行系统的比较研究等等。研究者对比较图书馆学定义的不同认识,表明他们对概念所表述内涵的认识程度不一,这是客观存在的现象。我们必须以实事求是的态度,认真分析各种看法,既看到它们的不同之处,也要分析他们的共同之点。在了解、分析他们观点的同异过程中,使我们进一步熟悉这门发展中学科的历史和现状,从而更有利于我们的研究和学习。

以上介绍了中外学者对比较图书馆学定义的各种解释,同时也提出了给比较图书馆学下定义时应注意的问题,目的都是为了

---

① 肖力.比较图书馆学研究现状综述.大学图书馆学报.1989(2):31

更好地理解比较图书馆学的定义。下面,谈谈我们对比较图书馆学定义的认识。

当前,在世界范围,很多国家对比较图书馆学研究日益重视,纷纷著书立说,对比较图书馆学作出解释。至今,对比较图书馆学的定义、研究对象、研究范围、目的和作用的探讨,仍在继续深化。

比较图书馆学作为图书馆学的一个分支学科,有它独自的萌芽、形成、发展过程,也有它自身的研究对象、研究范畴和目的,它为图书馆学研究开辟了一个新的疆域。我们知道,传统的图书馆学研究,往往局限于一国范围内的图书馆现象,或局限于按时间序列对两国或两国以上的图书馆活动进行不相关联的描述。而比较图书馆学则深入一步,运用比较研究方法,突破时间与空间界限,对不同国度、不同民族、不同社会环境的图书馆现象进行阐述、对比、分析、综合。比较图书馆学研究强调纵横方向的比较与对照,并以宏观的视野和国际的角度来认识图书馆活动的规律。在这里,我们强调的是突破空间界限,所谓突破空间界限是指跨越国家、民族、语言或学科界限;而突破时间界限,即意味着有更大的时间跨度,是指跨越时代。此外,在研究方法上,它强调以比较方法为主,兼及描述法、历史法、统计法、分析与综合法、文献法等研究方法,显示了研究方法的兼容并包的配伍特性。

因此,可以这样认为,比较图书馆学是不受时间限制地比较研究不同国家、不同民族的图书馆现象的相互影响、差异与同一,图书馆学与其它学科相互关系的学科。

第二章　比较图书馆学的几个 基本理论问题

2.1　一门独立的学科

本章将重点阐述和探讨比较图书馆学的一些基本理论问题。就其定义而言,比较图书馆学是对跨越族界或学科界限,以及跨越时代界限的图书馆现象进行比较研究的一门学科。然而,在学术界对于比较图书馆学是不是图书馆学的一门分支学科、是不是一门独立的学科,长期存在着争议。对于这个问题的不同认识,归纳起来,大体上有以下三种类型:

第一种,对于比较图书馆学是否称得上一门独立学科的看法,持怀疑的态度。他们认为比较图书馆学只是研究图书馆学的一种方法,即所谓"方法派"。有的明确表示:"也许要创建像比较图书馆学这样一门学科是永远不可能的。"[①]有的直接指出比较图书馆学"实际上就是运用比较法对图书馆进行研究罢了。"[②]"'比较图书馆学'便是图书馆学(它自然要运用各种研究方法),而不是图

---

① 理查德·克尔齐斯,加斯顿·利顿著;周俊译.《世界图书馆事业——比较研究》.北京:书目文献出版社,1990. 31 页

② 程磊.关于"比较图书馆学"的困惑.图书馆工作与研究,1987(2):20

书馆学的分支学科。"①持这种观点的人,往往认为比较图书馆学的提法,不是用词不当,而是根本不存在可称其为独立学科的比较图书馆学。同时,他们还提出:"一门学科之所以能够建立,并不在于其是否引入什么方法,而是依照其具体的研究对象。版本学,研究版本;目录学,研究目录;图书馆学研究图书馆。可'比较图书馆学'也同样研究图书馆两者岂不矛盾? 图书馆学,可以用归纳法去研究,用推理法去研究,或者采取概率论、统计方法研究图书馆学,这就包括了比较法用于图书馆学的研究,是属平常之区区小事,无需如此特殊。"②还有的研究者从比较文学研究的历史过程的考察,获得启示,认为:"在对比较文学的争议中,有相当一部分人研究来研究去,最终认为:'比较文学本身并不是什么'文学'而是一种文学研究方法的名称。'据此,我得到的思想启示是:'比较图书馆学'本身并不是'图书馆学的分支',而是一种图书馆学研究方法的名称"。"虽然,人类对它的认识还很不成熟,我还是大胆对它进行论证并得出结论:比较图书馆学就是图书馆学研究中比较方法的名称。(重点为作者所加)尽管这结论难免偏颇与错误。"③

第二种,认为比较图书馆学是图书馆学中的一门独立的分支学科,即所谓"学科派"。例如多罗西·柯林斯的看法:"作为一门学术性学科的比较图书馆学,其基本宗旨在于寻求充分认识并阐释有关的图书馆体制或图书馆问题。"④目前中外学者同意"学科派"的观点的居多数。然而,他们的看法并不是完全一致的。他们在承认比较图书馆学是一门独立学科的前提下,又出现分歧意

① 程磊.关于"比较图书馆学"的困惑.图书馆工作与研究,1987(2):20
② 程磊.关于"比较图书馆学"的困惑.图书馆工作与研究,1987(2):20
③ 文南生.试论比较图书馆学.图书馆学研究,1987(2):3,7
④ J.珀利阿姆·丹顿著;龚厚泽译;陈鸿舜校.《比较图书馆学概论》.北京:书目文献出版社,1980.20页

22

见。有的认为,比较图书馆学是从图书馆学中分化出来的一门最年轻的学科……"①;"以世界各国图书馆学研究和事业发展为对象的比较图书馆学是近几年发展颇为迅速的一个图书馆学的分支学科"②;南开大学图书馆学系等编的《理论图书馆学教程》也明确指出:"比较图书馆学是图书馆学的一门分支学科,有它独自的萌芽、形成、发展过程,也有它自身的研究对象、范畴和目的。"③有的则把比较图书馆学视为"国际图书馆学这一总学科的分支。"④比较图书馆学应属于国际图书馆学范畴。"⑤

第三种,认为比较图书馆学不仅是一门独立的分支学科,而且也是一种研究方法,即所谓"折中派"。早在 1964 年,怀特在解释比较图书馆学定义时,就写道:"比较图书馆学……,但它不仅是一门学科,也是一种研究方法。"⑥中国的研究者也有类似的观点:"同国外一样,我国图书馆界对比较图书馆学究竟是一门独立学科还是一种研究方法仍存在着分歧,不过一般来看,把比较图书馆学既作为一个特别研究方面,又认为是利用比较方法作为特殊的研究方法,这种'折中'观点较多。笔者认为两者既有区别,又有联系。很明显,要从事这门学科研究就得广泛占有资料,亦即以比较方法作为研究基础和手段,进而形成比较图书馆学。所以它既

---

① 吴慰慈. 论比较图书馆学的特征、目的、内容和方法. 大学图书馆通讯,1987(1):15

② 宓浩主编.《图书馆学原理》.上海:华东师范大学出版社,1988. 224 页

③ 南开大学图书馆学系等编.《理论图书馆学教程》.天津:南开大学出版社,1986. 301~302 页

④ J. 珀利阿姆·丹顿著;龚厚泽译;陈鸿舜校.《比较图书馆学概论》.北京:书目文献出版社,1980. 15 页

⑤ 王秦著;王引娣译;孟宪恒校."比较图书馆学"研究述略.陕西图书馆,1986(2/3):105

⑥ J. 珀利阿姆·丹顿著;龚原泽译;陈鸿舜校.《比较图书馆学概论》.北京:书目文献出版社,1980. 13 页

是一种研究方法,也是一门研究学科。"①

以上三种观点表明,他们都有各自的认识基点。持第一种观点的,即"方法派",他们的依据是,比较图书馆学没有自己特有的规则,也没有自己特有的研究对象,"实际上就是运用比较法对图书馆进行研究罢了"。在论述过程中,他们往往引用丹顿的观点为论据。丹顿在《比较图书馆学概论》中所提到的:"'比较图书馆学'和'比较教育学'及'比较法学'一样,多少有一点用词不当……毋宁说,本质上是一种方法,一种途径。因此,更符合逻辑一些,更精确一些,我们应当使用'图书馆学中的比较方法'这一提法。"②固然,丹顿有过这种表述,但是,我们应该注意到,丹顿的这种论点是在探述"比较图书馆学"这一术语时提出的,他只不过认为"比较图书馆学"的称谓"多少有一点用词不当"。因而,我们有必要查考全书的内容。在该著作中,丹顿既阐述了比较图书馆学的术语、定义与范围,又分析了研究目的和意义以及研究方法,提出了比较图书馆学作为一门正式课程的教学大纲。而且,在该书的前言里,他明确表示:"我希望本书作为一个开头,能够有益于使人们认识到比较图书馆学是一个值得注意的重要领域。有益于把它建设成为一个认真研究的领域。我说'开头',是因为我们相信,本书提供的材料已经充分说明,不论是对这一领域的认识,还是这一领域中严肃认真的工作,我们只不过刚刚入门。因此,我们满怀信心地预料,今后一定会有人继续这一努力,并发展、完善之。我们相信,这个领域有必要来一个大的发展,而且越来越有必要,首先是因为人与人之间的历史性的隔阂进一步消失并让位给一切方面(包括图书馆学方面)进一步的合作,其次是因为我们所从事

---

① 舒志红. 我国比较图书馆学研究综述. 湖北高校图书馆. 1988(3):16

② J. 珀利阿姆·丹顿著;龚厚泽译;陈鸿舜校.《比较图书馆学概论》. 北京:书目文献出版社,1980. 10 页

的专业不断地要求人们对它的工作有充实的了解。"①这一段话，充分表明了丹顿是把比较图书馆学作为一门学科来研究的态度。同时，他在论述比较图书馆学的研究范围时，也提到："对范围问题，还有必要从另一个角度……以比较图书馆学作为一个完整学科的角度来考虑。"②此外，丹顿这本著作出版于70年代。十几年来，科学已突飞猛进地发展，人们对客观事物有了更进一步的认识，边缘学科、交叉学科不断涌现。它既分化了，也丰富发展了传统的学科。这一现象反映出人们对客观事物认识趋向深化，学科分类也随之越分越细。在这种态势下，图书馆学也无例外，它同其他学科一样，也在不断分化、发展。考察图书馆学形成与发展过程，即可发现，从它成为独立学科起，已逐步地分化为图书馆学基础、图书馆史、图书分类学、图书馆管理学、读者心理学、图书馆统计学、图书馆建筑学等各种分支学科。在这一学科群体中，比较图书馆学已成为它的组成部分，这正是人们对图书馆学认识深化的表现。这一点也正是"学科派"的理论依据。他们强调比较图书馆学的学科性质，注意到比较图书馆学是具有特定研究对象、研究范围、研究目的和意义的一门学问。虽然"学科派"对于比较图书馆学在图书馆学学科体系中所处层次的看法有着歧异，但是，他们对比较图书馆学是一门独立学科的观点却是一致的。

"折中派"的认识基点是比较图书馆学的称谓，它是由于比较方法而确认的，并由此显示出这门学科的主要特征。他们强调的是：比较方法是作为一种特别的研究方法，应用于图书馆学研究，比较方法帮助它实现自己的特定目标，因而他们得出了比较图书

———————

　① J. 珀利阿姆·丹顿著；龚厚泽译；陈鸿舜校.《比较图书馆学概论》.北京：书目文献出版社,1980. 3~4页

　② J. 珀利阿姆·丹顿著；龚厚泽译；陈鸿舜校.《比较图书馆学概论》.北京：书目文献出版社,1980.37页

馆学是一种研究方法的结论,这是一方面;另一方面,他们又认为比较图书馆学存在着自己特有的研究对象,也有自己特有的研究成果,而且是从其他图书馆学分支学科中无法取得的某种较系统的图书馆学知识。它是将有关图书馆现象,运用比较方法加以分析研究,使之构成一个紧密的,独立的,具有特殊研究范围、目的的整体。倘若其研究目标是比较研究外国图书馆和本国的图书馆事业时,那么,这种比较研究就取得了一门学科的地位,也即在图书馆学体系中占据一个独立分支学科的地位。此外,他们不仅强调"方法"和"学科"这两方面有着密切的联系,而且还强调两者之间又有着区别,是两个不同的概念。前者指的是科学研究的手段,后者则指科学研究对象的一定领域。两者之间的关系,如同比较图书馆学和中国图书馆史、外国图书馆史那样,既有联系,又有区别。

上述三种观点,我们倾向于"学科派"的看法,即比较图书馆学是图书馆学的分支学科,是一门独立的学科,而不单纯是一种研究方法。1975年,英国比较图书馆学者西姆索娃曾进行过一次调查。她应用德尔斐法对比较图书馆学基本理论的争议问题进行调查。(参见附录1)。参加这次调查组的成员都是图书馆学的专家学者,其中有英国图书馆学校协会的负责人,也有国际与比较图书馆学委员会委员,还有《国际与比较图书馆学要闻》(Focus on International and Comparative Librarianship)刊物的编辑和投稿人,他们都是图书馆协会会员,有半数成员是从事教学工作;另一部分成员则是图书馆工作人员。其年龄结构也很合理,包括老、中、青三个层次,在这次调查中有关学科性质的调查结果表明,"方法派"与"学科派"在第一轮的调查里,基本持平;而第二轮的调查则以"学科派"占据优势。这次的调查或许可以说明一些问题。

"方法派"、"学科派"、"折中派"三种观点,就其分歧而言,其焦点在于对"比较"的认识。大家知道,"比较",作为一种研究方法,在各种学科领域中都可以使用,因而,"比较"不是比较图书馆学的"专利"。而且,"比较"也是人类认识事物的一种方法,更是得到普遍的应用,所以,它也不是图书馆学研究的"专利"。因此,我们不能把比较方法的运用,作为比较图书馆学区别于其他学科的一种标志。正如有的学者所指出的,图书馆学加"比较"不完全等于比较图书馆学。当然,我们也不应忽视"比较"在比较图书馆学研究中所占的特殊地位,以及它所具有的特殊意义。

此外,比较图书馆学并不仅仅因为它应用了比较方法才成为一门独立学科的。它之所以成为一门学科是由它具有特定的研究领域,即跨越国家、民族或学科界限的各种图书馆现象。任何一门学科都因其特定的研究领域而具备独立存在的价值,单纯的方法是不能成为一门学科的。当然,我们也不能否认比较图书馆学和"比较"的关联,也没有必要担心运用"比较"这两个字会引起争议,而回避他们之间的联系。

再说,比较图书馆学中的"比较"并不是一般方法论意义上的比较。我们提醒大家有必要注意到这点,那就是比较图书馆学中的"比较"是一种自觉意识,一种研究工作中的基点。它的概念是指超越国界、族界或学科界限的图书馆现象的比较,这种比较必须是与跨国家界限、民族界限、语言界限或学科界限等涵义联系在一起的,离开这种意义上的比较,就不属于比较图书馆学的"比较"了。它之所以有别于其它学科运用比较方法,还在于研究者对特定领域的比较,可以是应用于某一阶段,或者只是配合其他方法进行研究,而对于比较图书馆学来讲,则是贯穿于研究的始终,须臾不可离的。

最后,一门学科的形成、建立和发展,一般具有以下几个标志:

1. 本学科刊物的创办;

2. 本学科理论专著的出版;

3. 本学科学术研究团体的成立;

4. 作为一门课程步入高等院校的课堂;

5.拥有一定数量从事本学科研究的专家、学者。

下面,我们仅就上述标志,对比较图书馆学研究作一简略地考察。

首先,从学科刊物和论著看,比较图书馆学的研究成果,在国外,多刊登于下列刊物:《国际与比较图书馆学要闻》(Focus on In-ternational and Comparative Librarianship);《国际图书馆评论》(International Library Review);《图书馆历史杂志》(The Journal of Library History);《图书馆文献》(Library Literature);《图书馆与情报学文摘》(Library and Information Science Abstracts)等,以及其他图书馆学、情报学刊物上(参见附录3)。在中国,虽没有以比较图书馆学命名的专门刊物,但图书馆学、情报科学的杂志上常刊登有关比较图书馆学研究的论文,尤其是80年代以来,其数量逐年增长。

50年代至80年代,无论从世界范围,还是从中国国内看,比较图书馆学的发展都异常迅速,充满活力,方兴未艾,相继出版了一批重要论文和著作。在西方,如路易斯·肖尔斯的《何为比较图书馆学》①,《比较图书馆学:理论研究》②;迈尔斯·M·杰克逊的《比较与国际图书馆学:论文与问题集》③;西尔维娅·西姆索娃

---

① Louis Shores. Why Comparative Librarianship?. Wilsom Library Bulletin, 1966 (41)

② Louis Shores. Comparative Librarianship:A Theoretical Approach. In Comparative and International Librarianship:Essays on Themes and Problems, Miles M. Jackson, ed. Westport,C. T. Greenwood, 1970. P3－24

③ Milen M Jackson. Comparative and International Librarianship:Essays on Themes and Problems. Westport,C. T. Greenwood,1970,P. 3～24

的《比较图书馆学研究》①、《比较图书馆学入门》②、《比较图书馆学手册》③；多罗西·G·柯林斯的《比较图书馆学》④；J. 珀利阿姆·丹顿的《比较图书馆学概论》⑤及理查德·克尔齐斯,加斯顿·利顿合著的《世界图书馆事业——比较研究》⑥等。在中国,1980年丹顿的《比较图书馆学概论》的汉译本出版⑦；1986年南开大学出版社出版的《理论图书馆学教程》中,首次以专门章节介绍了比较图书馆学；1990年翻译出版了理查德·克尔齐斯的《世界图书馆事业——比较研究》⑧等。此外,还刊发了数十篇有关比较图书馆学理论与应用研究论文。

其次,从学科的学术团体看,1964年美国匹兹堡大学图书馆和情报学研究生院,成立了"国际图书馆情报中心"(International-Library and Information Centre)。该中心"起着两个主要作用:(1)作为一个有关图书馆发展、文献、美国及国外资源的图书出版和发行方面资料的情报交换所；(2)作为国际图书馆事业这个领域的训练和研究的中心。这些作用可解释为:情报作用在于有系统地

———————————

① Sylvia Simsova. Studies in Comparative Librarianship. London. The Library Asso-cation,1973,P. 65~95.

② Sylvia Simsova. A Primer of Comparative Librarianship. London；Clive Bingley,1982

③ Sylvia Simsova, Monique C Mackee. A Handbook of Comparative Librarianship. London ：Clive Bingley,1982

④ Dorothy Collings. Comparative Librarianship from Encyclopedia of Library and In-formnation Science. 1971,P49~502

⑤ J. P. Danton. The Dimentions of Comparative Librarianship, Chicago；ALA 1973

⑥ Richard krzys and Gaston Litton. World,Librarianship,A Comparative Study. N. Y. ：Marcel Dekker, 1983

⑦ J. 珀利阿姆·丹顿著；龚厚泽译；陈鸿舜校.《比较图书馆学概论》.北京:书目文献出版社,1980.

⑧ 理查德·克尔齐斯,加斯顿·利顿著；周俊译；江康校.《世界图书馆事业——比较研究》.北京:书目文献出版社,1990

收集有关三个主要主题的情报:(1)对发展中国家的技术援助,(2)在图书馆、文献和图书出版领域的美国资源,(3)在图书馆、文献、图书出版和发行领域的海外资源。训练和研究的作用包括四种主要活动:(1)提供一种具有国际和比较水平的有关图书馆事业和文献方面的课程;(2)开设专注于图书馆事业国际概况的课程;(3)组织讨论会或讲座来探讨诸如在发展中国家中有关图书馆发展和文献中心的问题,以及在美国和各自国家中外国图书馆员和文献工作者的教育问题等;(4)开展对比较图书馆事业这个领域的调查和研究。"①

1966 年英国成立了"国际与比较图书馆学研究小组"(International and Comparative Librarianship Group of the LA - LA/ICLG),1968 年 1 月 ICLG 成为图书馆协会的正式小组。据有关资料记载,"专门从事比较图书馆学研究的国际性组织已由 1976 年的 41 个增加到 1980 年的 59 个。"②

最后,从课程设置看,比较图书馆学作为一门课程,在国内外已步入高等学府。在美国,1956 年柯林斯在哥伦比亚大学图书馆学院举办了比较图书馆学研究班。1961 年丹顿在美国加利福尼亚大学伯克利分校创办了比较图书馆学博士研究生班。1963 年北美已有 5 所大学开设比较图书馆学课程。1968 年美国约有 20 所大学开设该课程。③ 到了 1975 年已增至 56 所。④ 如哥伦比亚大学、加利福尼亚大学(伯克利分校)、加利福尼亚大学(洛杉矶分

---

① 理查德·克尔齐斯,加斯顿·利顿著;周俊译;江康校.《世界图书馆事业——比较研究》.北京:书目文献出版社.1990. 259~260 页

② Chin Wang. A Brief Introduction to Comparative Librarianship. International Library Review,1985.17(2):108

③ 柯平. 比较图书馆学的产生及其发展. 图书馆学刊,1982(4)

④ Chin Wang . A Brief Introduction to Comparative Librarianship. International Library Review, 1985,17(2):108

校）、芝加哥大学、威斯康星大学、纽约州立大学、匹兹堡大学、印第安纳大学、得克萨斯大学、西蒙斯大学等，都先后开设了比较图书馆学课程（参见附录2）。

在英国，1966年已开设了比较图书馆学课程的学院，主要有阿伯里斯威思图书馆学院、利兹工艺学院、北伦敦工艺学院、伦敦大学、谢菲尔德大学等。此外，加拿大、德国、澳大利亚、丹麦等国家的图书馆学院均设有此课程。在中国，北京大学、武汉大学、南开大学、南京大学、兰州大学、中山大学、河北大学等，也先后开设比较图书馆学课程或举办专题讲座。

上述这些事实充分表明，无论在外国还是在中国，比较图书馆学已成为一门独立学科。当然，在肯定比较图书馆学是一门独立学科的同时，我们也应看到比较图书馆学作为一门独立学科，它还处于不成熟阶段，还有待于完善。但是，我们不能因其不完善而否定学科的客观存在，也不能只把它看作是研究图书馆学的方法，或者把它与一般比较方法等同起来，这将抹煞了它作为一门新兴的独立学科的全部实质和意义，也将直接影响比较图书馆学的理论建设，并妨碍比较图书馆学学科的发展。

2.2 研究对象与范围的界定

任何一门学科，都有它特定的研究对象和内容，没有研究对象的学科是不存在的，比较图书馆学也不例外。而且，一门学科之所以具有学术性、科学性以及独立存在的价值，都与其独特的研究对象、范围有着密不可分的联系。就研究对象而言，它是从研究客体的活动中概括抽象而得出的。所以，作为一门独立学科，对研究对象的界定，是一个很重要的基础理论问题。倘若从人们学习研究一门学科的角度看，弄清这一点也是很有必要的。然而，一门学科的研究对象往往由于时代的局限性,以及人们对研究客体活动的分辨能力所制约,在学科刚形成时是很难明确的。

从比较图书馆学形成和发展过程看,自从人们提出"比较图书馆学"这一名称以来,人们对其研究对象、范围等问题的探讨,始终没有停止,对其认识也是随着人们认识能力的提高而不断发展和深化的。同时,不同的学者还会存在不同的理解,因而,各种释义也就接连而至。

在西方,蔡斯·戴恩在阐述比较图书馆学时,曾提出:"就许多国家的图书馆学所作的研究,以发现哪些因素是某些国家所共有的,哪些是某一国所特有。它是以国际范围对图书馆原理和方针的评价,借以确定长远的趋势,鉴定其缺陷,揭示实践与理论之间的矛盾和脱节。"[1]这一段引文,表明了戴恩强调比较图书馆学是"多国度"研究的观点。

持相同意见的还有柯林斯,她在1956年哥伦比亚大学图书馆学院举办的入门性的研究班时,提出该班提供了"把几个国家的图书馆体制、问题及试图使用的解决办法与盛行于各该国的社会、经济、政治和其他因素联系起来进行的比较研究"。[2] 1971年,她在《图书馆与情报学百科全书》中,对比较图书馆学的解释是:"对不同环境中(通常是不同国家中)的图书馆发展、实践或问题的系统分析……。"[3]可见,柯林斯赞同"多国度"、"多文化"的观点。

柯林斯的这种观点,博得了丹顿的赞赏。他认为比较图书馆学应具备三个要素:"(1)具体的对照,(2)多国度、多社会或多文

① J. 珀利阿姆·丹顿著;龚厚泽译;陈鸿舜校.《比较图书馆学概论》.北京:书目文献出版社,1980. 11 页

② J. 珀利阿姆·丹顿著;龚厚泽译;陈鸿舜校.《比较图书馆学概论》.北京:书目文献出版社,1980. 12 页

③ J. 珀利阿姆·丹顿著;龚厚泽译;陈鸿舜校.《比较图书馆学概论》.北京:书目文献出版社,1980. 20 页

化的因素,(3)对已知差异的解释。"他明确指出:"'同一国家中不同形势下'的研究不可能是'多国的'研究"。"要是我们把仅仅限于某一特定国家或特定文化背景的著作和研究项目都纳入比较研究的范围并加以认可的话,那么,整个比较研究的概念就将违反逻辑、常识和字义,也违反其他学科的发现、经验和发展得出的结论。"①同时,他还认为比较图书馆学的研究,不应局限于不同社会的图书馆现象,还应对于决定这些现象的性质、造成现象间差异的各种因素、条件进行探讨。此外,丹顿还强调:"比较研究的范围中,而且不仅仅是图书馆学中的比较研究的范围,则是一个更加困难的问题,其原因恰好是因为这种是多文化和跨学科的。"②

林瑟菲也赞同这种观点,他说:"比较图书馆学是这样一门学科,即根据社会政治、经济、文化、思想和历史的来龙去脉来分析处在两个或两个以上的国家,两种或两种以上的文化或社会环境中的图书馆、图书馆系统以及图书馆学的某些方面或图书馆的某些问题。"③

在中国,也有相似的看法,如吴慰慈,在"论比较图书馆学的特征、目的、内容和方法"一文中,虽然没有明确地指出比较图书馆学的研究对象,但在概述该学科三个基本特征时,强调了它的跨国、跨文化、跨学科的性征。而张天俊对比较图书馆学的对象则明确地指出:"比较图书馆学的比较研究必须是跨国、跨民族、跨地区、跨文化、跨时代及跨类型的研究。"④1988 年,叶冰冰等编的

① J. 珀利阿姆·丹顿著;龚厚泽译;陈鸿舜校.《比较图书馆学概论》.北京:书目文献出版社,1980.21 页

② J. 珀利阿姆·丹顿著;龚厚泽译;陈鸿舜校.《比较图书馆学概论》.北京:书目文献出版社,1980.34 页

③ 林瑟菲.关于图书馆学、情报学专题报告.图书情报知识,1981(1):4

④ 张天俊.从比较说开去:也谈比较图书馆学的一些理论问题.四川图书馆学报,1987(1):16

《图书情报知识手册》也提到:比较图书馆学是"图书馆学的一个分支领域,它有自己的研究对象,研究目的、研究范围。它的研究对象是世界各国的图书馆事业,是从社会政治、经济、文化、思想和历史的角度出发,对两个以上国家或许多国家的图书馆、图书馆体制、图书馆事业发展中的经验或问题进行比较研究。"①

概括说来,上述对比较图书馆学研究对象与范围的认识,大致有以下几点:比较对象必须具备有多国度、多文化的特点;要对多国度、多文化的图书馆事业的理论和实践进行研究;要紧密联系社会政治、经济、历史、文化、教育的状况进行分析研究;还应包括跨学科的比较研究。

持另一种观点的学者,如西姆索娃、肖尔斯等,他们与上述观点的分歧在于"跨国"的问题。西姆索娃在阐述她的看法时,征引了比较解剖学的定义:"整个躯体与其所有主要构成部分之比较,即整体与其部分之相互关系"。并建议将这个定义"应用到比较图书馆学,使这个定义得以包括那些不须超越国界的研究,例如,一国之内农村和城市图书馆服务的比较"。② 肖尔斯也认为:"这个定义暗含着(只是强调得还不够)这样一个意思,即一国之内的比较跟各国之间的比较一样重要。"③

在中国,也有与其相似的看法,认为:"结合我国具体情况,对该学科研究的大范围基本得到统一,那就是均认为比较图书馆学不仅仅是国与国之间的比较,一个国家内部、不同环境下受各种因素影响制约的图书馆事业都能进行系统的比较研究。"④

------

① 叶冰冰等编.《图书情报知识手册》.北京:学苑出版社,1988.25 页

② J. 珀利阿姆·丹顿著;龚厚泽译;陈鸿舜校.《比较图书馆学概论》.北京:书目文献出版社,1980. 19 页

③ J. 珀利阿姆·丹顿著;龚厚泽译;陈鸿舜校.《比较图书馆学概论》.北京:书目文献出版社,1980.17 页

④ 舒志红.我国比较图书馆学研究综述.湖北高校图书馆,1988(3):16

《理论图书馆学教程》和《中国图书情报工作实用大全》对于比较图书馆学的研究对象和范围的表述,则是从广义和狭义两个角度来理解的。都认为比较图书馆学的研究对象及其范围有广义的理解,即指比较研究超越时间或空间图书馆事业的异同性;还有狭义的理解,即只限于比较跨越国度的不同文化特征的图书馆事业差异与共同点,从而阐明制约这些不同国度图书馆事业的相同与特殊规律。

此外,有的学者还认为比较图书馆学的研究,应考虑时间因素和空间因素,指出:"比较图书馆学所研究的对象,应包括下列三个要素:(一)比较图书馆学研究的基本方法是比较的方法;(二)比较研究的范围不应当限制在一定的特定范围内,而应当是跨时空的;(三)各时间或空间之间的图书馆学理论与实践的状况、规律和发展趋势的差异性和矛盾性及其产生的基础。"[1]所以比较图书馆学的研究对象:"就是比较研究各时间或空间之间的图书馆学,理论与实践的状况和发展趋势的差异性和矛盾性,并揭示其政治、经济、文化、思想和历史等等的基础及规律性。"[2]同意这种观点的研究者还认为:"揭示比较图书馆学的研究对象不能随意规定比较研究的时空标准(如国家、地区之间的比较等),因为不管怎样规定总难免有漏洞。这就要找出这个研究领域所固有的差异性和矛盾性,进而比较分析这种差异性和矛盾性在各时间或空间(不仅仅是国家、地区、文化或社会环境)上的具体表现,从而揭示出其规律性。"强调"比较图书馆学与时间和空间的不可分割。"[3]

综观上述看法,不难发现,对于比较图书馆学研究对象、范围

---

[1]　朱定华. 试论比较图书馆学的研究对象和方法. 安徽高校图书馆,1987(1/2):4

[2]　朱定华. 试论比较图书馆学的研究对象和方法. 安徽高校图书馆,1987(1/2):4

[3]　沈煜峰. 试论比较图书馆学的研究对象. 图书馆研究与工作,1983(4):20

的认识,国内外学者不甚一致,至今还没取得共识。然而,中外学者还是继续探讨,努力求同存异,取长补短,以期对比较图书馆学研究对象的内涵有个科学的认识。我们在介绍上述种种认识的同时,也试图对比较图书馆学的研究对象作出解释。我们认为,对比较图书馆研究对象的探索,应当注意到以下几个问题:

一、关于比较图书馆学的"跨越国界"、"跨越族界"的问题。在这里,我们首先要弄清楚民族与国家这两个概念。"民族"、"国家"这两个术语形成科学的概念是在资本主义兴起之后。以马克思主义的观点来分析,民族是历史上形成的、处于不同社会发展阶段的各种人的、稳定的共同体,他们具有共同的语言、共同的居住地域、共同的经济生活,具有表现在共同文化上的相同心理素质等。当一个民族自成一个独立地理、行政的国家时,民族和国家即相等。如马扎尔民族等于匈牙利共和国;大和民族等于日本国。然而,像中国、印度、美国等,却是多民族的国家。在这种情况下,通常民族和国家是不能等同的。一个国家的居民,可以是同一民族,也可以是多民族组成的。因此,"跨越国界"的提法并不十分贴切。当然,对于单一民族的国家,"跨越国界"和"跨越族界"的提法是相通的。但对于多民族的国家,简单地使用"跨越国界"就不严谨了。在这种情况下,确切的提法应该是"跨越族界"。此外,在多民族的国家内,各民族的图书馆现象除了有共同性之外,也存在着差异,有时这种差异的程度及其意义,并不亚于两国图书馆现象之间的区别。而且,语言与民族的关系相当密切,因此,跨越民族界限往往暗含着跨越语言的界限。在这里,我们所说的跨越民族界限,包含有两层意思。其一,应该把在图书馆学研究中运用的比较研究方法与比较图书馆学区别开来。例如:杜定友与刘

国钧比较;《图书馆学导论》(An Introduction of Library Science)①
和《图书馆学引论》(Introduction to Library Science)②的比较,尽管
这种研究有其学术价值,但这只能是图书馆学的比较研究而不是
比较图书馆学研究。因为它们的研究对象都属于同一民族范围
内,并没有跨越民族的界限。所以,我们所强调的"跨民族"的界
限,实质上也是强调不同文化之间的比较。中国是一个多民族的
国家,与西方多民族国家有着相同之处,也就是各民族都有各自的
语言、历史、习俗以及共同的生活区域等。但中国与西方多民族国
家又存在着不同,即西方的各个民族大多属于基督教文化体系内,
他们之间除有差异外,在各方面都有共同的渊源——古希伯莱文
化与古希腊文化。然而,中国的多民族,有的属于伊斯兰教文化体
系,如回族、维吾尔族;有的属于佛教文化体系,如傣族、藏族;还有
主要属于儒教文化体系的满族、壮族等等。中国各民族的文化差
异比起欧洲要明显,他们都有各自的社会习俗、生产与生活方式、
居住和建筑风格、宗教信仰、语言文字、心理素质等,也都有不同的
特点与传统。所以,"跨民族"比较的根本意义还在于"跨文化体
系"的比较。可见,中外各民族间图书馆现象的比较,不应排除在
比较图书馆学研究对象之外。

其二,同一民族的图书馆学家的图书馆学思想或著作的比较,
是属于同一文化体系,尽管我们不否认它的研究价值,但是对它们
进行比较后所得的结论,只能说明该文化体系内的一些规律性问
题,它所具有的意义和不同文化体系的比较研究中发现的规律的
普遍性、广泛性都有显著的差距。基于上述的认识,我们强调的是

① Pierce Butler. An Introduction to Library Science. Chicago: University of Chicago
Press, 1961

② Jesse H·shera. Introduction to Library Science. Littleton Colorado: Libraries Un-
limited Inc. ,1976

比较图书馆学研究对象的跨民族界限。

二、关于比较图书馆学的"跨学科"问题。这一点,在丹顿的《比较图书馆学概论》中虽已提到,然而,他没有把它作为比较图书馆学的研究对象加以明确交待,在谈到研究范围时,他说:"显然,比较图书馆学包括的范围正是其他学科(主要是社会科学,有时还有人文科学),图书馆学自身以及一种多社会成分交叉之处。"①接着,他进一步解释:"虽然,在涉及作为社会机关的图书馆的各类型研究中,主要是社会科学在起作用,但是也有一些类型的研究不可避免地要仰赖其他学科。对各种编目规则、主题标目、或分类法的比较研究,尤其当它们属于不同语种时,也许就要用到逻辑学和语言学(尤其是词义学)了。肯定也能设想出涉及建筑学、工程学和法律学的图书馆学研究项目。"②在论述"方法论"时,丹顿还指出:"对比较图书馆学的研究和比较图书馆学中的研究,无一例外地具有交叉学科的性质。就连研究各种互不相同的国家性或地区性编目规则和分类体系这样高度专业性的研究,如果不注意到语义学、逻辑学、语源学和分类法的总的历史和性质的话,也是不可能做得很完善的。由此,比较图书馆学,作为学术研究的一个领域(甚至在教学中也如此),就不仅要考虑到图书馆学自身,而且要借助并需要考虑到别的辅助学科。"③上述引文,表明了丹顿对于"跨学科"研究有一定的认识。但是,他没有触及到"跨学科"与"跨民族"的关系问题,即当人们进行比较图书馆学的跨学科研究时,是否也一定要同时跨越民族界限? 有关这一问题,我们

---

① J. 珀利阿姆·丹顿著;龚厚泽译;陈鸿舜校.《比较图书馆学概论》.北京:书目文献出版社,1980.34 页

② J. 珀利阿姆·丹顿著;龚厚泽译;陈鸿舜校.《比较图书馆学概论》.北京:书目文献出版社,1990. 36 页

③ J. 珀利阿姆·丹顿著;龚厚泽译;陈鸿舜校.《比较图书馆学概论》.北京:书目文献出版社.1980.103 页

认为图书馆学与相关学科之间关系的研究,并非一定要强调跨越民族界限。例如,英国哲学家弗朗西斯·培根(Francis Bacon,1561~1626)在1604年发表的知识分类体系,辗转到18世纪,成为《杜威十进分类法》(Dewey Decimal Classification)的图书分类体系的源头,这是众所周知的事情。那么,从学科关系的角度看,培根与杜威十进分类法体系的关系探讨,应该是比较图书馆学的研究范畴。同样,约翰·杜威(John Dewey)与梅·杜威(Melvil Dewey)的影响关系,也应该是比较图书馆学的研究课题。在这里,我们所要说明的问题是比较图书馆学的跨学科研究并不一定拘执于跨越国家或民族界限。

三、关于比较图书馆学研究不受时间限制的问题。在解答这一问题之前,我们有必要强调一点,不要忽略了"比较"在比较图书馆学中所占的特殊地位,以及它所具有的重要意义。"比较"是人类思维的主要机制之一,是人们认识事物的一种方法,也是人类在长期科学研究过程中早已认识到的客观真理之一,这就是"有比较才能鉴别",[1]"比较有空间的比较,也有时间的比较"。[2] 因而,比较图书馆学也不能忽略空间和时间因素。正如前面所提到的跨越民族界限的问题。事实上,这是比较图书馆学研究的空间范围的问题,而跨越时间界限的实质,则是比较的时间跨度问题。所以,比较图书馆学的研究应该是不受空间和时间的限制。就空间范围而言,比较图书馆学的研究对象应是跨越民族、国家的界限。我们可以将中国的图书分类法和美国的图书分类法作比较,也可以和印度的图书分类法比较;日本学者的图书馆学思想可以和美国学者的图书馆学思想比较,也可以和中国学者的图书馆学思想作比较。就时间范围而言,比较图书馆学研究对象应不受时

---

① 《毛泽东选集》.天津:天津人民出版社,1977.第5卷,416页
② 李廉著.《辩证逻辑》.合肥:安徽人民出版社,1982. 105页

间限制,因而,它具有更大的时间跨度。我们可以对中国的图书馆起源和西方的图书馆起源作比较,尽管图书馆起源在西方是处于希腊文化、罗马古文化时代,而在中国则处于殷商文化时代。从时间系列上看,它们相距上千年,但从图书馆形态、社会性质角度看,它们有同一性。在这里,它们的比较只要符合跨越民族界限、国家界限,对相同图书馆现象进行比较的要求,就可以不受时间的制约。当然,我们也不排除相同时代的图书馆学家的比较研究,如中国图书馆学家刘国钧可以和印度图书馆学家阮冈纳赞(Shigali Ramamrita Ranganathan,1892～1972)进行比较。在空间上,他们是不同国家的学者。但他们的个人经历、学识水平、图书馆学思想、对图书馆事业的贡献等方面有着相似中的差异、差异中的同一。尽管在时间上,他们处于相同时代,但刘氏与阮氏的比较研究,仍然可以包括在比较图书馆学的研究范围内。

经过上面这样一些分析之后,比较图书馆学的研究对象和范围就比较清晰了,因而使我们有可能作出如下的表述:

比较图书馆学的研究对象和范围,是指跨越国家、民族、区域或学科界限,不受时间限制的比较研究图书馆现象所存在的差异与同一、影响与关系,达到从总体上揭示图书馆发展规律的目标。

2.3 相关联的学科

假如前面对比较图书馆学研究对象、领域的界定是以时间、空间范围作为研究角度,那么,这一节则侧重于把比较图书馆学与相关联学科的学科关系作为考察的对象,以便进一步对比较图书馆学与相关联学科的研究疆域作出界定。在比较图书馆学研究的过程中,往往要涉及到图书馆学的基本原理、基础知识,图书馆的形成和发展历史,国际性的图书馆活动等。因而,与比较图书馆学相关联的学科通常包括有图书馆学基础、图书馆史、图书馆学史以及国际图书馆学等。下面，我们就上述这些学科与比较图书馆学的关系作一简要的介绍。

一、图书馆学基础。它是图书馆学的基础学科。在我国通常称为"图书馆学基础"、"图书馆学原理"、"图书馆学概论"；在西方，通称为"图书馆学"；在前苏联一般称为"普通图书馆学"。作为图书馆学理论基础的学科，它研究的是图书馆学的基本理论、基础知识，着重阐述图书馆学的研究对象、研究范围、研究内容、学科性质、学科体系结构，以及学科的演化过程等问题。

比较图书馆学与图书馆学基础的关系极为密切。首先，它们在图书馆学的体系结构中，属于相同层次，都隶属于理论图书馆学；其次，图书馆学基础的理论研究成果，以及一些统计数据、图书馆事业建设状况等，不仅对于比较图书馆学的研究具有指导作用，而且还为比较研究提供了研究依据。反过来，比较图书馆学也为图书馆学基础提供大量的、世界性的图书馆学知识。如果图书馆学的基础理论研究，缺乏这些知识，那么，其研究可能导致片面的结论；再次，比较图书馆学的应用研究成果，也为图书馆、图书馆事业建设的决策提供依据。图书馆学基础所探讨的一些问题，如图书馆的产生、发展过程，图书馆学思想，图书馆类型等等，在论述的过程中，势必涉及到中外图书馆、图书馆学思想的比较研究，而这些又是比较图书馆学研究必然要探讨的问题。不可否认，图书馆学基础的研究主要是图书馆学的一些基本知识、基础理论，所应用的研究方法虽不排除比较法，但是，在图书馆学基础的方法论中，比较法并不是主要的方法，它的直接目的在于作出理论上的概括和论证。与此不同的，比较图书馆学则是以不同国家、不同民族、不同区域、不同学科，不受时间限制的图书馆现象的比较研究为研究对象，比较方法是这门学科的主要研究方法。它的直接目的在于提供系统的图书馆和图书馆学的比较知识，进而探寻图书馆的规律性问题。

二、图书馆史、图书馆学史。它们是隶属于图书馆学学科体系的历史范畴,是运用历史研究方法来分析图书馆、图书馆学的发展与演化的,是研究图书馆实践、图书馆学知识在历史进程中的形成、地位及其价值,并给于恰如其分的历史评价。可见,它们是探讨图书馆、图书馆学的历史发展规律的学科。首先,从研究内容看,它们和比较图书馆学是有所不同的。图书馆史、图书馆学史的研究内容相当广泛,包括中国图书馆史、图书馆学史,美国、英国、法国、日本等世界各国图书馆和图书馆学的历史,涉及到图书馆、图书馆学产生和发展的历史进程,各时期图书馆形态、性质、职能,主要图书馆学家及其代表著作等等。显然,它们侧重于现象的描述和评价。而比较图书馆学研究则致力于不同国家、不同民族图书馆现象的比较,其研究内容涉及到的是不同国家之间的研究,以及本国和外国图书馆现象的比较研究,如中印图书馆事业比较研究、美印图书馆事业比较研究等。其次,从学科的特征看,比较图书馆学也不同于图书馆史、图书馆学史,前者着眼于自觉地比较,后者着眼于历史进程。在研究对象上,比较图书馆学表现出"双重"现象,它是以研究不同国家、不同民族、不同区域的两个图书馆、图书馆学家、图书馆学思想为主线。而图书馆史、图书馆学史是以研究一个国家的图书馆、一种图书馆形态、一位图书馆学家及其著作和图书馆学思想为开端的,表现出"单一"现象。显然,比较图书馆学和图书馆史、图书馆学史在研究对象上存在着"双重"和"单一"现象的差异。从时间上看,比较图书馆学可以打破时间顺序、空间界限来研究图书馆、图书馆学,可以把中国郑樵(1103~1162)和德国施莱辛格(Martin Wilibald Schrettinger,1772~1851)的图书馆学"整理论"作为研究内容;也可以对中美、中英近代图书馆的产生进行比较研究,即使他们之间相距近两个世纪,但从中还是可以分析得出图书馆的发展过程中,受其自身所处时代影响的结论。而图书馆史、图书馆学史则必须按照历史的顺序,按照国别来研究图书馆活动、图书馆学家及其著作,因而其纵向研究的性征极为明显。

从上可见,无论在研究内容,或是学科特征等方面,比较图书馆学和图书馆史、图书馆学史的差异是显而易见的,这是一方面;另一方面,比较图书馆学与图书馆史、图书馆学史之间,又存在着极为密切的关系。从比较图书馆学学科形成的历史过程看,当我们追述比较图书馆学科的孕育、形成过程时,就会发现它与图书馆的历史是分不开的。例如,考察亚述人对亚历山大图书馆的影响时,我们自然会涉及到亚历山大图书馆的起源。此外,从比较图书馆学的研究过程看,在进行特定图书馆现象的比较研究时,往往要追溯图书馆、图书馆学的历史,要以本国以及外国的图书馆、图书馆学的历史资料为基础。因而,在进行比较研究时,有必要掌握有关本国、本民族和外国、外民族图书馆、图书馆学的资料。否则就不可能进行全面的分析,也不可能正确地进行比较,或作出合理的评价。可见,比较图书馆学与图书馆史、图书馆学史之间的密切联系是不言而喻的。但是,当我们在探讨比较图书馆学与图书馆史、图书馆学史的关系时,必须指出的是,我们应注意到仅仅比较研究某一国家的图书馆实践与理论,则不能纳入比较图书馆学的研究范畴,例如,研究前苏联图书馆的产生与发展时,可以对十月革命前后的图书馆事业进行比较研究,但这种比较,是采用历史比较法,属于前苏联图书馆事业内部的比较研究,并不是比较图书馆学意义上的比较。因而,这种比较研究仍然归属于图书馆史的范畴,谈不上是比较图书馆学的研究。当然,如果对中国和前苏联图书馆事业、中国和前苏联的图书馆学家作比较,则是比较图书馆学的研究课题。所以,只有专门从事"跨国性"、"跨民族性"、"跨学科性"明显的比较研究,才是比较图书馆研究范围内的问题,这种具有特定的比较意义的研究,我们才能说是比较图书馆学研究。

三、国际图书馆学（International Library Science）。它是研究两个或两个以上国家中个人和团体间的各种联系，研究国际合作、交流的各种方式。其研究内容涉及世界范围内与图书馆事业有关的机构，机构之间的合作，合作项目与内容，合作交流与方式等。在这里，我们引用林瑟菲在中国访问讲学时，对国际图书馆学所作的解释："国际图书馆学是指在两个以上的国家中，政府或非政府机构、组织、团体或个人之间所进行的，旨在世界各地普遍促进、建立、发展、保持和评价图书馆、文献与联合服务，以及图书馆事业和图书馆业务等活动。"其研究范围应当包括"国际规划、国际标准及国际协会在这方面的活动。"[1]林瑟菲对国际图书馆学的这种认识，是有代表性的，也是西方图书馆学界广为认可的。然而，对于国际图书馆学与比较图书馆学的关系问题，学者们却有不同的认识，概括起来，大致有如下四种：

第一种，把比较图书馆学和国际图书馆学这两个概念混同起来，视为同义语。如1970年马丁·萨伯尔（Martin H. Sable）和鲁尔德·戴维（Loudes Deya）"关于国际图书馆学和比较图书馆学课程设想。"[2]的论文，在文中，两位作者虽未对这两个术语作出解释，然而，在论述过程中，却是交替使用这两个术语。与他们的认识相似的还有哈里逊，他明确地提出："比较图书馆学和国际图书馆学是同义语。"[3]丹顿虽不赞同这种观点，但是，他承认这种现象确实存在，即"至少在相当近期以前，图书馆学不是唯一的把'比

---

① 林瑟菲；吴则田译. 国际图书馆学与比较图书馆学. 图书馆工作与研究,1981 (1):22

② Martin H. Sable, Lourdes Deya. Outline of An Introductory Course in International and Comparative Librarianship. International Library Review, 1970(2)

③ 佟富. 比较图书馆学综述. 图书馆学通讯,1989(2):41

较的'和'国际的'用作同义语的。"①

第二种，认为比较图书馆学和国际图书馆学是相同学科，但两者既有区别又是互为补充的。1987年，卡瓦特拉在《比较图书馆学与国际图书馆学》(Comparative and International Librarianship)的著作中指出："尽管比较图书馆学与国际图书馆学被认为是相同学科，但两者既有区别又是互为补充的。""比较图书馆学是对两个或更多同类型图书馆根据自身发展、实践及一般相同的工作成绩与失误进行系统研究。它包括：图书馆状况的比较；图书馆发展水平的比较；图书馆管理水平的比较；图书馆业务工作的比较及在不同地理环境下图书馆管理与综合发展的比较。通过不同地理条件下的图书馆比较研究，确定图书馆的发展速度及其发展阶段，促进图书馆间的相互影响，并了解图书馆在发展中的障碍，以提高图书馆服务工作的质量。而国际图书馆学在一定意义上讲，是国际标准的比较。此外，也是为了促进国际图书馆之间的了解与协作。"国际图书馆学的研究内容，应包括："图书馆业务工作的比较研究，图书馆国际协调与协作方法比较研究。"而"图书馆业务工作的比较研究主要包括：图书馆的自身发展、图书馆作用的研究和总结图书馆工作经验与教训，以提高图书馆服务工作的质量。"最后，卡瓦特拉指出："总之，比较图书馆学的研究，并不要求对不同国家图书馆进行比较，而国际图书馆学的研究则需要对不同国家进行比较；比较图书馆学主要在于研究图书馆自身发展的原因及其影响，而国际图书馆学却要探索国际间互相了解与协作。"②事实上，卡瓦特拉对比较图书馆学概念的理解，应该是属于图书馆学

---

① J. 珀利阿姆·丹顿著；龚厚泽译；陈鸿舜校.《比较图书馆学概论》.北京：书目文献出版社,1980. 31 页

② 马秀萍、姜洪良编译；丛文审校. 比较图书馆学与国际图书馆学,图书馆学刊,1989(4)：7

的比较研究范畴,因为他强调的是,比较图书馆学"不要求对不同国家图书馆进行比较",而是"对两个或更多同类型图书馆"的比较。然而,对于国际图书馆学,卡瓦特拉却要求对"不同国家"进行比较。可见,他不仅把比较图书馆学与国际图书馆学的概念混同起来,并认为两者的研究内容是"既有区别,又是互为补充的。"这点正是他与第一种观点有所差别之处。

第三种,认为比较图书馆学隶属于国际图书馆学范畴。1969年8月俄克拉荷马大学图书馆学院举行的一次学术会议,提出"把比较图书馆学视作'国际图书馆学这一总学科的一个分支'。"①1973年,约翰·F·哈维(John F. Harvey)在题为"国际和比较图书馆学的界说"(Toward a Definition of International and Comparative Library Science)论文中,阐释国际图书馆学的学科体系时,明确指出比较图书馆学是国际图书馆学的分支学科,两者是从属关系。②

第四种,认为国际图书馆学和比较图书馆学在图书馆学领域中是既有联系,又有区别的两个分支学科。1980年,杰克逊提交给国际图书馆协会联合会议的论文提出:"国际图书馆学和比较图书馆学并非同义词。本文认为这两个术语有不同的含义……","国际图书馆学专指跨越国界的图书馆学及其他有关方面的活动。当然,国际图书馆学可以不注重比较,但要包括这样的内容,如图书馆员、图书馆资料、学术观点的交流以及各国图书馆体制的研究等等。"③同意这种观点的还有丹顿,他也认为比较图书

---

① J. 珀利阿姆·丹顿著;龚厚泽译;陈鸿舜校.《比较图书馆学概论》.北京:书目文献出版社,1980. 15 页

② J. F. Harvey. Toward a Definition of International and Comparative Library Science. International Library Review, 1973(5)

③ 迈尔斯·杰克逊撰写;曾珍译;黎肇汉校. 比较图书馆学与不发达国家. 广东图书馆学刊,1985(2):51

馆学和国际图书馆学是两个意义不同的名称,他指出:"'比较图书馆学'是一个十分专门性的概念,它可以区分为两个紧密联系的方面,我们不应把这个概念与别的混淆起来,从而模糊我们的术语。'国际图书馆学'另有其相当的作用和地位。"①为支持这种观点,他还征引了卡特·V·古德(Carter V. Good)的《教育学辞典》(1959)中关于国际教育学的解释:"国际教育学意味着两个或更多国家中个人和团体间各种各样的联系——知识上的,文化上的,教育上的。它涉及跨越国界的运动、不论是人员也好,书籍也好,思想也好,就这点而言是个动态的概念。国际教育学指的是国际合作、了解和交流的各种方式。因此,交换教员和学生,援助不发达国家,讲授关于外国教育制度,都属于这个字眼的范畴之内。"丹顿接着指出:"如果用'图书馆学'和'图书馆的'来代替这段引文中的'教育学'和'教育上的',我们就得到一个十分恰当的'国际图书馆学'的定义了。"②

　　根据上面介绍的材料看,西方学者对于国际图书馆学与比较图书馆学的关系,存在着不同的认识,也有着明显的差别。对于上述四种观点,我们倾向于第四种。因为,从比较图书馆学的研究内容看,国际图书馆学不同于比较图书馆学,它侧重于研究图书馆的国际组织、机构,国际合作、了解和交流的项目及其方式等。一般认为,它通常涉及到两个或两个以上国家中个人和团体间的各种联系,其内容可以是馆员、资料、学术观点的交流,也可以是交换馆员、交换教员和学生,援助不发达国家等等。显然,这里不要求必须把两个国家、团体的活动作对比研究,它本身不存在比较性,也

---

　　①　J. 珀利阿姆·丹顿著;龚厚泽译;陈鸿舜校.《比较图书馆学概论》.北京:书目文献出版社.1980.31 页

　　②　J. 珀利阿姆·丹顿著;龚厚泽译;陈鸿舜校.《比较图书馆学概论》.北京:书目文献出版社,1980.32 页

就谈不上自觉的比较意识。然而,比较图书馆学和国际图书馆活动又有着密切的关系,这正是我们不可忽略的问题。一方面比较图书馆学者出于研究的目的,对于获得研究课题所需要的资料有着浓厚的兴趣,必然会关心外国的图书馆情况、国际间的交往与合作;另一方面,国际图书馆活动又需要依靠比较图书馆学研究的各种成果,为制订长远规划、讨论和解决国际间图书馆问题时,提供作为依据的数据资料。所以,比较图书馆学和国际图书馆学是两门有着相互依存关系而又各自独立的学科。

综合上述,比较图书馆学、图书馆学基础、图书馆史、图书馆学史、国际图书馆学都是图书馆学的分支学科,它们之间既有千丝万缕的联系,又有着明显的区别。如果说图书馆学基础对比较图书馆学研究提供理论指导,那么,图书馆史、图书馆学史、国际图书馆学则是比较图书馆学研究的前提和基础,这就是我们对比较图书馆学与其相关联学科关系的总体认识。

2.4 学科的特点

比较图书馆学是一门独立的学科,有其特定的研究对象、研究领域和研究方法。它专指跨越国家、跨越民族或学科界限、不受时间限制的图书馆现象的比较研究。因而,它具有与之相应的学科特征,归纳起来有如下几方面:

一、开放性。它是比较图书馆学的根本特征。以系统的观点分析,比较图书馆学是一个巨大的、不断运动的开放系统,它具有系统的开放特点。比较图书馆学的开放性,表现有以下几层含义:

其一,就研究对象的时空范围看,比较图书馆学研究的图书馆现象,不受空间、时间范围的限制。在空间上,跨越国家、民族的界限,已显示了比较图书馆学的特色。它不仅研究不同国家的图书馆现象,而且也研究一国之内不同民族、不同社会环境的图书馆现象。我们可以把中国的"要素说"和前苏联弗鲁新、日本椎名六郎的"要素说"进行比较研究;也可以对中国汉族与蒙族文献著录标准进行比较研究;还可以对瑞士法语地区和德语地区学校图书馆的藏书建设问题进行比较研究;我们仍然可以对生长在美、英国家的华裔青年与美、英青年的阅读兴趣进行比较研究,这是一方面;另一方面,在时间上,比较图书馆学研究具有更大的时间跨度,它可以比较研究相同时代的不同国家、不同民族的相同图书馆现象,如美国、法国、前苏联科学技术数据网络发展模式的比较;也可以比较研究时代不同,甚至相距较远的图书馆现象。当然,这种比较研究不能违背跨国界、族界的基本准则。例如,中国的程俱(1078~1144)和法国的加布里埃尔·诺德(Cabriel Naude,1600~1653)图书馆学思想的比较研究。尽管程俱和诺德所处时代的时间差距数百年,但他们对图书馆学基本知识的认识、他们的图书馆学思想、他们的代表作等方面,都有相似与差异之处,对他们的比较研究有助于我们认识图书馆学产生、形成的历史必然性,其研究价值是明显的。

其二,就研究内容所涵盖的范围看,比较图书馆学研究的图书馆现象具有更宽泛的疆域。我们知道,传统的图书馆学研究往往以图书馆为中心,两端联结着"人"和"书",形成了直线的运动形式,这种情况,中外皆然。如列宁对图书馆活动的认识,正是以图书馆本身的运动为基点来探寻解决图书馆的"藏书"和"利用"的问题;中国图书馆学基础理论研究的"要素说",虽有"三要素"、"四要素"、"五要素"之别,但是它们均囿于图书馆自身的运动上,也离不开"书"和"人"这两个端点。然而与传统图书馆学的研究相比,比较图书馆学研究则具有更宽泛的范围,它由于自身的研究方法、自身独有的研究对象,引入了客观世界这一端。从而突破了传统的"书"和"人"这两点的运动形式,构筑了不受时空限制的各种图书馆现象研究的宏观规模,使它摆脱了图书馆史、图书馆学史顺时系列的垂直研究的限制;也突破了图书馆学思想史以图书馆学家、著作为主线的格局。它超越了外国图书馆史以国为单位的历史描述和评价的范围,从世界的高度俯视各种图书馆现象,并给以宏观的剖析比较。所以,比较图书馆学既可以比较研究图书馆发生、发展、演化过程;也可以比较研究图书馆的管理、图书馆学教育、图书馆建筑、图书馆的具体技术等等;还可以对图书馆学家、著作、学术思想进行比较研究。因此,比较图书馆学研究范围涉及到所有领域的图书馆现象。

总之,只要是研究的图书馆现象符合跨国界、族界的基本要求,而且这种比较研究能够得出有意义、有价值的结论,那么,都应列入比较图书馆学的范畴内。因而,它的研究范围具有图书馆学的其他分支学科无法包容的世界性的广阔周延。

其三,就研究方法的兼容性看,比较图书馆学的研究方法是以比较法为主,但并不排除其他研究方法,它具有兼容配伍的特性。就中国的比较图书馆学研究方法体系而言,它是以马克思主义哲学作为方法论基础,以比较法为专门研究方法,配合调查法、观察法、统计法、文献法、分析与综合法等而形成的,这是一;第二,比较图书馆学研究又具有接纳新的思想、新的方法的自觉性,不仅对社会科学中的新方法,而且对自然科学中的新方法都给予极大的关注。随着科学的发展,新思想、新方法的不断涌现,人类知识结构的不断更新,比较图书馆学在研究方法上的积极引入,兼容各种方法,这一特点无疑地,将增进比较图书馆学的发展。

二、依附性。比较图书馆学作为图书馆学的一个独立的分支学科,首先,它和其他分支学科一样,有它自身的研究对象、内容、范围、方法、目的和意义,也有它形成、发展的历史过程。其次,我们也应看到,比较图书馆学和其他分支学科相比,具有更明显的依附特性。所谓依附性是指比较图书馆学的研究与完善,依赖于其相邻的学科。一般说来,从事比较图书馆学的研究,大都立足于本国、本民族的图书馆实践和理论,其研究是将本国、本民族的图书馆现象同外国、外民族的图书馆现象进行比较。它既离不开本国、本民族的图书馆实践和理论,也需要掌握、熟悉外国、外民族的图书馆实践和理论。因而,中国图书馆史、外国图书馆史、图书馆学史以及国际图书馆学等相邻学科的知识,他们是比较图书馆学研究的前提和基础。我们很难设想,不了解中国图书馆事业形成和发展的过程,不熟悉本国以外的、世界范围内的图书馆事业的历史和现状,却能从事跨国界、跨族界的比较研究。相反,只有在了解、熟悉中外乃至世界各国图书馆现象的基础上,才能作到纵横捭阖的比较研究。而且,比较图书馆学又是隶属于图书馆学这门学科整体中的一门分支学科,它是图书馆学科体系的重要组成部分。我们知道,图书馆学基础、图书馆学方法论、图书馆未来学、图书馆史、图书馆学史和比较图书馆学一样,均是图书馆学的分支学科。在这个学科群中,各学科有各自的研究对象、研究领域。它们在母体学科中所处的地位不同,研究角度不同,因而在完善图书馆学的学科体系过程中,必然要注意比较图书馆学,而比较图书馆学的成熟,又依赖于图书馆学的整体发展,没有图书馆学基础理论的指导,没有图书馆学其他分支学科知识的支撑,将会削弱、影响比较图书馆学研究的正常开展。

三、比较性。"比较"作为一种方法,是其他学科研究中普遍运用的方法,但它在比较图书馆学的各种研究方法中占据特殊的地位,因而我们要注意到它的特殊意义。但是,我们又不能把比较方法的运用,看作是比较图书馆学区别于其他学科的标志。"比较"是一种研究方法,单纯的方法不能成为一门学科,基于目前的认识,我们同意图书馆学的比较研究并不等于比较图书馆学的观点。当然,我们也不否认比较图书馆学名称的由来,显然和"比较"有着密切的联系,我们不能、也不应回避这种联系。应该明确的是"比较"固然是比较图书馆学的重要特点,但比较图书馆学中的"比较",并不是一般方法论含义上的比较,而是具有特殊的内涵。所以,比较图书馆学与图书馆学的其他学科的研究相比,它对于比较法的运用更具有特别的意义。马列主义的创始人十分重视比较方法,列宁在创建苏维埃图书馆事业过程中,曾广泛地运用比较方法。当他对俄国和西方的图书馆事业作了比较之后,他在"论彼得堡公共图书馆的任务"一文中就指出:"由于多年来沙皇制度对国民教育的摧残,彼得堡的图书馆工作做得非常糟糕。必须根据西方自由国家,特别是瑞士和北美合众国早已实行的原则,立即无条件地进行如下的根本改革。"①1918年4月26日,他主持召开的人民委员会决定成立"按照瑞士和美国的制度改革整个图书馆事业"的委员会。同时,他还亲自主持人民委员会通过《关于建立图书馆事业》的决议,责成教育人民委员部"立即采取最有力的措施","第一,对俄国图书馆事业实行集中管理;第二,采用瑞士和美国的制度。"此外"他赞扬美国图书馆能对广大市民开放,讲究服务质量,索书时间短,开馆时间长,图书流通形式多样化;赞扬瑞士图书馆备有联合目录,馆际之间可以互借,使读者看书、借书方便等项优点。为此,他要求国内馆际之间与国际之间进行交换(前者应当免费进行);延长开馆时间,每日早8时到晚11时,节假日不例外;采取必要措施充实公共图书馆的工作人员。"②上述改进意见,都是列宁在比较俄国和美国、瑞士图书馆事业的基础上提出来的。列宁在其他的论著中,也运用自如地经常使用比较方法。

此外,许多科学家和学者,也都在学术研究中采用比较方法,从而使各个学科有了长足的进步,导致了大量新学科和学科新分

---

① 《列宁全集》北京:人民出版社,1959. 第26卷,310页

② 杨子竞.《外国图书馆史简编》.天津:南开大学出版社,1990. 131页

支的产生和发展,如比较文学、比较美学、比较语言学、比较法学、比较教育学等等。他们对比较方法运用的着力点在于强烈的"自觉意识"。所谓比较的"自觉意识"指的是一种观念、一种比较研究工作中的基本立场。具体到比较图书馆学研究中,它要求自觉地以跨越各种界限,在不同的参照系中来考察图书馆现象。这种比较必须紧密地与跨国界限、跨民族界限、跨语言界限、跨学科界限等涵义联系起来,离开了这种特定意义上的"比较",就不再是比较图书馆学的"比较"了。而这正是比较图书馆学的"比较"区别于图书馆学的比较研究的根本点。比较的"自觉意识"不仅是比较图书馆学的支撑点,而且要求贯穿在研究的过程中,即对比较对象的分析、归纳、演绎、综合和阐发等各个环节中。从而使比较的各种图书馆现象,由于相互参照的角度、层次更广更深,更易于确定事物的特性,更易于发现彼此同一和差异及其内在的关系。所以,比较图书馆学所强调的这种贯穿于研究始终的"自觉意识"的比较,与其他学科只把比较法作为研究方法之一、研究过程中某一阶段运用的方法是截然有别的。从某种意义上讲,没有比较的"自觉意识",没有这种观念,比较图书馆学的研究也就终止了,比较图书馆学的称谓也就该改写为"图书馆学的比较方法"了。

四、跨学科性。比较图书馆学正是运用比较方法研究图书馆学与其他学科的关系而赋有跨学科特征的。所谓比较图书馆学的跨学科性包含两层含义:其一,比较图书馆学是以比较方法为主要研究的方法的学科,这种研究不是现象的罗列,不是单纯的比附,也不是异同性的简单分析,而是对图书馆现象的科学认识,探索规律性的问题。因而这种研究是从宏观的角度进行比较剖析,从整体出发,有系统地、全面地考察图书馆现象,既要分析它的内在因素,也要研究与外部的联系。例如,当我们研究某一位图书馆学者的学术思想时,就会觉察到他的思想形成与他的经历、所处时代、学科知识等有着联系;有时,我们也会发现他的学术思想有着外来的影响。然而,这些影响哪些被吸收了? 哪些被同化了? 哪些被抛弃了? 哪些是独创? 要弄清这些问题,我们不得不去探讨他所处的时代背景、历史条件、社会状况、甚至他的学术交往、他所熟悉的国家和他掌握的语言等等。再如,倘若我们探讨中国唐宋以后的都市文明为什么没有像欧洲城市文明带来了图书馆的近代化,要解答这个问题,我们要进一步弄清这种相同的社会基础为什么没有产生相似的图书馆现象的原因。我们既要熟悉图书馆的产生和发展过程,还要考察中国图书馆形态与社会政治、经济水平、历史条件、文化背景的关系。换句话说,当我们从事比较图书馆学研究时,必须对比较对象所在国家的经济、政治、科学、文化、教育诸方面的状况有充分的了解,还要对其进行历史的、社会的、政治和经济的分析。因为人类社会的经济、政治、文化教育对任何一种图书馆现象都会产生影响。而且,比较图书馆学的研究是建立在与不同环境的各种社会因素、文化因素等密切联系的基础上。所以,从事比较图书馆学研究既要具备哲学、历史学、政治学、经济学、社会学、语言学、民俗学、地理科学等方面知识,还要熟悉这些学科的研究方法。同时,还需要借助这些学科的研究成果。这一切决定了比较图书馆学研究具有跨文化、跨学科的特点。

其二,比较图书馆学的跨学科性还表现在比较研究模式上。这里,指的是图书馆学与其他学科之间相互关系的研究。比较图书馆学除了比较研究跨越国家、跨越民族界限的图书馆现象之外,还研究图书馆学和其他学科,如目录学、历史学、文献学、社会学、语言学等人文科学的关系。同时,还延伸到研究图书馆学与自然科学之间的关系。虽然,图书馆学与自然科学的联系,似乎没有与人文科学那种明显可见的关系。但是,事实已证明,自然科学的成果已经多次地影响到图书馆学的研究。自然科学研究的思维定势和方法,尽管与图书馆学不同,却能对人们的观念、研究方法产生直接或间接的影响。因而,有人认为这是一种跨学科的比较图书馆学研究。换言之,比较图书馆学研究是不受学科界限的制约的,它可以从多学科(Polydisciplinary)和跨学科(Interdisciplinary)的角度,探讨图书馆学与其他学科的关系以及相互间的影响和渗透,从而加强图书馆学与其他学科之间的联系和交流。显然,这种研究不仅是必要的,而且是很有价值的。

特别需要指出的是,开展比较图书馆学的跨学科研究,要注意以下两点:第一,这种研究强调的是运用"自觉意识"的比较;第二,强调立足于图书馆学,以图书馆学为中心,延伸到从科学结构的各个层次去探讨图书馆学与其他学科之间的相互渗透、相互影响的关系,从而揭示图书馆学与它们在起源、发展、成熟等各阶段的内在联系及相互作用。这种跨学科研究的基点是立足于图书馆学本身,是从图书馆学的角度出发去分析图书馆学与其他学科的内在联系,去探讨他们之间存在互相孕育、互相借鉴、相互影响的联系。通过这种比较发现图书馆学与其他学科的共同点和相异之处,揭示图书馆学与它们的联系,总结出图书馆学不同于其他学科的独特规律,从而丰富、完善图书馆学本身的学科理论建设。

比较图书馆学的跨学科特点,使其研究范围更为宽泛,它把人类知识表现领域的自然科学、社会科学等,全纳入其研究疆域内。在研究过程中,由于吸收和运用别的学科理论,如自然科学的耗散理论、信息论、控制论;心理学的社会心理分析等等,也使比较图书馆学的研究有了更加宽厚的比较背景,更加趋向理论化与整体化。

第三章　比较图书馆学的目的和功能

3.1　国内外的主要观点

各国的比较图书馆学研究者对于比较图书馆学的基本理论问题有着种种不同的看法。然而，由于比较图书馆学价值恒定的一致性，又使他们在比较图书馆学研究的基本目的的认识上，表现出明显的相似现象。但是，他们的认识角度和深度又不尽一致，因而产生了种种不同的见解，归纳起来，有代表、有影响的认识大致有以下三种类型：

第一种，侧重于实用性目的。

50年代，戴恩发表的两篇论文中，先后指出的比较图书馆学研究的目的。在第一篇文章，即"比较图书馆学的益处"中，他对比较图书馆学的解释中隐含着研究目的。他认为比较图书馆学研究是"发现哪些因素是某些国家所共有的，哪些是某一国特有的。它是以国际范围对图书馆原理和方针的评价，借以确定长远趋势，鉴定其缺陷，揭示实践与理论之间的矛盾和脱节。"①如果说这段

---

① J. 珀利阿姆·丹顿著；龚厚泽译；陈鸿舜校.《比较图书馆学概论》.北京：书目文献出版社,1980.40 页

话"与其说是在下定义不如说是在谈目的。"①那么,戴恩在另一篇题为"比较图书馆学"的论文中,则明确地指出:"比较图书馆学的目的在于,通过研究许多国家图书馆的发展,去发现'哪些发展是成功的,可以供别国模仿',以及通过'国际范围的对图书馆原理方针所作的考察,以确定长远的趋势,鉴定其缺陷、揭示实践与理论之间的矛盾和脱节。而首先,它是对全世界图书馆发展原因和作用的研究。……比较图书馆学寻求扩展我们的胸襟,加深我们的学识。"②接着,戴恩还阐述了比较图书馆学的具体目的:

"1.发现'组织图书馆资料并向读者提供这些资料的最佳方法和技术',从而'将最佳方法引入尚未采用的国家。'

2.重新评价图书馆理论,并提高图书馆员'关于自己专业的基本问题的思想。'

3.最终创立'一种统一的图书馆服务理论,这种理论在几乎任何情势下都能适用,并能免除目前许多图书馆学思想所特有的那种不连贯性和分歧性。'

4.'普遍地采取合理的方针政策'

5.'增进国际书目协调'

6.图书馆员之间的自由交往和思想的自由交流。

7.将'小国或落后国家'的图书馆服务提高到'大国图书馆服务的相同水平'"。③

这一段引文,大致表明了戴恩对比较图书馆学的具体目的和功能认识的实用角度。虽然上述内容多有重复之处,如1中的

---

① J. 珀利阿姆·丹顿著;龚厚泽译;陈鸿舜校.《比较图书馆学概论》.北京:书目文献出版社,1980. 11 页

② J. 珀利阿姆·丹顿著;龚厚泽译;陈鸿舜校.《比较图书馆学概论》.北京:书目文献出版社,1980.41 页

③ J. 珀利阿姆·丹顿著;龚厚泽译;陈鸿舜校.《比较图书馆学概论》.北京:书目文献出版社,1980.41 页

"将最佳方法引入尚未采用的国家"已经涵盖了7,自然7应归入1;再如,2和3表述的是相同的目的和意义,即对图书馆学理论所产生的作用。但是,戴恩在50年代,正是比较图书馆学理论研究刚刚起步的阶段,即能够对比较图书馆学研究的目的归纳出7个方面的内容,表明了戴恩对于比较图书馆学的图书馆实践中所产生的作用,有深刻的认识。遗憾的是他没有明确地阐述比较图书馆学的基本宗旨。在这一方面,柯林斯比他深入一步,提出了比较图书馆学的基本目的:

"作为一门学术性学科的比较图书馆学,其基本宗旨在于寻求充分认识并正确阐释有关的图书馆体制或图书馆问题。其他实用性的目的还有:

1. 当本国或外国制订新的图书馆规划时,提供指导;

2. 在联系实际情况,具体分析和解决广泛存在的图书馆问题时,发挥作用;

3. 促进并协助审慎地考虑某一地区之有效的图书馆实施和图书馆问题的解决办法,并将这些实施和解决办法从一地区引入另一地区,同时又避免盲目模仿;

4. 提供背景资料,供赴外国图书馆工作、参观学习、协商和制订援外计划之用;

5. 推动图书馆资料和情报的交换,尤其是各国之间的这种交换;

6. 通过考察不同文化环境中的图书馆发展情况和问题,加强图书馆教育和训练(不管是为本国学生的还是为外国学生的)的学术内容和实际联系;

7. 对增进国际了解,进一步增进图书馆计划和发展中广泛而有效的合作,作出贡献。"①

以上是柯林斯对比较图书馆学研究目的的表述。从字面上看,似乎面面俱到,实际上所涉及到的,大致是有关比较图书馆学在制订图书馆规划、分析和解决图书馆具体问题、促进国际间交流、提高图书馆教育和培训的水平等方面的作用。不过,应当承认,柯林斯的见解有其独到之处,她明确地指出比较图书馆学的基本宗旨。虽然她对基本宗旨的认识以及具体功能的内涵还有待探讨,但她毕竟试图将比较图书馆学的总体目标和具体目的区分开来。难怪丹顿认为这种归纳"是迄今最贴切、最全面的。"②我国学术界也多有同意她的表述,如肖永英在"试论比较图书馆学的目的和意义"一文中提到:"应该说,柯林斯女士的这些归纳在当时来说,是比较贴切和全面的,……"③但他也承认,比较图书馆学的目的和意义还有"更为深刻而广泛的内涵。"

另一位西方学者,福斯克特(D. J. Foskett)认为:"比较研究的开端就是收集材料;但是我们并不是为收集材料而收集资料。……在比较研究中我们试图要做的是:把构成某一模式的线拆开,拿去跟构成别样模式的线对比,并估计出每一种的相对价值。"④"比较研究的对象遍布于一种活动的整个领域。在图书馆学中,我们最初的用意也许是为了充分认识图书馆的社会作用,但是,既然它跟教育学一样是一种实践性的活动,那么这种充分认识就必

① J. 珀利阿姆·丹顿著;龚厚泽译;陈鸿舜校.《比较图书馆学概论》.北京:书目文献出版社,1980. 18 页

② J. 珀利阿姆·丹顿著;龚厚泽译;陈鸿舜校.《比较图书馆学概论》.北京:书目文献出版社,1980. 48 页

③ 肖永英. 试论比较图书馆学的目的和意义. 图书馆,1986(5);20

④ J. 珀利阿姆·丹顿著;龚厚泽译;陈鸿舜校.《比较图书馆学概论》.北京:书目文献出版社,1980.13 页

定会影响到将来的计划。"①福斯克特的这种"价值判断",丹顿是不赞同的。他认为:"比较研究的主要目的却不是'对不同模式的有关价值作出估计'。价值判断,就其狭义来说,无论如何都不能在比较研究中占有一席之地。"②事实上,福斯克特的认识只能说是比较研究过程的表述,即找出研究对象的异同,而后对其进行评估,因而作为比较图书馆学研究目的和功能的记述还是不贴切的。

1966 年,杰克逊对于比较图书馆学研究的目的,也发表他的看法。他认为:"从事于不同国家图书馆学理论和实践进行比较的研究领域,目的在于深化和扩充对超越国界的各种问题的了解。"③在另一篇文章里,他还明确地指出:"比较图书馆学提供了机会去考察这些在不同国家中的图书馆学的理论与实践,以达到解答和加深理解图书馆问题这个目的。这种研究将有助于我们更广泛地发现涉及有关各方面内容的图书馆问题,从而作出分析与解答。"④

此外,肖尔斯也提出类似的看法,即"扩充和深化对专业问题和解决办法的认识。"⑤他的认识如果只限于此,充其量也只能说,这种观点和杰克逊一样,"论断不仅过于狭隘,而且忽略了主要的

---

① J. 珀利阿姆·丹顿著;龚厚泽译;陈鸿舜校.《比较图书馆学概论》.北京:书目文献出版社,1980.43 页

② J. 珀利阿姆·丹顿著;龚厚泽译;陈鸿舜校.《比较图书馆学概论》.北京:书目文献出版社,1980. 43 页

③ J. 珀利阿姆·丹顿著;龚厚泽译;陈鸿舜校.《比较图书馆学概论》.北京:书目文献出版社.1980.43 页

④ Miles M. Jackson. Comparative Librarianship and Non – Industrialized Countries. International Library Review,1982. 14(2)

⑤ J. 珀利阿姆·丹顿著;龚厚泽译;陈鸿舜校.《比较图书馆学概论》.北京:书目文献出版社,1980. 43 页

目的。"①然而，肖尔斯在 1970 年发表的文章里却提出：

"作为一门专业的图书馆学，通过比较研究来完善自己是再好不过了；但其最终命意却是要说明，我们专业的使命在于通过教育各地人民去比较他们的理想和他们的社会，从而把这扰攘纷乱的世界从当前的困境中引导出来。

但是，除非着手作更有意义的比较，否则我们的专业及其学问永远也达不到它们的崇高目的。除非图书馆学成为比较的，否则全世界的图书馆员所承担的任务就永远是不明确的。

（比较图书馆学具有）扩展并深化对专业问题和解决办法的了解这样一个目的。

比较图书馆学为我们当代学术自由提供了一个质的衡量尺度。……

（图书流通数字的）按质的分析，可以说是属于比较图书馆学的任务。

如果图书馆能预见到可能激发暴力的问题，把潜在的示威进军者从街头引导到阅览室，引导到书本中去，并找到如此优越的解决办法，采用这些办法可以势无阻挡地克服当前的社会罪恶，那么，比较图书馆学就是在发挥它自己的崇高作用。"②

上述这一大段引文，表明了肖尔斯的观点，第一，比较图书馆学的目的是"扩展和深化我们对问题及解决办法的了解"，这一认识不够完备，也过于狭隘。若仅限于此，那么他的观点还有正确的一面，至少这种认识表达了比较图书馆学的实用的一般性目的。

然而，关键的是他的第二个观点，即引文的最后一段，则把他

———————

① J. 珀利阿姆·丹顿著；龚厚泽译；陈鸿舜校.《比较图书馆学概论》.北京：书目文献出版社,1980. 44 页

② J. 珀利阿姆·丹顿著；龚厚泽译；陈鸿舜校.《比较图书馆学概论》.北京：书目文献出版社,1980. 46~47 页

的政治色彩暴露无遗,充分表明肖尔斯主张学术为统治阶级服务、为资产阶级服务的思想实质。他试图通过图书馆的工作吸引"示威进军者"到阅览室,以此缓和资本主义国家的矛盾。显然,这种观点不仅是错误、荒谬的,而且是反动的,西方学者丹顿也没有接受这种所谓的"崇高作用"。

英国的比较图书馆学家西姆索娃,虽然没有直接地解释比较图书馆学的目的,但她认为比较图书馆学"作为文化借鉴的工具和整理图书馆资料(及思想)的工具"①而具有实用价值。

第二种,强调理论性目的。

丹顿对于比较图书馆学的目的与功能是颇为重视的,他在《比较图书馆学概论》中是以独立的章节来阐述他的认识。在该章里,他全面评介西方学者对这个问题的论述,并阐述了他个人的看法。他赞赏柯林斯的"实用性目的"是"迄今最贴切、最全面的"。此外,他还提出如下几点见解:(一)他认为比较图书馆学研究和社会科学领域的比较研究的目的应是一致的,因为"……社会科学领域所有比较研究的最主要目的和最高标准所共有的,即探求能够解释已知现象的普遍适用的原理,以及内容上和范围上的多国度、多文化或多地域的思想。"②(二)他强调最高目的是认识各种现象的联系,而不应局限于罗列、描述实用性目的。他说:"……由英美人士提出的……这些论点完全忽略了所有严肃认真的比较工作的根本的(非实用主义的)目的,那就是对于原因(或曰关于原由的知识)的探求和对于原理的探求。……必须强调,最高的目的,或最终目标,是去认识我们观察到的各种现象的联

① J. 珀利阿姆·丹顿著;龚厚泽译;陈鸿舜校.《比较图书馆学概论》.北京:书目文献出版社,1980.48 页

② J. 珀利阿姆·丹顿著;龚厚泽译;陈鸿舜校.《比较图书馆学概论》.北京:书目文献出版社,1980. 49 页

系,而不是罗列或描述这些现象,不论这种罗列或描述对于别的目的可能会多么有用。"①(三)他同意比较图书馆学应有"具体的"、"实用性"的目的和意义,主要有:"制订图书馆计划"、"促进思想的自由交流"、"促进和增强国际了解"、"解决具体图书馆问题"、"增强图书馆教育计划,提高其学术内容方面所具有的潜在价值。"虽然,他没有否认比较图书馆学在图书馆实践中的作用,但他强调"它们并不是比较研究的目的(重点为丹顿所加)。"②显然,丹顿试图从理论高度来认识比较图书馆学研究目的,因而他认为:"如同所有其他类型的理性研究一样,比较研究的另一目的,在于增加我们知识的总量,扩大我们知识的领域,并且是仅仅为了希望获得的知识本身,我们才这样做。"接下去,他还说:"……支持这种为科学而科学的观点,也承认比较图书馆学的基本存在理由是属于理性的;纵令没有别的什么理由,为知识而知识已足够叫我们去认真严肃地对待知识了。"③可见,丹顿充分认识比较图书馆学研究的实质,强调它的科学性、学术性,这一点我们应当给予肯定。然而,我们也不能忽视丹顿对这个问题的认识却走过了头,他过分地强调比较研究的理性价值,忽视了理论指导实践的作用,"为知识而知识"、"为学术而学术"的论点,显然失之偏颇,也是我们不能苟同的。

第三种,理论与实践性相结合。

上述两种倾向,集中反映了西方学者对比较图书馆学目的和功能的观点。他们有的侧重于实用性目的,有的却强调理论性价

---

① J. 珀利阿姆·丹顿著;龚厚泽译;陈鸿舜校.《比较图书馆学概论》.北京:书目文献出版社.1980.49 页

② J. 珀利阿姆·丹顿著;龚厚泽译;陈鸿舜校.《比较图书馆学概论》.北京:书目文献出版社.1980.49~52 页

③ J. 珀利阿姆·丹顿著;龚厚泽译;陈鸿舜校.《比较图书馆学概论》.北京:书目文献出版社,1980.54 页

值。对于这个问题的认识,中国大多数的比较图书馆学研究者观点比较一致。他们不仅看到西方学者过分注重实用性目的的局限性,而且也注意到过于强调理论性目的、忽视理论对实践的指导作用的不足。因而,他们明确地提出:"认识各种现象的内部联系,探求原理的最终目的是用来指导实践,而不是为知识而知识。在强调比较图书馆学的理性作用的同时,我们不应当忽视它的实用目的。"①这种观点,基本上表达了中国比较图书馆学的研究者的认识。但是,在具体的表述方式和侧重点上,他们又有所区别。有的从总体目的来论述;有的把目的划分为基本目的、具体作用和意义两个层次来表述;还有的侧重于功能和意义的探讨等。下面,我们分别介绍有代表性的论点。

(一)从比较图书馆学研究的总体目的来阐述的,如吴慰慈,在题为"比较图书馆学的特征、目的、内容和方法"一文中明确指出:

"在比较图书馆学研究过程中,一般受三个主要目的的指导:

第一,'报导——描述'的目的。它向读者提供各国发展图书馆事业的'情报',并按专题把事实加以分类,事实的报导与描述,是比较研究过程中的必要的一步。

第二,'历史——功能'的目的。比较图书馆学不仅要描述事实,而且要说明特征。不应把图书馆事业作为孤立存在的事业来看待,而应同国家的经济、政治和科学文化教育和背景因素结合起来研究,指出图书馆在具体社会中的功能。

第三,'借鉴——改善'的目的。在比较研究中,我们既要注意外国与外国之间图书馆事业发展特征的比较分析,也要注意本国与外国图书馆事业发展特征的比较分析。通过比较分析,不仅使我们对世界各国图书馆事业的特定条件和发展过程有明确的认

---

① 佟富. 比较图书馆学综述. 图书馆学通讯,1989(2):43

识,更重要的是使我们对本国图书馆事业与国外图书馆事业的种种区别和差距有深刻的认识,进而探讨产生这些区别和差距的社会因素及其内在原因,以便对图书馆事业发展的规律性有进一步的理解,达到借鉴和改善的目的。"①可以说,这种认识是接受比较教育研究目的的升华。

1987年,张天俊也指出:"比较图书馆学的目标,应该是通过确定同异关系来探索国内外图书馆发展的内在规律,寻求普遍适应的图书馆学基本原理和最优的图书馆模式。"②转年,郑挺在"概论比较图书馆学"一文中,提出比较图书馆学的目的有三方面:"了解本国图书馆事业";"推动图书馆事业改革";"探讨图书馆学的规律"。上述有代表性的见解,都是从总体目标出发,表述了比较图书馆学的目的。

(二)把比较图书馆学研究的目的和意义,划分为基本目的和具体作用来论述的,如肖永英,她在1986年发表的"试论比较图书馆学的目的和意义"论文中,对国外学者有关比较图书馆学的目的和意义的几种主要观点进行剖析,进而阐述了她个人的看法。她认为比较图书馆学的目的和意义的具体内涵,应包括"基本目的"和"具体作用和意义"两大部分,后者是前者的深化,就比较图书馆学的基本目的而言,她说:"要以科学的比较方法探索国内外图书馆发展的内在规律,寻求普遍适应的图书馆学基本原理和最优的图书馆模式。"她强调"认识这一问题时,既不能只崇尚它的理性意义,而忽视了它的实践作用,也不能只注意到它的实践作用,而摒弃了它的理性意义;更不能将它任意歪曲。"接下去,她论

---

① 吴慰慈.论比较图书馆学的特征、目的、内容和方法.大学图书馆通讯,1987(1):16

② 张天俊.从比较说开去:也谈比较图书馆学的一些理论问题.四川图书馆学报,1987(1):17

述了比较图书馆学的具体作用和意义,概括起来有以下几方面:
"它能为制定图书馆决策提供标准和依据";"它能为解决图书馆
的具体问题(尤其是国际范围)提供最佳方案";"它能增进各国图
书馆工作者相互了解和思想交流,促进图书馆事业的共同发展";
"它能促进世界各地的图书馆教育计划的改善,提高图书馆教育
的问题";"它能深化对图书馆理论问题的探讨、提高图书馆的学
术理论水平"。①

(三)侧重于比较图书馆学功能的探讨,如刘迅在 1980 年发
表的有关论文中,指出的比较图书馆学的作用有三方面:"有助于
对理论问题的突破";"有助于掌握世界各国图书馆事业发展的情
况,找出自己的不足";"有助于图书馆学的研究人员养成一种良
好的认识方法"。② 持类似观点的还有文南生,他虽不赞同比较图
书馆学的称谓,但对于比较图书馆学的功能的认识却有与众相通
之处。他认为比较图书馆学的作用是:"有利于丰富图书馆学的
理论";"有利于弄清图书馆学";"有利解决一些历史遗留的问
题"。③

以上材料表明,中国的比较图书馆学研究者,对于这门学科的
目的与价值的认识,作过多种解释。然而,他们的认识基点,即理
论与实践目的相结合,则是相通的。

3.2 我们的观点

前面我们介绍了国内外比较图书馆研究者对比较图书馆学

① 肖永英.试论比较图书馆学的目的和意义.图书馆,1986(5):21~22
② 刘迅.介绍一种新学科——比较图书馆学.吉林省图书馆学会会刊,1980(4):
11
③ 文南生.试论比较图书馆学.图书馆学研究,1987(2):6

的目的与功能的各种认识,对于从事比较图书馆学研究都有一定的参考价值。西方学者比较注重具体的、实用性的功能探讨。而中国的学者们,虽有不同的表述方式和侧重点,但是对比较图书馆学的目的与功能的认识基点,并无实质性区别。他们都注意到理性价值与实践作用的结合。换句话说,都不同程度地强调理论与实践相结合的指导思想,这点正是我们与西方观点的不同之处。

比较图书馆学的目的与功能的探讨,既要注意它的理论意义,也要看到理论探讨是为了指导实践,在强调比较图书馆学的理性目的的同时,还要注意到它的实用性目的与功能。因而,比较图书馆学的目的与功能,必须是以寻求规律并为发展图书馆事业服务为基本点,具体地讲,有如下几方面:

一、科学地探讨图书馆规律。比较图书馆学有别于图书馆学的其他分支学科,正是由于它能够打破各种界限——国家界限、民族界限、文化界限、区域界限、语言界限、学科界限,从宏观的角度、从国际的角度俯视各种图书馆现象,把人们的视角从狭小的界限扩大到各个领域,从尽可能广阔的视野中来考察图书馆现象,在不同的参照系中进行比较研究,深层次地揭示图书馆学的本质。这就是说,它使我们能够扩大眼界,增长见识,因而能得出更全面的、更科学的结论。

从研究方法看,比较图书馆学的研究绝不仅仅是为了发现同与异,或者只是为了发现影响,说明其渊源、媒介等事实。尽管这些研究并非不重要,但这只是比较图书馆学研究的初级阶段,研究者也决不能在此停步不前,否则就会出现“为比较而比较”的弊病。因而,比较研究的最终目的必然要上升到理论的高度。

强调比较图书馆学研究目的理论性的另一层含义,还在于比较图书馆学的研究范畴十分宽泛,它为图书馆学研究开拓了新的研究领域,它把图书馆学思想、图书馆学基础理论与不同学科的相互关系的比较研究,放在十分重要的位置,通过相互阐述、发挥、印证,提高我们的明辨能力,从而达到对图书馆学总体的认识和理解,有益于我们科学地、全面地认识图书馆现象,挖掘现象间的联系,从而揭示图书馆学的总体规律。在这里,我们援引丹顿的话:"必须强调,最高目的,或最终目标,是去认识我们观察到的各种现象的联系,而不是罗列或描述这些现象,不论这种罗列或描述对于别的目的可能会多么有用。"①当然,比较图书馆学研究并不满足于现象描述、分析、对比,也不满足于孤立地研究各种现象。而是通过现象的透视,揭示现象间的联系,把图书馆学作为一个超越时空界限的整体来理解,从总体上来认识图书馆活动,探索其发展规律。所以,比较图书馆学寻求共同规律的目的与功能,是图书馆学研究的其他途径所不能取代的。

从图书馆学基础理论看,它的深化有赖于比较图书馆学的发展。因为,图书馆学基础实质上是对图书馆学基本原理、基础理论的研究。在它的发展过程中,各国与各个时期的理论,实际上存在着差别。就外域近现代图书馆学理论基础研究来讲,外国有各种不同的流派和观点,其中具有代表性的有,德国施莱辛格的"整理论";英国爱德华兹(Edward Edwards,1812~1886)的"管理学";以美国著名图书馆学家杜威为代表的"实用派"、巴特勒(Pierce Butler. 1886~1953)的图书馆"科学论"和谢拉(Jesse Hauk Shera, 1903~1982)的"社会认识论"为代表的"理念派";英国肯普(D. K. Kemp)和布鲁克斯(B. C. Brookes)的"知识基础论";德国的卡尔施泰特(P. Karstad)的"知识社会论";前苏联米哈依洛夫(А. И. Михайлов)的"交流系统论"等等,都是他们各自对图书馆活动的理性认识的概括,自有其系统性、理论性的特点。但是这些理论对于中国的图书馆学,并不完全适用,也不能全盘接受。因而,在

---

① J. 珀利阿姆·丹顿著;龚厚泽译;陈鸿舜校.《比较图书馆学概论》.北京:书目文献出版社,1980.49 页

中国图书馆学近现代史上也曾先后出现了"方法说"、"要素说"、"规律说"、"矛盾说"、"层次说"、"交流说"等等,这正说明了外国的图书馆学理论基础并没有完全涵括全世界的图书馆现象。前者只是外国学者在不同的历史时期,对图书馆现象理性认识的总结,他们并没有考虑到各自国家以外的图书馆现象,所以,他们的理性认识还不能完全说明全世界的一切图书馆现象。当然,他们的目的和出发点并不在于此,我们也不能苛求。但是,当我们放眼世界的时候,当我们试图探求全世界图书馆活动的共同规律时,我们就深切地感受到突破国家、民族界限的必要。50 年代复苏的比较图书馆学以及国际图书馆事业的比较研究,都在为寻求共同的规律而努力,这些研究成果,丰富和发展了图书馆学。现在,又出现比较图书馆学研究的"理性化"和"世界图书馆事业比较研究",可以说,这是比较图书馆学研究正向深度和广度发展的新迹象。随着研究的深化,寻求共同规律,促进全球图书馆事业发展的终极目的必将成为现实。

二、掌握本国图书馆事业的特点,促进图书馆事业改革的深化。古罗马的历史学家塔西佗曾说过,要想认识自己,就要把自己同别人进行比较。歌德在诗剧《塔索》中也曾写道:"如果你认为自己已失去价值,就把你同别人进行比较"。[①] 可见,认识别人而得到自我认识,是比较方法的实际价值所在。作为个人的认识自我,把自己和别人进行比较,是一种可行而又有效的方法。对于整个社会现象,当然也包括图书馆现象在内的认识,同样也可以通过比较的方法来实现。正是这个道理,比较方法的运用才有广阔的天地。比较图书馆学是以跨越时空、跨越学科界限对各种图书馆现象进行比较研究,这种研究必然以世界图书馆事业为背景,以他国的图书馆现象为参照系,把本国的图书馆事业置于大系统中,重

---

① 冲原丰著;刘树范、李永连译.《比较教育学》.吉林人民出版社,1984. 5 页

新估价自己、重新认识"自我",坚持、发扬"自我"原有的优势,学习他人对我们有用的、值得借鉴的经验。这里所说的借鉴,是指在消除"偏见"的基础上,以实事求是的态度来进行对比,从而加深对"自我"的认识的。比如,阅览室书刊资料阅毕回归的方式,目前有两种。一种是读者负责型,即读者将阅后资料自行回归原处;另一种是馆员负责型,读者阅后的资料放在阅览桌上,由馆员负责送归原处。我国采取前一种方式;后一种如美国等。当我们将这两种方式进行比较时,从中可以看到我国读者负责型的特点。假如深入一步探讨,那么,这种方式的形成是否有其背景因素,它与文化传统、服务思想又有何联系?从中是否可以加深理解我国的读者工作、图书馆管理思想呢?

此外,图书馆学研究同其他学科一样,不能把它的研究局限于狭窄的天地里,局限于本学科的范围之内,也不能单纯从本国的角度来分析、研究。要做到这些,仅仅依靠纵向的历史透视是不够的,只有在纵向研究的同时,展开横向的比较,才能使我们在前进中始终保持清醒的头脑,以锐意进取的精神去探索、去创新。比如,当我们把我国和美国的图书馆员的培养与教育进行比较时,是在了解、熟悉本国状况的前提下与美国进行对比研究的,进而看到图书馆服务、效果与人员学识水平的关系,认识到加强我国图书馆学教育的迫切性。再如,我们将美国现代的图书馆服务手段、图书馆现代技术、图书馆学教育内容与我国作比较,从中既可以加深对图书馆现代化手段、现代化技术教育的重要性认识,又可以促进我国图书馆学教育长期局限于以传统操作方式作为核心内容的变革,从而加速我国图书馆学教育的改革,对于修订教学计划,改进教学内容、教学方法以及调整课程设置都是有益的。

总之,比较图书馆学是在比较世界性图书馆事业过程中,寻求集体智慧的模式,以改善本国的图书馆事业。因而它不仅能够、也应该对本国图书馆事业改革和决定政策发挥作用。同时,在世界

70

范围内对各国图书馆活动的改进,制订国际图书馆间协作、文献信息交流计划做出贡献。它以独特的熟知他国图书馆事业的各种数据,以及总览各国状况的宏观视野,对本国及世界性图书馆活动趋势进行"预测",指明方向,并在决策中发挥其应用价值。

三、增进世界信息交流、推动图书馆学发展。比较图书馆学研究,从某种意义上讲,是在信息交流的基础上发展起来的,它对于开展信息交流又具有特殊的意义。现代社会是科学技术激剧发展,新科学、新技术、新方法不断涌现,社会化大生产、国际市场迅速形成的时代。在这样的时代里,无论是发达国家,还是发展中国家,都越来越重视对外开展科学、技术、经济、文化等信息交流。然而,建国初期,由于帝国主义的封锁,以及"左"的思想影响,特别是"文化大革命"时期,我国曾一度处于与外隔绝的状态,它严重地妨碍了我国社会主义建设事业的发展。中共的十一届三中全会以来,实行改革开放,按照平等互利原则,执行扩大对外科学技术、经济、文化信息交流的方针。我国向世界敞开了大门,于是世界各种信息大量地向我们涌来,对我们原有的理论、思想与实践形成了一个很大的冲击波。图书馆学和其他学科一样,面对国际间交往的日益频繁,面对大量的信息冲击,如何明辨是非成为头等重要的事情。在这种情况下,我们既要坚持社会主义大方向,坚持四项基本原则,又要对外来的东西进行鉴别,从中辨识我们应该学习的、应该扬弃的东西。在这项工作中,比较图书馆学大有用武之地,它可以帮助我们提高理解能力、认识能力。在各国图书馆现象的对比中,增强对外国图书馆事业的认识,弄清不同的国家图书馆实践和理论之间有何相同之处,有何差异之处,产生这些同异的关键是什么。此外,还可以从技术方法上的对比中吸取有价值的东西,从而丰富和促进图书馆学的发展。例如,1984 年 3 月 12 日,第六届全国人民代表大会常务委员会第 4 次会议通过了《中华人民共和国专利法》。中国专利局在对该法草案作说明时讲到,中国从

1978年开始筹建专利制度,起草专利法。在起草过程中,考察了各种类型国家的专利制度,参考了几十个国家的专利法资料,在吸取国际经验与结合国情的基础上,形成了我国的专利法。该法的起草过程,充分地说明了我国制定专利法,注意吸取他人之长。从某种意义上讲,这正是对外国有关专利法进行比较研究的过程。再比如,我国制订文献著录标准时,也注意了向国际标准靠拢的原则,对国际文献著录标准进行了对比研究,考察了多种编目条例,参考了《国际标准书目》(International Standard Bibliographical Description - ISBD)系列。我们正是在借鉴、对比研究之后作出相应的规定,因而使我们的文献著录标准适应了我国现实的需要。无疑的,文献著录标准的制订,极大地推动了我国的文献标准化工作,促进了图书馆目录实践与理论的发展。

需要强调的是,比较图书馆学研究增进信息交流还有另一层含义,这就是开展中外图书馆实践与理论的比较研究,可以大大地增长我们民族的自豪感。因为,我们正处于信息交流空前频繁的时代,在这个时代里,图书馆学研究业已具有"世界性"、"国际性"的规模。但是,长期以来,外国一些学者有一种偏见,一直以西方为本位,注重研究发达国家的图书馆实践与理论,把东方排斥在比较图书馆学研究范围之外,这是不公正的。因为不开展东西方,尤其是中、西方的图书馆实践与理论的比较,比较图书馆学就不可能具有完整的概念。所以,中西方图书馆实践与理论的比较,应成为图书馆学研究中的组成部分。在中西方图书馆实践与理论的比较研究过程中,我们一方面要学习外来的、正确的东西;另一方面,我国的图书馆学研究也应走向世界,为世界图书馆事业作出贡献。比较图书馆学正是中国的图书馆实践与理论走向世界的重要渠道。"中国有过使世界震惊的古代文明,在图书馆史上,也有过几章足以引为骄傲的历史。"①我国有着丰富的古代图书馆学知识，理应成为世界图书馆学理论的重要内容；我国近现代有关图书馆的基础理论成果，也应成为国际图书馆学界正在寻求的图书馆学理论综合架构的组成部分；我国历代图书馆学专家学者的著作和学术思想，也应该纳入世界图书馆学思想的体系内。要实现上述这一切，就必须通过比较研究与世界沟通，在比较过程中，探讨我国图书馆实践与理论和他国的殊异与类同，揭示我国图书馆实践与理论的特征，阐明其特性和价值，从而促进图书馆学的整体发展。作为一门开放性的学科，比较图书馆学是我国图书馆事业与周围世界之间沟通、联接的一条通道，它有助于我国"面向世界"、"走向世界"，有利于世界理解、接受我国的图书馆实践与理论。

最后，作为图书馆学分支学科的比较图书馆学的发展，与国际信息交流有着密切的关系，一方面，比较图书馆学研究者，出于研究目的，必然会关心外国的图书馆实践与理论，并以浓厚的兴趣去搜集、获得研究课题所需的信息；另一方面，国际图书馆活动，又需要依靠比较图书馆学的各种研究成果，为讨论和解决本国和世界性图书馆活动计划、制订长远发展规划提供信息。无疑的，随着世界信息交流的扩展，必将促进比较图书馆学研究的深化，增进图书馆学的整体发展。

四、开辟图书馆学研究的新层面、完善图书馆学的体系结构。比较图书馆学是一门新兴学科，它是以跨越国家、民族、学科界限为特征的比较研究，其研究领域有广阔的内涵，涉及到各国图书馆实践与理论的各个方面，不仅包括外国图书馆实践与理论之间的比较研究，还包括本国与外国图书馆实践与理论的比较研究，而且包括不同民族间、不同环境中的图书馆实践与理论的比较研究。

---

① 南开大学图书馆学系等编.《理论图书馆学教程》.天津:南开大学出版社,1986.127 页

它既不同于图书馆史、图书馆学史按时间顺序的现象描述和分析；也不同于国际图书馆学的国际间图书馆活动的内容的阐述。它是以自觉的比较意识引导图书馆学研究者进入一个新的境界，不断拓展研究的视野，开辟研究的新层面，具体讲有如下几方面：

（一）扩大图书馆学研究范围，从对一国图书馆实践与理论的研究，延展到同时对多国、甚至于世界各国、各区域的图书馆现象的比较研究。这种研究决不是各自独立呈纵向、静态的描述，往往是纵向与横向、静态与动态、综合与专题相结合的比较研究，从而弥补了图书馆学研究中的空白和薄弱环节。

（二）增进图书馆学研究的深度，从一个"点"上的图书馆现象起步，延展到一个"面"的实际，进而从"立体"的，甚至从多层面、多角度探讨图书馆学。比较图书馆学是把各国图书馆状况同图书馆学理论、历史发展以及所在国的社会、政治、经济、文化的发展联系起来进行研究。所以，当今的比较图书馆学研究，已不是单纯对外国图书馆的调查和比较，而是以它的开放性、国际性、关联性呈现其研究领域的宽泛色彩。

（三）使图书馆学研究另辟蹊径，不仅在研究方法上显示其自觉意识，而且比较研究在不同程度上改变着人们的思维方式，提高了图书馆研究的精确度。运用比较方法对图书馆现象进行对比、分析、综合，对于图书馆学认识的严密化、精确化、无疑地起了积极的作用。可以帮助我们在一定程度上检验图书馆学理论的严谨性、完备性和一致性。例如，日本庆应义塾大学图书馆情报学专业教师与攻读该专业博士学位的学生研究小组、斋藤和津田良成分别采用比较分析的方法，就图书馆学、情报科学的文献结构展开研究，从而证明图书馆学和情报学至今仍未融合成为一个学科，依然保持着不同学科的性质。庆应大学的研究小组在对比学科期刊论文的参考文献后，指出：在引文率方面，"情报学方面的期刊，自我引文率比较高，但是图书馆学方面的期刊的自我引文率却较低"；

在参考文献的类型方面,"情报学方面的期刊,引自期刊的参考文献数量超过全部参考文献数量的50%,而图书馆学方面的期刊,引自期刊的数量低于50%";在参考文献的时间方面,"就引用六年以内所出版的期刊的参考文献来看,情报学方面的期刊,总的是在40～60%左右,而图书馆学方面的期刊,一种刊载历史性论文较多的期刊,占30%左右,另一种以刊载时事新闻为主的期刊,占70～90%";在参考文献所涉及的学科方面,"情报学方面的期刊,对图书馆情报学的引用文献的依存度较低,而对计算机科学、自然科学等其它一般性学科文献的依存度较高。与此相反,图书馆学方面的期刊对其它学科的依存度,低于对图书馆情报学期刊的依存度"。① 斋藤也进行了类似的研究,得出的结论是相似的。津田良成在《图书馆情报学概论》里也指出:"情报学方面的期刊论文所参考的文献中,图书馆情报学方面的文献占全部参考文献量的48%,其次是计算机科学方面的文献,占18%,再次以化学、医学、一般科学、数学、经济学等方面的文献,这表明情报学具有边缘科学的性质。与此相反,图书馆学方面的期刊,对图书馆情报文献的引文率达78%,而对其它各学科文献的引文率均未超过3%,可见图书馆学是一范围相当窄的学科。从以上被引用的文献所属范畴,也可以发现图书馆学与情报学之间存在着的明显差异。"② 上述的研究,都是在统计、分析、比较的基础上,从图书馆学与情报学期刊论文的参考文献结构的角度,来探讨两学科的差异性,以证明图书馆学和情报学仍然是两门各自独立的学科。当然,我们无意于评论他们所作出的结论。但是,从上述研究中,可以看出比较方

---

① 津田良成等.引用文献かちみた图书馆、情报学杂志的类别.图书馆学会年报.1980.26(1)

② 津田良成.《图书馆情报学概论》.北京:科学技术文献出版社,1986. 23～25页

法为图书馆学的科学研究开辟了新层面,提供了新途径,展示了更为广阔的前景。

此外,比较图书馆学以其研究领域的广延性,大大地丰富了图书馆学的研究内容。它不仅是理论图书馆学的重要组成部分,也是图书馆学的一个分支学科,它的成熟与发展,必将充实理论图书馆学,拓展和深化图书馆学研究,从而缩短了图书馆学体系结构完善的通道。

第四章　比较图书馆学的研究模式

4.1　研究模式的类分

比较图书馆学的研究模式,国内外有几种区分方法,常见的有三分法和二分法。所谓三分法,是将比较图书馆学的研究模式划分为三种类型,如区域研究、实例研究、全面分析;地域研究、问题研究、实例研究;地区研究、跨国研究、典型研究;源流研究、借鉴研究,原理研究等。而二分法是将研究模式划分为两种类型,如区域研究、问题研究;国际比较、国内比较;不发达国家之间的比较、发达国家与不发达国家间的比较;影响研究、跨学科研究;影响研究、平行研究等。下面,我们逐一作简要介绍。

一、三分法:

(一)以美国的理查德·克尔齐斯的观点为例,他和加斯顿·利顿合著的《世界图书馆事业——比较研究》(World Librarianship:A Comparative Study)的研究方法总论中,论述了世界图书馆事业的比较研究可分为三类型,即区域研究、实例研究和全面分析。作者对这三种比较研究作出如下解释:

1.区域研究:指两个或两个以上的区域,并列进行讨论和分析,这种研究是以比较为前提进行的各个区域的研究,并要求与分析联系起来。如对亚洲图书馆事业与非洲图书馆事业进行并列和分析。这就形成了亚洲和非洲两个区域图书馆事业的比较研究。

2. 事例研究:指对图书馆事业的概念、论题或主题所进行的比较研究,还包括比较两个地理区域的图书馆事业的某个方面。克尔齐斯举例说明,如对印度和巴基斯坦图书馆学教育的比较研究;对乌拉圭和巴西图书馆员的素质等进行比较,而对日本和伊朗图书馆员的职业特性、社会地位等方面所作的比较研究,则属于主题研究项目;在这里克尔齐斯还强调对美国北方和南方各州图书馆协会的比较,可认为是"一种比较研究"。

3. 全面分析:指某一学科或专业对整个社会发生全面影响的一种分析。克尔齐斯认为这类型比较研究是一种特殊的、庞大的、艰巨的研究,也是一种显示比较图书馆学研究者最高水平的研究课题。他还征引比较教育学家乔治、Z. F. 贝雷德(George Z. F. Bereday)在评论教育学的比较研究时,指出这种研究是:"该学科研究的顶点,这是一个适合于一个研究人员毕生为之奋斗的领域。"①

(二)多萝西·柯林斯为《图书馆学与情报学百科全书》(Ency - clopedia of Library and Information Science)撰写的比较图书馆学条目的释文中提到比较图书馆学研究的主要类型:

"1. 地域研究,这种研究把某一特定国家或地区的图书馆发展与有关的决定性背景因素联系起来,给以描述性的综述和批评性的分析;

2. 对两个或更多国家中(或同一国家中不同形势下)的某个技术性的图书馆问题,从多国度或多文化角度所作的研究……。

3. 实例研究,这种研究深入地分析一种类型,或图书馆发展中一种关键因素,例如某一特定国家的图书馆教育、文化程度、或图

---

① George Z. F. Bereday. Comparative Method in Education, New York: Holt, Rinehart and winston, 1964, p. 25

书生产状况。"①

（三）美国西蒙斯大学教授林瑟菲在访华报告中提到,比较图书馆学研究包括:地区研究、跨国研究或跨文化研究、典型研究三种。

"地区研究不仅要对某一国家或地区进行论述,而且还要进行分析。

跨国或跨文化研究应当对两个或两个以上国家中的体制及其功能进行对比,如编目,分类,管理,情报服务或新技术的使用等。

典型研究着重探讨一个以上国家中图书馆方面的某一特殊问题,最后制定出解决问题的方法。"②

（四）"比较图书馆学的研究类型有源流研究、借鉴研究和原理研究。"③作者没有再作进一步分析、论述。

二、二分法:

（一）以吴慰慈的观点为例,他认为从比较图书馆研究课题的内容性质来划分,比较图书馆学研究"可以区分为区域研究和问题研究两大类型。"④他指出:

1.区域研究是"分析研究该区域内所属国家的图书馆事业状况",⑤同时还可以进一步按地理区域细分。

2.问题研究是"分析比较两个或两个以上国家的图书馆事

---

① J. 珀利阿姆·丹顿著;龚厚泽译;陈鸿舜校.《比较图书馆学概论》.北京:书目文献出版社,1980. 21 页

② 林瑟菲.国际图书馆学与比较图书馆学.图书馆工作与研究,1981(1):22

③ 杜元清.论比较图书馆学.图书情报知识,1988(2):46

④ 吴慰慈.论比较图书馆学的特征、目的、内容和方法.大学图书馆通讯,1987(1):16

⑤ 吴慰慈.论比较图书馆学的特征、目的、内容和方法.大学图书馆通讯,1987(1):16

业。按照比较范围的大小又可分为两个小类:专题比较和综合比较"。① 作者对这两种比较研究又进一步解释为:

(1)专题研究是"把各国同一类问题并列在一起进行比较。例如把各国的图书馆服务标准、图书馆藏书及其布局、图书馆编目规则、图书分类法、图书馆网络、图书馆管理体制、图书馆法规、图书馆学教育、图书馆协作化的程度以及图书馆现代化技术的应用等等问题,分别进行横向比较研究,从中找出各国的特点和共同趋势。"②

(2)综合研究是"对国际的现状和趋势作全面的综合比较研究。其目的在于揭示各国图书馆事业发展的特点和趋势,判明图书馆事业的发展与政治、经济和社会发展的关系这样一些带根本性的问题。"③很明显,这是一种两层次的二分法。

(二)国际比较、国内比较,这是陈传夫的观点。他是从比较图书馆学的研究范围切入这个课题的。他认为:"比较图书馆学的研究范围有两个方面的比较,即国际比较和国内比较。"在阐述上述认识之后,他又从研究内容再次细分,提出:

"〈一〉国际比较的领域:国际研究可划分为两大类型:

(1)地区研究:可按地理、语言、政治、环境等标准来划分。地区间图书馆问题的比较研究有助于在世界范围内寻找到图书馆发展的共同规律,并制定准则指导图书馆实践。例如按地理区域划分的斯堪的纳维亚计划各国同东南亚地区图书馆发展的比较。照语言区域划分的英语区同汉语区各种语言的文献资料收藏情况的

① 吴慰慈.论比较图书馆学的特征、目的、内容和方法.大学图书馆通讯,1987(1):17

② 吴慰慈.论比较图书馆学的特征、目的、内容和方法.大学图书馆通讯,1987(1):17

③ 吴慰慈.论比较图书馆学的特征、目的、内容和方法.大学图书馆通讯,1987(1):17

对比,有助于这两个地区的国家制定各自的藏书标准。按政治制度划分的标准所进行的对比研究,有助于认识一种社会制度给图书馆发展带来的优越性,可以互相取长补短,克服自身的缺陷。例如,社会主义中国同资本主义日本的比较。……

（2）不同国家或不同文化之间的对比研究。各国有自己的国情、有自己的文化传统,这些特点都在一定程度上影响着图书馆事业的发展。……

〈二〉国内比较的领域:

……一国之内的比较研究则是比较图书馆学的深入和继续开拓。国内比较研究的领域十分广阔。具体说来:

时间层次:一国内图书馆体制,布局、方法在不同时间的演变,应从具体的社会背景下的因素考察开始,例如苏联在农奴制、沙皇和社会主义时期……

地理差异:特别是地域宽广的国家的自然、地理、气候等因素有较大差异以及政治地理、经济地理等等,例如……南北朝鲜图书馆体制的比较,主要考虑的是政治地理。

民族特点:对于多民族国家,由于宗教信仰、文化、传统等因素的影响,必然会涉及到图书馆藏书、布局、工作组织各方面的不同。民族精神、社会心理不同都会给图书馆的某些方面施以重大影响。

理论派别:作为人类知识的一种工具——比较方法具有普遍性。这对于观念上的各种理论同样是必要的。……例如我国图书馆界关于图书馆对象问题的争论有十余家观点之多……,如何从这些争论中寻求真理呢? 这就必须通过分析、比较归纳而在实践中认识。

〈三〉实例研究

实例研究包括对特定环境下的图书馆组织、经费、布局、建筑、管理和法的比较研究。在工作上有助于对图书馆发展趋势作出估计和科学预测,为发展中国家各类型图书馆寻找方向。……"①

不难看出,陈传夫对于比较图书馆学研究模式的类分,是一种二分法,但从不同的角度区分,又形成三个层次的结构。

(三)不发达国家之间的比较,发达国家与不发达国家之间的比较。这是杰克逊提出的,他在题为"比较图书馆学与不发达国家"的论文中表述了他的观点。杰克逊是从研究方法的角度来区分,他认为:"……有两种可能的方法:a)不发达国家之间的比较;b)发达国家与不发达国家之间的比较。"他举例说明不发达国家之间的比较:"可举巴布亚——新几内亚和斐济的大学或教师进修学院。在南太平洋的这两个国家都有第三流水平的图书馆。这些图书馆主动地支持波利尼西亚和美拉尼西亚图书馆的课程和研究项目。为什么这两个国家的大学图书馆不能进行比较?为什么这些比较研究不能用来证明西印度大学或圭亚那大学是有益的呢?""如果肯尼亚和尼日利亚的图书馆机构的水平有所发展提高,为什么就不能作为研究对象?为什么就不能对巴布亚——新几内亚或牙买加有所帮助呢?这些假设的问题对比较研究都有用处。"对于发达国家与不发达国家之间的比较,杰克逊认为西方学术界对这个问题存在着争论:"焦点主要是,一个不发达国家能对一个发达国家的图书馆事业发展提供些什么?发达国家与不发达国家之间的比较图书馆学有助于认识共同的问题吗?能否为发达国家提供解决图书馆和情报方面的问题的独特见解吗?"对于上述这些问题,杰克逊从现状出发,提出目前国际上通常是不发达国家"从发达国家借鉴其观点和技术",他认为这是国际图书馆事业"单向"现象,而这种状况对于不发达国家未必能产生积极作用,因为不发达国家与发达国家存在着"道德习俗"或"文化模式"的

---

① 陈传夫.倡导创立中国式的比较图书馆学理论——比较图书馆学体系初探.图书馆学研究.1983(5):35~36

不一致。而且,"各种类型的图书馆及图书馆在教育事业中所起的作用的比较研究,将成为很有成效的领域。"同时,他还从图书馆理论角度提出以"公共事业来分析公共图书馆的社会作用",证明图书馆财政需要持久的支持。他认为在这一问题上,不发达国家尼日刊亚和发达国家美国的公共图书馆的比较"都是"十分有利的。再说,美国也没有妥善的解决图书馆技术人员的地位问题,而"在英联邦国家,尤其是非洲,加勒比海和大洋洲地区"却能很好地解决这个问题,因此,杰克逊认为发达国家的美国也应该向"英联邦图书馆协会的国家学习"。"发达国家也需要在其它领域共同开展比较研究。"所以,杰克逊得出结论:"这样的研究将有助于对本国广泛发现的图书馆方面的问题进行评论性分析,并加以解决。"①杰克逊的类分方法,与其说是从方法角度,毋宁说是比较图书馆学研究内容的阐释。

(四)影响研究、跨学科研究:以周启付的观点为例,他是从比较图书馆学的研究范围的的角度来探讨这个问题的。他在评议柯林斯的三分法时指出:"这说法有些含糊、不确切的地方、第1、3两条中的某一地域研究或实例研究,如果不是与其他地域或国家的比较研究,那就不能说是比较图书馆学研究。即使第二条,多国家的图书馆问题研究,如果只是罗列材料,不作比较分析,也不是比较图书馆学的研究。"接着他提出:"比较图书馆学也不能忽视两国间影响问题的研究,这种影响是实际存在着的直接的联系。具体研究两国图书馆间如何影响,有哪些方面发生了影响,结果与原来有何不同,这也是实实在在的比较图书馆学研究。"他认为"对这一重要方面柯林斯、丹顿等人的论述都没提及,这是重大的遗漏。"他还指出比较文化的相互影响的研究,是传统研究的内容

---

① 参阅:迈尔斯·M·杰克逊;曾珍译;黎肇汉校. 比较图书馆学与不发达国家. 广东图书馆学刊,1985(2):53~54

之一。他强调:"比较图书馆学与其它相关学科的联系的比较研究也是其范围之一,这里首先是与同类型比较文化专门学科的研究,如与比较文学、比较语言学、比较法学……。比较图书馆学的研究和两国的思想史、文化史、宗教、民族、文艺、哲学等比较研究也要联系起来,这就是跨学科的研究。……图书馆问题的比较研究脱离不了所比国的文化、科学、历史、哲学、思想、政治、经济等因素深切正确的理解,不同文化的比较研究,也应包括在广泛的比较图书馆学研究领域之内。……现代管理学、统计学、科学学与图书馆学的比较研究都是比较图书馆学中跨学科的重要研究专题。"他还指出:"比较图书馆学研究会和越来越多的自然科学联系起来,例如现在就和计算机科学、控制论、数理科学密切相关,……"①周启付虽没有明确地指出比较图书馆学的研究类型,但从以上的论述,我们可以把它归纳为影响研究、跨学科研究两大类型。而跨学科研究又包括比较图书馆学与比较文化专门学科的研究和图书馆学与其他相关学科的比较研究这两方面。

(五)影响研究和平行研究,它是以图书馆现象间有无事实联系为原则来区分的,因而跨学科研究归属于平行研究之内。有关这类研究模式的内容、范围、方法、准则等,将在下一节详细论述。

综上所述,比较图书馆学的研究模式,国内外有种种划分标准,有的依据传统习惯,有的依据地理标准,有的从研究范围,也有的从研究方法,还有的从学科的实际需要出发来区分其研究模式,各自角度不同,因而也出现争议。当然,对上述类分标准,我们不准备评论其科学与否。因为比较图书馆学还不成熟,还处于"初级状态",它的研究本来也是见仁见智,何况这门学科具有开放性、发展性的特征,其研究疆域相当宽泛,在实际研究过程中,往往因研究对象的不同,研究者观察现象、处理材料的角度等的差别,

---

① 周启付.为什么要研究比较图书馆学.图书馆学研究,1983(5):30~31

84

而呈现出多种多样的研究方式,这也是正常的。然而,为了使我们对这门新兴学科获得一个基本认识,并有助于今后的研究,我们还是有必要从比较图书馆学的实际研究情况加以区分。

毛泽东在《矛盾论》中指出:"科学研究的区分,就是根据科学对象所具有的特殊的矛盾性。因此,对于某一现象的领域所特有的某一种矛盾的研究,就构成某一门科学的对象。"①

因而,我们从比较图书馆学的研究对象来分析,无论是跨越国家界限、民族界限的图书馆现象的比较研究,还是图书馆学与其他学科之间关系的比较研究,都是以"有无事实联系"来区分它是否"具有的特殊的矛盾性"。所以,我们以此作为比较图书馆学的研究模式的区分点。换句话说,也就是被比较的对象间若存在着"事实影响联系",我们将它划归影响研究;反之则归属于平行研究,这就构成了比较图书馆学研究模式的第一层次。

同样,对影响研究还可以再区分,这是第二层次的类分。我们仍然以"事实影响联系"的特殊矛盾性作为细分依据。从影响范围的角度,可细分为大范围、小范围;从影响方式的角度,分为直接影响、间接影响;从影响途径的角度,分为施加影响、接受影响与传播媒介;从影响作用的角度,又可分为正影响、负影响、反影响等。

对于平行研究的再区分,则依据无事实影响联系的特殊矛盾性,即以彼此存在的关系的学科范围作为区分标准。图书馆学与其他学科关系的研究,即划归为跨学科范围的研究;而图书馆学科范围内的。则属于本学科范围的研究。前者还可以从学科关系的表现形式,即同族关系、交叉关系、应用关系加以细分,与图书馆学的关系表现为同族关系的,如目录学、情报学等;而与其关系表现为交叉、应用关系的,又可按学科的性质区分为自然科学、社会科学等。可见,比较图书馆学的研究模式是呈多层次的结构,其结构

---

① 《毛泽东选集》.天津:天津人民出版社,1991.第1卷.309页

图如下：

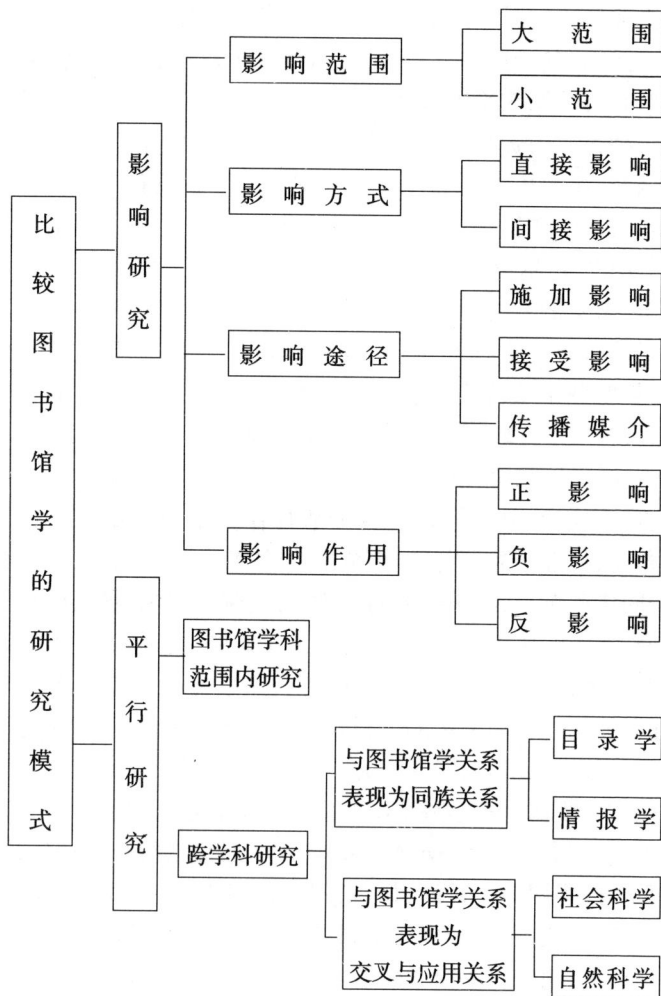

4.2 影响研究

比较图书馆学的任务之一,是研究不同国家、不同区域、不同民族、不同语言的图书馆现象间的相互联系、相互影响。但是,图书馆现象间的这种联系与影响,却是极为复杂的。当我们探讨这种联系与影响时,首先要弄清什么是影响,影响研究包含哪些内容,它与模仿有什么区别,又有什么联系。

影响,从词的概念来讲,是泛指对他人的思想、行动或事物所产生的作用。它在比较研究中是一个经常要接触到的术语。因而,比较学者都尝试给它一个确切的表述,然而至今还没有取得一致认可的"定义"。综观比较学者的见解,一般来说,都认为"影响"赋有"外来性"和"隐含性"的成分。这种成分在比较图书馆学研究中往往表现在外国、外民族的图书馆学家、著述、图书馆学思想、技术方法等,对本国、本民族的图书馆实践与理论所产生的作用。这种作用有三层含义,其一,它不仅显示出"外来的"影子,并且还可以证明其存在的真实性;其二,这种作用又是本国、本民族传统里或个人发展过程中未曾出现过的,过去看不到的,也不会产生的;其三,这种作用是一种渗透,一种移植,一种"内"、"外"嫁接的过程,其效果是"隐含的"。因而,如果图书馆实践与理论既有着"他国"、"他民族"、"外来"的影子,又有属于本国、本民族的创新,"内"、"外"的有机结合,那么,这种现象就是我们所说的"影响"的内涵。换句话说,当我们发现某一时期本国图书馆事业出现一种现象,或一位图书馆学家的著作,一种学术思想产生了本国和他个人所在国家的社会、民族传统等背景,以及他本人的发展无法解释的效果。那么,我们可以说该国的图书馆事业或这位图书馆学家接受了"外来的"影响。例如,1915 年北洋政府教育部颁发的《通俗图书馆规程》,这个规程是钱稻孙等人根据日本通俗图书馆法令制定而成的,并在北京通俗图书馆中实施,而且对全国的通俗图书馆的发展产生了作用。据统计资料表明,到1918年,全国通俗图书馆发展到286个,巡回文库259个、阅报所1825处。固然,没有钱氏等人"引进",也会有其他的图书馆规程的产生,但是,当我们透视《通俗图书馆规程》时,就会察觉到"外来的"、"稳含性"的成分。倘若进一步比较研究日本的通俗图书馆法令与中国的《通俗图书馆规程》,我们也会发现前者的"影子"在后者"身上"时隐时现,这点是毫无疑问的。再如,当我们研究德国的哲学家、数学家莱布尼茨(Gottfried Wilhelm Leibniz,1640～1716)的图书馆学思想时,我们就会发现在长达40年的图书馆工作期间,他的书信、备忘录以及许多陈请书中,渗透着法国诺德的图书馆学思想。莱布尼茨在1667年就开始从事图书馆工作。1672至1676年,他逗留在巴黎和伦敦从事学术研究,受到了当时法国一些新思想的影响,特别是当他接触了著名的法国皇家图书馆馆长克勒芒(Nicolas Clement,?～1712),并阅读了诺德的《关于创办图书馆的建议》(Advis pous dresser une bibliothegne)一书后,深受诺德的图书馆学思想的影响,并把它融汇于德国的图书馆实践中。可见,诺德对莱布尼茨的影响是消融在莱布尼茨的书信、备忘录、陈请书中,可以说是一种精神渗透,也是一种不着痕迹的影响。这种影响是带有"稳含性"的。所以,影响研究不仅包括那些经过吸收、消化之后不着痕迹的渗透,也包括"外来"痕迹明显的影响。

影响有多种类型,按照不同的标准,影响研究可以区分为以下三种:

第一种,从影响的范围区分,它包括大范围和小范围的研究。就大范围而言,它可以研究一种图书馆学思想、图书馆体制、图书馆技术方法等,对较多国家、地区、民族的图书馆事业所带来的影响。例如,我们从美国的公共图书馆运动的兴起,可以看到"欧洲包括英国在内对美国公共图书馆的影响……"。① 倘若我们浏览世界公共图书馆的发展历史,还会从中国 1917 至 1927 年的"新图书馆运动"的产生和发展,发现其接受英、美的公共图书馆运动影响的痕迹。再如,图书馆学著作间的影响,最典型的要以梅·杜威的《杜威十进分类法》(Dewey Decimal Classification)对世界众多国家产生的影响为例。当它传入欧洲、亚洲后,引起了图书馆界的极大兴趣,一时该法的译作、仿作、改作、补作蜂起,在中国甚至出现了"仿杜法"、"补杜法"、"改杜法"。我们可以说,如果没有《杜威十进分类法》的影响,就不会有 1917 年沈祖荣、胡庆生合编的《仿杜威十进分类法》、1922 年杜定友的《世界图书分类法》、1924 年查修的《杜威书目十类法补编》,以及 1929 年刘国钧的《中国图书分类法》。

影响研究就小范围而言,它可以研究一个图书馆学家的某部著作及其学术思想,对外国、外民族的著作和学术思想的影响,或者是一种图书馆具体技术方法对另一个国家、民族的图书馆事业的影响等。例如,在研究卡片目录的兴与衰时,我们必然会注意到中国图书馆卡片目录引进的"源头",以及这种载体形式对中国图书馆目录体系的影响。再如,对图书馆的闭架制度、研究箱(室)进行渊源探讨,也会觉察到它与教会图书馆的"影响"关系。我们知道,教会图书馆在形成和发展过程中,逐渐形成三种管理制度,即"(1)读书台制。读书台置于书橱前面,读者站在台前阅读被链条锁住的书。(2)座位制。在读书台与书橱(橱内一部分图书可自由取阅)之间,为读者设置座位。(3)小读书间制。类似小亭子间,在馆舍内专门开辟,供学术研究者使用,读者被允许将所需图

---

① 杰西·H·谢拉著;张沙丽译;张舒平校.《图书馆学引论》.兰州:兰州大学出版社,1986.31 页

书携入小读书间自由使用。"①这段引文对早期教会图书馆内部管理制度的描述,展示了近现代图书馆闭架制、研究箱(室)与教会图书馆阅览制度的渊源关系,其影响痕迹也是相当明显的。这种研究范围比较小,但可以帮助我们查考图书馆管理制度与教会图书馆的联系。当然,教会图书馆的影响还有其他方面,如联合目录的编制、馆际互借等,同样可以另立专题进行研究。

第二种,从影响的方式区分,它包括直接影响和间接影响两种类型。比较图书馆学研究者注意到一个图书馆学家的图书馆学思想及其著作、一项图书馆技术方法,一种图书馆体制等对外国、外民族的影响往往是通过直接的或是间接的方式而产生的。当然,不少影响是通过直接的方式形成的,正如前面所列举的例子,诺德对莱布尼茨的影响;杜威十进制分类法对中国的影响等。但也不可忽视,有些影响是通过间接渠道产生的。例如,15 世纪朝鲜设立的集贤殿,18 世纪建立的皇室图书馆,取名为奎章阁,收藏大量的国内外文献,并按经、史、子、集四类进行类分和整理。这些都是接受中国"藏书楼"影响的产物,显然是一种直接的影响。然而,明末清初西方文明对朝鲜的影响却不同了,她是通过中国而接触到西方文明的。据有关资料记载,当时朝鲜官方定期派遣使臣到中国,正值西方天主教士来华传教,同时也带来了西方文明,他们在中国与西方传教士接触,"并把西方文明通过中国带回朝鲜。"②可见,朝鲜早期接受的西方文明却是通过中国,这是一种间接的影响。朝鲜古代图书馆的兴建以及接触西方文明的过程,反映了他们既受到中国"藏书楼"的直接影响,又通过中国间接接受西方文明的影响。

第三种,从影响的途径区分,它包括施加影响、接受影响、传播媒介三种类型。下面,我们分别作简要介绍。

---

① 杨子竞.《外国图书馆史简编》.天津:南开大学出版社,1990. 25 页
② 杨子竞.《外国图书馆史简编》.天津:南开大学出版社.1990.127 页

（一）施加影响。这是从影响的输出一端来考察的,即指向接受方放送的影响。也就是说,本国、本民族的图书馆实践与理论向外国、外民族放送影响,并被外国、外民族的图书馆事业所接受。这种影响,我们称之为施加影响。施加影响的研究内容十分丰富,可以研究一个国家、一个民族的图书馆事业建设对外国、外民族的影响;也可以研究一个图书馆学家的学术思想、一种著作对外国、外民族图书馆事业所产生的影响,以及其在外域流传、演变的过程,还可以研究他们在国外被接受的情况等。这类研究大都注重对外域图书馆实践与理论产生了较大作用的影响,因而它有利于人们认识图书馆现象间的关系,特别有助于发现图书馆学研究中难以解决的问题。例如,当我们考察中国的图书馆实践与理论对世界图书馆事业的贡献时,如果我们从"影响的输出"这一端来探讨,那么,对其认识就更清晰了。我们以古代中国的图书分类为例,倘若我们拿唐代的《隋书经籍志》的分类体系与《日本图书目录》(890年)作比较研究时,就会发现后者与当时中国通行的经、史、子、集四分法完全一致,而大类之下的细目,也基本"模仿"了中国的四分法体系。现将《隋书经籍志》与《日本图书目录》的分类体系对照如下:

《隋书·经籍志》	《日本图书目录》
经部:六艺和小学(共分十小类)	经部:孔子及其弟子的著作(共分十小类)
史部:史记、旧事、皇览簿等(共分十三小类)	史部:历史、政治等(共分十三小类)
子部:诸子、兵书、术数(共分十四小类)	子部:除孔子以外的思想家的著作并包括医学、天文学、数学等(共分十四小类)
集部:楚辞、别集、总集(共分三小类)	集部:文学书籍、丛书(共分四小类)

从上表可以看出,两者在类目的设立、次序、收录范围方面都极为相仿,明显地反映了早期日本接受了中国分类理论的影响。这种影响从中国图书馆界这一方看,即中国向日本的图书馆事业施加了影响。再如,前面提到的《杜威十进分类法》在欧洲、亚洲流传情况的研究,也是属于施加影响的范围。当然,施加影响的研究还可以变换研究的基点,如"丹顿在中国"的研究,在这里,我们并不是考证丹顿是否到过中国,或是他在中国的经历,而是研究丹顿的比较图书馆学理论对中国图书馆学研究的影响,这是以丹顿为出发点来研究的。又如,"图书馆学五法则在欧美"。我们都知道,《图书馆学五法则》(The Five Laws of Library Science)是印度著名图书馆学家阮冈纳赞的杰作,该书于 1931 年由马德拉斯图书馆学会出版,1957 年增订再版。它凝聚了阮冈纳赞的智慧及他的图书馆学思想。在书中他阐述了图书馆学五项基本法则,即图书是为了利用;每个读者有其书;每本书有其读者;节省读者的时间;图书馆是一个生长着的机体。这是图书馆基本目标最简明的表述,是图书馆实践和理论紧密结合的典范。该书堪称为一部不朽的图书馆学理论著作,它一出版,就被印度图书馆协会一致通过,视为"我们职业最简明的表述"。在英美,阮氏的"五法则"也被多种图书馆学教材所收录,多次被各国图书馆学家引用,它对欧美乃至世界图书馆学界都产生了深远影响。如果说《图书馆五法则》是图书馆学理论研究中的一部具有划时代意义的著作,是不为过的。几十年来,它得到了图书馆学界的好评。1979 年,查亚(G. B. Charya)高度评价此书,赞赏它"第一次使图书馆学成为成熟的科学","由于一个人的贡献,使一门学科发展成为羽毛丰满的科学,这在科学发展史中,或许是独一无二的。"[①]美国著书的图书馆

---

① 南开大学图书馆学系等编.《理论图书馆学教程》. 天津:南开大学出版社,1986.99 页

学家谢拉对阮氏的贡献也作出了评价,他说:"阮冈纳赞打开了我的眼界。同时我相信,他打开了许多人的眼界。他提出了知识增长的结构和形态说,他把知识的本质完全裸露出来之后,对其进行解剖、分析和总结。对于什么是图书馆学基本原理,提出了崭新的见解。"①对这样一部在世界图书馆学界享有盛誉,并对欧美、亚洲各国图书馆界产生重大影响的杰作加以研究,探讨其对外域、在欧美、在亚洲放送影响的情况,确实是很有价值的。事实上,这正是比较图书馆学领域中施加影响的研究课题。

(二)接受影响,这是从影响的输入一端来考察的,即指外来所施加的影响。也就是研究在本国、本民族的图书馆实践与理论中接受外来影响的情况、接受的程度以及所产生的效果等。这种影响通常是由于一国、一民族的图书馆实践与理论通过传播途径影响他国、他民族的图书馆实践与理论,并引起接受方发生了变化。同时,这种接受不是消极的,而是一系列积极的、参与的、创造性的思想活动过程。由于影响输出的放送方和影响输入的接受方发生"撞击"与接触时,总有一个由接受方的国情和需要产生的选择、扬弃、吸收、改造的过程,总是接受那些适应需要的,易于被借鉴、被移植的东西。所以,这种影响是有效的、积极,也才是我们所说的接受影响的概念。例如日本是在第二次世界大战之后,才开始认识和重视图书馆学教育。1951 年,日本的庆应义塾大学开设了图书馆学专业,它是一个具有图书馆学校规模的图书馆学专业教育场所。它的成立是美国图书馆协会和当时驻日美军,以及日本有关人士共同创办的,由五名美国图书馆学教育专家采用美式教程和教学方法进行专业教育活动。在课程设置上,开设了面向公共图书馆的课程,沿用英文课程名称,1951 至 1961 年间,一

---

① 南开大学图书馆学系等编.《理论图书馆学教程》. 天津:南开大学出版社. 1986.99 ~ 100 页

直无大的变化。可见,该专业的创建以及教学内容、教学方法都充分地表明了日本接受了美式图书馆学教育的影响。一般来说,在图书馆实践与理论领域里,接受影响往往表现为接受方接受了外来的影响,而出现了模仿、借鉴、移植、嫁接的现象。如当我们仔细考察中国近代图书分类法时,就会察觉到中国五四运动前后,西方图书分类理论和技术对中国的影响。当时中国许多图书馆分类法的类号、类目、体系结构等都有接受梅·杜威十进分类法影响的痕迹。《杜威十进分类法》是杜威在求学时考察当时美国图书馆的分类方法,亲自调查了50多个图书馆的基础上编制而成的,并于1873年在阿姆斯特学院图书馆开始试用。1876年第1版问世时,题名为《图书馆图书小册子排架编目适用的分类法和主题索引》(A Classification and Subject Index for Cataloging and Arranging the Books and Pamphlets of a Library)。全书44页,包括说明该法的基本原则的前言、主表10大类及1000小类(000－999),最后附有主题索引(Subject Index)。1885年出版第二版时,正式定名为《杜威十进分类法》(Dewey Decimal Classification)。此后每数年修改一次,第二版至第13版均由杜威亲自监督修订。至1979年已发行了19版。最新版,即第20版也于1989年1月出版。[①] 该法的特点是采用层累制编号制度,用阿拉伯数字作为分类号码,还附有相关索引。杜威的十进分类开辟了图书分类史上以号码代替类目的先例,创造了小数制标记法和相关索引,对西方,对中国近代、现代图书分类法都产生了深远影响。这种影响无论从接受还是施加的角度,都值得我们去研究杜威对中国的影响,或者从中国的角度研究中国图书馆界对杜威的十进分类法的模仿、移植、借鉴的情形。

模仿,在影响研究中是指本国、本民族的图书馆实践与理论效

---

① 参阅:胡述兆、吴祖善合著.《图书馆学导论》. 台北:汉美图书有限公司,1989. 185～186页

仿或依据另一国家、另一民族的图书馆实践与理论来从事图书馆活动。这种活动一方面表现出自身特性服从于所效仿或所依据的对象,并保存了被模仿对象的特征;另一方面,这种模仿应该是赋有新意的。但是,就模仿的过程而言,早期的仿效有明显被模仿对象的痕迹,因而特性不强。这里,我们还以《杜威十进分类法》为例,1917年在我国出版了沈祖荣、胡庆生编制的《仿杜威十进分类法》,该分类法的命名已充分地显示了作者模仿的意图。倘若我们进一步考察,就会发现其因袭现象是十分明显的,该法基本"借用"了《杜威十进分类法》的类目、类号标识。但是他们为了使中国图书馆界更易于接受,因而在类目名称上作了一些改动(见下表)。从下表的分类大纲对照中不难看出,沈祖荣、胡庆生的"仿杜法"确实留下了清晰的仿效痕迹。虽然,作者仿效的目的很明确:是为了改进中国传统的图书分类方法。然而,在他们的著作中表现出"杜威法"的种种特征,也明显地保留了被仿对象的性征。所以这种仿效只是模仿过程早期阶段的表现形式。即便如此,这种研究仍有助于发现新旧成果之间的联系,也有助于探讨如何接受影响的微妙过程。顺此,把研究范围扩展到五四前后中国的主要图书分类法,我们还会看到中国图书馆界对"杜威法"的接受程度、规模的清晰轮廓。为了便于考察,我们将《杜威十进分类法》以及当时中国几部主要图书分类法的分类大纲列表对照如下:

作者	分类法名称	000	100	200	300	400	500	600	700	800	900
梅·杜威	杜威十进分类法	Generalilies 总类	Philosophy and Psychology 哲学	Religion 宗教	Social Sciences 社会科学	Language 语言学	Pure sciences and Methematis 纯科学	Technology (Applied sciences) 技术科学	The Arts 美术	Literature 文学	Geography and History 地理与历史
沈祖荣 胡庆生	仿杜威十进分类法	经部及类书	哲学宗教	社会与教育	政治经济	医学	科学	工艺	美术	文学及语言学	历史
洪有丰	图书分类法	丛	经	史地	哲学宗教	文学	社会科学	自然科学	应用科学	艺术	
杜定友	世界图书法	总类	哲理科学	教育科学	社会科学	艺术	自然科学	应用科学	语文	文学	史地
查修	杜威书目十类法补编	经部	哲学	宗教	社会科学	语言	自然科学	应用科学	美术	文学	史地
刘国钧	中国图书分类法	总部	哲学	宗教	自然科学	应用科学	社会科学	史地	史地	语文	美术
皮高品	中国十进分类法	总类	哲学	宗教	社会科学	语言	自然科学	实业工艺	美术	文学	历史

号码　分类法名称　作者	000	100	200	300	400	500	600	700	800	900
中国图书十进分类法　何日章 袁涌进	总部	哲学	宗教	社会科学	语言	自然科学	应用科学	美术	文学	史地
安徽省立图书馆图书分类法　安徽省立图书馆	总类	哲学	宗教	社会科学	语文	自然科学	应用科学	艺术	地理	历史
哈佛大学中国图书分类法　裘开明	经学	哲学宗教	史地	史地	社会科学	语文	美术	自然科学	农林工艺	丛书目录
图书分类法　陈子彝	丛	经	史地	哲学宗教	文学	教育	社会科学	自然科学	应用科学	艺术
分类大全　桂质柏	总类	经	史地	哲学宗教	文学	社会科学	自然科学	应用科学	艺术	革命文库
中国图书统一分类法　王云五	总类	哲学	宗教	社会科学	语言	自然科学	应用科学	美术	文学	史地
中外一贯实用图书分类法　陈天鸿	通书	哲学宗教	教育	社会	语言	自然科学	工艺	美术	文学	史地

（说明：此表根据白国应著．《图书分类理论与实践》．山西《图书馆通讯》编辑部，1981 年版整理。）

上表列举的是当时我国主要的图书馆分类法基本情况,从类目名称、类号标识、收录范围都可以看到《杜威十进分类法》的痕迹。在这里,不仅有借鉴、模仿的现象,也有移植、修改的成分。作者们虽有着目的性的趋同,但也明显的、不同程度地接受了外域的影响,这是一方面;另一方面,他们又都付出了创造性的劳动,取得了具有新意的成果。纵然有的分类法"应用期"不长、使用范围也有限,但不管是什么情况,它们却反映了不同国家、不同民族、不同文化间的交流和影响,对于图书馆事业发展产生了作用,这点是应当肯定的。当然,在这些分类法中,也有比较成熟的,这是因为他们的模仿、借鉴、移植、嫁接是汇聚众家之长,着力于把外来的因素溶入民族传统、溶入本国国情,以及个人的成果中。无疑地,比较图书馆学研究重心是向这种较为成熟的模仿倾斜的。较为成熟的模仿可以刘国钧的《中国图书分类法》为例,该法 1929 年出版时题为《金陵大学图书馆图书分类法》。1936 年再版。刘氏法虽以《杜威十进分类法》为基础,也吸收了近代西方分类法的一些先进技术,但编者更注重我国的国情和图书馆界的接受因素,扩增了有关中国图书的类目,因而成为一部较有影响的图书分类法。建国前,中国使用该法的已有 200 多所图书馆。建国后,北京图书馆曾进行修订,1957 年出版修订第 1 版。该版虽仍以 0 为总部,其他 1 至 9 也分别代表 9 大类,但增补了马列主义大类,并列居各类之首。《中国图书分类法》的另一版本,是 1964 年赖永祥在台湾增订的并编有索引。1968 年增订二版,1981 年再修订,其间 1973 年、1976 年及 1977 年曾三度重印。1981 年的修订即增订 6 版,则以自然科学及应用科学为主,其他部类变动不大,但增加了一个附表,索引也依照初版未加修订。1989 年出版增订第 7 版,篇幅由第 6 版的 636 页增至 825 页,其基本结构见类表。

类 表
Main classes

0	总类	Generalilies
		丛书群经及特藏皆属此
1	哲学类	Philosophy
2	宗教类	Riligions
3	自然科学类	Natural Sciences
4	应用科学类	Applied Sciences
5	社会科学类	Social Sciences
6～7	史地类	History and Geography
		传记、古物亦属此
8	语文类	Language and Literature
9	美术类	Arts

（资料来源：请见胡述兆、吴祖善合著《图书馆学导论》第236页）

目前,在台湾省大多采用该分类法,据1984年统计,公共图书馆采用该法占86%,大学院校图书馆占89%,专科学校图书馆占85%,专门图书馆占53%。[①]

可见,刘国钧的《中国图书分类法》在中国的"生命期"已达数十年之久,尽管在这期间几经修订,但其基本框架没有过多的变动,仍然保留了《杜威十进分类法》的模式。它之所以有如此旺盛

---

① 数据来源:蓝乾章.台湾地区各类型图书馆所藏中西文图书采用分类法现状及中国图书分类法之修订与中文标题表之拟订.图书资讯技术服务研讨会讲义及参考资料,台湾:师大社教系,1984.7,10页

的生命力,还在于刘氏的模仿达到"成熟"境界。它脱胎于众家,又自成一家,是一部具有明显特性的图书分类法。因而台湾图书馆学界对它的评价是相当高的,他们认为该法具有以下优点:

(1)改进了杜威分类法以美国以及欧洲为主的格局,大量扩充中国图书的类号;

(2)适应中国国情,融合了中国传统图书分类体系与西方分类法的优点;

(3)将杜威十进分类法的语言与文学集结为一大类,在逻辑系统上较"杜威法"更为合理;

(4)类号细分的展开,依数序而非十进,较"杜威法"更具弹性;

(5)增加附表与插表,便于复分。①

综上所述,《中国图书分类法》有着杜威分类法的"刀痕斧迹",但又有明显的、不是简单模仿的、融合本民族传统的特性。因而它是一种较为成熟的模仿,有着丰富的接受影响的研究内容,也是比较图书馆学接受研究的重要课题。

(三)传播媒介。这是从影响的输出——输入的通道来考察的,是指施加影响一方放送到接受一方所采用的手段、方式,也就是研究外国、外民族的图书馆实践与理论能够在本国、本民族流传并产生影响的媒介通道。传播媒介,它包括文字媒介以及非文字媒介。前者如报刊资料、译本、编译文章、信件等;后者如报告会、讲学、学术交流会、集会、会议、参观访问等。

关于文字媒介,我们以诺德的《关于创办图书馆的建议》为例,该书是西方图书馆学史上第一本具有重大影响的论著。诺德在书中阐述了他的图书馆学思想。他认为图书馆保存了人类文化遗产,理应成为全人类的设施,是人类的知识宝库。他强调图书馆

---

① 参阅:胡述兆、吴祖善合著.《图书馆学导论》.台北:汉美图书有限公司,1989

应该成为社会具有绝对需要价值的机构。在书中,他还提出如何建设图书馆的具体意见。诺德被西方誉为欧洲"图书馆学的开山鼻祖",同时《关于创办图书馆的建议》也得到很高的评价,因而享有近代图书馆学思想源泉的美誉。该书1627年出版后,又经诺德校订,1644年再次出版,1646年和1648年两度发行。1658年、1661年和1668年该书分别被译成拉丁文、英文、德文出版。现代最优版有1950年的英文版和1963年的法文版。诺德这部不朽的图书馆学论著对当时欧洲图书馆建设具有指导意义。它不仅传播了诺德的图书馆学思想,而且对许多国家的图书馆学者产生了不可估量的影响。我们从英国皇家图书馆馆长约翰·载利(John Dary,1596~1680)的《新图书馆员》、英国的克劳德·克莱门特(Glaude Clement,1599~1642)的《图书馆组织论》以及德国的莱布尼茨等的著述中,都能找到诺德的图书馆学思想对他们的影响痕迹。诺德的图书馆理论得以在欧洲流传,其影响的波及面如此广泛,与该书的拉丁文本、德文本、英文本等这种文字媒介的传播不无关系,可以说,这种传播媒介使诺德的图书馆学思想得以"输出",并产生了深远的影响效应。再如,《杜威十进分类法》能够"享誉全球",和该法的译本关系也是极为密切的。"它不仅为美国、加拿大85%以上的图书馆采用",[1]而且"已译成30多种语言,在全世界135个国家,20万个图书馆中使用。"[2]"它的分类号也出现在ALA Booklist, Publishers' Weekly, Book Review Digest 等著名刊物的书评或书目资料中,并为许多国家,包括英、加、澳、南非、印

---

① John P. Comarom: Mary Ellen Michael and Janet Bloom. A Survey of the use of the Decimal classification in the United States and Canada, Albany, N. Y. : Forest Press Division, Lake placid Educalion Foundation, 1975, P. 12

② OCLC Newsletter, Jan. /Feb. , 1989, P. 26

度、土耳其等国,用作排列其国家书目(National Bibliography)的方法。"①

此外,我们从中国近代图书馆兴起过程,也可以看到文字媒介传播所产生的影响。19世纪末20世纪初,以康有为、梁启超为代表的维新改良派,在办学堂、开报馆的同时,注重学习传播西方资本主义经营图书馆的方法,呼吁建立西方式的图书馆。借助于当时较有影响的《时务报》、《国闻报》、《中外日报》、《教育杂志》等,大力地"输入"西方图书馆的管理方法。1910年,《教育杂志》刊登了孙毓修介绍《杜威十进分类法》的文章,从而使该法在中国广为流传,并迅速地取代了传统的分类方法。再如,"图书馆"这个词,也是通过传播途径介绍到中国来的,并以此替代了"藏书楼"的称谓,这也是一个突出的文字媒介影响实例。近代概念"图书馆"一词,是由外国传入中国,这是毫无异议的。"图书馆"这一术语传入之前,我国"图书馆"虽早已存在,正如众所周知的,在古代,我们没有使用"图书馆"这种称谓,而称其为"府"、"官"、"阁"、"观"、"殿"、"院"、"堂"、"斋"、"楼"等。这些词一直沿用到本世纪初。"藏书楼"是对中国古代的藏书机构的统称,而"图书馆"一词则是由日本传入中国的。该词是通过《时务报》(1896年9月27日,即光绪二十二年八月二十一日)刊登的一篇题为"古巴岛述略"(原载《日本时报》)的译文介绍到中国来的。② 无疑地,这篇译文作为传播媒介的一种形式,把"图书馆"一词由日本"输入"中国,并得到广泛应用,产生了极为深远的影响。

上述这些事例,都是借助于文字媒介的传播而产生实际影响。

---

① 胡述兆、吴祖善合著.《图书馆学导论》.台北:汉美图书有限公司,1989. 187页

② 张锦郎、黄渊泉编.《中国近六十年图书馆事业大事记》.台北:台湾商务印书馆,1974. 15页

下面,我们还要介绍另一种传播媒介,即非文字媒介。如前所述,非文字媒介包括有报告会、讲学、学术交流会、集会、会议、参观访问等多种形式。这种媒介虽不像文字媒介的传播途径易于考证,然而,它也是一种不可忽视的影响途径。在这里,我们所说的非文字媒介,是指那些在图书馆实践与理论交流中,起着传播作用的人和事。通过这种途径把一个国家、一个民族的图书馆实践与理论介绍到另一国家、另一民族,使其传播和影响得以实现。

非文字媒介包括个人和团体两种。

第一,以"个人"作为一种重要的、能动的传播媒介,在影响的传播过程中发挥其传播的作用。这种"个人"媒介,可以从不同的角度来认识:其一,"个人"传播媒介归属于施加影响这一方的,他们成为施加影响的国家、民族的图书馆实践与理论的介绍者、传播者。这类事例在中外图书馆史上俯拾皆是。如,中国图书馆学的正规教育的诞生,它是以1920年创办的武昌文华大学图书科为标志的。提及这所学校的创建过程,我们自然要涉及到韦隶华(Mary Elizabeth Wood, 1861~1931)这位毕业于美国波士顿西蒙斯大学图书馆学院的美国人。她自1900年5月来华,直至1931年逝世,把毕生精力奉献给了中国的图书馆事业。在中国的30余年中,她在武昌建立了公共图书馆——文华公书林;在沈祖荣、胡庆生协助下创办了中国第一所培养图书馆专门人才的学校——文华图书科,在这里,她仿照当时美国图书馆学校体制,创建中西结合的学科体系,传播西方近代图书馆学理论,一直影响着中国近现代图书馆学教育。她的活动促进了中国传统图书馆事业向新的阶段过渡,对中国近代图书馆事业的发展产生了重要作用。1931年,《文华图书科季刊》刊登了蔡元培为纪念韦隶华来中国服务三十年和文华图书科成立十周年所撰写的文章。蔡元培对文华图书科给以高度评价:"图书关系学术,至为密切,承先哲之绪余,开后来之途辙,体用咸备,细大不遗,实为图书是赖。集多数图书于一处,予民众以阅览之便利,辅助文化进步,实为图书馆之功。……近来国内图书馆逐渐增多,本爱好书籍之天性,有自由阅览之处所,灌磨淬厉,得所凭籍,正如昔人所谓'用之不敝,取之不竭'者。学术前途,方兴未艾。"可见,这种"个人"媒介所产生的作用是影响研究不可忽略的传播途径。

特别需要指出的是,在"个人"传播途径中,我们也应该考察近十几年来中国图书馆学者在国际交往中,不乏有向国外传播中国图书馆事业发展的"个人",他们作为影响的施加者,向所到国家的图书馆界介绍了中国的图书馆实践与理论,扩大了中国对世界图书馆事业的影响,其作用更是不可忽视。此外,"个人"传播媒介还包括一些翻译家、情报科学专家、学者等,他们的活动和报告,也都直接或间接地对图书馆学的交流起了"个人"媒介作用。弄清"个人"这种传播媒介,对于我们认识、掌握施加者、接受者在传播影响过程中所产生的作用是颇有帮助的。

其二,"个人"传播途径属于接受影响这一方,他们成为外来图书馆实践与理论的积极接受者、引进者。例如,莱布尼茨在担任沃尔芬比特尔(Wolfenbüttel)的奥古斯特公爵图书馆(Herzog August Bibliothek)馆长时,首次把西班牙的"大厅图书馆"建筑模式引入德国,建造了德国第一所"大厅图书馆",这种图书馆建筑模式是以卵形的中央大厅、装有考究天窗的半球形屋顶为特色,大厅宽而高,四周墙壁是书架。大厅中间有足够空间供读者走动,成为开放式图书馆的一种早期形式。可以说德国模仿西班牙的图书馆建筑模式是通过莱布尼茨的积极引进,因而,莱布尼茨成为接受影响一方的外来图书馆实践与理论的引进者。再如,中国近代图书馆史上,有一批中国图书馆学家,如沈祖荣、杜定友、刘国钧、胡庆生等,都是传播西方图书馆学理论的重要"个人"。以沈祖荣为例,他于1914年泛海赴美留学,在纽约大学图书馆专业学校,即今哥伦比亚图书馆学院学习,学成回国后,与韦隶华、胡庆生协作创办文华图书科,还竭力引进西方图书馆理论和技术方法,到全国各地,如湖北、湖南、江西、江苏、浙江、河南、河北等巡回讲演,利用各种图片、图表、模型介绍美国图书馆实践,极力倡导建立美国模式的近代图书馆。此外,他在 1929 年 6 月代表中华图协参加第一届国际图协在罗马召开的"国际图书馆及目录学会议"。会后,他参观访问了十多个国家的图书馆。回国后,他积极介绍欧洲图书馆事业的状况,影响了当时中国的图书馆改革,促进了中国近代图书馆事业的发展。

值得一提的是,当我们研究"个人"传播途径所产生的影响时,要注意到由于"个人"所处的地位和环境不同,产生的作用也不尽相同,在研究过程中,不能忽略了他们的个人因素,要把它和不同的环境因素综合起来加以考察。

第二,指在影响的传播途径中发挥媒介作用的团体、学会等的传播媒介。这种媒介在一个国家、一个民族处于需要引进外来影响时,可以起到有组织、集中地传播某种图书馆实践和理论的作用。从而为促进图书馆事业的发展产生影响。例如,五四运动以后 1921 年成立的中华教育改进社。该社是在美国教育家、哥伦比亚大学教授孟禄(Poul Monroe, 1869~1947)的倡议下组建的,内设图书馆教育组,成员有沈祖荣、杜定友、洪有丰等人。他们倡导发展中国图书馆事业,积极开展新图书馆运动。1925 年春,该社协助鲍士伟(Arthur Elmore Bostuick)调查当时中国图书馆事业的状况。他们先后参观、考察了杭州、苏州、南京、武昌、汉口、长沙、开封、太原、北平、天津、济南、青岛、沈阳、广州等地 50 多所图书馆。在此过程中,他们讲演 50 多次,介绍美国图书馆的实践与理论,极力提倡公共图书馆,推行美国的办馆模式。"以致当时在中国图书馆界掀起了醉心于美国图书馆事业的热潮,就连一些非图书馆界的人士也感到新图书馆运动的声浪,国内各地开始陆续设立了美国式的图书馆。"①同时,各地还陆续成立地方性图书馆协会,如北平、开封、南京、上海、天津、南阳、广州、济南、苏州等地。1925年中华图书馆协会成立,6月2日在北平举行成立大会,并在北平设立事务所。该协会以"研究图书馆学术、发展图书馆事业,并谋求图书馆之协助为宗旨"。从1925年至1949年间,分别于1929年、1933年、1936年、1938年、1942年、1945年召开了6次全国年会。20多年中,协会无论在出版学术刊物、介绍美国图书馆事业状况、图书馆员培训工作、图书馆学研究等方面,都作了有益的工作,为中国近代图书馆事业的发展作出了贡献。此外,各国所成立的图书馆协会、学会在不同的历史时期,都在传播途径上起到了媒介作用。

值得注意的是,随着国际信息交流的广泛开展,世界性的图书馆团体、组织在更大领域里起到了影响媒介的作用。尤其是一些国际性学术活动,日益频繁的讲学访问,对于图书馆实践与理论的交流,起着不可估量的影响作用,我们应给以足够的重视,并加以认真研究。当然,在评价学会、团体的作用时,研究者对其传播影响也应综合各种环境因素,最好从宏观的角度加以考察。

必须指出,当我们从传播媒介的角度进行影响研究时,要注意把施加影响、接受影响和传播媒介联串起来,一道研究,才能对影响的全部运动过程有所发现和全面掌握。同时,在考察其运动过程中,也自然会涉及到时代、社会、思想、历史、传统等更为广泛的文化背景,以及个人的经历、素养等更为复杂的因素,并且又都是互为联系的诸因素,这些都是我们影响研究中不应忽略的地方。

第四种,从影响产生的作用区分,它包括正影响、负影响、反影响三种。

(一)正影响:指从正面吸收外国、外民族图书馆实践与理论

---

① 桑健编著.《图书馆学概论》.沈阳:辽宁人民出版社,1985.102页

的成就。从而对本国的图书馆事业产生积极的作用的影响。例如,丹麦的斯廷伯格(Andress Sophus Schack Steenberg,1854~1929)对19世纪末20世纪初丹麦的公共图书馆运动所产生的影响。斯廷伯格于1895、1902年先后考察了英、美的图书馆,重点研究了英美图书馆管理。回国后,他结合丹麦当时的图书馆情况,力主仿效英美兴办公共图书馆。在他的鼓动下,促使丹麦政府重视图书馆事业,推动了丹麦图书馆运动的开展。截至1907年,丹麦已设立公共图书馆50所,分馆和借阅点遍布各地。1905年成立了丹麦公共图书馆协会。1913年哥本哈根还建立了中心图书馆,并积极采用《杜威十进分类法》。可见,丹麦图书馆的发展与斯廷伯格接受英美图书馆实践与理论的影响是分不开的。这种影响可以说是正影响的事例。这类正影响不仅反映在个人身上,甚至一个国家、一个民族的图书馆事业也会有明显可辨的正影响痕迹。例如,19世纪德国的科学技术成就传播到了美国,特别是德国的高等教育以及图书馆事业建设,都深深地影响了美国,其影响是通过19世纪到德国的留学生传递的,他们把德国的学术思想带到美国,正如谢拉所言:"这种情况并不罕见。这些学术思想至今在研究院里依然可辨。"①确实,美国图书馆事业也反映出接受德国的影响是"不罕见"的。如纽约阿斯特图书馆馆长约瑟夫·格林·科格斯威尔,就是根据德国格丁根分类方法重新组织哈佛大学图书馆。再如,波士顿公共图书馆第一届理事会领导人,美国教育家、历史学家、哈佛大学教授乔治·蒂克纳(George Ticknor,1791~1871)以及美国哈佛大学校长、美驻英大使爱德华·埃弗雷特(Edward Everett,1794~1865),他们深受德国图书馆传统影响。蒂克纳也是根据格丁根图书馆的经验,制定建立波士顿图书馆的

---

① 杰西·H·谢拉著;张沙丽译;张舒平校.《图书馆学引论》.兰州:兰州大学出版社,1986.29页

计划。可以说,当时美国公共图书馆事业既有德国的"影子",也有对英国的模仿。对于这种现象,谢拉是这样评述:"欧洲包括英国在内对美国公共图书馆的影响有两方面:直接的和间接的。从直接方面来说,实际上是帮助改变了图书馆的组织类型,从而促进了图书馆部门的发展。图书馆俱乐部、团体图书馆的藏书流通等形式或起源于欧洲的模式,或由那些想利用美国公众阅读兴趣的商人传播到美国,正像他们在本国利用读者的求知欲而赢利一样。从间接力面讲,欧洲以图书丰富、组织编排合理为榜样,使美国人想到图书馆在使新兴知识一体化方面的重要意义。在新罕布什尔州(New Hampshire)的彼得博罗(Peterborough)和麻萨诸塞州(Massachusetts)威兰(Wayland)和波士顿(Boston),首先采取了一些步骤,奠定了今天众所周知的美国公共图书馆体系的基础,这个活动富有美国特点,但其前身主要源于欧洲。"①接着,他还指出:"……研究图书馆,一般都仿照欧洲图书馆的格局,甚至高等教育部门本身也是如此。然而公共图书馆向所有读者免费开放并从公共基金中得到资助的思想却是美国的独创。美国公共图书馆根植于古典传统,从文艺复兴和启蒙运动中吸取了丰富营养,结出了民主文明的丰硕果实——它旨在全体人民的教育服务,并使人类自身日趋完善。"②

从上可见,丹麦接受了英美图书馆的影响,美国图书馆的事业建设又接受了欧洲,其中包括英国、德国的影响。这种正影响往往出现在图书馆事业史上的转变时期,中外皆然。

(二)负影响:指接受外国的图书馆实践与理论来反对本国、

---

① 杰西·H·谢拉著;张沙丽译;张舒平校.《图书馆学引论》.兰州:兰州大学出版社,1986. 31~32 页

② 杰西·H·谢拉著;张沙丽译;张舒平校.《图书馆学引论》.兰州:兰州大学出版社,1986. 32 页

本民族传统的影响。例如,列宁接受瑞士、美国图书馆事业建设的原则和制度,用以改革俄国图书馆的传统管理制度与方法。十月革命前,列宁曾先后在日内瓦、伯尔尼、苏黎世使用过当地的图书馆,给他留下深刻的印象。他非常欣赏瑞士的图书馆所实行的制度。他在书信中提到伯尔尼的"图书馆很好,在利用图书方面我很满意","可以很方便地看到外国的报纸和书籍。"①对苏黎世的图书馆服务更为满意。显然,列宁接受了西方图书馆的影响,进而对本国的图书馆事业建设施加了影响。在十月革命刚胜利时,列宁就在《论彼得格勒公共图书馆的任务》一文中明确表示,必须根据西方自由国家,特别是瑞士和北美合众国早已实行的原则,立即无条件地改革俄国的图书馆事业等。列宁在阅读美国纽约公共图书馆 1911 年的工作报告后,写了《对于国民教育能够做什么》一文,明确表示他赞赏美国纽约公共图书馆执行的原则和管理方法,并以其为比较对象,把俄国的图书馆事业和西方作了对比,指出俄国图书馆事业的落后状况。此后,又提出"必须根据西方自由国家,特别是瑞士和北美合众国早已实行的原则,立即无条件地进行""根本改革"。② 列宁主张向图书馆事业发达的西方国家学习。这些都表明了列宁的图书馆学思想隐含着西方图书馆实践的影响成分。在列宁的思想指导下,促使俄国图书馆事业的改革吸取了西方国家先进的图书馆工作经验、技术和方法。这类事例在中国近代图书馆史上也是可以找到的,例如,康有为、梁启超分别编制的《日本书目志》《西学书目表》,较早地接受西方图书分类理论的影响,率先打破"四分法"的框架,推出了新的图书分类体系,为后来我国图书馆界启用新分类体系开拓了局面,产生了积极的影响,这种影响也属负影响之列。负影响在中外图书馆事业史上大

---

① 《列宁全集》.北京:人民出版社 1959.第 37 卷,501.503.508.511 页

② 周文骏编·《列宁论图书馆》.北京:北京大学出版社.1984. 85 页

量存在,在影响研究中也是常要涉及到的。

(三)反影响:指以否定、批判外国的图书馆实践与理论,达到从反面支持本国的图书馆实践与理论的影响。"文化大革命"时期,"四人帮"借助批判"封、资、修"的资产阶级思想,推行极"左"路线,这种"左"的思潮不也涉及到中国的图书馆事业吗?再如,前苏联的图书馆事业建设虽在图书馆实践与理论上取得了不少成果,但"对于西方的图书馆学理论,在苏联采取了严峻的批判态度,认为是抹杀了图书馆学和图书馆工作的阶级属性,仅把图书馆学当成一门纯粹技术性学科。认为资产阶级图书馆学的特征有三:一是读者可以自由选书;二是图书馆对人民读书不加干涉;三是图书馆不能成为人民教师。认为西方图书馆学家不把图书馆看作社会生活中的一个有机组成部分,看作是形成社会意识的机构'脱离了社会的阶级结构,没有把图书馆事业当作一个交流社会思想的体系来对待'。"①前苏联的图书馆界一直以批判的态度对待西方的图书馆实践与理论,从而维护了前苏联图书馆事业的阶级性、政治性原则。此外,在欧洲古代图书馆史上也有过这种反影响的事例。如教皇格列高利一世(590~640年在位)时,为维护教会统治,实行文化专制政策。在文献收藏上,他只注重宗教书籍,为防止神职人员影响阅读《圣经》,极力禁止收藏和传播希腊、罗马的名著。在他的干预下,许多教会抵制古希腊、罗马文化,并将羊皮纸上古文献的字迹挖去,代之以迷信的内容,更为甚之将古籍销毁,藉以排斥"异端"。另一方面却把他自己撰写的《对话录》4卷本奉为教会名著,而其内容荒谬,充满迷信,以宣扬他的"不学无术是真正虔诚的母亲"的思想。② 由于他推行了文化专制,从而大大地阻碍了欧洲古代图书馆事业的发展。这种反影响在图书馆

---

① 宓浩主编.《图书馆学原理》.上海:华东师范大学出版社,1988.294页
② 参阅:杨子竞编著.《外国图书馆史简编》.天津:南开大学出版社,1990.27页

史上也是时有出现的。

最后,需要指出的是,除了上述这些发生在图书馆学领域中的各种影响之外,我们还应注意到来自非图书馆学的影响。例如,汉末从印度传入我国的佛教的观念,不仅影响了中国古代社会各个方面,而且也广泛地渗透或融合到图书馆学、目录学之中。佛经的传入不仅影响了藏书结构、寺观藏书等,而且也引起了中国文献目录的著录项目和著作方式的变化。

上面,我们已经详细地介绍了影响的各种类型,它们说明了图书馆现象间影响事实的存在。这种存在既表现在图书馆活动的各个方面,也表现在与图书馆活动有关联的,更为广阔的文化历史背景的各个层面。图书馆活动的影响联系是十分突出的,而且这种联系往往呈现出交错混杂的态势。正如中国的图书馆实践与理论,既接受西方图书馆实践与理论的影响,又有前苏联的渗透;美国图书馆事业建设有着欧洲模式,欧洲的图书馆也受到美国图书馆实践与理论的影响。此外,除了有图书馆学的影响成分,还有来自外学科的影响因素。尤其在近现代图书馆事业中,各国之间往往出现你中有我、我中有你的相互影响,影响关系显得更加多样化,更为复杂化了。因而,我们在比较图书馆学的影响研究领域,不论哪方面研究都要以事实考证为基点,但又不能仅仅停留在事实的考订、选择上。因为事实考证只是影响研究的起点,尽管这种研究对于了解图书馆形成、发展的来龙去脉,了解各种图书馆学思想的演化、流变,各国图书馆实践与理论的渗透、交流,有着不可否定的价值。但是,更重要的工作应该是以事实考证为研究基础,进一步探讨图书馆活动如何把外来的影响和本国、本民族的传统相结合,并在本国本土上产生效果,获得发展。考察那些渗透到本国、本民族图书馆实践与理论中的诸种外来影响,并从宏观上加以把握,着力于作出理论性的分析,这才是影响研究的目的。要实现影响研究的目的,我们要把握其研究准则,这是一;第二,影响研究

是比较图书馆学中主要的一种模式,它也有自身的研究准则。那么,什么是影响研究的准则呢?具体讲有三项内容:

1. 事实考证:不同国家、不同民族间图书馆现象的关系、影响,首先表现为一种事实上的联系。一个国家、一个民族的图书馆实践与理论,乃至一位图书馆学家对另一国家、民族或个人施加、接受影响,常常可以找到事实上的证明。从上面我们所举的例子都可以看到影响事实的存在。一个国家、一个民族或一位图书馆学家要施加、接受另一国家、民族或学者的影响,除非通过直接或间接的传播途径,否则是不可能产生影响的,也就是说,如果一位图书馆学者根本没有阅读过另一国、另一民族图书馆学者的著作,相互之间也没有接触、交往过,也不曾通过间接途径发生过联系,要说这位图书馆学者接受了外来影响,那是不可思议的。所以,影响必然发生在事实联系的基础上,只有从事实为出发点,才能深入地探讨影响。因而,影响研究往往是从事实的探讨开始的,进而研究国家、民族图书馆活动之间的相互联系,并在此基础上作出理论性的分析。

2. 历史意识:图书馆活动是一种社会现象,是社会的产物,也是时代的反映。它们必然有着纵向承接的关系,这种关系也是图书馆现象间的相互联系,相互影响的反映。因而开展影响研究时,必须以历史的意识,把研究的对象置于一定的历史背景中加以考察,这样的研究才会收到有益的效果,这是一方面;另一方面,影响研究是以事实考证为基础,它必然要涉及到研究对象的发展演变过程,以及它们和时代的联系,与其他图书馆现象的联系,因而对研究者来说,必然要强调历史意识,否则不会取得预期的研究效果。正如我们在研究文华图书馆专科学校的创办过程时,可以看到其中既有着美国韦棣华所起的作用,也有着通过她所带来的美式图书馆实践与理论的影响。这种影响对于中国近代图书馆事业的发展,无疑是起了积极的作用。但是,只看到这一面是不够的,我们还要注意到当时的历史背景,也就是说要看到韦隶华到中国来时的历史状况,从这一角度加以考察。韦隶华是 1900 年随着八国联军的入侵中国而来华的。美国为了在精神思想上支配中国,于 1905 年提出"退还庚子赔款",并以此款项输入美式的文化教育。韦隶华正是在这背景下于 1922 年发起以美国退还的"赔款"来推动中国的图书馆事业的发展。为此她两次返回美国与国会议员们面洽陈述以"赔款"在华推行美式图书馆的理由。1924 年美国决定退还"赔款",由中华教育文化基金董事会负责分配其用途,在第一次董事会议中对款项分配提出用于:"促进有永久性文化事业,如图书馆之类"。因此,才有 1925 年鲍士伟受美国图书馆协会委托,代表美国庚子赔款委员会来中国调查图书馆事业的情况;才有在华掀起推行美式图书馆的热潮;也才有中华教育文华基金董事会先后对中国图书馆事业经费的九次补贴等等。① 可见,影响研究应把握历史意识是非常重要的。

3.宏观把握:宏观把握这一准则,可以从四方面来认识。首先,从研究方法看,影响研究在探讨一国、一民族的图书馆实践与理论施加和接受影响的情况,或者说一位图书馆学者的学术思想、著作如何在外域获得声誉,一种图书馆技术方法如何在外域得以流传、应用,一般要采用历史的、实证的、统计的方法;在研究同一种图书馆实践或理论在不同国家、不同时代产生影响的多样性时,又要采用分析法、综合法。所以,影响研究不仅要以"自觉意识"的比较方法为核心,而且还要结合其他的研究方法。也就是说,在具体的研究方法上,完全可能是多样的,我们也应从宏观角度加以把握。

其次,从研究视角看,影响研究可以阐明一个国家、一个民族接受外来图书馆实践与理论的影响的形成及其社会内部变化。如

---

① 参阅:桑健编著.《图书馆学概论》.沈阳:辽宁人民出版社,1985. 102 页

五四时期中国为什么能够接受美国图书馆实践与理论的影响,其原因何在? 19 世纪美国公共图书馆、图书馆教育为什么能够接受德国、英国的影响? 苏联十月革命后为什么能够接受西方先进图书馆的原则、制度? 研究这样的问题,无疑会使我们深入认识当时的时代和社会状况。按照比较图书馆学的观点,外来的影响往往在一个国家、民族的社会内部发生重大变革的时机产生的作用更为明显。因为此时外来的影响得到了适合的"土壤",具备施加影响的可能性,以及接受影响的条件。或者说,在这时刻,传统的图书馆实践与理论受到了严重的挑战,外来的新思想、新观念、新方法极易被接受,成为"叛旧"的依据。所以,我们可以从影响的施加情况和接受程度,来反观一个民族、社会内部的变革。这样的研究更加有必要从宏观上加以把握,才能获得科学的结论。

再次,从世界图书馆事业发展过程看,各国、各民族的图书馆实践与理论的相互联系、相互影响是一种长期存在的客观现象,它是各国图书馆活动关系的重要反映。而世界图书馆事业应该是一个整体,在这个整体中,各国的、各部分的图书馆事业既有各自的独立性,又有相互的联系,他们之间长期存在着交流、融合的现象。正如在中国历史上,当印度佛教传入中国后,印度和中国的信息交流不断扩大;而从近代直至五四以后,欧美、苏俄等国的图书馆实践与理论大量地传入,对中国近代图书馆事业产生了不可估量的影响;再从当代所处的信息社会看,世界范围的信息交流已达到了前所未有的程度。在这样的时代背景下,一个国家、一个民族的图书馆活动再"与世隔绝"已是不可能的,反之,图书馆实践与理论不受外来的影响或不对外施加影响也是不可想象的。倘若只从本国、本民族的角度研究图书馆事业,而不是突破本国、本民族的图书馆实践与理论的界限、拆除其樊篱去研究图书馆活动,无疑地,已不适应时代的要求了。因此,只有从各国、各民族图书馆实践与理论的交流、影响出发去探讨世界图书馆事业,才能从宏观角度探索图书馆学的本质和规律。

最后，比较图书馆学的影响研究是以考察事实联系为基点，研究影响的各个层面。因而，无论是一个国家、民族的图书馆实践与理论，或是一个图书馆学家，在接受或施加影响时，往往不是"单一"的，常常呈现出"多元"状态。所以，影响的深入研究不能仅限于一个角度，而应从各个层面、多个角度来探讨所施加的或接受的影响，才能使其研究得到全面的、深刻的认识，最终阐释"影响"如何在世界图书馆事业发展过程中产生作用，如何催化、孕育图书馆事业的新事物、新思想、新方法。从这一点来认识影响研究，也应该以宏观的视角来审视世界图书馆事业，才能导出客观、准确的结论，从而实现影响研究的目的。

以上我们阐述了影响研究的准则，它是分析、思考影响研究的依据，也是我们进行具体研究的原则。那么，我们如何据此来着手这一研究呢？在研究过程中，又需弄清哪些具体问题呢？

我们既可以从施加一端入手探寻其放送、传播的终点；也可以从接受一端去追溯其影响的源头；还可以从传播影响的媒介去考察影响途径。也可以从他国出发去探求渊源、流传或途径。不管选择哪种角度、哪个起点来研究影响，都需要弄清以下几个问题：

1. 施加一方与接受一方是否有过接触，如何接触，即掌握影响事实和根据。

2. 施加一方如何输出影响，接受一方是否接受影响，接受哪些影响，即查明影响方式、影响内容，判断影响的产生。

3. 施加一方是通过文字媒介、非文字媒介或其他途径放送影响，即弄清影响的传播途径和方式。

4. 接受一方在接受影响前的状态以及接受影响后发生什么变化，即弄清影响的结果及其变异。

5. 接受一方产生影响的文化历史背景是什么，它们如何产生作用，其过程如何，产生了哪些效果，即弄清影响接受的背景。

上述几方面,都是影响研究中必须考虑并弄清楚的问题。

有必要指出,影响研究在比较图书馆学领域中虽然是一种主要研究模式,但是,我们对它的局限性要有所认识。由于"影响"需要具备一定的条件,一个国家、一个民族要先具备"接受"的能力、才能够接受新的事物。也就是说,"影响"只有在能够让它"生根"、"发芽"的土地上,才能产生。而且在它"成长"的过程中,还会受到"土壤"和"气候"的制约。正如不同文化体系之间的大规模图书馆实践与理论的影响,往往发生在接受影响的国家、民族的图书馆事业处于守旧、落后状态,急需一种新的足以改变传统的图书馆事业变革、更新的时候。因而,这种影响常伴随重大的社会或政治变动而产生。如五四时期,随着西方民主、科学思潮的引进,中国传统图书馆被冲击,代之而兴起的是近代的图书馆实践与理论;20世纪初苏联十月革命后对俄国图书馆事业的改革,西方图书馆的原则、制度的引进等,也是伴随着十月革命的胜利,才成为可能。可见,影响研究是有"条件"的。

此外,影响研究注重事实考证,往往倾向于寻根探源,揭示具体的图书馆现象的联系,也就是寻找各国图书馆实践与理论间的影响脉络与途径,是一种关于图书馆现象的起点与终点的事实联系的研究,因而,它强调的是事实上的联系。然而,人们还察觉到图书馆实践与理论中还存在着大量的、没有事实联系的现象,并进一步探讨不同国家、不同民族、不同文化背景中客观存在的没有事实联系的图书馆现象,以完善比较图书馆学的整体研究。这种没有事实联系的图书馆现象的研究,成为比较图书馆学研究的另一种研究模式,即平行研究。

4.3 平行研究

平行研究是比较图书馆学研究的另一重要模式。它和影响研究成为比较图书馆研究模式的两大支柱。那么,什么是比较图书馆学的平行研究? 它和影响研究有什么差异? 又具有什么特点? 在回答这些问题之前,我们从下面的比较研究事例说起。

有一篇论文的内容涉及到刘国钧和阮冈纳赞的比较研究。[①]这两位学者都是著名的图书馆学家,他们生长在不同的国度,受到不同的文化熏陶,背景专业也迥然各异。刘国钧是中国近代图书馆事业的奠基人之一,1899 年出生于南京,1920 年毕业于南京金陵大学,毕业后留校图书馆工作,后赴美,在威斯康星大学攻读哲学及图书馆学,并获哲学博士学位。1925 年回国后,历任金陵大学文学院院长、图书馆主任兼教授,西北图书馆馆长,兰州大学哲学系教授。建国后,任北京大学图书馆学系教授、系主任,著述颇丰。刘氏为中国图书馆事业建设作出了重大贡献。阮冈纳赞是印度著名的图书馆学家,1892 年出生于印度马德拉斯州,1909 年至1916 年在马德拉斯教会学院读书,1913 年获学士学位。1919 至1923 年在印度几所高校任助理讲师、助理教授,讲授数学、物理课程。1924 年任马德拉斯大学图书馆馆长。同年 9 月赴英国考察图书馆事业,并于伦敦大学图书馆学院学习。1925 年 7 月回国后,先后任马德拉斯大学图书馆馆长、巴纳拉斯印度大学图书馆馆长,此外,他还于德里大学讲授图书馆学硕士学位课程。曾任印度图书馆协会主席,国际文献工作联合会秘书,分类法研究委员会名

---

① 参阅:刘华. 中国与印度图书馆事业的比较研究.1990 年(硕士学位论文,钟守真、苏宜指导)

誉主席以及联合国教科文组织书目顾问委员会委员。著述甚丰。阮氏为印度图书馆事业作出了杰出贡献,印度政府授予他国家图书馆学研究教授。上述两位图书馆学家均有各自的人生经历,至今仍未有任何资料说明他们之间有过直接的联系。但是,他们的学术思想却有许多相通之处,他们各自对本国的图书馆实践、图书馆学理论建设、图书馆学教育都做出了重大贡献。在图书馆学思想方面两位学者在各自的背景专业知识基础上,从不同的角度研究图书馆学。刘国钧以丰富的哲学素养考察图书馆学的基本原理;阮冈纳赞以深厚的数学知识为图书分类理论、分类技术、文献计量学等提出了卓尔不群的见解。特别是两位学者对图书的选择原则、图书馆的社会作用等问题,都从不同的角度进行探讨,在图书馆学基础理论方面,刘国钧提出了"四要素"、"五要素"的"要素说";发表了"近代图书馆之性质及功用",论述了图书馆的社会价值、职能、任务及性质。而阮冈纳赞又以"图书馆学五法则"闻名于世。两位学者在学术观点上多有不谋而合之处,特别是图书分类理论和方法,反映了他们既不同程度地吸收、接受了西方图书分类理论的直接影响,又有所创新;他们的图书馆学思想也都对各自国家的图书馆学理论建设产生了深远影响;他们的毕生精力也都奉献给了图书馆事业,并为各自国家培养了一大批图书馆专业人才。

论文还指出了刘国钧与阮冈纳赞的图书馆学思想虽有不谋而合之处,但也存在着明显的差异。尤其是在图书分类理论和技术方法上,反映了他们各自的思想体系以及对科学知识的类分、类目结构的构设、实施的技巧与方法等方面都有明显的差别。作者剖析了刘国钧与阮冈纳赞的图书馆学思想产生相似与差异的原因,并作出了比较研究的结论,指出东方图书馆学者不仅吸收、引进、传播西方图书馆实践与理论,而且也完善并发展了图书馆学;图书馆事业的发展有着自身的客观规律,社会的变革与发展造就了一批先进人物,产生了符合时代要求的图书馆实践与理论;在不同国度,不同的社会、政治、经济、文化环境中,产生相似的图书馆学理论是符合图书馆事业发展的客观规律的。

论文作者是对两个不同国家、不同民族的图书馆学者进行分析,比较其相似,比较其差异,探究其原因的对比研究,它具有一定的价值。需要指出的是,迄今为止,并未发现两位学者之间有过直接的影响和"事实联系",然而,他们具有卓然可比的条件。这种研究,有两点值得注意,也是与影响研究有所不同之处。由于尚未发现或者并不存在着学者之间的"事实联系",因此,它就难以象影响研究那样去考证事实,追溯其渊源,探究其影响,而是以比较其相同与差异入手的,这是一;第二,这种研究跨越了空间界限,对处于不同国家、不同民族,具有相似地位和影响的学者、学术思想置于可比的前提标准下,从社会政治、历史、文化等方面进行比较研究。实际上这就是另一种比较图书馆学研究模式——平行研究。通过上述分析,我们可以回答什么是平行研究了。

平行研究是指对于无直接联系的不同国家、不同民族的同一图书馆现象或图书馆学与其他学科关系所进行的比较,研究其相同与差异,从而导出科学的结论。

前面关于刘氏与阮氏的比较研究实例,就其研究内容的学科性质而言,毫无疑问,是属于图书馆学领域,这种研究成果在比较图书馆学研究中是占较大比重的。但是,如果变换一下研究视角,浏览非图书馆学学科知识与图书馆学交叉渗透而产生的成果,会发现其数量也呈日益增长的趋势。换句话说,外学科知识和图书馆学交叉的领域,逐渐在拓宽,运用自然科学、社会科学的知识来阐释图书馆现象的研究也日渐增多。这种研究如果是从比较图书馆学的角度,即研究图书馆学与其他学科之间的相互关系,我们称其为跨学科研究,有的学科称它为"科际整合"(Interdisciplinary)。这就是比较图书馆学平行研究的另一分支。平行研究包括有图书馆学科范围内,以及图书馆学与外学科关系研究两种。前者是指图书馆学科范围内没有事实联系的不同国家、不同民族的同一图书馆现象的内在关系的比较研究;后者是指跨学科研究,即图书馆学与目录学、情报学、文献学,图书馆学与心理学,以及其他社会科学、自然科学等学科的科际比较(有关跨学科的比较,我们将在下一节讨论)。

平行研究不局限于图书馆学科内的比较研究,而且扩展到图书馆学与其他学科的综合研究。因而,其研究范围更为宽泛。它突破了学科的界限进行比较研究,展现出更为广阔的研究领域,也正因此,比较图书馆学的开放性、发展性更为突出,强烈地吸引着比较图书馆学的研究者。无疑地,平行研究的疆域是非常宽广,然而并不是宽泛无边,它的着力点也是非常明确的。就图书馆学科范围内的平行研究而言,比较图书馆学的平行研究是以类同和对比为主线的,下面依次作简要介绍。

一、类同。是指没有任何关联的不同国家、不同民族之间在图书馆现象、图书馆发展规律等方面的相似。例如,中外图书馆起源的问题,在起源时间上,外国最早的图书馆约于公元前三、四千年出现,而中国要晚一千多年;在地理方位上,双方的图书馆起源地域相隔遥远,相互隔绝,各民族大多互不往来。然而,中外在图书馆起源现象方面,却表现出惊人的相似,无论是起源的地理条件、活动形态,还是社会职能都反映出中西方在图书馆孕育时期,有着十分相似之处。不仅如此,甚至在图书馆学的知识上,中外也有相似的认识。中国古代图书馆,起始于王宫的"藏室"。《周礼》一书,不仅记载了周代(公元前11世纪~前256年)典籍收藏与利用的情况,以及当时对图书馆活动的基本认识,而且还提出了"藏"、"辟藏"等概念。"辟藏说"是我国图书馆学思想的萌芽。而后,汉代刘向(公元前77~前6年)、刘歆(约公元前53~公元23年)的《七略》、《别录》、班固(公元32~92)的《汉书·艺文志》，较系统地记载了中国古代图书馆的藏书收集、整理、使用的情况。这些著述反映了中国当时对藏书——图书馆组成要素之一，有了初步的认识。到了隋代，牛弘（546～610）的《请开献书之路表》，系统论述了历代国家藏书的发展概况，并指出国家藏书的重要意义。唐代魏征（580～643）在《隋书·经籍志》总序中，表述了他对书籍的认识，指出"显仁足以利物"，"藏用足以独善"，把藏书作为"治国"、"治身"之"具"。进而提出了"藏用说"，对图书馆的藏书要素进行了理性的探索。这一切表明了当时中国学者对藏书活动的认识。那么，中国之外的情况又如何？古希腊、罗马是古代图书馆的策源地。而公元前的最后三个世纪至公元后最初三个世纪，这一历史时期则是西方古代图书馆的辉煌时代。希腊诗人、哲学家卡利马科斯（Callimacnus of Cyrene，约公元前305～约前240年）将当时希腊的亚历山大图书馆的藏书编成著名目录。这个目录叫做《皮纳克斯》（Pinakes），又名《各科著名学者及其著作目录》。该目录著录了藏书的书名、作者生平事迹，并将知识分为几大类，"即戏剧家、诗人、法律家、哲学家、历史学家、雄辩家、修辞学家、医学家、数学家、自然科学家、杂家等等。"[1]而公元前2世纪下半叶，罗马的瓦尔罗（Marcus Terentius Varro，公元前116～前27年）曾撰写《论图书馆》（De Bibliothecis）一书，这些都反映了当时西方已开始对图书馆的基本概念作了初步的探讨。中世纪以来，西方图书馆学界公认的两部著作，一部是13世纪的《藏书家》（Biblionomia）；另一部是14世纪的《爱书》（The Philobibtion），表明了西方对藏书活动及图书馆有了进一步的认识。特别是英国著名藏书家理查德·伯里（Richard de Bury，1237～1345）在《爱书》中指出，人类"智慧的结晶，大部分皆载于书中"，赞颂书籍是"永恒真理"的源泉，阐述了藏书的意义。并且论述了图书馆在人类

---

① 杨威理著.《西方图书馆史》.北京:商务印书馆,1988.21页

历史上的地位和作用,他认为图书馆应该满足读者的需要。《爱书》集中反映了西方对图书馆藏书活动的认识。可见,这一时期中西方在图书馆藏书活动方面认识的基本点虽各有侧重,但占主导地位的却是中西方对藏书活动认识的类同。顺着图书馆的发展轨迹,我们再考察图书馆的产生时期,中国在 7 世纪有魏征的"藏用说",无独有偶,在欧洲类似看法也颇多,尤以 14 世纪英国伯里的《爱书》最为明显,反映了中西方对藏书活动认识的雷同,可谓异曲同工。可见,图书馆学中的类同和相似现象是大量存在的。这种类同现象的客观存在为平行比较中的类同研究提供了依据。通过类同研究,在毫无时空联系的图书馆现象中,考察图书馆实践、图书馆学理论、图书馆学思想、图书馆学著作之间的类同点和亲合点,从而加深我们对图书馆学研究对象的认识与理解,有助于我们归纳出图书馆学的某些内在的规律。

二、对比。是指不同国家、不同民族图书馆现象的殊异。这是通过差异、对立去认识其特点与相异的研究。正如前面所说的图书馆产生时期,中国已对藏书活动有了基本认识,也已出现了"辟藏说"、"藏用说"等对藏书活动的初步理性概括。至南宋程俱(1078~1144)的《麟台故事》、郑樵(1103~1162)的《通志校雠略》则崭露出对古代藏书机构职能的"整理说"的认识。继而明代祁承爜(1563~1628)的《澹生堂藏书约》、《庚申整书小记》、清初孙庆增(生卒年不详)的《藏书纪要》再现了"整理说",对藏书整理提出了较系统的理论与方法。然而,中国古代学者对藏书活动的认识着力于藏书机构的组成要素之一的藏书,囿于藏书的实践活动,因而形成了目录学、校雠学、版本学等学科的发展走向,与西方古代学者都对藏书活动认识的深化,出现了歧异。形成了鲜明的对照。

西方继 14 世纪伯里的《爱书》之后,法国诺德的《关于创办图书馆的建议》一书,提出了图书馆学这一体系应作为一门学问来理解的卓见,从而"确立了图书馆学的一般原理"。至 19 世纪初,德国的施莱辛格于 1807 年首次提出了"图书馆学"这一名称,以及建立图书馆学体系的设想。展现了西方将图书馆学作为一门完整的科学进行理论研究的轨迹。可见,中西方古代图书馆尽管在藏书活动上虽有相似的认识,但在图书馆学的理性认识上,却明显地反映了双方发展走势的差异,在雷同中存在着殊异。

在图书馆学研究对象的认识上,各国学者从不同的角度进行探索,提出了各自的观点。在中国,有 1929 年陶述先提出的书籍、馆员、读者的图书馆三要素;1934 年杜定友在《图书馆学概论》里,提出的书、人和法,所构成的图书馆三要素;同年,刘国钧在《图书馆学要旨》一书中提出图书、人员、设备、方法的"四要素"。1957年刘国钧在《什么是图书馆学》一文中进而明确地提出:图书、读者、领导和干部、建筑与设备、工作方法为"五要素"是图书馆学的研究对象。同样,在外国也有前苏联以"书——图书馆员——读者"作为图书馆学的三要素的观点;在日本,又有椎名六郎把图书馆现象概括为"四要素",即资料、读者、馆员和设备;在美国的,还有著名图书馆学家谢拉采用三角的图形表示图书馆员、资料和读者的关系,以说明他对图书馆机能的认识等等。中外图书馆学者均提出过"三要素"、"四要素"、"五要素"等等,在内容上、学术观点上、表述方式上都有差异。然而,他们毕竟都把图书馆学作为一门学科来探讨,都试图对图书馆学的研究对象加以阐述。可以说,这也是殊异中的雷同,无疑地,中外图书馆学现象中的差异也是俯拾皆是的。

图书馆现象中的差异,主要是由于文化传统和民族性的差异所致。换句话说,民族特性是各国、各民族图书馆现象差异的重要因素。这里包括不同文化体系的各民族的图书馆实践与理论(属于西方文化体系的欧美各国、各民族的图书馆实践与理论,以及属于东方文化体系的中国、印度、日本、朝鲜等各国、各民族的图书馆实践与理论)之间存在差异;也包括一个共同文化体系的各国、各民族的图书馆实践与理论,也会在相似的背景上表现出形形色色的歧异。民族传统、民族特性是平行比较中"差异"的内在因素,每个民族都有自己不可移易、不可取代、不可合并的独特性征。尤其是在向西方的图书馆实践与理论学习、吸收的过程中,有必要注意到民族特性。打个比喻,世界的图书馆事业,如同一部机器,而各国、各民族的图书馆事业就是这部飞速运转的机器中的零部件,它们在这部机器中,有各自的装配位置和功能,是别的零部件所不能取代的。所以说,各民族传统、特性的差异,带来了图书馆实践与理论认识的差异,形成了各国、各民族图书馆学的特色,从而构成了世界图书馆学整体的丰富与多彩,显示了图书馆实践与理论的发展规律的奥妙,使得比较图书馆学的平行研究富有更大的吸引力。

值得一提的是,开展比较图书馆学的类同与对比时,要注意到类同与对比的侧重点不同,前者强调的是比较对象间的"相同",而后者则是对其差异的研究,这是一方面;另一方面在图书馆实践与理论中,相同和差异并不是单一地、独立地存在着的,如果我们仅仅看到类似、相同,就会使平行研究显得肤浅,倘若我们仅仅看到不同和差异,也是无法进行有效的平行比较的。只有把握住同中之异和异中之同,才能把比较引向纵深,得出科学的、有价值的结论。

比较图书馆学的平行研究决不是寻找和罗列类同和差异,这只是研究的前一阶段,平行研究是着力于类同与对比,通过对同中之异、异中之同的分析、综合,去探寻世界图书馆事业的规律。要实现这个目标,还应把握住以下两点:一是平行研究的研究对象,由于不存在相互影响,也没有"事实考证"的制约,因此,在平行研究时,应注意到确立一个共同的"标准",把研究对象放在"一定范围"内,再去探寻研究对象的类同和差异点。但也由于这种"标准"和"一定范围"往往受到研究者主观性的影响,因而我们要把握住对比较对象的选择与特点分析,要有纵向的历史依据,以及对它们的产生与形成,应当有共时的社会、政治、经济和文化等方面横向的背景依据。

因此,平行研究要求研究者将比较对象的历史性依据与类同现象的共时性背景依据结合起来,从而再选用共同适用的"标准"或放在"一定范围"内来展开对类同点的对比,以避免现象罗列式的比附。例如,"中西图书馆起源的比较"(见应用研究事例)。该文是在中外图书馆的起源历史性探索的基础上,指出中国图书馆的起源比起西方约晚一千多年,进而比较其雷同和差异,探寻其原因,从而获得关联性的启示。作者在对照中西方图书馆形态、文献载体型式诸方面时,均将其历史状况和共时性的社会、政治、经济、文化等背景结合起来进行分析。从而发现人类社会类似的历史发展阶段中,出现的没有直接联系而却十分相似的图书馆现象。这是由于整个社会历史发展的趋同性,导致各国之间必然存在着共同的、基本的社会经济形态的特征,从而使地域相距遥远、相互隔绝的中西方有着相似的历史现象,这正是中西方图书馆起源的类同的社会基础,这是一方面;另一方面,又由于各国政治、经济、文化传统的不同,中西方虽处于相似的历史发展阶段,但图书馆却又有各自的特点,即中西方图书馆起源的差异现象。中西方图书馆起源的比较研究,一方面突破了时间的限制,另一方面又有相似的社会背景。经过类同和差异现象的研究,阐明其同异之原因,加深了对图书馆起源现象的认识,因而获得有意义的启迪。可见,历史地、共时地分析对比双方的相似现象,从它们所处的社会状况、条件、背景等方面来研究相似现象产生的原因,并赋予这些相似现象以某种意义,构成了适用的"标准"或"一定范围"进行平行比较,才能认识到人类图书馆活动具有某种普遍性这一事实,也才能够进一步认识到类似的社会、政治、历史、经济、文化等条件对图书馆活动的某种规律性作用,为图书馆学增添了研究内容。

二是,平行研究不同于影响研究,它不是以"事实联系"为起点,而是强调分析与综合,尤其需要运用相关学科的理论与知识进行分析与综合,通过分析、综合去发现研究对象的类同与差异,认识其原因,探寻其规律与作用等。因此,分析与综合在平行比较中是一种共同的方法,也是开展平行研究的必要条件和重要环节。由于异同的发现,有赖于类同、对比分析,而有意义结论的导出,则有赖于综合,即通过解析、推论、评价等。在此,我们不妨以蒋永新撰写的"中外高校情报用户教育的宏观比较"①一文为例,该文首先简述了"高校情报用户教育"的涵义,也就是说,先确定论题的内涵。然后,作者从以下五个方面切入了"情报用户教育"的比较研究课题,即开课规模、教学研究规模、教学研究课题、教学大纲以及结论。前四部分是比较研究的中心内容,每一部分都是在比照中国、美国、英国等国的高校情报用户教育的有关数据、资料的基础上,指出它们之间的相同与差别,再进行分析、综合,从而导出结论性的认识。例如,作者在第二、三部分有关教学研究规模、教学研究课题的比较研究中,选用国内外最常用的三种检索刊物,即英国的《图书馆和情报科学文摘》(LISA),美国的《情报科学文摘》(ISA)和中国的《全国报刊索引》近五年报道的有关高校情报用户教育研究的论文进行统计分析,获得了国内外高校情报用户教育在教学研究规模、课题方面的相同与差异,作者指出:

1. 国内外报道高校用户教育研究的时间起点基本相同。

2. 在各国教学研究活动中,最为活跃的是美国。我国的教学研究活动亦十分积极,其规模小于美国而大于其他国家。

3. 各国高校情报用户教育的研究规模与其教学活动的规模基本一致。

---

① 蒋永新. 中外高校情报用户教育的宏观比较. 情报学报,1989.8(2)

作者的比较研究是以开课比例、教学研究论文数量两项指标来衡量的,其结果表明,我国高校情报用户教育活动已同历史悠久的美国相接近(美国利用图书馆的教育可追溯到一百余年以前①),但这并不代表他们的教育水平。因此,作者"进行深入地比较,揭示国内外教学活动的差异,"将近五年见于上述三种刊物的论文按研究课题归类,从两个方面进行分析、归纳:

1.教学研究"热点"课题:作者将论文内容分归 15 类,包括:一般(指对开课必要性、经验、体会的一般性论述)、联机、教学法、综述、专业、CAI/AV(计算机辅助教学、电化辅助教学)、评价、教材、管理、师资、理论、大纲、内容、目录、研究生。逐类进行数据统计,其结果表明国内外相同的研究热点是一般、综述和教学法三类。

(1)中国的高校用户教育研究论文中,属于一般类的占总数的41.28%,是比例最大的课题。与美国的 ISA 报道论文数比较,同类论文仅占总数的15.66%,显然,中国这类论文比例大大高于外国。一般类论文毕竟是初级的研究成果,比例越大,表征教学研究水平则越低。

(2)论文数量居第二位的是教学法类,中国占比例总数的25.96%,而与其相应的美国同类论文仅占总数的7.69%,中美相比,相差二倍以上,表征国内高校情报用户的研究水平低于国外。

(3)论文数量居第三位的是专业类,这是关于社会科学,自然科学各专业情报用户教育方面的论文。中国该类的论文占总数的9.36%。与其对应的美国同类论文仅占总数的 3.57% 英国为7.35%。显然,中国比美英更为重视专业情报用户教育的研究,表征中国情报用户教育重视与专业结合的紧密,达到用户教育的高

---

① L. L. Hardesty. User Instruction in Academic Libraries——A Century of Selected Reading,The Scarerow Press Inc. ,1986. 1

层水平,显示了中国情报用户教育活动的一大特色。

2.教学研究"非热点"课题:中外不同之处,表现为以下两方面:

(1)中国联机用户培训的论文仅占论文总数的 1.43%,说明该领域的研究才刚起步。而 CAI/AV 中国论文尚属空白。美国论文占总数比例的 6.04%,英国为 8.08%;联机培训论文,美国占总数比例的 15.93%、英国为 14.95%。表明美英两国的 CAI/AV、联机培训两项专题研究比中国活跃,分析其原因是中国受到教学经费、设备条件等因素的影响。

(2)美、英两国均重视教学评估,其论文占总数比例分别为 6.04%,4.41%,而中国同类论文仅占论文总数比例的 0.43%。此外,在师资培养、教学管理等方面也显示出中国仅仅是少数人涉足。在教育对象方面,以本科生为主,研究生这一层次尚待开发研究。

最后,作者在分析、比较的基础上进行综合,提出结论性评论:(1)美国高校情报用户教育的平均开课率高于中国,但近几年来趋于平缓;而中国近几年发展较快;(2)在世界范围内,美国高校情报用户教育研究的论文数量居首位,中国仅次于美国,呈上升趋势;(3)国外该领域的研究课题的"热点"是联机培训、教材、计算机与电化辅助教学等;中国该领域研究"热点"则是教学法、专业用户培训、教学内容等;(4)教学总目标上,中国的表述比外国完整、明确,但具体目的不如外国。

比较结果表明,中国高校情报用户教育活动在开课规模、研究规模上,已接近于历史悠久的美国。然而,由于中国起步晚以及客观条件限制等因素影响,教学水平仍然比较低,存在问题也比较多。作者还指出要注意研究用户教育教学内容的内在规律,以及今后应抓紧的工作。

可见,"蒋文"的比较研究是通过有目的、有意识的分析、对比等环节,从个别到总体,从特殊到一般,归纳出有益的结论。可以说,这种比较是图书馆学的平行研究模式。

总之,平行研究的终极目的决不是为比较而比较,而是力求对图书馆活动的基本问题作出理论性的阐释,力求为世界的图书馆事业研究作出贡献。因此,有效的综合是不能忽视的。比较图书馆学的平行研究,虽然不着力于事实联系的研究,但是是否可以漫无边际地将不同国家、不同民族的任何图书馆现象拿来作比较呢? 或者是不加选择地作比较呢? 毫无疑问,平行研究的范围是突破事实考证的约束,但它毕竟不能没有研究依据、没有选择原则的。何况平行研究是从被比较对象间的类同和对比的认识开始的,因此,这种认识有时会有过分依赖主观与印象的可能。尤其是当选用其他学科理论或认识来作为“标准”时,由于缺乏事实联系的实证基础,难免会产生脱离图书馆学的专业性而陷入其他学科领域的可能。再者,平行研究是跨越时空的纯比较和大范围的综合,有时也可能出现肤浅的认识。所以,在进行平行比较过程中,应该把握研究的准则。概括说来,平行研究准则有如下两项:

1. 可比性。所谓可比性,是指比较的对象间需要有某种可资比较的基础。那么,可资比较的基础是什么呢? 对于平行研究来讲,这个基础就是图书馆现象的相同与差异。当然,单纯的相同或单纯的差异而无共同点的图书馆现象,是没有比较价值的,也就无所谓可比性。正如丹顿在《比较图书馆学概论》中提到的:“比较意味着被比较的事物是同类的或近于同类的,就是说,它们必须以足够的速度共有至少一种重要的属性,以保证比较是有意义的。因为这个道理,把桔子和网球作比较是没有用的(尽管它们共有“圆形”的属性),但是可以把网球同其他球作比较;把儿童图书馆的藏书和大学图书馆的藏书作比较是没有用的,……尽管儿童图书馆和大学图书馆的藏书都具有书这个‘重要的属性’,但这两类藏书(包括补充和维持这两类藏书的目的)的差别是如此之大,那个属性并未能共有到'足够的程度'，以保证比较是有意义的。"①
所以，只有那些同时具备相同与相异两种关系，以及异中有同、同中有异的图书馆现象，而且这种异同关系中又能显示出某种规律性的东西，才具有可比价值。

在比较图书馆学的研究中，我们可以把图书馆学范围内或图书馆学与其他领域的"相同"加以比较，通过这种比较，可以弄清它们到底有哪些"相同"之处，为什么会产生这种"相同"，这种"相同"又说明什么，从中我们可以得出什么结论，同时，还可以把图书馆学范围内或图书馆学与其他领域的"差异"加以比照，也可以弄清它们的"差异"在什么地方，为什么会产生"差异"，这种"差异"又说明什么问题，从中能够得出什么结论，对图书馆学中的"相同"与"差异"这两个方面作深入分析、比较，并对这两方面研究所获得的结论加以综合，就可能对探寻图书馆活动的共同规律和图书馆学的本质作出有益的结论。下面，我们对图书馆实践与理论中的"相同"与"差异"研究作一简要分析。

首先，从图书馆学的根源看，图书馆学基础理论研究的对象尚待深入探讨，但无论是文献信息交流，或是知识交流，毕竟都隶属于人际间信息交流范畴，是人类社会的一种现象，因此，它的社会科学性质是明显的。社会科学既是人类创造的，也是为人类的需要服务的。因此，任何社会现象都会超越时空界限，反映人类社会的某些共同的东西，蕴含着某种类似的成分。如同图书馆形态的演变，无论是东方或西方，其演化的过程和时间均不相同，但无一例外地都经历了古代图书馆、近代图书馆、现代图书馆三种形态。

其次，从图书馆自身看，由于人类共同的需要，在类似的自然和社会环境中，就可能产生相同的图书馆现象。例如，文献作为知

① J. 珀利阿姆·丹顿著；龚厚泽译；陈鸿舜校.《比较图书馆学概论》.北京：书目文献出版社,1980.96 页

识载体的普遍形式,尽管其具体形态历经变异,从早期的纸莎草、石片、陶片、木简、皮革、锦帛、泥版,直至纸张、缩微胶片、磁带、磁盘、光盘等多种多样形态,但就其功能而言,不论是中国或外国,汉族或其他民族,人类都以文献作为知识的载体形式,作为记录、贮存、传递、交流、利用人类知识的工具。

此外,从图书馆活动看,它是一种社会实践活动,有它自身的规律和特点,因而,凡是属于图书馆活动范围内的东西,都具有某些方面的类似。属于同一类的图书馆现象,尽管处于不同的时空中,但在某种程度上会具有这一类别的特征。例如,经验图书馆学形成与发展阶段,中西方学者对图书馆活动的认识有很多基本相似的观点。南宋程俱的《麟台故事》表述了他对藏书活动的认识;郑樵以藏书整理为核心,以"流通"为目的的图书馆学思想;明代邱濬对图书馆活动的认识和图书馆学知识的理解,祁承㸁、孙庆增的"整理说",都反映了中国学者对藏书活动的认识。而西方,法国诺德以被称为欧洲"最早的图书馆学概论"的"建议",提出了图书馆学的最初构想;德国的莱布尼兹继承并发展了诺德的图书馆学思想,提出建立联系世界的"图书馆网";德国施莱辛格的图书馆学"整理论",以及艾伯特(F. A. Bert,1791~1834)的"管理论",英国爱德华兹的图书馆"管理学"等,尽管中西方处于两种不同的文化体系,但对图书馆学认识的发展,从基本内容看确实有很多相似之处。

在考察图书馆现象相似性的同时,我们也注意到属于同一种图书馆现象的不同国家、不同民族,可能在不同程度上打上历史、文化的印迹,因而也具有差异和特征。正如上面所列举的中国学者,他们处于12到17世纪封建社会的时代,而上述西方学者则处于17至19世纪的资本主义社会;而且,中西方又都分属于不同的文化体系,对图书馆学的认识不仅有先后之别,也会表现出内容上的差异,显示了中西方对图书馆认识所具有的民族、时代的特征。

当然,那些处于相似的社会环境,具有类似的经历、具备有素质上的共性的图书馆学家,自然会有某些相似的认识,这些都是不言而喻的。例如,刘国钧与阮冈纳赞。

总之,比较图书馆学的平行研究在认识不同国家、不同民族图书馆现象的"相同"时,也必须看到它们之间的"差异"。各种图书馆现象间的"相同"与"差异"是客观存在的,往往还呈现出复杂的形态,"相同"之中常常包含着"差异",而"差异"之中又往往包含着"相同"。有时乍看相似,待深入研究却发现了"差异",反之亦然。当然,图书馆现象间的"相同"和"差异"并不是单一存在着的,如果我们仅仅看到"相同",就会使平行研究显得肤浅,表面化;如果我们又只看到"差异",那就无法进行平行比较。因而,只有把握"同中之异,异中之同",才能达到平行研究的目的。事实上,图书馆实践和理论中存在着这种"相同"和"差异"的复杂现象,为平行研究提供了可比性,只有以可比性作为衡量的标准,才能判断我们所进行的平行研究是否有价值。

2.学科性。这是平行研究不可忽略的一个准则,也是平行研究过程中不可偏离的基点。我们所说的"学科性",指的是研究的内容和重点必须是与图书馆学有关的,而不是别的学科和领域。这一点对于跨学科的研究更为重要,应予以高度重视。倘若不是为了图书馆学而进行跨学科研究,那么这种研究就不隶属于图书馆学研究范畴了。所以学科性是平行研究的准则。那么,如何来把握平行研究中的"学科性",又如何来界定,怎样才不至于失去"学科性",这却是比较不容易说清的问题。要辨识平行研究的学科性,归纳起来大体上有三个标准:一是,研究者的目的和研究重心应该集中在图书馆学上,而不是其他的学科。

二是,研究的全过程,从始至终都应围绕着"图书馆学"这个基点。不论有多少研究的材料涉及到另一学科,采用了多少其他学科的事实,又是如何深入到另一学科之中,而研究者的着力点则是利用比较中涉及到的其他学科的材料和事实,来说明图书馆学的问题。这就是说,研究者始终要站在图书馆学的立场上,以图书馆学为出发点,最终又以图书馆学为归宿,而决不是别的。如同我们对多国图书馆建筑比较研究,甚至对中外古代图书馆建筑与近代、现代图书馆建筑比较研究,研究者是着眼于从建筑学中收集有关的资料、数据、图片等,来说明图书馆构建的特征及其演变。虽然图书馆学和建筑学有着久长而密切的关系,但也不能从几千年图书馆的建筑中罗列例证来说明某一个建筑学的理论,这点应该是不言而喻的。

三是,研究的结果应能作出对图书馆学的发展有益的结论。平行研究的学科性问题,对于图书馆学科范围内,以及图书馆学与外学科关系的跨学科研究都是至关重要的,其实质都是为了阐明图书馆学的基本问题。倘若我们对不同国家的图书馆学家或学派进行平行比较,无论我们采用何种材料,从哪个角度入手,最终的目标应该是对图书馆学内在问题的研究,只能是为了阐明图书馆学的一些实质性的问题,而不是图书馆学外延的研究。如果我们只是围绕着与图书馆学家、学派有关的外国材料兜圈子,而不是深入到图书馆学实质性的问题的探讨,那么,这样的平行研究可以说不具备"学科性",或者说"学科性"不明显。比较图书馆学的平行研究强调"学科性",强调图书馆现象内在的各种联系,强调理论上的阐发,只有这样,才能避免简单的比附,肤浅的同异排列,避免图书馆学研究中出现非本学科范围的现象。当然,强调"学科性",并不等于忽视图书馆学与社会、政治、经济、文化等外在条件的关系。平行研究并非全是跨学科的。跨学科研究和图书馆学科内的平行研究,总是要涉及到历史、社会、经济、政治等领域的知识与理论,总会运用或引进其他学科的理论与方法,来作理论的探究,因而它要求研究者应具备有历史的、社会的眼光,把与研究对象有关的文化传统、社会背景、时代特征等因素结合起来,进行综合的研究。换句话说,要把研究对象置于一定的社会历史背景中加以考察,只有这样,才能在辨明"相同"与"差异"的过程中,加深对某一图书馆现象的认识。

"学科性"的问题,必须是平行研究的重点和焦点,既要广泛深入到与图书馆学有关的各个领域,作深入与多层次的全面探索,又要立足于图书馆学,并围绕图书馆学的一些基本性问题进行研究。否则就不是比较图书馆学研究,而成为其他比较学科的研究了。从这一点来看,"学科性"对于非本学科范围,即跨学科研究就显得格外重要了。

4.4 跨学科研究

比较图书馆学平行研究的另一种,是图书馆学科与非图书馆学科关系的研究,也就是跨学科研究,有的称其为"科际整合"研究(Interdisciplinary Approach),其中"Interdisciplinary"一词是"涉及两种以上训练的;涉及两门以上学科的"之意,因此,出现了"跨学科"研究、"交叉研究"、"科际整合"式的研究方法等不同名称。但是,不管如何称谓,如何理解其含义,我们都有必要弄清楚跨学科研究所包含的内容。

我们认为,比较图书馆学中的跨学科研究,是研究图书馆学同其他学科的关系。由于它所研究的非图书馆学科范围涉及到自然科学、社会科学等与图书馆学的关系,因此才被称为"科际整合"研究。有必要指出,跨学科研究是指图书馆学与其他学科关系的研究,它既有图书馆学与社会科学、图书馆学与自然科学的关系的比较研究;也含有比较图书馆学与相关比较学科的研究,如比较教育学、比较法学、比较文学、比较语言学等学科的比较研究。这是由于上述学科的历史较久、有着丰富的资料和较成熟的理论和方法,这些对于处在"初级状态"的比较图书馆学有着重大的借鉴价值。丹顿在《比较图书馆学概论》中,引用了大量的比较教育学的理论与方法,给了我们许多有益的启迪。

跨学科研究的兴起,是由于现代科学技术的发展,才使人们能够对人类知识领域进行系统的研究,也才有可能对学科间的相互关系进行研究。长期以来,人们为了更好地认识客观世界和改造客观世界,不得不将各学科的研究对象从原来的整体和联系中分解开来,进行分门别类的划分和研究,从而建立了各门学科,这是完全必要的。列宁曾指出:"思维把一个对象的实际联结在一起的各个环节彼此分开来考察。如果不把不间断的东西割碎,不使活生生的东西简单化、粗糙化,不加以割碎,不使之僵化,那么我们就不能想象、表达、测量、描述运动。思维对运动的描述,总是粗糙化、僵化。……不仅对运动是这样,而且对任何概念都是这样。"①中国的钱学森把现代科学划分为九类,即数学科学、系统科学、思维科学、人体科学、军事科学、文艺理论、行为科学、自然科学和社会科学,而且他认为各学科之间是交叉的;苏联的阿·德·乌西尔把这些学科归纳为三类,即自然科学研究自然、社会科学——研究人和人类社会、技术科学——研究人和创造物:机器。② 各门学科又细分门类。不可否认,这种分门别类的研究,有助于人们对客观世界的认识的深化。然而,世界上的各种事物,本来是相互联系的一个整体,这种将事物从相互联系的整体之中分解出来,分门别类、孤立地研究不可能不在某些方面失去了事物原来的特性。换句话说,这种分隔为个体的研究方法有许多局限性。客观世界的各类事物虽有相互区别的标志和特性,但这些标志和特性往往只有在它与其他事物相互联系中才能显示出来的。人们不断发现过

---

① 《列宁全集》.北京:人民出版社,1959.第38卷.285页
② 参阅:世界科学,1983年2月号

去不曾注意到的、不同学科所具有的共同属性,只有在分门别类研究之外,进行综合性的、整体性的研究,才能获得全面的认识。

随着现代科学的深入发展,现代科学技术为科学的综合化、整体化研究提供了手段和工具,使得对人类知识各领域的共同属性和相互关系的研究成为可能。马克思早就预言:"自然科学将来会统括人的科学,正如人的科学也会统摄自然科学,二者将来会成为一种科学。"①事实上,自然科学与社会科学正在出现一种整一化趋势,这种趋势表现在两方面:一是研究的综合性,人们开始把孤立的、分解开来的各门类的知识重新系联起来,把事物的各方面、各部分、各种因素综合起来考察,力图探寻相互间联系的结构、功能和方式,探寻其共性和规律性,从而得出宏观的结论;二是研究的整体性,世界的万事万物及其运动过程,不再被认为是孤立的、无序状态,而是有结构、有规律的整体。整体并不等于各孤立个体简单叠加的总和,某些特性在孤立的个体中并不能发现到,只有在特定的整体相互联系之中才能找到。因此,不能把动态的、有机的整体分隔开来,静止地、机械地、孤立地进行研究,必须从整体中各部分相互依赖、相互制约的联系中来揭示事物的性质、特征和规律。图书馆学也不例外,因为,作为研究人类文献信息交流的图书馆学并不是孤立存在的,文献信息的收集、贮存、传播、交流的内容和过程,文献信息活动的历史形成与发展,都与人类知识活动的其他领域有着密切的联系。为了更好地把握图书馆学,我们不能忽略这种联系,而比较图书馆学的研究正是在这方面发挥它的特殊功能。比较图书馆学不仅成为联系各国、各民族的图书馆实践与理论的纽带,而且它把各国、各民族形式上分离的图书馆实践与理论系联起来,形成一个整体。比较图书馆学的研究既是不同国

---

① 马克思著;朱光潜译注. 经济学—哲学手稿. 美学. 上海:上海文艺出版社,1980. 第 2 期,12 页

家、不同民族的图书馆现象的比较研究,也是图书馆学和人类知识与活动的其他领域的关系的比较研究。那么,比较图书馆学的跨学科研究,包含哪些内容呢?

我们认为,跨学科研究主要是指图书馆学与其相关学科之间关系的研究。它包括有图书馆学与相近学科、图书馆学与社会科学、图书馆学与自然科学之间的关系的研究等。

图书馆学与目录学、情报学、文献学之间存在着天然的姻缘联系,它们是图书馆学的相近学科,人们往往把它们之间的关系称为同族关系。尽管它们各有特殊的研究对象、研究范围、但彼此之间存在着互相孕育、互相阐发、互相影响、互相借鉴等密切的联系。比较它们的"相似"和"差异",研究它们相互间的关系是认识图书馆学性质不可缺少的工作。图书馆学与社会科学的各个学科,诸如社会学、教育学、语言学、历史学等,各有自己的特定研究对象,但它们都隶属于人类社会现象,在这共同的领域里,各门学科的研究对象又存在着相互渗透、相互系连的现象,因而探讨图书馆学与外部的联系,必然要观察图书馆学与其他社会科学之间的关系。同时,图书馆学又是一门发展中的社会科学,在发展过程中也有必要吸收其他学科的原理、方法来丰富自身的内容体系,以促进图书馆学的研究,加速图书馆学的建设,缩短图书馆学走向成熟的进程。显然,研究图书馆学与社会科学之间的关系也是图书馆学研究不可忽略的重要内容。图书馆学与自然科学似乎是两个相距甚远的领域,但无数事实证明,自然科学的成就已多次地影响到了图书馆学的研究。自然科学的知识和研究方法,对人们的观念、对人们的研究方法已产生过直接或间接的影响。自然科学的成果已不断渗透到图书馆学领域,自然科学的知识与图书馆学的撞击,已产生光彩艳丽的火花。特别是当今信息社会浪潮的猛烈冲击,传统的思想方式,观念受到了挑战,自然科学对其他学科所产生的影响比以前更为明显,更为剧烈。所以,人们已经开始重视图书馆学与自然科学之间的关系,并对它们进行研究。跨学科的研究是一个极为宽阔的领域。在这里,我们不可能全面论述图书馆学与其他各个学科之间的关系,只大致从以下两个方面切入这个议题。依据图书馆学与相关学科之间的关系的表现形式,图书馆学与其他学科之间的关系可分为同族关系、交叉关系以及应用关系。目录学、情报学与图书馆学的关系最为密切,作为第一个方面,其关系表现为同族关系。其次是交叉和应用关系,表现出这两种关系所涉及的学科范围较为广泛。因此,我们把图书馆学与社会科学,图书馆学与自然科学之间的关系作为第二方面加以介绍。

一、同族关系:目录学、情报学

(一)图书馆学与目录学:目录学是"研究目录工作形成和发展的一般规律(即研究书目情报运动规律)的科学。"[①]它是目录工作实践经验的总结、概括和升华。它与图书馆学有着密切的亲缘关系,可说是"历史渊源很深"的学科关系,这点已被大量的研究成果所证实。

从某种角度看,图书馆是文献整理、加工的重要阵地之一。图书馆的文献整理又是从多途径入手,除了从主题角度进行标引外,一般采用分类方法,即根据图书内容所反映的学科属性和其他方面的特征,按照已确定的分类体系,将图书分门别类地组织起来。无论是以杜威十进分类法为代表的等级列举式分类方法,或是以阮冈纳赞《冒号分类法》为代表的分面组配方式,还是以《国际十进分类法》为代表的列举组配复合体系分类方式,其目的都是为了将学科性质相同的书集中在一起、并与不同学科性质的书区别开来,使图书馆的藏书具有一定的逻辑系统,便于读者查询和使用。

---

① 彭斐章等编著.《目录学》.武汉:武汉大学出版社,1986.5 页

在古代,希腊学者、著名诗人卡利马科斯曾以亚历山大城图书馆的藏书为基础,编制成《各科著名学者及其著作目录》,将藏书按内容归类;在中国,古代的藏书活动也采用类分的方法,现存于《汉书·艺文志》的《别录》、《七略》,以及魏征的《隋书·经籍志》、清永瑢、纪昀等编撰的《四库全书总目提要》等,基本反映了我国古代藏书的分类体系。《汉书·艺文志》是以六略三十八种,即六艺略(易、书、诗、礼、乐、春秋、论语、孝经、小学)、诸子略(儒、道、阴阳、法、名、墨、纵横、杂、农、小说)、诗赋略(屈原赋之属、陆贾赋之属、孙卿赋之属、杂赋、歌诗)、兵书略(兵权谋、兵形势、兵阴阳、兵技巧)、数术略(天文、历谱、五行、蓍龟、杂占、刑法)、方技略(医经、经方房中、神仙),类分藏书的;《隋书·经籍志》是以经、史、子、集四部,《四库全书总目提要》是以经、史、子集四部四十四类来类分图书的。可见,当时的图书类分和近现代的图书分类方法是十分近似的。无疑的,作为目录学研究内容的重要组成部分的中外古代书目工作,既是图书馆目录理论与方法的"源头",又是图书分类史的重要内容。

然而,图书馆学与目录学又有各自的研究对象和研究范围,就其研究对象而言,图书馆学是以研究文献信息交流活动为其特定对象,而目录学则以"揭示与报导文献的信息与人们对文献的特定需要之间的矛盾,构成了目录学领域诸矛盾现象中最基本最主要的矛盾,这个最基本最主要的矛盾,也就是目录学的研究对象。"①可见,两学科的研究对象的界定也是很清晰的。

上述图书馆学与目录学关系的历史与现状的考察,理论与方法的探讨,反映了图书馆学与目录学的共同性,以及他们各自的特殊性,这方面的研究已有不少成果,但是要做到既看到图书馆学与目录学相通,又看到图书馆学与目录学各具的特性,并在这种矛盾

---

① 彭斐章等编著.《目录学》.武汉:武汉大学出版社,1986.11 页

对立中探索二者的关系，并不是很容易的。尽管大家都理解，图书馆学与目录学之间如果没有相通、一致的性质，如果没有差异，完全一致，那么，它们就不能互相阐发。但是，研究者往往重视它们之间的"相同"，而忽略它们之间的"差异"。因此，在跨学科研究中，研究者必须既注意到它们之间的"相同"，又要注意考察它们之间的"差异"，也就是要有辩证的观点，这一点在平行研究过程中，是应牢牢地把握住的。在这里，我们不妨还征引《目录学》中有关两学科关系的论述："图书馆是使书目得到最广泛利用的渠道之一，同时，也是利用目录学方法分析、鉴别、研究文献的重要阵地。在图书馆工作中，利用目录学方法最广泛，如搜集采访馆藏、宣传图书、指导阅读、解答咨询、为科学研究和生产建设服务等，都涉及到目录学方法。图书馆还设立有书目情报服务部，专门从事书目情报服务活动，广泛利用目录学知识，宣传目录学知识。所以说，图书馆学与目录学有着血缘关系，它们之间互相利用彼此研究成果的基础上，共同发展，携手并进。……目录学与图书馆学都有各自的研究对象和特定的研究范围，它们的历史发展各不相同。我国图书馆学作为独立的学科，是本世纪初才建立起来的。我国目录学历史悠久，源远流长，形成了自己的优良传统，而且在历史发展进程中已经是一门具有广泛社会基础的学科。目录学基础知识不仅是每一个图书馆工作者，而且也是每一个科学工作者必须掌握的基础知识。图书馆学与目录学应当是各自独立、相互利用、相互促进、共同发展的关系。"①这段引文，表明了作者强调图书馆学与目录学之间的区别，从而否定了图书馆学与目录学是隶属的关系，即目录学是图书馆学的分支学科的看法。上述论点，虽只是一家之言，还可以再讨论，但至少在一些主要方面是通过比较，指明两学科的界限。同时，作者也不否认两门学科间有着相通的地

① 彭斐章等编著.《目录学》.武汉:武汉大学出版社,1986.15~16页

方,"有着血缘关系",它们之间是"各自独立、相互利用、互相促进、共同发展的关系"。这种论述揭示了图书馆学与目录学之间既有"差异"又有"相通"的关系。

对于图书馆学与目录学的跨学科研究,在遵循"相同"与"差异"并重的原则下,可以从不同的途径来揭示它们的相互关系。通常可以通过图书馆学与目录学的关系、影响和综合研究三个途径来实现。在研究过程中,这三方面往往会有重合之处,但因强调的重点不同,而有所区别。例如,上述关于图书分类法的探讨,可以从目录学遗产的研究中,借取"事实",以弄清其渊源,探明其影响;再如,从保存《别录》、《七略》的《汉书·艺文志》,可以从藏书的分类体系和著录内容来研究图书馆学与目录学的关系和影响;或从《汉书·艺文志》中所提出的"藏书之策"、"求书"、"献书"、"条其篇目"、"目录"、"司籍"等概念的角度,研究图书馆学、目录学的基本概念的趋同及共生的现象;也可以从六分法系联到整个中国古代藏书类分方法演化过程进行研究;仍然可以从藏书的校雠方法和过程,研究图书馆学与校雠学的关系等方面进行综合的比较研究。

(二)图书馆学与情报科学:情报科学是一门新兴的学科,作为一门独立的学科,它的历史还很短。人们对它的认识有多种不同的见解,在这里,我们引用《情报学概论》一书对情报科学所作的解释:"情报学是研究社会情报现象,即根据用户需要选择、传递信息的科学、研究选择传递信息的一般原理、规律和方式方法的科学。""情报学就是这样一种具有边缘性的学科。情报现象联系了社会生活的各个部门和人类知识的各个学科。研究这一社会现象的一般原理、规律和方式方法,是社会原有任何一个学科承担不了的,于是在数学……图书馆学、管理学等学科的基础上,形成并发展了情报学。"①这段引文,表明了作者对情报科学的定义、性质的认识,也反映了情报科学与图书馆学的关系是十分密切的。有的学者认为它们之间的关系是"一根蘖生的姐妹学科,都研究知识的存贮和作用,注重特定信息的交流。图书馆学是情报学的前导科学,情报学则是图书馆学的延伸和发展。"②当今,我们处于信息社会,情报科学对于图书馆学的影响绝不亚于目录学。

图书馆活动和情报活动都隶属于社会活动范畴,和其他社会活动一样,它们有着相互联系、相互渗透、相互促进的关系。同时,它们又都是随着科学的发展,先后从科学研究中分化出来的,也都为科学研究服务,无论在图书、情报工作的实践方面,或是在基础理论方面,都有相通之处。可以说,情报科学是在图书馆学的理论和方法的基础上形成,图书馆学又汲取、移植情报科学的理论和方法,双方都获得了发展。图书馆学和情报科学存在着多方面的联系,具体表现在以下几个方面。

首先,图书馆工作是以文献信息交流为主体,因而,侧重于文献的搜集、分类、编目、典藏、流通。经过这一系列工作程序,将文献信息传递给读者,这是图书馆将文献加工整序后作用于读者的过程;而情报工作则以情报信息交流为主体,也存在着情报资料的搜集、加工、报道、提供服务的工作过程。从比较图书馆学的研究模式来讲,我们可以把情报工作看作是图书馆工作"再现的模仿"。

其次,从文献加工整序的程度来分析,图书馆往往由于贮存文献载体侧重于图书、期刊,因而加工过程常以"种"为单元,侧重于揭示文献的目录学知识;而情报工作往往是以期刊、内部资料等为文献收集的主体部分,加工文献则着眼于每一种文献的一个个知

① 王万宗编著.《情报学概论》.北京:北京大学出版社,1988.12 页
② 宓浩主编.《图书馆学原理》.上海:华东师范大学出版社,1988. 231 页

识单元(如术语、分子式、数据等),因而揭示文献的内容更为深入,报道、传递情报信息更为具体。图书馆工作和情报工作在揭示文献方面的这种"差异",可以看作是情报工作对图书馆工作"模仿的创新"。

此外,情报科学为适应情报用户对情报信息的需求,在吸取、移植图书馆分类、图书馆目录、主题标引的理论与技术的基础上,发展了主题法、索引法、文摘法等,并为情报用户的特定需求,提供情报综述与述评。这一系列的情报服务,可以看作是情报科学对图书馆学"移植的发展"。而图书馆学又接受了情报服务的理论与方法,在读者服务领域通过各种科学情报的检索工作,开展多种多样的参考咨询、情报检索等情报服务,这一切可以说是图书馆学接受了情报科学的理论与方法,并获得了"接受的升华"。

从"再现的模仿"、"模仿的创新"、"移植的发展",乃至"接受的升华",从不同的侧面反映了图书馆学与情报科学之间密切的联系。事实上,这种关系的研究,已成为学术理论界讨论的"热点"之一。大量的科研成果也已表明,为情报科学的形成、发展作出贡献的许多学科中,图书馆学几乎可以肯定是至关重要的。这正是图书馆实践与情报科学研究都取得发展的结果。当今,人类进入信息社会,人们对信息、情报、知识及其交流、传递过程的认识,正在逐步深化。无疑地,作为研究有关情报的搜集、整理、贮存、检索、报道和分析的原理与方法的情报科学,与研究、处理文献信息交流现象的图书馆学不仅有相通之处,而且,情报科学的理论研究的成果,在图书馆学研究中也已产生了极大的影响效应。如美国奥尔(J. M. Orr)和前苏联米哈依诺夫(А. И. Михайлов)的"交流系统论"、英国肯普(D. K. Kemp)和布鲁克斯(B. C. Brookes)的"知识基础论"、美国谢拉的"社会认识论",虽然侧重点有所不同,但都从信息、知识、通讯、社会等领域的关联来探讨信息、情报、知识、文献交流活动,从而促进情报科学理论体系的完善,对于图书馆学的基础理论研究也同样产生极大的影响和作用。可见,情报科学与图书馆学的理论研究的发展是并行不悖的。确实,作为以满足情报用户特定需求为基点,以选择、整理、贮存、传递信息为内容的情报工作,它的基础是文献信息工作,而这正是图书馆的基本工作环节,因此,图书馆学成为情报科学的基础。然而,图书馆要使文献、知识信息得以交流和传递,充分实现它的价值,又有赖于情报的分析与综合,而情报工作又是以情报分析、综合来提供情报服务。所以,情报工作又是图书馆工作的延伸。可见,情报科学的发展,也丰富了图书馆学,为图书馆学提供理论与方法。此外,优秀的图书馆学研究者,必定有敏感的情报意识,正如肖自力在《图书馆学引论》(汉译本)序言中对谢拉的评价所指出:"谢拉一方面积极投身于文献工作和情报科学的实践……把文献工作、情报科学与图书馆工作结合起来;另一方面努力发展文献学、情报科学的教育研究,确认情报传递乃是图书馆学与情报学的共同基础,两个学科不仅不是对立的,而且本来是同盟者……"[①]在序言中,他还指出这两门学科的关系,他说:"学科不断分化,工作日益专深,这是客观的形势,但学科相互交叉协作,工作相互渗透关联也同样在加强,这也是客观的事实,更何况本是同根生的图书馆学与情报科学、图书馆工作与文献情报工作呢?其相同、相似、相关、交叉渗透之处必然更多,其千丝万缕的联系应当维系和加强。"[②]可见,图书馆学研究者以其学术敏感性业已认识到图书馆学与情报科学"本是同根生"、"千丝万缕的联系应当维系和加强"的重要性。

①　杰西·H·谢拉著;张沙丽译、张舒平校.《图书馆学引论》.兰州:兰州大学出版社,1986.序言第7页

②　杰西·H·谢拉著;张沙丽译、张舒平校.《图书馆学引论》.兰州:兰州大学出版社,1986.序言第7页

二、交叉和应用关系

（一）图书馆学与社会科学：图书馆学与社会有着广泛而密切的联系。20 年代，在东方，中国的杜定友在《图书馆通论》这部编译著作中，已经把图书馆置于社会中考察。1926 年，杜定友就指出，图书馆学专门研究人类学问记载的产生、保存与应用。1928 年，他提出了图书馆"就是社会上一切人的记忆，实际上就是社会上一切人的公共脑子"的著名论断；建国后，1979 年北京大学教授周文骏发表了《图书馆工作的传递作用、体系和发展》[①]的论文，提出了"交流说"，文章指出："图书馆工作通过传递图书情报的作用影响于社会的政治、经济、文化教育和科学技术等方面。传递图书情报是图书情报工作的核心，图书情报工作是当代科学交流的一个主要过程。""科学交流无疑是一种推动科学技术发展的动力。也是推动社会发展的动力。可以这样说，没有科学交流，科学技术的发展就会停顿，从而影响到整个社会的发展。"在西方，1931 年巴特勒在《图书馆学导论》(An Introduction of Library Science)的序言中，指出了图书馆与社会、文化和历史的联系问题，提出了"社会机构论"；60 年代谢拉提出了"社会认识论"等，可见，东西方学者都注意到了图书馆与社会的千丝万缕的联系，都试图把图书馆学和周围社会的联系和影响结合起来进行探讨。图书馆学与社会的联系，我们可以从以下两方面来考察：

一是，图书馆是人类社会文明发展到一定阶段的产物，是社会的组成部分。从历史看，图书馆的产生、形成与发展总是和社会的发展进程相关联的；从人的因素看，图书馆工作者、读者、图书馆学者都是社会的成员，他们在社会上占有一定的地位，他们的思想受到社会思潮的影响和冲击，他们的"价值"要得到社会的承认或报

---

① 周文骏.图书馆工作的传递作用、体系和发展.图书馆学通讯,1979(1)

偿；从图书馆的社会价值看，图书馆对社会具有一定的功能和作用，它是人类文献信息交流的"中介"，任何知识、情报、文献一旦产生，只有在信息交流中才能实现其价值；从作为传播媒介的文献看，文献本身也是社会文明的产物，离开了社会，也就没有文献，文献有其社会属性，并随着社会变化而变化；从文献的载体形态看，如纸莎草、泥版、甲骨、竹简、皮革、纸张以及胶片、胶带、磁带、磁盘、光盘等，也都是在一定的社会条件下才会产生多种载体形态。总之，图书馆与社会的关系在各个方面都有所反映，这种反映决不是简单的、直观的映象，而是有着极为复杂的动态内容。图书馆与社会的密切关系是不可分离的，两者之间的关系研究，理应成为社会科学研究内容的组成部分。

二是，图书馆学是以文献信息交流为研究对象，这种交流活动是人类社会的普遍现象，是隶属于社会科学范畴的。

社会科学是以社会现象为研究对象的科学，而社会是指人类以共同物质条件为基础所形成的相互联系的有机整体。马克思指出："社会——不管其形式如何——究竟是什么呢？是人们交互作用的产物。"①这种人类交互作用的整体，存在着人与自然界的联系、人与人之间的联系。前者体现了人类征服自然的能力，即人类社会的生产力；后者体现了生产关系和上层建筑这两方面。由于人类社会存在着的生产力、生产关系、上层建筑这三个方面，而且它们之间又有着相互联系与矛盾，相互作用、相互制约的关系，形成了人类社会活动的复杂的、动态的内容。所以，社会的各个领域，包括政治、社会、历史、经济、法律、教育、民族、宗教、科学等等，同样是相互作用、相互联系的，图书馆活动也如此，正如巴特勒的《图书馆学导论》一书所指出："图书馆因文化的需要产生，成为社会组织必不可少的一种机构，文化的本源，是超越个人的社会经验

---

① 《马克思恩格斯选集》. 北京：人民出版社，1972. 第4卷，320页

的积累。任何时代的人,都有吸取前人经验的本能,所谓图书,是保存人类记忆的一种装置;图书馆则是在现代人类意识中传播这种人类记忆的一种社会机构。图书馆学对于社会各方面的认识,即关于社会本原与其作用的说明,是因为图书馆学在一切社会科学所论述的社会现象中占有一定的位置。"①此外,肖自力在谢拉的《图书馆学引论》(汉译本)序言中也指出:"怎样把已有的知识安排协调,使之成为一个有机整体,并用之于社会,不仅注意社会对知识的影响,还要注意知识对社会的影响,这就是谢拉提出的社会认识论的内容。他认为这是关于知识本身的一个知识实体,是一个几乎还没有被认识的领域,是一个复杂的、综合了社会学、人类学、经济学、语言学、生理学、心理学、数学、信息论等学科的跨界学科。"因此,图书馆学与社会科学的研究,无论是图书馆学与社会学,还是图书馆学与教育学、经济学、目录学、文献学或其他社会科学的比较研究,都必须是综合各门社会科学的知识,并涉及到各个社会领域及其深层次,要进行多层次、多角度的区分、分析,以综合运用影响研究与平行研究的各种方法,才能收到预期的效果,这是一方面;另一方面,还应从辩证唯物与历史唯物史观出发,来进行这一研究。我们不妨以社会学的社会变迁理论来分析研究图书馆学的产生和发展,用历史的发展观点来认识图书馆学与社会的关系。这种研究应该是有价值的。

我们知道,中国的封建社会源远流长,形成了一套典型的封建社会的经济、政治、文化体制,自给自足的封建经济,闭关锁国的统治政策,独占鳌头的儒家文化等等,所有这些都表征了中国封建社会的特质。那么,在这样的条件下,究竟孕育了什么样的"中国图书馆学"呢?

首先,漫长的中国封建社会虽为中华民族积累了丰富的图书

---

① 宓浩主编.《图书馆学原理》.上海:华东师范大学出版社,1988. 277 页

馆学知识,使中国古代有关图书馆学的知识一直处于领先地位。早在二千多年前,中国就有了诸如《别录》、《七略》的图书分类体系,其后又出现了《汉书·艺文志》、《隋书·经籍志》、《四库全书总目提要》等宏文巨著。但中国古代的图书馆学却始终停留在图书馆经验知识的零星积累上。即使在 12 至 13 世纪之际,在唐宋图书馆学思想的影响下,金人孔天监在《藏书记》中就提出了建立公共图书楼之议。然而,受当时社会经济、文化水平的限制,这种世界图书馆学史上从未有过的公共图书馆思想,没能、也不可能得到实现。其次,中国光辉灿烂的古代文化、古代哲学、古代图书馆学知识有着杰出的思想、有着智慧的见地、有着精辟的论述,无疑是极有价值的。但是,作为一种文化总体,总是缺少一种精神、一种活力,缺少近代工业革命所带来的科学理性。中国的文化氛围是经验主义的氛围,中国的文化土壤是经验主义的土壤,而且中国传统的科学的实用性特点,也决定了中国古代图书馆学大都以感性经验为基础。所以,图书馆学在中国古代终没能逾越经验科学的樊篱。事实上,在中国古代图书馆学知识宝库中,我们看到的大都是图书馆某些实践的表象描述或经验的客观记载,对理论进行科学探讨实为鲜见。而且,处于封建的闭关锁国的国度里,中国的古代图书馆只能是与世隔绝的封闭状态下维系着,其理性探索必然受阻,也只能在这种社会背景下缓慢地进展着。

　　1840 年鸦片战争,帝国主义的洋枪大炮轰开了中国的大门。随之涌入的是帝国主义对中国政治、经济、科学技术、文化的渗透,中国一步步地沦为半殖民地半封建的社会。"英国的大炮破坏了中国皇帝的权威,迫使天朝帝国与地上的世界相接触。"① 人们开始"放眼世界"。清末的洋务运动、维新改良运动,敲响了中国古代藏书楼的丧钟,揭开了中国近代图书馆的新篇章。随着西学的

---

　　① 《马克思恩格斯全集》.北京:人民出版社,1961 第 9 卷,111 页

引入,康有为、梁启超率先研究了西方的图书分类理论,打破了中国传统的四分法,分别编制了《日本书目志》和《西学书目表》。康、梁为首的改良派,在办学堂、办报馆、设学会的同时,抨击封建社会的藏书楼,倡设近代图书馆,极力主张图书馆向社会开放,并以它作为传播新思想、新知识、改变旧风气的重要场所。特别是20世纪初,各省公共图书馆纷纷设置,为中国近代图书馆学奠定了社会基础。而且,在图书馆实践领域里,大量效仿美式图书馆管理方法,促进了图书馆的工作方法和管理方式的转变,加速了图书馆性质、职能的变化,这一切把中国近代图书馆学推上了历史舞台。与此同时,中国已迈开了向西方学习先进科学技术知识的第一步,社会环境也为中国近代图书馆学脱颖而出提供了条件。

20世纪40年代以后,国内外形势都发生了深刻的变化。就国际形势而言,第二次世界大战结束后,现代科学技术,经济飞速发展,随之而来的是"情报剧增"这对图书馆学的发展与完善产生了深刻的影响,主要表现在以下几方面:

首先,世界科学技术的发展,经济的繁荣要求图书馆不断地变革自身,跟上时代的发展,满足社会的需要,实现其社会价值。

其次,世界经济、科学技术发展的不平衡,使得各国纷纷仿效先进国家,取长补短,以求自身的发展。

最后,科学技术的新突破、电子计算机、自动化技术、信息论、系统论、控制论等技术和理论相继问世,并应用于图书馆;文献剧增,社会趋向信息化,这一切为图书馆事业的发展提供了良好的环境因素,图书馆学在这样的客观环境中迅速发展起来,并日趋成熟。人们对图书馆学的研究开始由表象描述进入到揭示其科学本质阶段,力图从图书馆学的理论基础入手,使图书馆学成为一门真正成熟的学科。无论是东方的中国,或是西方的美、英、苏等国的图书馆学者,都为揭示图书馆学的本质作了大量的工作。在中国,有50年代提出的"要素说";60年代和70年代初提出的"矛盾说"、"规律说";70年代末、80年代初提出的"交流说"、"知识说";在西方,也有"知识基础论"、"交流系统论"和"社会认识论"等,都是很好的证明。此外,图书馆面对第三次技术革命的冲击,及时地引进了现代化的技术手段,电脑技术、缩微技术、视听技术、网络技术,光盘系统也正步入现代图书馆,变革了传统的图书馆操作方法,这一切为现代图书馆学的产生和发展奠定了基础,创造了条件。

概观社会变迁,我们不难发现,图书馆学由简单到复杂,由经验总结到科学本质探索的升华,是一个历史的逻辑的发展过程。图书馆学的演化离不开社会的发展,并受社会政治、经济、文化的制约。因而,当我们研究图书馆学时,只有把图书馆学的形成与发展置于社会历史变迁的宏观世界中来考察,才能对图书馆学的本质的探讨作出科学的结论。

可见,图书馆学与社会不可分离,因而两者之间的关系理应成为社会学研究的组成部分。倘若我们运用社会变迁理论探讨图书馆学的演化,可以说,这是图书馆学、社会学研究的课题之一,同时也表征图书馆学与社会学的关系。当然,我们所指的图书馆学与社会科学的联系,涉及的学科不仅仅是社会学,还有教育学、心理学、语言学、经济学等等。例如,在教育学方面,可以运用教育学的原理来研究图书馆学教育、图书馆的教育职能、读者的阅读教育和文献检索知识教育等等;在心理学方面,也可以运用心理学的原理、方法来研究读者的阅读心理、检索心理、科研心理、学习心理、自娱心理等,还可以研究图书馆工作人员、领导者的心理素质等等;在语言学方面,仍然可以运用语言学、符号学的原理、方法,研究情报检索语言、自然语言、叙词语言,文献信息编码技术等等;在经济科学方面,并不排除运用经济学的原理、方法来研究图书馆经济效益、经济核算、经济统计等等。上述社会科学的分支学科的发展,对图书馆教育学、图书馆心理学、图书馆经济学等都将引起根本性的变革,这一点是不容忽略的。

(二)图书馆学与自然科学:1914 年,列宁预言:"从自然科学奔向社会科学的强大潮流,不仅在配第时代存在、在马克思时代也是存在的。在 20 世纪,这个潮流是同样强大,甚至可说更加强大了"。① 当代的无数事实也已证明这一论断的英明与正确。图书馆学的发展也日益显示了自然科学、科学技术的影响。然而,对于这个问题的认识,我们和丹顿存在着一定的距离。尽管丹顿承认"在涉及作为社会机关的图书馆的各类研究中,主要是社会科学在起作用,但是也有一些类型的研究不可避免地要依赖其他学科。对各种编目规则、主题标目、或分类法的比较研究,尤其当它们属于不同语种时,也许就要用到逻辑学和语言学(尤其是词义学)了。"但是,他认为:"要断言有的学科可以与图书馆学的这种或那种研究完全无涉未免过于武断了的话,那么,认为绝大多数自然科学和生物科学极其难得(如果有的话)与之有关,恐怕是妥当的。"②其实,这是很不妥当的。因为,丹顿本人在《比较图书馆学概论》中,不仅大量地借鉴了比较教育学的理论与方法,他自己也承认:"肯定也能设想出涉及建筑学、工程学和法律学的图书馆学研究项目。关于气候对图书馆建筑设计之影响的比较研究,就不仅需要图书馆建筑方面的知识,而且需要气候学的知识,……"同时他也同意这样的看法:"图书馆界从事比较工作的人,跟从事别的工作的人一样,要与从事其他科学的人取长补短,互相合作。"显然,丹顿没有正视现实的发展,忽视了计算机技术、信息论、控制论、系统论以及其他数理科学对图书馆学的渗透与结合,也忽视了当代科学技术、文化事业的发展,信息社会带来的一系列成果,正

---

① 《列宁全集》.北京:人民出版社,1958.第 20 卷,189 页

② J. 珀利阿姆.丹顿著;龚厚泽译;陈鸿舜校.《比较图书馆学概论》.北京:书目文献出版社,1986. 36 页

从各方面渗透到图书馆学领域。而且,信息化进程的迅速发展,进一步打破了自然和社会科学的界限,一些被视为"软科学"的社会科学也被接纳,成为科学体系的组成部分。同样,自然科学的一些新成果也日益广泛地被应用到社会科学研究中来,这种"互动"的作用,无疑地更加密切了自然科学与图书馆学的关系。因此,我们强调了图书馆学与自然科学的关系研究。事实上,无数研究成果已证明其重要性和理论价值。

虽然,图书馆学与自然科学是两种不同属性的学科,但图书馆学与自然科学的关系有着悠久的历史。自亚里士多德时代以来,自然科学的一些理论和方法就不断地渗透到图书馆学研究中来。亚里士多德(Aristotle,公元前384—前322年)、培根等科学家,他们的哲学思想曾经在自然科学的某个领域产生过巨大的作用,而他们的知识分类的观念对图书馆学产生过深刻的影响。如亚里士多德提出的知识区分,即把知识划分为三大类,把有关纯认识活动的学问称为理论哲学;把研究人的行为的学问称为实践哲学;把关于艺术等活动的学问称为创造哲学。各大类又包含有若干小类,其体系如下:

 1. 理论哲学　　　2. 实践哲学　　　3. 创作哲学
　　分析学(逻辑)　　伦理学　　　　　诗　学
　　物理学　　　　　经济学　　　　　修辞学
　　数　学　　　　　政治学　　　　　艺　术
　　形而上学

这种知识分类体系对后世有着深刻的影响。特别是11世纪以后,亚里士多德的分类体系经过阿拉伯人重新输入欧洲,引起欧洲学者的关注,先后出现了多种不同的知识分类体系。其中,对于图书分类产生直接影响的有培根的知识分类体系。他从人类心理特征出发,将知识区分为三个大类:即(1)以人类的记忆力为根据的学科,称为历史;(2)以想像力为根据的学科,称为诗学(即艺

术);(3)以理性为根据的学科,称为哲学,包括各门科学。培根的知识分类体系如下:

历史(记忆)

  自然历史

  人事历史

  宗教史

  人事史

  古文物

  完全的历史

    编年(通记、专记、传记、日记等)

    宇宙志(地理、航海术、气候学等)

  学术史

  历史附属知识(函牍、演说等)

诗学(相象)

  叙事的

  戏剧的

  譬喻的

哲学(理性)

  神的

  自然的

    思辨的(根本哲学、物理学、形而上学)

    动作的(力学、巫术、数学)

  人的哲学

    人道哲学

    人性

    精神

  社会哲学(人在社会中)

    会话(包括礼节、仪式)

交涉（包括事物处理、人事升降）

国家管理（包括经济与法律）

　　培根的知识分类体系深深地影响了杜威，并溶入了杜威的图书分类法的构思里。从影响的方式看，亚里士多德、培根对图书分类体系的影响是一种间接影响，是科学知识通过间接的途径对图书馆学研究所产生的影响。当然，自然科学对图书馆学研究的影响，也可以通过直接的途径。许多研究成果也已证明直接途径的影响，并日益展示出其"影响效应"。17世纪，德国的莱布尼茨，这位闻名于世的哲学家、数学家、图书馆学家，不仅对图书馆的社会作用有深刻的认识，而且把对科学知识的认识与图书馆工作联系起来，突破了传统的分类体系，创立了独立的分类体系和分类法，以10大类的体系取代了诺德的12分法，成为杜威十进分类法的先导。此外，他还以科学家和图书馆学家的双重身份，变换角度地考察图书馆的工作。因此，他格外注重图书馆的目录组织。他曾设想建立一个世界性的"图书馆网"和全国性的目录组织，以供科学家、学者查检所需资料。他还倡议编制主题目录，主张全面揭示多主题的图书。并创立了书名字顺目录、著者字顺目录。莱布尼茨在图书馆学领域孜孜不倦地耕耘了40年之久，他已不自觉地将科学知识融汇于图书馆实践中。再如，阮冈纳赞这位著名的印度图书馆学家，在青年时代曾任讲师、副教授，讲授数学和物理学课程。可以肯定，凝聚着阮冈纳赞智慧和知识的《图书馆学五法则》、《图书馆书刊选择》、《冒号分类法》等著作，以及他提出的书目计量研究等，其观点的形成和推出在很大程度上得助于这位数学家特有的严谨缜密的思维方式，以及渊博的科学知识。他把生物学中关于生长着的有机体都能独立生存、停止生长的有机体就会僵化、直至死亡的原理，应用于"图书馆学五法则"，提出了"图书馆是一个生长着的有机体"的法则。① 阮冈纳赞还运用数学的知识,创立了图书"使用概率论",提出了"负责图书采购的图书馆员或教师,应该注意到选购图书对于读者使用该书的概率"的选书原则。② 明确地指出选择出版物,要以读者使用该书的概率的大小为原则,选择符合读者需要的,流通率较高的出版物等等。可以这样说,莱布尼茨、阮冈纳赞的图书馆学思想,反映了自然科学成果对图书馆学的直接影响。当然,这种影响并不局限于此,特别是50年代以来涌现出的一些新理论、新技术不断地渗透、引入了图书馆学的研究领域,图书馆学与自然科学的鸿沟正日益缩小。在这方面,以信息论系统论、耗散结构理论、熵的观念对于图书馆学的影响尤为突出。

系统论、信息论、控制论的共同点,在于它们都强调在广泛联系中把事物作为一个整体来进行宏观的研究,然而,它们又都有各自的侧重点。就系统论而言,其研究对象着眼于"系统",一方面,它强调"系统"是由相互作用和相互依赖的若干要素结合而成,并具有特定功能的有机整体。因而,世界上一切事物都可以成为系统,如自然界的生态系统,生理上的消化系统、神经系统;社会中的教育系统、城市建设系统等等;另一方面,系统论还强调一切系统都是由要素组成的,任何要素必然隶属于某一个系统;而系统的整体功能并不等于它的各个要素的功能的总和,其整体功能必然大于各要素功能之和,所以,整体是一个具有新质的系统。换句话说,这个系统具有各个要素所没有的功能,这就是系统论的根本原理。

---

① 参阅:来新夏主编.《图书馆学情报学校案学简明辞典》.天津:南开大学出版社,1991

② 参阅:来新夏主编.《图书馆学情报学校案学简明辞典》.天津:南开大学出版社,1991

按照系统论的观点,图书馆作为社会文化教育机构、作为信息产业的组成部分;图书馆学作为一门科学,都可以引进系统论的原理和方法,特别是系统论的普遍联系、有机整体的观念,环境适应性的观念,动态的观念,结构的观念等。那么,我们可以把图书馆、图书馆学作为一个普遍联系的有机整体来研究。这种研究不仅拓展了研究者的视野,揭开了研究的新层面,丰富了研究的内容,而且往往还能得出具有新意的研究成果。例如,传统的图书馆学通常对图书馆进行孤立研究,习惯于将图书馆的内部工作——采购、分类、编目、典藏、流通等作个体研究。固然,这种个体的、孤立的研究虽不能说没有价值,但是它毕竟忽视了各部分之间的相互联系,忽略了这些局部的部分功能相加,其总和决不等于图书馆系统的总体功能。换句话说,忽略了整体是一个具有新意的系统的原理。因此,传统的研究是"封闭性"的,没有把图书馆作为开放的系统来进行考察,也就无法突破以图书馆内部工作为研究内容的格局。

当我们把系统论引入图书馆学研究中时,把图书馆置于"系统"的形式中进行考察时,图书馆的观念更新了。我们自然会把图书馆作为系统来认识,那么,它就成为由相互结合、相互作用的诸要素所构成的图书馆系统。而这个系统又是一种具有集合性、整体性、层次性、结构性、开放性等新质的整体。所以,运用系统方法来探讨图书馆时,往往着眼于以下三个方面:其一,从系统的整体出发进行综合的考察,而不是考虑每个子系统、每个要素;其二,着眼于要素间、子系统间、系统与环境、整体与要素间的联系;其三,着眼于系统内组织化程度、结构与功能的有序性、层次性以及系统整体与层次之间的联系。因此,在研究图书馆系统时,要从整体出发,既要考虑到内部各组成部分保持最佳状态、协调一致,又要考虑到图书馆系统与外部环境、与其他系统的关系,还要注意到图书馆系统与社会信息系统的关系等,从而使图书馆系统保持最佳运行状态,实现最佳化目标。这种注重组成部分与整体之间的有机联系,在各种关系的改变和运动中寻求最佳状态的方法,本身是一种系统论的动态观念的结果,它的着眼点在于研究图书馆系统动态中的功能,而不是线性的、因果关系的静态描述。可见,运用系统理论和方法来研究图书馆,来认识图书馆学,必将更新研究者的观念,并赋予图书馆学研究新的内容,从而促进图书馆学研究的深化。

控制论也是更新图书馆观念的一种重要理论。控制论是以各种系统的调节和控制为研究对象的,这种控制存在于生命现象、人类社会、机器系统、思维和一切可能形成的系统里。因此,控制论研究的是各种系统的调节和控制的规律,其基本概念包括信息概念和反馈概念。前者是指所有的控制系统中,都是通过信息的传递、处理来完成受控、反馈和调整的过程。而后者则是控制的主要方法。所以,控制论充分体现了现代科学协同发展的整体化趋势,揭示了各种系统之间的共同控制规律,为科学研究开拓了新的研究途径。控制论有着丰富的内容,其独特的功能在图书馆学领域得到充分的体现。我们以反馈方法为例,反馈是指"根据过去的操作情况去调整未来的行为"。[①] 也就是说,控制系统把信息输送出去,又把信息作用于系统对象后产生的结果再返送回来,并对信息的再输出产生影响,起到控制作用,以达到预定目的的过程。在这个过程中,原因产生结果,结果构成新的原因,新的原因又产生新的结果……,所以反馈在原因与结果之间架起了桥梁。这种因果关系的相互作用,不是各有目的,而是为了完成一个共同的功能目的,所以反馈又在因果性和目的性之间建立了紧密的联系。同时,反馈还使本体与环境统一在动态之中,构成新陈代谢的活力运动。大自然的无生命的物质是没有反馈的,因此,反馈开始于生命

---

① 《维纳著作选》.上海:上海译文出版社,1978. 48 页

现象。

反馈方法大量地运用于现代管理。现代管理是一项非常复杂的活动,所以,反馈方法的意义也就更为突出。反馈方法的最终目的是要求控制系统对客观变化作出应有的反映。反馈包括正反馈与负反馈,凡使作用的结果越来越放大的,称为正反馈;而使作用的结果越来越小的,则称为负反馈。负反馈可使系统趋于稳定状态。因此,利用反馈方法调节系统,是实现系统目的、目标的管理手段。例如,在图书馆管理中,图书馆要输出文献信息,以满足读者,从文献输入到输出,要经过采购、分类、编目、贮存、流通等环节,每个环节都可能产生反馈信息。在分类、编目过程中发现有关文献收集的问题,要及时反馈到采购部门;在流通环节上也还会出现有关采购质量、分编的差误等问题,也需要及时反馈到采购、分编部门;还有文献投入服务后,读者在阅览过程中也可能有反响、建议、要求,这些信息都应反馈到有关部门。一个完整的控制系统,必须适时地反馈信息,才能使系统调整与系统的目的、目标趋向一致。再如,图书馆为提高文献利用率,开展书目情报服务,但效果不佳,这一结果与原来的目的出现偏差。检查其原因,可能有以下几种情况:一种是由于书目选题与读者需求存在偏差;另一种是书目编制体例有缺陷,读者使用不方便而反映不积极;再有一种是宣传不得力,图书馆虽主观愿望很好,也下了力气,投入人力、物力进行选题与编制工作,但读者却不能了解,没有获得书目服务的信息,更不懂得如何利用,因而也就没有相应反响。倘若图书馆运用控制方法,根据反馈的信息,分析其原因,采取相应策略,实施其控制,那么预定目的就会实现。所以,反馈方法主要是通过信息的传递、处理来完成受控、反馈和调整过程。它不仅在图书馆管理中,而且在图书馆事业的宏观控制、图书馆网络、文献检索等领域,都已得到广泛应用。事实证明,控制论方法为图书馆学研究开辟了广阔的前景。

信息论和系统论、控制论一样,对于图书馆观念的更新也产生了巨大的影响。信息论是研究信息的计量、传输、处理、变换、贮存的科学。它所涉及的范围非常广泛,如电子计算机程序的技术信息、遗传密码的生物信息、人类语言、文献负载物的社会信息等等。信息的概念已经渗透到科学技术的各个领域,一般认为"信息"是指人们在适应外部世界的过程中和外部世界进行交换的内容。这种交换的价值在于它本身的不确定性。如果某一事物对发送者和接受者来说都是已知无误的,那么,这种交换就失去了价值,信息也失去了意义。信息可以用不同的编码方式转换成某种信号、符号,通过一定的通道加以传递,从信息输入、信息加工、信息输出、信息反馈,形成了信息的传递系统。以信息论的观点分析,图书馆本身就是一个信息输入、加工、整理、贮存、传递、输出、控制的中心。文献的采购,也就是对文献信息的选择与输入;文献的分类、编目、标引,即对文献的内容信息和形式信息进行加工、整理;文献的阅览、外借,即文献信息的输出;文献的归还,即文献信息的反馈。在这一过程中,图书馆成为文献信息的传播渠道和交流的中介,实现了传播文献内容信息的目的。正是基于这种认识,有的研究者提出了中介性是图书馆的本质属性的观点。此外,人们也运用信息论原理和方法来研究图书馆学的理论基础。如谢拉的"社会认识论",米哈依诺夫的"科学交流说",中国学者所提出的"交流说"、"知识交流说"、"文献信息交流说"等等,都从不同的角度运用信息论的原理和方法,对图书馆学的理论基础进行探讨。谢拉在《图书馆学引论》的第五章,即"图书馆学的新方法"中指出:"我们可以认为知识是按主题结构组织起来、记录在文献上的东西。其组成部分被称为文献。在交流过程中的信息源和信息目的都有一个或数个资料库作为其组成部分之一,将知识的各种复制品用组织好的形式贮存在那里。这类资料库的例子就是人类的记忆、图书馆藏书、计算机磁带和数据库。当情报从传递者的资料库传播到接受者的资料库时,便产生交流。对传播过去的信息,接受者或者驳回,或都贮存起来,以便将来使用;或者接受者将收到的信息付诸行动。交流的效果的好坏取决于接受者对传播过去的信息需要到什么程度,也取决于接受者对杂乱的、不需要的情报剔除了多少。杂乱是指进入信息当中的任何外来因素,如电视屏幕上的雪花点、无线电信号的静电干扰、或信息中含糊不清与题无关的情报等。因此,在表明所交流的情报效益方面,检准对图书馆员来说是至关重要的。"①在这里,谢拉运用信息论、控制论的理论,形象地阐释了图书馆的知识交流作用,以及传递信息的价值评定对图书馆的重要性。无疑地,信息论应用于图书馆学的事例已不可胜计,而且这些研究成果也都表明信息论的原理对于图书馆学有深刻的影响,其理论与方法也正在改变着图书馆学的内容。

除了上述的系统论、控制论、信息论以外,从热力学第二定律所引出的耗散结构和熵的观念,也逐渐地渗透到图书馆学的研究领域之中。我们知道,热力学第二定律指出,在某一能量转变成另一种能量的过程中,全部能量作功的能力减少了。这是由于能量是由位能和动能两种形式出现,位能可转变产生动能,在转变的过程中,要消耗能量,那么全部能量作功的能力就会减少,由此而产生了熵的概念。熵是无序程度的量度。也就是说,在一个封闭的体系中,层次较高的、有秩序的位能作功,产生层次较低的、较无序的动能,在这过程中要耗散能量,能量也就愈来愈少、终至衰竭,而这又是个不可逆的、量度混乱无序程度的、熵愈来愈大的过程。熵的增大,也就出现无序状态,从而失去了区别一切事物的特性,一切事物趋于统一、单调。这就是说,从整个世界发展趋势来看,由于能量的耗散,全世界可以作功的总能量越来越减少,在这个过程

---

① 杰西·H·谢拉著;张沙丽译;张舒平校.《图书馆学引论》.兰州:兰州大学出版社,1986. 163~164 页

中,一切都会变得陈旧,不可抗拒的熵越来越大,有特质的事物也就越来越罕见了。好比一个人,如果把自己与世隔绝起来,成了一个"隔离体系","两耳不听窗外事",也就无所反映,不能"视听食息",他的"熵"就会增加,在一片无序混乱中无动为为,趋向静止、衰竭、死寂。美国科学家克劳特·申农(C. E. Sannon)曾于1948年发表"通信的数学理论"一文,在文中他把信息与不确定性联系起来,引入了"熵"的概念。也就是说通讯的意义就在于减少或消除接收者的某种不确定性,消除其不确定性的大小就表示所接收到的信息量。因而引出了申农将信息规定为"两次不定性之差"的定义。比利时物理学家普利高津(I. Prigogine)认为,系统总熵的变化可以表示为:

$$dS = deS + diS$$

式中 S 通常代表熵,dS 指熵在一段时间 dt 内的变化,diS 指系统内产生的熵变,deS 指外界输入能与物质引起的熵变。当 diS ≥ 0 ,即熵的产生是正的。熵越大,表征系统内越趋向无序。对于开放系统,只要 deS 十 diS < 0,总熵 dS < 0,系统的无序可以逐步转化为有序。要防止熵的增加,就必须使系统突破隔离、封闭的状态,不断与外界交换能量,不断增加信息总量,不断改变主体的结构,才能适应新的情况。

图书馆学的研究者已注意到这一理论可以用来阐释文献信息有序化问题。社会信息、文献是与日俱增的,伴随着"信息爆炸"出现了"信息污染"。而且,信息载体除文献外还有多种多样。从总体上看,社会文献信息是新旧优劣混杂。面对这种现象,人们不得不为寻找所需信息、文献信息而耗费时间,信息的吸收率呈下降趋势。与此同时,人们生活在"信息时代",对信息的获取需求已不是满足于"得到",而是以"快速"、"省时"、"有用"为准则,"时间"和"质量"成为获取信息、文献信息的评价标准。因此,文献信息极待"有序化",整序文献信息成为迫切需要解决的社会问题。

为此,社会建立了图书馆系统、信息中心,越来越多地把人力、物力投入到信息、文献信息的整序工作中来,使信息、文献信息趋向有序。在社会信息整序工程中,图书馆系统的社会价值得到了充分的体现。从某种角度看,图书馆系统、信息中心将文献信息、情报信息从无序转化为有序,可以说是一项很有意义、很有价值的"反熵"工作。此外,我们倘若运用熵增的原理来观察图书馆系统,那么,我们不难发现知识的更新周期正在日益缩短,为此有必要调整文献藏书结构,从而使文献资源建设符合读者需要,这是一方面;另一方面,也应注意图书馆员的素质的提高、工作方法的更新、改进,否则队伍就会老化、衰退、落伍。此外,还要注意到管理制度的改革,提高图书馆工作效益,加速人才流动,图书馆才不至于僵化、缺少活力等等。事实上,熵的概念告诉我们,图书馆系统本身熵增的现象是客观存在的,它的存在会导致图书馆系统从有序状态走向无序状态。因此,我们要认识到图书馆系统本身这种不可逆过程的熵增现象对系统的威胁,应力图产生负熵,以抵消系统的熵增,从而保持图书馆系统的有序状态。

熵的观念在图书馆界、情报界引起很大反响,已不断地被引入到研究中。1982 年,美国马西娅·斯普鲁勒斯(Marcia L. Sprules)发表了一篇题名为"图书馆员们,请注意熵!"(Watch out for Entropy)[①]的论文,对熵的概念、熵与图书馆工作的关系都作了探讨。与此同时,国内图书馆学、情报科学学术界也都在这个领域作了大量的研究工作,认识正在逐步深化。可以说,信息、熵、耗散结构理论的发现和提出,逐步渗透、融合于图书馆学,因而牵动了图书馆学的理论基础、科学本质等研究的诸多领域,极大地开阔了我们的科学视野,促进了图书馆学的迅速发展。

从以上分析,我们可以清楚地看到,自然科学的新成果、新发

---

① Marcia L·Sprules. Watch out for Entropy. Library Journal,1982,107(18)

展对于图书馆学研究是有深远意义的,尽管在这方面的研究还只是开始,但其远大前程已不容置疑。当然,自然科学对图书馆学的渗透与融合不仅限于我们上述涉及到的领域,还有其他方面,如利用数学中的量化研究,在文献信息流的量的特性探讨中,提出了表征文献老化量度的巴顿(B. E. Burton)和开普勒(R. W. Kebler)的文献半衰期,以及普赖斯(D. Price)提出的普赖斯指数、普赖斯曲线;布拉德福(S. C. Bradford)的文献离散定律;洛特卡(A. J. Lotka)的表述文献量与著者量的关系的洛特卡定律;齐夫(G. K. Zipf)用以描述单词在文献中出现的频率规律的齐夫定律等等,都反映了自然科学对图书馆学研究的渗透与结合。有必要指出,图书馆学引入自然科学知识所涉及到的是多学科、多领域的,这与图书馆学具有综合性的特点有关,图书馆学和自然科学有着共通之处。因此,研究自然科学的新成就、新理论、新方法,并将其应用、结合到图书馆学领域中来。可以肯定,它将为图书馆学研究打开新的局面,作出新的贡献。当然,这并不是说可以把自然科学理论与方法直接套用于图书馆学研究,因为自然科学和图书馆学毕竟各有其质的规定性,它们的规律也不会完全相同。因此,简单地套用往往是徒劳的。对于图书馆学研究者来讲,充分认识它们之间的区别,正确把握自然科学理论的核心,作适当的取舍,并具有融会贯通的能力是至关重要的。此外,也不能认为自然科学能够解决图书馆学研究中的各种问题,相反,作为自然科学的主要思维方式是抽象的概括,这只是马克思所归纳的人脑掌握、认识世界的四种方式之一种,另外还有"艺术的"、"宗教的"、"实践—精神的",它们可以互相阐发,但不可互相代替。[①] 我们在跨学科研究过程中,必须十分注意这一点。

跨学科的研究是比较图书馆学平行研究的重要内容。这类研

---

① 参阅:《马克思恩格斯选集》.北京:人民出版社,1972. 第2卷103~104页

究有一个极其广泛的领域,它正在发展中,其理论和方法还在不断完善之中。无论是在理论上或是实践的探讨中,都存在不少有待研究的问题。不过,比较图书馆学既然是一门开放性的、正在发展着的学科,我们不妨把思路放宽一些,不要过多地加于"界定",让跨学科研究也在平行研究中占一席之地,至于其未来的发展如何,可留待比较图书馆学的成熟来作判断。

4.5 研究模式的互补

影响研究、平行研究是比较图书馆学研究模式的两大支柱。影响研究在比较图书馆学的研究中,一直是使人最容易接受,也是最受重视的一种研究模式。而平行研究的研究对象则具有广而深的成分,它为比较图书馆学展示了一个新的境界,开辟了研究的新层面,对于比较图书馆学的研究者也同样具有诱惑力,成为我们应尽快加以探索的一个重要领域。就本质而言,影响研究和平行研究是互相依存、相互包含、相互结合的。从比较图书馆学的现实和前景看,我们对影响研究和平行研究应一视同仁,给予相同的重视。我们只能根据研究目的、研究对象的实际需要择选其中一种模式,甚至在必要时可以结合进行。不能拘泥于"条条"、"框框",人为地"划地为界",这样对于研究都是无意义的。正如我们比较研究本世纪30年代普遍繁荣的世界图书馆事业时,就会发现在图书馆实践与理论中,既有相互影响的内容,也有类同与差异,发现同中有异、异中有同的现象。所以,在比较研究这种大规模的课题时,可以结合起来,进行综合的比较研究,对于图书馆发展规律的发现和理解,对于图书馆学本质的认识,当能有所贡献。

必须指出,作为比较图书馆学的两种基本研究模式的影响研究和平行研究,它们既有共性也有特性。在比较图书馆学的具体研究中,这两种模式之间存在着互补的关系。为了深入地理解和把握这种互补关系,我们有必要考察一下影响研究与平行研究之间的区别和各自的特点。

从研究对象看,影响研究的着眼点在于事实联系,考证有无"实际接触"的影响联系,追溯其渊源,探寻其接受影响、传播途径和传播媒介,因而,较多地限于影响的施加、接受、传播途径、媒介的范围,其研究领域显得比较狭窄;平行研究则强调无实际影响的联系,它和影响研究不同,既不注重影响的渊源及其如何发生,也不着力于传播媒介的研究。它的着眼点在于通过不同国家、不同民族的图书馆现象的类同和差异的对比,寻求共同的本质和内在因素的分析。它不仅适用于图书馆学科领域;而且也包括图书馆学和其它学科间的关系的研究,因此,它的研究领域显得比较宽泛。

从研究目的看,影响研究的目的是探求不同国家、不同民族图书馆现象之间相互影响的"起点"、"终点"以及影响所经过的"路线"等的事实联系,进而溯源求根。因此,它所注重的是可靠的实证依据;平行研究则是无事实联系的不同国家、不同民族图书馆现象间的内在关系,或图书馆学与其他学科的内在规律,强调的是寻求世界图书馆事业的共同规律,以上升为理论。

从研究手段看,影响研究崇尚实证、渊源追溯、途径辨析,重视考据与资料的发掘,注重实证;平行研究则着眼于"关系",因而,强调类同、对比,同中求异、异中求同的辩证综合比较,注重分析与运用其他学科理论、方法,理论性强并综合运用多种现代研究手段。显然,平行研究十分强调分析、综合,用以进行理论与规律的探索。

从与其他学科的关系看,影响研究的传统模式与其他学科的关系是排斥的;而平行研究则不同,它与其他学科的关系是渗透的,也表现出研究领域的宽泛,体现了比较图书馆学的开放性特色。

从研究的任务看,影响研究是阐明不同国家、不同民族图书馆现象之间相互影响联系的事实与具体影响流经的途径。这种研究往往被看成是一种图书馆现象影响的"途经路线"，由施加者、接受者、传播途径这三者构成的序列。而平行研究不只限于对并无"实际接触"的影响联系的不同国家、不同民族图书馆现象之间的关系的研究，而且也不局限于图书馆学科内的比较研究，它还开展图书馆学同社会、经济、历史、文化、心理以及其他学科之间的关系研究。它的目标是寻求被比较对象间关系之规律和理论的研究，因而，要求在更广阔的背景下来进行比较研究。

从研究的准则看，虽然影响研究和平行研究都要遵循可比性原则，但两者的侧重点也有所不同。影响研究是研究影响的施加、影响的流传途径、影响的接受方式的事实考证，是一种有关影响的起点与终点的事实联系的研究。所以，影响研究的可比性，其着力点在于探求不同国家、不同民族图书馆现象之间的相互影响的起点、终点与经过路线等的事实。因此，影响研究的运动状态的内容是包括影响的施加、传播的媒介与影响的接受方式，对它的把握就构成了影响研究的可比性内容。这种比较从逻辑上说，是一种因果关系，从时间上看，有前后的历时关系，呈现同源性特点，如图所示：

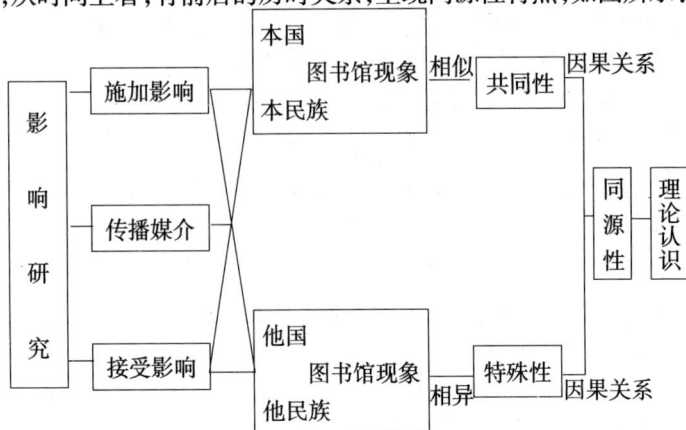

平行研究的可比性侧重点则不同,由于其研究的是不同国家、不同民族图书馆现象间的关系,或图书馆学与其他学科的关系。因此,它是对其被比对象的相同与相异、同中有异与异中有同,运用对比、分析、综合、解释的研究,这些构成了平行研究的主要内容,对它的把握也就构成为平行研究可比性的内容。所以在研究过程中,它注重运用图书馆学与其它学科的理论。平行研究的被比对象在时间上虽有前有后,但彼此之间不存在因果关系,因此从逻辑上说,是功能作用关系。这种比较,从时间上看,则是横向的共时关系,因而呈现出同类性的特点,如图所示:

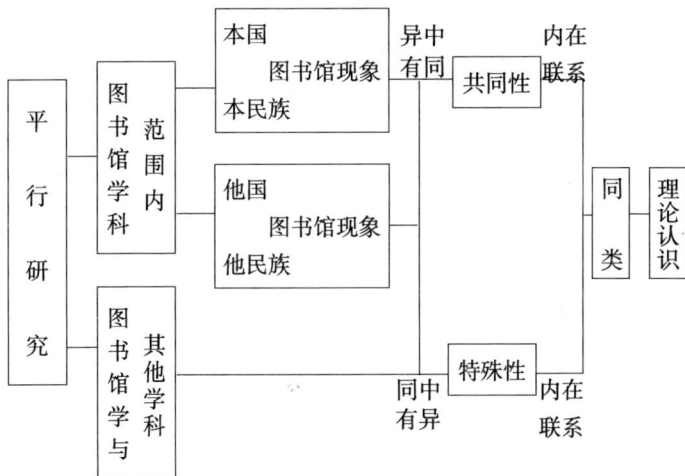

以上分析表明,在影响研究的可比性中,其前后的历史关系与因果关系的同源特性与平行研究的可比性中所呈现的横向共时和功能作用的同类特性相比,两者是各具特色,也各有千秋的。就可比性而言,影响研究和平行研究都存在着不足之处。从影响研究的可比性看,尽管对影响的施加、接受、传播媒介等都进行考证,但是它毕竟难以说清如何产生影响,以及接受影响后的吸收、消化过程。影响研究所能考证出的无非是图书馆的外部影响联系，如社会环境、时代背景、文化教育状况等，或是图书馆本身内部的影响联系。例如，为了弄清接受影响，需要去考证双方是否有过直接的接触，或是阅读过某种著作等等。前者可以证明影响确实存在，但是这些影响是由于哪些因素产生了作用，引起了影响的接受，却是无法说清楚的；后者能够提供借鉴、模仿的根据，但是影响的实施过程，却难以考证出来。因为影响不等于接受，接受又不等于有创新。接受还涉及到接受一方的接受能力、社会环境、时代背景、心理条件等因素。而创新同样也涉及到多种因素。因此，影响研究还需要分析、解释、综合与理论性探讨。也就是说，需要运用平行研究的可比性内容，用平行研究的可比性来充实影响研究。

从平行研究的可比性看，也存在某种缺陷。平行研究是从无事实联系入手，通过被比对象间的类同和对比的认识作为起点，因此这种认识有可能带有主观性或从印象出发。特别是进行跨学科研究时，有可能因缺乏与图书馆学联系的实据基础，而产生背离平行研究的学科准则，从而陷入了其他学科的范畴。为此，平行研究要强调系统性和连续性，这点对于跨学科研究尤为重要。因为有了系统性才会有横向的同类关系；有了连续性，被比双方才有探索彼此内在规律的价值。否则平行研究就如脱缰之马，从而失去了自身存在的特点了。其他学科的系统性只能作为跨学科研究的类标准和比较参照系，因而用影响研究的同源性来充实、补充平行研究，体现出图书馆学的连续性的强化。正如我们开展中外图书馆学思想比较研究时，这种研究不仅跨越国界、族界、语言界限，而且也跨越了截然不同的中外各自源远流长的文化体系、文化传统的界限，探明其渊源，辨析其脉络还是很有必要的。

总之，比较图书馆学研究应以图书馆学为中心，并将影响研究的可比性与平行研究的可比性相互补充、相互阐发，才能弥补影响研究与平行研究各自的缺陷。这两种研究模式都存在着可比性问题,而可比性又是关系到比较图书馆学研究成败的关键性问题。可比性的内容、标准也是复杂的,又是正在发展之中,需要我们科学地、谨慎地、实事求是地运用。

第五章　比较图书馆学的研究方法

5.1　比较图书馆学研究方法的特点

　　方法是人们认识事物的工具和手段,是实现研究目标的途径。任何一门学科都有其相对独立的研究方法,比较图书馆学也不例外。而且,比较图书馆学的研究方法也是学科的基本问题和研究领域,应该给以足够的重视。西方学者对于比较图书馆学的认识、阐释虽有很多长处,但它的根本缺点在于没有建立完整的理论体系,也没有形成科学的方法系统。这种现象反映在他们往往是对个别问题和局部现象进行认识和分析,或许产生一定的启迪效果,甚至有可能是精辟的。但是,他们对该学科整体的认识及其分析却又缺乏科学的根据,甚至是违反唯物辩证法的。即使是丹顿在《比较图书馆学概论》专著中专辟一章讲述"方法论",但他对一些问题的分析却缺乏方法论基础。就其内容而言,也反映出丹顿对方法论的整体意识、层次意识的淡化。

　　我们认为,比较图书馆学作为一门学科,同其他学科一样,要建立完善的理论体系,主要取决于研究者对图书馆现象研究的科学方法。倘若在这方面没有突破,那么,我们所进行的和要进行的研究,很可能仅仅是重复已经被证明或阐释过的东西,这对于比较图书馆学自身的理论建设也不会有多大作用。因此,我们有必要下大力气,认认真真地探讨比较图书馆学的研究方法。

从比较图书馆学研究现状看,明显地存在着两种现象。第一种,对比较图书馆学研究的方法,虽有过零零星星,断断续续的探讨,但还没有把它上升到作为一个方法体系来进行专门研究的层次。即使在评介西方的各种学术观点时,也往往只注意到研究的结论,忽略了对他们是否已建立起一种理论体系的研究,也忽略了对他们所建立的理论体系的框架或思路的探讨;第二种,由于上述现象,使我们的研究在方法体系方面很少有重大进展。往往偏重于探讨比较图书馆学研究方法的特殊性,强调这门学科之所以称其为"比较图书馆学",是由于引入"比较"法,从而忽略了"综合时代"所应采取的"适时选择"。也就是说,我们应看到人类已经跨入系统综合的时代,科学在高度分化的同时又高度综合,在宗观、宏观、中观和微观各个层次进行整合而整体推进。这就告诫我们,在"综合时代"的大背景下,只着眼于方法特殊性的研究,只会使比较图书馆学的研究停步不前,这是一方面;另一方面,比较图书馆学尚处于"初级状态",研究历史还很短,还没有形成一套专用的方法。同时,比较图书馆学研究对象本身的特殊性、广泛性也影响了它的研究手段,因而,比较图书馆学研究只有在综合、选择、运用各门学科方法的基础上,才能寻找到新的研究视角,建立其方法系统,才能保证研究过程和研究结论的客观性和科学性,也才能缩短完善比较图书馆学理论体系的通道。

在确立比较图书馆学方法系统时,首先要考虑到它与图书馆学学科研究方法的相通性和差异性。就其相通性而言,比较图书馆学的研究方法与图书馆学其他分支学科的研究方法有相通之处,如图书馆学基础研究中所运用的比较、分类、类比、归纳、演绎、分析、综合等逻辑方法;图书馆统计学所运用的统计方法,图书馆史、图书馆学史所运用的历史法、文献法等,上述这些分支学科的研究方法对比较图书馆学都适用。可见,它们之间在研究方法上是相通的;就其差异性而言,比较图书馆学的研究方法是比较图书馆学学科体系的组成部分,而作为比较图书馆学研究的工具和手段,它本身是具有某些特点的。那么,什么是比较图书馆学研究方法体系的特点呢? 概括起来,至少有以下几点:

一、比较图书馆学的研究方法体现了图书馆学学科的特点。图书馆学在研究作为社会现象的文献信息、知识信息交流时,突出的特征是研究方法的整体性和综合性。比较图书馆学也有着相同特点。就其整体性讲,是指比较图书馆学研究图书馆现象的各种方法之间,有着一种整体的联系和结构。从整体的结构看,比较图书馆学研究方法体系结构是由高、中、低三个层次组成。其最高层次是一般哲学思维方法,即马克思主义哲学方法;其中间层次是特殊方法,即一般科学方法;其低层次是个别研究方法,即专门研究方法。这三个层次之间的关系是以思维方法为核心,上一层次的方法决定了下一层次的方法,而下一层次的方法又是上一层次方法的进一步体现,它们之间密切联系成为一个整体,发挥整体功能。而且,比较图书馆学研究强调整体性原则,以防将某一种方法孤立起来运用,即使是比较方法。因为,单一的研究方法不能发挥研究方法系统的整体功能,这点是不言自明的。

从综合性看,是指比较图书馆学研究方法的多元化。比较图书馆学研究和图书馆学研究的方法都存在着与其他学科的研究方法发生相互间的交叉和渗透,呈现出多元化的特性。当代科学正经历着一场极为深刻而又广泛的变革,社会的发展进入了系统论、信息论的时代。这些新理论、新方法更新了人们的观念和思维方法。同时,任何一门学科如果在理论上、方法上自我封闭,必然要陷入困境,陷入僵化,以至脱离客观实际,这是不足取的。所以,呈现在我们面前的各门学科研究方法,应该是相互借鉴、吸收和利用,这是时代的趋势。事实上,解决图书馆学、比较图书馆学的问题,单靠这一学科的原有方法已远远不能适应。因为,现代的图书馆学、比较图书馆学研究必须是从多角度、多方面、多层次来进行,才能实现对图书馆学整体把握的目的。所以,比较图书馆学的研究方法不仅体现了综合性特点,也呈现了开放性特点,以及融合各种方法为我所用的多样性和配伍特性。

二、比较图书馆学的研究方法是一个相对独立的方法系统。它是一个由多层次、多方面、多因素组成的系统结构。这里所说的方法系统结构,是指比较图书馆学的各种研究方法的内在联结方式和组织状态。比较图书馆学的研究方法结构,显示了研究方法的稳固性、系统性,但其最本质特征之一是它的层次性。这种层次性明显地反映在比较图书馆学研究方法的适用领域。如果从研究方法的适用领域来考察,比较图书馆学的研究方法系统包括一般方法、特殊方法和个别方法三个层次。这种层次结构的科学性表现在以下几方面:

其一,这种结构层次具备有某种哲学依据。根据马克思主义哲学的原理,世界上一切事物的属性都可分为一般属性、特殊属性、个别属性三个级别。同样,人类一切活动的结构、功能、状态和属性也呈现出一般、特殊、个别三重逻辑结构,作为人类活动现象之一的图书馆活动,也是如此。

其二,这种结构层次比较完善。因为,一般方法、特殊方法和个别方法是以适用域的侧面,切入比较图书馆学研究方法系统所作出的总体区分,反映的方法类型具有普遍性、全面性的特点。

其三,这种层次结构对人们认识比较图书馆学的本质,探讨图书馆活动规律有较强的指导作用和适用价值。我们可以根据比较图书馆学研究的内容范围,分别选择不同的研究方法,确定各种方法的适用范围,这是任何一项研究所不可缺少的前提。同时,一般方法、特殊方法和个别方法的层次划分、界限分明,范围明确,层次有序,易于人们掌握和运用。因此,我们认为这种层次结构较好地体现了方法的实用性功能。

有必要指出,比较图书馆学的研究方法系统,不仅是多层次的、多方面的、多类型的,而且,诸种方法之间还处于一种特殊的相互关系状态之中。它们之间的相互关系,可以从两方面来理解。一是方法之间着相互区别、相互对立的状态,表征了方法的差异性;二是方法之间又有着相互的联系,表征了方法之间的统一性。也就是说,比较图书馆学研究方法系统存在着方法之间的相互依赖、相互依存、相互制约的关系。比如,比较方法是比较图书馆学的核心方法,但它与类同和对比、归纳和演绎、分析和综合等方法并不是独立并行的,而是相互贯通、相互交叉的。在类比和归纳时要运用分析;比较有时就是一种分析;而在分析和综合时,又离不开归纳、演绎和比较等方法。换句话说,运用比较方法时,离不开分析和综合方法,它们之间存在着不可离异性和相互依存的关系。可见,方法的差异性和统一性之间存在着相互联结的关系。比较图书馆学的研究方法既有层次性,也有差别性,同时,这些具有差异特性的方法又组成了有机联系的结构体系。所以,比较图书馆学研究方法应从系统的角度来考察。

　　三、在比较图书馆学的研究方法系统中,比较方法是其主要的研究方法。如前所述,比较图书馆学的研究方法是多元化的,它包括哲学研究方法、归纳和演绎法、历史研究方法、社会学研究方法、统计方法以及自然科学研究方法。从而显示了比较图书馆学的研究方法系统具有兼容并包的特性。但是,从方法在系统中的作用来分析,上述这些方法在系统中只发挥着协同的作用,只能是辅助方法。而比较方法才是这门学科的基本研究方法。在这里,应当强调的是"比较"虽是一切学科研究的普遍运用的方法,但它在比较图书馆学的各种研究模式中却占有显著的地位。虽然它并不是这门学科的唯一的研究方法,然而它毕竟是比较图书馆学研究的主要方法,正因为这种研究方法嫁接到图书馆学的研究领域,才赋予比较图书馆学学科最突出的特点。因此,也才有人认为比较图书馆学是一门将比较方法运用于图书馆学研究的学科。

四、比较图书馆学的研究方法具有发展性。所谓发展性，是指比较图书馆学的研究方法具有一定的适应能力，它会随着人们认识能力的发展而发展。任何研究方法都是人们认识客观事物的工具、手段、途径。在它们形成过程中或形成之后，始终表现出既有主观的形式，也有客观的反映。而后者决定并制约了任何研究方法必须符合事物发展的客观规律，要随客观世界的发展而发展。而主观的形式又决定了任何研究方法可以超越未被人们认识的对象。人们对客观世界和主观世界的认识每前进一步，就意味着人们掌握了对客观世界和主观世界有再进一步认识的手段与途径。例如，当人们认识到科学在高度分化的同时，又呈现出高度的综合；自然科学和社会科学相互渗透，改变着科学的总体图景；战略性大工程向人类提出了大科学的新课题，系统综合成为战略工程的特性；人类正跨入一个新的系统综合、新的系统综合观的新时期，这种与系统综合时代相适应的系统综合意识，为人类认识世界、改造世界展示了突破口，于是系统论诞生了。科学原理的产生又是形成方法的先导，同时，新的科学方法还会进一步开拓人们的眼界，从而促进了认识世界的深化。所以，理论与方法是并行不悖的。如同系统论繁衍了系统方法，系统方法又以其综合法、定量法、反馈法和最优法广泛地融汇进各个学科领域，从而展示其独特的功能。

因此，在比较图书馆学研究领域里，只要我们不人为地设置界限或障碍，研究方法会随着人们认识能力的发展而发展。反过来新的研究方法的出现也必将使人们认识客观世界的能力向深度和广度发展，这种相互推进的可能性是无止境的，理论成果也必然会有所发展、完善与更新。这就给比较图书馆学研究者一个启示，比较图书馆学正在完善其理论体系，方法系统尚未成熟，如何吸收、移植其他学科的研究方法以及科学方法的新成果，应该是比较图书馆学研究的重要任务。在这里，有一个问题需要说明，这就是有必要正视比较图书馆学研究方法系统的不完善状态。艾瑟顿（P.

Atherton）在"情报科学研究"（Research in Information Science）中提到，他曾用两年的时间，调查了情报科学的四种主要期刊，发现这些期刊涉及到研究方法的论文还不到全部文章的半数，而且，在研究方法上十分严谨的论文数量又极少的现象。因此他认为情报科学的方法论还不成熟。① 可以说，图书馆学、比较图书馆学也同样存在研究方法的不完善现象。随着人们认识能力的深化，研究方法将有所发展。当前，比较图书馆学研究方法系统远非完善，我们更不能以僵化的头脑或呆滞的目光去思索和看待它。相反的，应以"发展着"的意识来完善比较图书馆学的研究方法系统，这点是至关重要的。

以上介绍的是比较图书馆学研究方法系统的特点。但是仅仅了解这一步还是不够的，还有必要深入一步地掌握比较图书馆学的研究方法系统的内涵。那么，比较图书馆学的方法系统包括哪些内容呢？我们认为，比较图书馆学的研究方法系统是一个由多层次、多因素组成的整体，在这个整体中，如果以研究方法的适用域为参照系，可以把比较图书馆学的研究方法体系结构划分为三个层次，即一般方法、特殊方法和个别方法。所谓一般方法，是指作为根本指导原则和普遍调节手段的哲学方法，它是一切科学研究方法论的基础，归属于方法论层次；所谓特殊方法，是指相对于一般方法而言的，在某些具有一定相似性的活动中所采用的方法，即相当于一些门类科学所共有的相通性的研究方法，如适用于一些自然科学、社会科学的研究方法，也就是一般学科的研究方法。对于比较图书馆学研究，我们称之为相关方法或辅助方法，它包括观察法、调查法、统计法、分析与综合法、文献法等；所谓个别方法，是指比较图书馆学研究中所运用的专门方法，即比较方法。

---

① 参阅：P. Atherton. Research in Information Science, NATO Advanced Study Institutein Information Science, 1973, P. 665～683

总之,在一个完整的比较图书馆学研究的过程中,比较图书馆学研究方法系统的三个层次是有机地结合在一起的。在这个系统中,辩证唯物主义和历史唯物主义是它的方法论基础。而比较图书馆学和其他学科一样,还有自身的研究方法,在具体研究过程中,还要配合运用其他相关学科的研究方法。但是,比较图书馆学研究方法系统中,具有学科特色的专门方法,则是比较方法。

5.2 比较图书馆学研究的方法论基础

在我国,比较图书馆学研究是以马克思主义为指导,因此,它的方法论是建立在辩证唯物主义和历史唯物主义的基础上的。马克思主义哲学是关于自然、社会和人类思维发展最一般规律的科学,是科学的世界观和方法论的统一,是唯物主义和辩证法的统一,又是理论与实践的统一,它为科学研究提供了正确的方法论。辩证唯物主义和历史唯物主义作为方法论的基础,对于比较图书馆学来讲,应该把握住以下几点。

一、一切从客观实际出发,这是辩证唯物主义和历史唯物主义的基本要求,也是最基本的方法。所谓客观实际,指的是人们思想以外的一切客观事物,包括自然的现象、社会现象。也就是说,比较图书馆学研究应该把图书馆现象看作是客观存在的社会现象,是与周围的社会现象有着密切联系的,是不以人的意志任意摆布的客观现象。

二、在普遍联系中把握事物。辩证唯物主义和历史唯物主义是承认事物的普遍联系,并研究事物的普遍联系。同时,事物之间的相互联系不仅是普遍的,而且是客观的,它是事物本身所固有的一种属性。所以,在比较图书馆学研究中,不能把图书馆现象孤立起来,要注意到图书馆现象和其他现象的联系。也就是说,把图书馆现象置于纵、横的系联中来探讨。在这里,纵向的联系是指历史的延续性,要着眼于历史的联系中来考察图书馆活动,才能找到它演化、发展的轨迹,理解它的现状及走向,也才能把握它的发展规律;所谓横向联系,是指研究图书馆现象时,要把它与社会的各种现象即社会的政治、经济、文化、教育、科学、民族传统等联系起来。因为图书馆活动是在这种联系中和相互作用中存在的,离开了这种联系,就没有图书馆活动,看不到这种联系,也就无法理解图书馆学的本质。

三、在不忽视事物多种多样联系的前提下,要特别注意对本质联系的认识。客观事物的发展规律就是事物本质的、内在的必然联系。因此,比较图书馆学研究不仅应注意现象间的诸种联系,而且还要抓住本质的联系,也就是常说的透过现象认识本质。在研究过程中,要求做到全面掌握比较对象的材料,加以去粗取精,去伪存真,由表及里地认识,以发现本质;注意从大量的纷繁复杂、动态的现象中,探寻其相互间的联系,加以研究,从中确定本质;排除假象,抓住真相,善于通过假相发现真相,以认识本质。西方的比较图书馆学研究者虽也注意到图书馆现象与其他社会因素的联系,但往往看不到本质性的联系。例如,他们往往过于夸大社会文化、政治、经济对图书馆事业的作用,而看不到生产水平、社会经济制度对图书馆事业发展的决定性作用。而我们在过去也常常只看到社会政治、经济制度的作用,忽略了生产水平、科学技术、文化等因素对图书馆事业的影响。

四、用发展的观点看待事物。辩证唯物主义和历史唯物主义认为,无论是客观事物还是人们的思维,都是处在不断地运动变化之中,任何事物都有一个产生、发展和灭亡的过程。整个世界就是一个川流不息的发展过程,所以要想正确地把握事物,必须坚持发展的观点和方法。遵循社会现象不断向前发展的辩证规律。因此,比较图书馆学不限于研究某个静态的图书馆现象,而是考察其

178

运动状态,研究问题的产生和形成过程,并在分析比较各国、各种图书馆现象的基础上,揭示其进一步发展的趋势。此外,在考察图书馆现象间以及其他现象的联系时,要注意到这种联系是发展着的,本质的联系也是发展的,一成不变的联系是不存在的。例如,图书馆形态的演化是从古代图书馆向近代图书馆、现代图书馆演化,从形态看,它本身发展了;从与环境的关系看,它和周围的联系变化了,因而图书馆的职能也不同了。所以,我们应从发展中看到这种变化,尤其要注意到当代图书馆职能的变化,从而制定出正确的图书馆法,明确图书馆的目标。

用辩证唯物主义和历史唯物主义作为方法论基础,对于比较图书馆学的研究具有重大的指导意义。如果没有以马克思主义的哲学观作为比较图书馆学方法论的基础和指导原则,只运用相关的、专门的研究方法,是不会得出科学的结论的。因此,尽管比较图书馆学的研究方法是多元化、多样化的,但是我们强调的则是以辩证唯物主义和历史唯物主义作为方法论基础。

5.3　比较图书馆学研究的相关方法

辩证唯物主义和历史唯物主义是各门科学,同时也是比较图书馆学研究的方法论基础和指导原则,但是,各门学科还有各自的、相关的、专门的研究方法。

在传统的科学研究中,一门学科所使用的方法往往比较单一,一般是由该学科的理论转变成的方法,再配合少量适宜于本学科研究对象的方法所组成的。而现在,情况则不同了。首先,随着科学的飞速发展,现代各门学科间息息相通,每门学科都是既有自己专门的研究方法,又全方位地、大量地引进其他学科的方法,从而形成了方法多元化的态势。其次,比较图书馆学与许多社会科学,如历史、经济、政治、社会学等等有联系。在对不同国家、不同民族图书馆现象进行比较研究时，不可避免地要运用这些社会科学的科学概念和方法，只有这样，才能辩证地深入到图书馆现象的本质中，并确定它们发展的规律。最后，图书馆现象的复杂性和多样性也决定了比较图书馆学研究方法的多元化。所以，比较图书馆学研究不仅要运用传统的历史法和总结经验的方法，而且还要运用现代自然科学和现代社会科学的相关的研究方法，通常要引入观察法、描述法、统计法、调查法、文献法、归纳演绎法、分析综合法等等。在具体的研究过程中，往往是既彼此区别、相对独立，又密切联系，相互配合，相互协同，组成了比较图书馆学研究方法系统结构中的第二层次，即相关方法。下面，我们简要地介绍一下，比较图书馆学的相关研究方法。

一、观察法：所谓观察法，是指研究者根据一定的研究目的，运用自己的感官或借助科学仪器，有计划地考察、了解研究对象的状况及其变化的方法。这种方法是获得研究对象感性材料的一种重要手段，按其进行观察的条件区分，比较图书馆学研究的观察法包括以下两种类型：

（一）直接观察法：这就是研究者直接面对研究对象，凭借个人的感官进行观察，获取信息，即通过直接运用观察者的眼、耳、鼻、手等感觉器官进行观察。例如，研究不同国家的公共图书馆的所有读者能否自由地、方便地接近一切馆藏资料，研究者可以深入到比较对象国的公共图书馆，实地观看它们的读者接近一切馆藏资料的随意和方便程度。这种方法具有现场体验、自然、真实的优点。但采用这种方法显然要受条件限制，其观察范围往往是有限的，而且观察的结果也常因人而异，难免带有一定的主观色彩。

（二）间接观察法：这种观察往往要借助于仪器来进行，即通过摄影、录音、录像、探测、遥感等技术设备进行观察。因而，它突破了个人感官的局限性。例如，要研究不同国度、不同地区的图书馆,由于气候或其他原因,使图书馆建筑的装饰色彩的选择对读者阅读接受程度、对馆员工作的心理影响等。如果采用肉眼观察是难以办到的,即使人的肉眼能观察到,那也是极不准确,极不可靠的。因而,可以借助于仪器设备来观察。这种观察方法能获得更客观、更准确的观察资料,但往往缺乏真切地实感。

此外,根据观察者是否参与被观察者的活动,观察法还可以分为参与观察和非参与观察。参与观察是指观察者参与到被观察的环境中,通过参与他们的活动,从中进行观察的方法。这种方法的优点是观察较为全面、深入,并能获得大量的、真实的感性资料。然而,它的结论往往带有一定的主观感情的成分,有时还由于研究者因参与活动,而对正在研究的事物产生影响,不利于得到客观的结论;非参与观察是指研究者不参与或部分参与到被观察者的环境中,从中进行观察的方法。这是由于研究者没有直接观察的条件。而委托他人进行观察,其观察的结果主观感情的成分较少,也比较客观,一般说来,研究者不会对正在研究的事物产生影响,也能获得许多感性资料。然而看到的可能是一些表面的,甚至是偶然的现象。这种观察方法却是比较图书馆学开展跨国、跨地区研究经常要采用的方法。

通过以上分析,可以看出观察法,无论是直接、间接的观察,或是参与、非参与的观察,都有简单易行、客观自然的优点。但是,它们也都有各自的局限性。比如直接观察比较对象,往往要受到条件限制,尤其是进行外国图书馆的直接观察,其局限性更为明显。而且,在观察的过程中,也常常出现因研究者主观偏见所造成的观察误差。因此,在运用观察法时,要求研究者准确无误地反映真实情况,使获取的信息尽可能地符合客观实际。同时,也要求研究者遵循观察方法的客观性、全面性、系统性、具体性的原则,才能使其在研究中发挥应有的作用。

二、调查法:所谓调查法,就是调查者根据一定的研究课题的特定目的,运用科学的手段和方法,有意识地搜集实际资料的一种方法。它是比较图书馆学研究过程中经常运用的一种搜集信息的基本方法。通过调查法可以搜集到观察法所不能得到的客观事实材料。调查法依据不同的分类标准,可以区分出多种不同的调查类型。以调查目的为标准来区分,它可以分为描述性调查、因果性调查、预测性调查、应用性调查和学术性调查;以调查方式为标准来区分,它可以分为直接调查、间接调查;此外,还可以调查范围为标准来区分,它可分为全面调查、非全面调查等类型。不同类型的调查法具有不同的优缺点,因而采取哪种调查法要依据研究者的目的和课题性质加以选择。同时,在具体调查的过程中,还可以选择几种调查方法配合使用。但是,任何调查都是有目的按计划进行的科学研究活动,因而,调查作为一个完整的过程,是要依据一定的科学程序。归纳起来,大体上有如下几个步骤。

第一步:拟定调查大纲,其内容包括:调查目的、调查范围、调查对象、调查项目、调查方式、调查方法、调查前的准备工作以及调查资料的整理方式等。

这里,我们不妨以《世界图书馆事业——比较研究》为例。该书主要研究者理查德·克尔齐斯(Richard Krzys)和加斯顿·利顿(Gaston Litton)对世界五大洲图书馆事业进行比较研究过程中,为了审查五大洲图书馆事业的实践,对世界图书馆事业的地区和领域列出了调查大纲:

"为了使读者了解全球各种图书馆事业的实践,我们试图把五大洲分为如下九个易理解的图书馆活动地区:

亚洲

　　1.中东

　　2.中亚、南亚、东亚和东南亚

非洲

　　3.非洲

182

欧洲

　　4.西欧

　　5.苏联

　　6.东欧

美洲

　　7.拉丁美洲

　　8.美国和加拿大

澳大利亚、新西兰和大洋洲地区

　　9.澳大利亚、新西兰和大洋洲地区

　　在每个地理区域之内,将对图书馆事业的 11 个方面进行审查。它们是:

　　1.书目控制

　　2.立法

　　3.财政资助

　　4.图书馆专业工作

　　5.从事图书馆事业者

　　6.协会

　　7.教育机构

　　8.文献资料

　　9.服务机构

　　10.设施

　　11.未来的规划"①

　　接着,研究者对 11 个范围的概念作出界定,同时安排五大洲的研究人员分工负责,按大纲内容要求进行调查。

　　第二步:资料整理,按照调查所得到的资料进行加工整理。这

---

① 参阅:理查德·克尔齐斯,加斯顿·利顿著;周俊译;江康校.《世界图书馆事业——比较研究》.北京:书目文献出版社,1990.68～69 页

项工作要比第一步骤困难得多。它通常是将收集的资料归类分组，如前例，作者按上述的调查大纲进行调查后，将五大洲图书馆事业11个领域的调查资料进行内容审查和类分。首先，确定11个领域审查的项目，包括：性质、目的、起源、种类、可变性、发展、消失这七个方面。其次，再对11个领域的资料按上述七个方面进行整理。如，第一个领域，即书目控制，可将资料按七个方面进行归纳：

1. 什么是书目控制？（性质）

2. 为什么要建立书目控制？（目的）

3. 哪些因素能引起书目控制？（起源）

4. 书目控制有哪些种类？（种类）

5. 什么原因影响其发展？（可变性）

6. 书目控制经历哪些阶段？（发展）

7. 什么使书目控制不再存在？（消失）

第三步：描述调查结果，也就是对整理后的资料进行评价，这一步最基本的准则是遵循辩证唯物主义的反映论，保证对所收集的资料做出客观的、恰如其分的评价。

第四步：分析推断。在描述的基础上，把资料上升一步，进行定性和定量的分析与推断，从而对调查对象有一个大致明了的结论。这里，我们仍以"书目控制"为例，研究人员调查之后，指出："书目控制是发达国家的一个特征，而且取得任何令人满意的成就就要依赖每个国家以下六个要素的存在：（1）版权法，（2）版本法；（3）版本法的实施，（4）具有目录学这门辅助学科的知识，（5）国家书目，（6）国家图书馆。"并得出如下结论："世界书目控制（UBC）仍是一个世界图书馆事业未能实现的目标；然而我们不是悲观地说世界书目控制无法实现，而是可以乐观地断言世界书目控制可以实现；不过根据图书馆迄今在试图实现其目标中所得到的教训来看，这将需要严格地应用国际标准书目著录的原则。实现国际标准书目著录的第一步将是把所有文字，非拉丁化和拉丁化的文字,音译成用拉丁字母系统表示的形式。"①这个结论显然是在分析上述资料的基础上形成的。我们暂不评述该结论的合理性,至少可以说他们所采用的方法是可取的。

三、文献法:又称文献分析法。它是通过文献的分析、收集、研究来提取所需资料的方法,也是比较图书馆学研究过程中经常采用的、比较切实可行的一种搜集资料的重要方法。因为,比较图书馆学研究要突破国家、民族、区域以及学科界限,只有部分资料可以通过调查、观察来获得,其余绝大部分则借助于文献法来取得。但与调查法、观察法相比,文献法则是一种间接地获得资料的方法。所以,在运用文献法搜集资料的过程中,研究人员必须采取审慎的态度,以保证资料的准确性和可靠性。在掌握文献法之前,首先要对文献的结构有大致的了解。

就文献的层次结构而言,它包括一次文献、二次文献和三次文献。一次文献是指直接记录原始研究结果的文献资料,通常也称第一手资料、原始资料。在比较图书馆学研究中,各国的图书馆法、分类法、编目条例、会议论文、图书馆规划、报告书、统计数据以及专业图书、期刊等原始资料,都属于第一手资料;而二次文献是指对一次文献加工整理的成果。它是查找一次文献的工具,如书目、索引、文摘等;三次文献则是在利用二次文献的基础上,对一次文献进行筛选、分析、综合而成的出版物,如述评、综述、手册、数据、汇编等。比较图书馆学研究通常在确定课题之后,要利用三次文献的数据资料,借助二次文献来获取原始资料的线索。因而,一、二、三次文献对于从事比较图书馆学研究者来讲,都是同等重要的。

在我们了解了不同层次的文献的内涵的时候,事实上也就进入了文献法的第一阶段,即沟通渠道,接触查阅文献,这就是研究

---

① 参阅:理查德·克尔齐斯,加斯顿·利顿著;周俊译;江康校.《世界图书馆事业——比较研究》.北京:书目文献出版社.1990,223 页

者根据课题的需要借助于二、三次文献,广泛地搜集有针对性的原始文献资料的阶段。

文献法的第二阶段,即文献选择、整序阶段,也就是对文献进行抽样、鉴别、整理工作。抽样是指对资料加以选择,因为在浩如烟海的资料面前,若不善于选择,就会不知所措,这是非常关键的步骤。一般说来,抽样有来源抽样、日期抽样、单元抽样三种方式。来源抽样,是指文献资料来源的选择,如围绕研究课题,确定选取何类、何种图书,或期刊等;日期抽样,是指选取资料的时间界定,也就是明确选取哪一段时间范围的资料;单元抽样,则是指抽取资料的哪个具体单元,可能是整本、整套书刊,也可能是某章、某节、某篇资料,甚至是某页、某段落等等。经过上述文献抽样后,即进入了资料鉴别阶段,也就是对收集到的资料的真伪精粗作分析工作,做到去粗取精,去伪存真,使收集的资料达到真实可靠的程度。要实现这一目的,通常采用对校法、本校法、他校法、理校法等方法来处理。最后就进入了资料的加工整理阶段,也就是按照研究课题、确定类分的标目,进行资料整序,使其系统化,一旦运用资料才能得心应手。对于叙述性资料可以用文字加以整理;数字性的资料,可采用列表法、图示法、统计法来整理、归纳。

上述文献法的第一、二阶段完成的是收集整理资料的工作,它为进入第三阶段,即分析文献做准备。为了确保文献分析是在可靠资料的基础上进行,因而收集、鉴别、整理资料时应注意下面几点:(1)资料的客观性,即资料真实可靠;(2)资料的典型性,即资料能反映普遍情况,要有代表性;(3)资料的重要性,即抓住资料本质的东西,也就是最重要的资料;(4)资料的充足性,即资料的充分,有足够的说服力,但又要适中,不宜过分堆砌。

文献法的分析阶段,实质上是对文献内容进行分析,也就是对文献内容进行客观的、系统的、或定量化描述的研究阶段。丹顿在编写《比较图书馆学概论》一书时,充分地运用了文献的分析方法。正如为了阐明比较图书馆学研究中存在"非比较研究"的状况，他查阅了布拉格的查尔斯大学图书馆和情报学院的学生论文，由于该学院要求五年制的学生要完成一篇相当于美国硕士研究生水平的有关比较图书馆学研究的论文，所以丹顿以其为调查对象。他不仅查阅了数百篇论文，而且又作了文献的内容分析，指出在他审查的 500 篇论文中，只有 8 篇是比较研究的。此外，丹顿还利用《图书馆学与情报学文摘》(LISA) 1966 至 1970 年的五年累积本中对"比较图书馆学"条目下著录的 59 篇论文、报告、调查报告及其他出版物进行分析(其中 5 篇因是东欧语文和东方语文撰写的论文，丹顿只能以文摘为据。而其余的 54 篇论文都作了内容分析)，得出的结论是：59 篇论文中有 13 篇是关于单一国度的；其余 46 篇的论文中，有 17 篇是参观考察报告；9 篇是比较或国际图书馆学的，4 篇是会议报告；16 篇明显带有多国度性质，但其中只有 4 篇含有真正的比较成分，而这 4 篇中只有 2 篇是符合现在意义上的比较研究的要求。

从丹顿的文献分析中可以看到，通过文献信息的内容分析，他查明了几年来比较图书馆学研究的动向、水平。可见，文献分析实质上是以定题的方式，系统地扫描有关研究课题的信息资源。这种方法对于比较图书馆学研究来讲，可以弥补难以获得的、实地考察资料的不足。所以这是一种比较图书馆学具体研究过程中普遍运用的获取信息的方法。

四、统计法：所谓统计法，是指运用统计学所提供的统计方法来研究图书馆现象的方法。统计学是以概率论为基础的应用数学，它应用于比较图书馆学，可以使其研究获得对多国度、多社会、多文化的图书馆现象作出定量分析的结果。所以，统计方法在比较图书馆学研究过程中也是一种获取可靠信息、收集数据资料不可缺少的方法。这种研究主要是通过统计所特有的指标形式，来反映图书馆现象的规模、水平、范围、速度和比例等等，以表明图书馆现象的本质和客观规律的。

我们知道,图书馆系统或一种图书馆现象,往往是由多个部分或多种因素组成的。这些部分或因素,具有不同的性质,它们之间又存在着某种共同的标志,使它们结合在一起,而这些标志能够表征它们的共同的数量特征。例如,图书馆都是由具体的人、藏书、设备、建筑等等来构成的。而具体的人又有馆员和读者之别,他们又都含有男、女不同性别,或是属于不同国别、区域、如亚洲人、欧洲人、非洲人等。但他们共同的特征是抽象的人,这个抽象的人就具有"人口"的数量特征;再如藏书,不管是图书、期刊、特种文献、报纸、图谱等,它们也有有共同的特征,即知识信息附载物,也具有"种"、"册"的数量特征。所以,统计指标必须和一定的数量表现联系在一起,统计指标如果找不到它的数量表现,就会失去本身的意义,它是统计方法揭示图书馆现象的一个重要参数。因而,在统计工作的实施过程中,确定统计指标是第一步骤。

统计指标是统计的基本要素之一,它表征统计要研究的对象是"怎样的",是说明现象的性质和数量。统计指标的设置要遵循从整体出发、统一计算口径,以及指标设置的需要和可能相结合、相对稳定和灵活运用相结合的原则。统计指标的设置是实施统计法的第一步骤,而统计法的第二步骤是统计分组。它表征的是统计所要研究的对象是"什么"。这一步骤的具体方法和技术比较复杂,其主要程序如下:

(一)选择分组标志:分组标志是统计分组的依据。选择分组标志得当与否,直接影响统计分组的价值。分组标志按标志特征的不同,可区分质量标志和数量标志。所谓质量标志,是按事物的性质分组,如统计科学论文分布情况,可按社会科学、自然科学等分组;所谓数量标志分组,是指按事物的数量属性分组,如上例,在数量方面则可以论文总数、篇数、作者数、人均篇数、年限等等作为数量分组的标志。

（二）确定分组界限：选择分组标志以后，分组界限就成为统计分组的基本问题。它决定了各组的内容、组距和组数。例如，论文分布状况的统计，在质量标志分组时，按社会科学、自然科学分成两组虽很明确，然而学科之间的界限是很复杂的，所以还要进行细分。当然，这种划分要规定统一的标准，以科学技术为例，则可列出基础理论、应用研究和工业技术作为分组依据。同样，在数量标志分组时，要注意使数量的界限能够反映各组的质量差别。如在统计论文时，对时间的界定，起止年限等。

（三）划分组距、组数：这是合理确定组距、组数的环节，也是编制统计指标的重要步骤。组距的大小影响了组数的数量，组距过大，组数太少，会出现不同类的现象划在一组；反之，则会把同类现象划到不同组。这两种作法都是违反了组距、组数的划分标准。所以，组距、组数的确定，都应该根据现象的特点和研究任务来确定。如按质量标志对科学技术论文分布统计的组距、组数划分，就比较复杂，但组距、组数都应合理确定。因此，基础理论可包括：数学、力学、物理、化学晶体、天文、地球物理、气象、地质、生物；应用研究包括：医学、农业、海洋、测绘等；工业技术包括：矿业、石油与天然气、冶金及金属、机械、原子能、电工技术、无线电电子学、通信技术、自动化、计算技术、化工、轻工、建筑、水利、交通、仪表、动力、航天航空、环境等。

按数量标志分组时，要求准确地确定组距大小。例如，按年限统计论文数量时，可规定每一年度为一组距，那么，统计 1983 ~ 1986 年间论文数，就可产生 1983、1984、1985、1986 以及 1983 ~ 1986 年五个组数，前四组反映的是每年的论文数，最后一组则表征四年的论文总数。

统计指标和统计分组是整理、归纳统计资料的过程。统计工作的关键还在于对整理后的统计资料进行分析，这是统计方法的重要环节。常用的统计分析的方法有平均分析法、对比分析法、动态分析法、因素分析法、相关分析法等。在比较图书馆学研究中，往往采用对比分析。我们以美国科学情报研究所编制的《科学引文索引》(Science Citation Index – SCI) 1985 至 1986 年收录中国、印度、巴西三国论文统计为例说明。

《SCI》反映中国、印度、巴西 1985 至 1986 年发表的论文（图一）

年代 \ 篇数 国别	中 国	印 度	巴 西
1985	3788	11315	3375
1986	4349	11434	3373
1985～1986	8137	22749	6747

资料来源:杜宝荣、林尧泽. 对《科学引文索引》报道我国科研人员发表论文情况的调查. 情报科学,1988,9(4)

《SCI》反映中国与印度、巴西
1985 至 1986 年发表论文的比较（图二）

中国与印度、巴西论文数

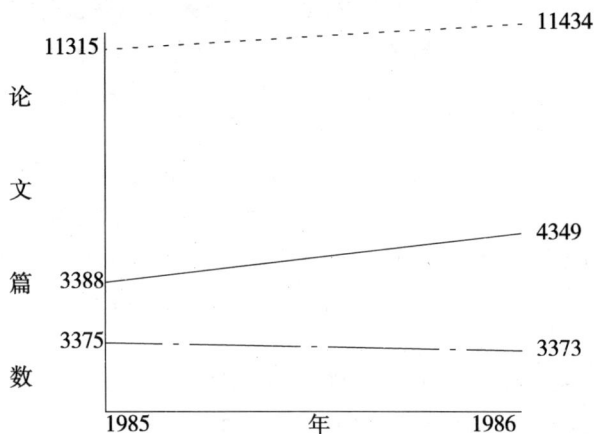

190

中国与印度、巴西论文增长率

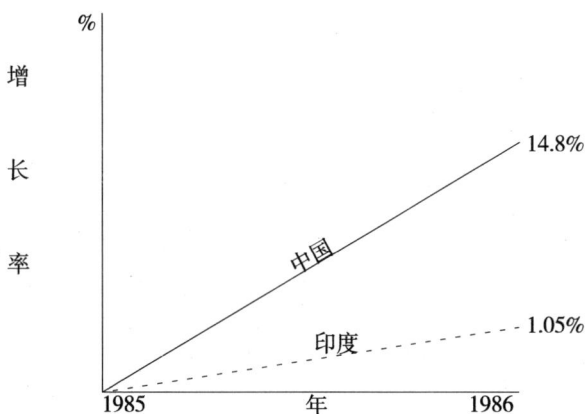

资料来源同（图一）

如果我们把《SCI》收录三国家的科学技术论文再分组统计，按基础理论、应用研究、工业技术三组进行统计，其结果如下：（见192页）

倘若我们只从图一的统计数字看，结论是印度在论文篇数上居第一、中国第二、巴西第三；如果从增长率看，则中国增长率最高，达14.8%，而印度为1.05%，巴西基本持平。如果我们再把论文分组统计，按基础理论、应用研究、工业技术三组进行考察，分析1985、1986两年的情况，可以看出印度的基础理论研究比重比中国大，两年论文数为15679篇，占两年论文总数的69%，比中国的55%高出14%；在相同的时间范围内，巴西的基础理论论文总数3664篇，占总数54%，与中国的比例接近；在应用研究和工业技术方面，印度均占15.5%。单纯从比率作比较，中国的应用研究占26%，巴西则高达38%。事实上，中国和巴西在应用研究的论文中，医学的论文比较突出，而印度的医学论文比重则不明显。

191

《SCI》收录中国、印度、巴西基础理论、应用研究以及工业技术论文统计 （图三）

年代 国别 组别 篇数	1985						1986						1985～1986					
	中国		印度		巴西		中国		印度		巴西		中国		印度		巴西	
	篇数	占%	篇数	占%	篇数	占%	篇数	占%	篇数	占%	篇数	占%	篇数	占%	篇数	占%	篇数	占%
基础理论	2019	53%	7999	71%	1956	58%	2466	57%	7680	67%	1708	51%	4485	55%	15679	69%	3664	54%
应用研究	913	24%	1267	11%	1207	36%	1170	27%	2266	20%	1347	40%	2083	26%	3533	15.5%	2554	38%
工业技术	856	23%	2049	18%	212	6%	713	16%	1488	13%	318	9%	1569	19%	3537	15.5%	530	8%
总数	3788	100%	11315	100%	3375	100%	4349	100%	11434	100%	3373	100%	8137	100%	22749	100%	6748	100%

资料来源同（图一）

所以，印度在工业技术方面的论文比重相对高了，而中国的工业技术论文比重占19%，巴西则明显的低，只占总数的8%。可见，单纯的数据统计只是现象的反映，还应深入一步进行统计分析。上列图表，是统计的表现形式，如图一、图三是统计表的结构形式；图二则是统计曲线图。采用这种图表的形式，能够更明确地、清晰地表达统计内容，提高统计效果，因而在统计工作中是常常要采用的。

五、分析与综合法：分析与综合是人类最基本的思维方法之一，人们借助于分析和综合揭示事物的本质和内在联系，以获得有关事物多样性统一的具体知识。分析与综合法是逻辑思维的重要方法，也是科学研究方法的基础和前提，有着重要的方法论意义。在比较图书馆学的具体研究中，除了借助于以上介绍的各种方法进行收集、整理资料外，还必须运用分析和综合的逻辑分析方法，才能得出必要的概括和一般的评价。

所谓分析法，是指人在思维过程中，把比较对象的整体分解为各个部分、方面、要素、环节、阶段，并分别加以研究，从而认识这些部分、方面和要素在整体中的性质和作用的思维方法。把整体分解为部分和简单要素是分析法的主要环节，其目的在于透过现象把握事物的本质。分析的作用不是简单地罗列事物内部的诸方面，而是找出各部分的联系，也就是要认识事物的本质。分析法的运用过程本身存在一个正确与否的问题。正确的分析方法是唯物的、辩证的分析法，要作到这点，应注意以下几方面：

（一）要从实际出发，在研究中发现问题，而不是主观臆造。例如，在确定课题时，可以在观察、调查中发现问题，再进行思维分析，只有符合实际，分析才能正确，而不是主观臆造出"框框"，然后再从"框框"出发去填补符合主观臆造的内容。比如，从发达国家与发展中国家的图书馆事业比较研究的可行性争论中，不难发现其争议的焦点在于一个发展中国家能否对发达国家的图书馆事业发展提供借鉴;发达国家与发展中国家之间的图书馆事业比较研究,是否有助于认识图书馆实践与理论的共同问题;发展中国家能否为发达国家提供独特的见解,以解决图书馆事业中普遍存在的问题。由于发达国家常常通过各种传播媒介向发展中国家施加有关图书馆学理论与方法的影响,而发展中国家也确实借鉴、接受了发达国家的图书馆学理论与方法。因此,人们往往不加分析地认为发展中国家与发达国家的图书馆事业不存在比较研究的必要性。如果从实际出发,考察一下公共图书馆在扫盲工作中所产生的作用,就会看到古巴在利用公共图书馆开展扫盲工作所取得的经验和所产生的作用,都值得美国、埃塞俄比亚借鉴的。① 可见,主观臆造是不可取的。

(二)要坚持辩证法原则。必须把比较对象的各个方面放在相互联系、相互作用中来分析。例如,比较研究发达国家与发展中国家的图书馆学理论与方法时,纵然很多事实已证明发展中国家往往要借鉴、接受发达国家的图书馆学理论与方法。但是这种单向的现象在现实中并不一定都产生积极的作用,这是因为发达国家的图书馆学理论与方法,有的并不符合发展中国家的国情。换句话说,在接受发达国家的图书馆学理论与方法时,必须分析发展中国家的经济、文化、民族传统诸因素,否则先进的理论与方法不一定适合发展中国家的图书馆事业,这种接受往往也不能成功。如果用辩证法的原则来分析,就能理解为什么在法语区的非洲,人们认为接受美国的图书馆学理论与方法,不如接受法国取得的效果明显。

分析方法有多种多样,其基本方法有:定性分析法、定量分析法、比较分析法、分类分析法、因果分析法、结构分析法等。然而,

---

① 参阅:M. M. Jackson. Comparative Librarianship and Non – Industrialized Countries. International Library Review, 1982, 14(2)

无论运用哪种分析方法，都是着眼于整体分解的局部，因而往往形成孤立地、片面地思考问题，所以单纯地运用分析法研究比较对象是不够的。为了避免采用分析法陷入片面的思考、观察问题，就必须按照思维过程的规律，既有分析，又有综合，把分析与综合结合起来，才能全面地把握比较对象的丰富内容。

综合，是指通过思维，把研究对象的各部分、各方面、各要素联结起来，组合成一个整体并加以考察的方法。在一定的认识层次上，可以认为思维的综合是在分析的基础上进行的，也是认识事物的一个必然的环节。如果我们的思维活动仅仅维持在分析的阶段，那么就不能对事物形成全面的认识。因此，这就有必要将分析开来的各部分、各方面、各要素联结成一整体，这种思维活动就是综合。可见，综合是以分析的结束为起点，同时又是它的归宿。恩格斯早已指出："以分析为主要研究形式的化学，如果没有它的对极，即综合，就什么也不是了。"①可以这样说，仅有分析，没有综合，我们只能得到有关事物片面和局部的认识，而不能获得关于事物的本质、整体的认识。分析必须以综合为目的，并在综合的指导下进行。当然，综合也必须是在分析的基础上进行，没有分析的综合，只能得到关于事物的抽象的、笼统的认识，不能发现事物的共同本质和多样性的统一。因此，恩格斯指出："没有分析就没有综合"。② 我们在比较图书馆学方法系统中所提到的综合，也是指在分析的基础上所进行的综合。

综合的思维活动对于比较图书馆学的研究具有特别重要的意义。以周智佑的"联机情报市场的分析与比较"为例，周文从分析的角度，从用户及其需求、使用量、联机终端的设置、所使用的卖主、所使用的联机数据库、数据库的国产化及其国际流通、联机检

① 《马克思恩格斯全集》.北京:人民出版社,1971.第20卷,571页
② 恩格斯.《反杜林论》.北京:人民出版社,1962年版.42页

索费用、原始文献的获取等 7 个方面进行分析、比较,并用数据、图表、文字说明。假如作者的研究只停留在各方面的分析,那也就形不成总体的认识。然而,作者是在上述 7 个方面的分析比较的基础上,又进行了综合,因而得出具有说服力的结论:

1. 欧洲联机市场迅速发展。

2. 数据库行业正处于生命周期之青年期。

3. 中国联机市场正在兴起与发展。

4. 中国研究水平上乘的研究所之联机检索量约为英国类似机构的 14%。

5. 目前中国联机检索量大体相当于美国 60 年代末期水平、欧洲 70 年代初期水平。

6. 中国联机终端地理分布接近日本水平,大多数属于集中式网络,终端数尚差 1、2 个数量级。

7. 列出了 18 家主要卖主,指出有 10 家还值得进一步联系与研究。

8. 肯定了"核心数据库"的概念,列出了 23 种核心数据库,指出尚有 7 种值得介绍与探索。

9. 指出数据库国产化与国际流通并行不悖,要着重开发国产数据库,并使之尽速作为商品投入国际市场。

10. 中国联机检索单价平均约比日本略高 7%,中情所联机检索收入仅及英国图书馆的 1/10。

11. 为获取原始文献,要加强馆际互借。[①]

上述研究实例表明,分析是综合的基础,没有分析就没有综合;而综合又是分析的深化,没有综合也就没有新的分析。所以分析与综合是相反相成的思维方法,它们之间存在着相互依存、相互转化、相互补充、相互验证的辩证统一关系。没有综合的分析,是

---

① 参阅:周智佑.联机情报市场的分析与比较,情报科学,1988.9(3)

未完成的、肤浅的分析,只有把分析方法和综合方法结合起来,才能达到全面的认识。"联机情报市场的分析与比较"一文,仅从研究方法的角度来考察,堪称为分析与综合方法应用的范例。

比较图书馆学的具体研究,除运用上述研究方法以外,还可以配合使用描述法、归纳和演绎法、历史法等,从而形成了比较图书馆学的研究方法群。在这个群体中,观察法、调查法、文献法、统计法是搜集、整理研究资料的常用方法;分析与综合法、归纳和演绎法是在积累资料的基础上,再进行资料的分析、归纳、演绎和综合。这些方法之所以分开来介绍,一方面是为了叙述方便;另一方面是从科学方法的整体角度来考察。在这一整体的内部,虽然各种方法有密切的联系,但它们也有彼此的区别、相对的独立,并各具特性。当然,这并不意味着方法间不存在交互配合运用的可能性。相反,在具体研究过程中,往往数种方法交叉应用,单纯采用一种方法的情况是很少的。究竟选择哪种方法,要由研究课题、研究人员的能力、研究经费等条件而定。

5.4 比较图书馆学研究的专门方法

比较方法,是比较图书馆学研究的专门方法,也是人们确定、识别事物之间的相同与差异关系的一种思维方法。人们往往借助于比较来把握各种事物的共同点和差异点,以揭示各种事物间相互区别的质的规定性。比较方法已经成为人们认识事物最常用的思维方法,也已成为在各门学科研究中得到广泛应用的一种科学思维方法。任何科学的认识都不能回避比较,科学发现通常是通过比较、分析、综合、概括、类比、想象、抽象等等来实现的。尤其是对于某些学科,比较方法更具有特殊的重要意义,这些学科以比较方法作为专门的研究方法,从而形成了独特的分支学科。马克思、恩格斯在《德意志意识形态》一书中,对比较方法给予高度的评价,并强调比较科学的必要性:"比较解剖学、比较植物学、比较语言学等等科学……正是由于比较和确定了被比较对象之间的差别而获得巨大成就,在这些科学中比较具有普遍意义。"①

比较方法最早运用于自然科学的研究中,它在科学的发展中起着重大的作用,并具有普遍意义。后来,比较方法被引入了社会科学,于是建立了比较教育学、比较文学、比较语言学、比较法学、比较史学、比较社会学、比较图书馆学等,并成为这些比较学科的专门研究方法。随着比较方法特殊应用价值的实现,它越来越受到人们的重视。那么,比较方法能否应用于图书馆学的研究呢?也就是说,图书馆学领域开展比较研究是否可行? 要回答这个问题,我们有必要了解一下比较方法及其与比较图书馆学的关系。

比较图书馆学主要是比较研究世界各国、各民族的图书馆现象,因而它必然以比较法为主要的研究方法,比较法也成为比较图书馆学区别于图书馆学其他分支学科的重要标志。它在比较图书馆学的方法系统中占据主要地位,它贯穿于比较图书馆学研究过程的始终。

比较方法有多种类型,依据不同的划分标准,可以区分为下列几种:

一、按比较对象的相互关系区分:

(一)双边比较:指同一研究对象在两种不同环境下所进行的比较,比较对象之间存在着一种简单的对应关系(如图):

$$A \cdot \text{———} \cdot B$$

例如,中国和美国高等学校图书馆的情报用户教育的比较研究,这是一种双边的比较研究。当然,这类比较还可以对高等学校图书馆的藏书建设、咨询服务、馆际互借等某一专题进行两国之间

---

① 《马克思恩格斯全集》.北京:人民出版社,1960.第3卷,518页

的研究。这种比较尽管是简单的双边比较,但由于环境不同,社会政治、经济、文化教育等存在差异,因此,在比较过程中也应注意到不同因素对比较对象所产生的影响。

(二)多边比较:这是一种具有平面网状和立体网状关系的研究对象之间的比较(如图)。这种比较可以对不同的对象进行综合比较,以勾划演变的图景,揭示其规律,预测某一方面的发展趋势。例如,对美国、英国、德国、加拿大、日本5国的图书馆书目控制的调查、分析、比较,这是剖析上述5国在书目控制方面的共同点和差异点,综合分析书目控制的现状及趋势的研究。

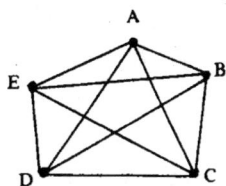

二、按比较对象所处的等级关系区分:

(一)相同层次比较:指对在经济状况、文化教育、科学技术等方面具有相似水平的研究对象所进行的比较研究。例如,中印图书馆事业的比较研究。这种对发展中国家之间的图书馆实践与理论所作的比较,就是相同层次的比较研究,它仍然具有研究的价值。

(二)不同层次的比较:指对在经济状况、文化教育、科学技术水平等方面处于不同层次的研究对象所进行的比较研究。例如,中国与美国、美国与尼日利亚的现代公共图书馆职能的比较研究。这种发达国家与发展中国家的比较,尽管比较对象所处的级次不同,具备的条件不同,但比较双方仍然有相互借鉴的价值。这种比较在具体的研究过程中,要特别注意国情的差异,要避免盲目的"单向"借鉴。必须指出,这种不同层次的比较,并不存在着发展中国家要借鉴发达国家的图书馆学理论与方法的必然关系。而是仍然有着"双向"的关系。

三、按比较对象所处的方位和时间区分:

(一)横向比较:对同时并存的研究对象所进行的比较。它可

199

以是对两个国家或地区、民族的某种图书馆现象或几种图书馆现象,甚至是整个图书馆事业开展比较研究。这是从比较对象相对静止状态中来分析其相似点和差异点,发现各国图书馆事业的共同规律,以及受各国国情制约所表现出的特殊规律的研究。例如,比较中美的信息产业结构,可以考察图书馆系统与信息产业结构的关系,从中得出应有的结论(见应用研究事例);再如,比较两国或多国的图书馆学专业教育的状况,探讨它与劳动力素质的关系等。

(二)纵向比较:指对不同国家或民族的图书馆事业在不同历史时期的表现的比较。这是对图书馆演化过程所进行的研究,借以分析图书馆发展的规律。例如,中外图书馆形态演化的比较研究,可以考察政治、经济、文化、科学、技术、社会发展与图书馆形态演化的关系。

上述横向比较和纵向比较是比较研究的两种主要类型,一般来说,在比较图书馆学的具体研究中是经常采用的。这是由于双边比较、多边比较、同层次比较、不同层次比较都存在着横向与纵向比较这两种形式。因而,在进行上述几种比较研究时,都应注意到对比较对象进行纵横方向的比较。在具体的比较过程中,它们往往是兼容的,交织在一起的。

四、按比较对象有无"事实联系"区分:

它包括影响研究和平行研究。前者主要是研究存在着"事实联系"的两个或两个以上比较对象之间相互交流、相互影响、接受影响的关系。后者则是指对不存在实际联系的比较对象间关系的研究,它不仅可以对图书馆学理论与方法进行平行研究,还可以比较研究图书馆学与其他学科的关系。影响研究和平行研究在前一讲已作了详细介绍,这里不再复述。

比较方法还可以从不同的角度再作区分,如宏观比较、微观比较;定性比较、定量比较;相同比较;相异比较、同异综合比较等等。

在比较图书馆学的具体研究中,可以根据课题性质,研究者能力、条件等各方面加以综合考虑,选择可行的比较方法。但是,无论选择哪一种或几种比较方法配合使用,都要围绕着取得正确可靠的比较结果为基点。为此,在运用比较方法时,必须遵循一些研究准则。概括起来,比较图书馆学研究的准则,主要有如下4项:

（一）可比性准则:所谓可比性准则,是指比较对象只能选择具有某种可比关系的事物中应用。因为,任何事物都与其他周围事物相联系,即任何一事物都存在于其他事物的关系之中,而任何一事物在它的关系系统中,都是可以明确地找出其与相关事物的共同点和不同点。所以,有关系是可以运用比较方法的前提之一。只有在相应关系的事物中才能使用比较方法。完全无关的事物是不能作比较的。那么,怎样判断可比性呢? 通常有以下两种判定方法。

一是比较对象必须确实存在,而且具有"同一性",这里所指的"同一"包含有两层内容:

1. 同一类事物:指的是比较对象必须是相同性质的事物,或基本属性相类似、某种重要属性达到基本相同的程度。不同类的事物的比较是没有意义的,例如,把"图书馆"和"矿井"、"飞机"作比较,只会是徒劳的。再如,拿小学和儿童图书馆作比较,纵然都是文化教育机构,都具备"教育"属性,但这种比较也是不符合可比性原则的要求。然而,我们可以对三种现代情报技术,即缩微技术、联机技术、CD－ROM 技术进行比较,就这三种技术的数据输入方式、检索方式、传播方式、用户硬件设备、产品标准化程度、产品定价方式等作比较,从中可以分析出三种情报技术在一般特性方面的差异。显然,这种比较符合可比性条件。

2. 同一标准:指的是比较对象必须具有特定的同一关系,也就是对相同的一些事物的某方面或某属性的比较,必须按相同的标准进行,否则得不出正确的结论。例如,开展发达国家与发展中国家图书馆现象的比较,应该以现在意义上的比较图书馆学为标准,比较发达国家与发展中国家的各自特点。然而,有的西方学者以发达国家对比较图书馆学的认识为标准来比较,其结果必然看不到发展中国家所存在的、值得发达国家借鉴的图书馆实践与理论,从而导出发达国家与发展中国家的图书馆实践、理论不可比的结论。显然,这是错误的。再如,倘若将中国封建社会的藏书楼与美国或其他发达国家的现代图书馆作比较,从而推断出中国藏书楼的落后性,这种比较也是违反同一标准的原则,虽然所比双方具有相同属性,又符合跨越国界、地区的要求,但这种比较所得出的结论是不能成立的,其原因在于这种比较没有符合同一标准的要求。所以确定比较对象的可比性,也应注意到同一标准的原则。遵循这一原则,我们可以将美英大学出版社的图书价格作比较,如"1989 年英国 102 家大学出版图书 2831 种,平均单价 18.50 英镑,比 1976 年上涨 27%;美国 110 家大学出版社出版图书 6159 种,平均单价 35.67 美元,比 1976 年上涨 306%。以英镑换算美元,则英国书价比美国高 4%。以复旦大学 1987 年引进的外文图书分析,其中英美大学出版社的图书占 1/5。英国三家大学出版社图书 467 种,占引进图书 11%,总价格为 9196.95 英镑,平均单价 19.69 英镑。美国 23 家大学出版社图书 451 种,占引进图书 10%,总价格为 8481.68 美元。可见引进美国大学出版的图书比英国大学出版的图书便宜。"① 显然,这种比较对象及比较标准的确定、选择是符合可比性原则的。同样,我们也可以将图书分类法中的杜威十进分类法(DC)、美国国会图书馆图书分类法(LC)、国际十进分类法(UDC)、阮冈纳赞冒号制图书分类法(CC)与中国图书馆图书分类法,中国科学院图书馆图书分类法进行比较研究,这种比较不仅是可行的,而且是很有价值的。

---

① 陈玉清.英美大学出版社之比较研究.上海高校图书情报学刊,1991(1):31

假如进行异类事物的比较,须将两种被比较事物的比较方面或属性确定在一定的范围之内用同一标准去衡量。例如,图书馆和信息中心是不同类型的社会信息交流机构,倘若以其对"人类知识信息交流"所产生的作用为标准开展比较,那么这种研究是可行的,也是符合同一标准的要求。再如,对技术标准的时效与期刊论文的时滞作比较,虽然两者不是同类型的文献,如果确定在不同类型文献反映在时间方面关系的范围内进行比较,那么这种比较还是可以说明一些问题的。

二是确定比较对象的领域,它包含有两层内容:

1. 表现为相似与相异的事物或现象,这是寻求可比性的重要领域。对于这种可比性的把握,要求研究者具有"同中求异、异中求同"的能力。我们知道,要获得科学发现,关键在于比较不同现象而求其相同点,或比较相同现象而求其不同点,才能有所发现,有所创新,这是辨明可比性的重要依据。例如,各国图书馆形态的演化与社会的发展基本上是一致的,都经历了古代、近代、现代的演变过程,这是相同现象一致性的表现。但是,在具体的每一个发展时期,却又存在着差异性。如,各国图书馆的产生、形成以及进入近代图书馆的时间是不同步的,发展程度也各不相同。古代图书馆发源地的中国,进入近代图书馆还是 20 世纪初的事情;而英国、美国的公共图书馆到 18 至 19 世纪已初具规模。中国的近代图书馆兴起在时间上比起英、美要晚近 2 个世纪。这种同中有异,异中有同的图书馆现象研究,是我们确立中西图书馆可比关系的依据。

2. 表现为影响或关系的,也应列入可比性领域。如美国图书馆学理论与方法对日本、中国、印度的不同影响的比较研究;杜威的图书分类法对东方的影响;谢拉、米哈依诺夫的图书馆学思想对中国的影响等等,都属比较研究的范畴,这种影响现象也是可比性的表现形式,这是一方面;另一方面表现在关系上的比较研究领域,既有图书馆学范围内,也有非图书馆学与图书馆学科关系的比较研究。前者如类书与百科全书的比较研究。中国的类书与西方的百科全书在基本性质上和基本特征方面是十分相似的,起源背影也大致一样,起源时间也基本同期。然而,在中西方迥然不同的两种文化思想影响下,中国类书与西方百科全书在各自的编纂过程中,却表现出不同的特色,反映在类书与百科全书的编纂目的、编纂体制、分类原则等方面,都有明显的差异。通过中国类书与西方百科全书的比较,可以看到社会的政治、经济、文化等因素,对工具书的发展有着密切的影响。这种表现为关系的平行研究,也应列入可比性的范畴。此外,图书馆学与其他学科关系上的比较研究,即跨学科研究,如图书馆学与文献学、图书馆学与心理学等等,都是"关系"的比较研究,理应列入可比性领域。

(二)关联性准则:比较方法的客观依据在于事物间的普遍联系,事物只有在相互联系中才能存在。而图书馆现象是一种社会现象,它必然与社会、政治、经济、文化、历史、地理环境有着密切的联系。图书馆实践与理论也是处于续连的历史传统的联系中,同时又处于与他国、他民族不断地交流之中。而且,作为一门独立学科的图书馆学又与其他学科相互交融。这些因素影响着图书馆实践与理论。因而,比较图书馆学的具体研究必须对这些相关因素进行综合考察,比较研究才会有成效。正如图书馆学者纳瑟·萨里费(Nasser Sharify)在1968年所指出的:"为了有助于国际了解,在揭示图书馆或情报中心与创造了它们而受其服务的社会之间的关系时,比较的过程是必要的。但是,为了能够比较,必须发展一套比较的方式方法,建立可靠的资料。研究别国图书馆的发展,必然对本国图书馆的发展大有启发。图书馆发展与社会、文化、经济与教育发展之间的紧密联系,只有把这些发展放到各种文化结构中去研究时,才能彻底认识。"①所以,我们在进行比较研究时,无论是纵向或横向、影响或平行、同层次或不同层次的比较,都不能满足于研究对象的同一性与差异性的认识,而应进一步考察其相关因素,揭示、剖析产生这些同一与差异的原因,从而达到比较研究的终极目的。

(三)客观性准则:辩证唯物主义认为世界上一切事物的相互联系,不仅是普遍的,而且是客观的,它是事物本身所固有的一种属性,不管人们主观上是否承认,事物总是依照一定的规律发展着。所以,要想正确地把握事物,就必须客观地认识、观察、研究事物。在比较图书馆学研究中,客观性准则贯穿于全过程。当比较研究确定课题之后,即进入了搜集资料、整理资料的阶段。在这个阶段,要对资料进行搜集、鉴别和整理,而资料是比较研究的基础,因而,在鉴别、整理资料时,只有坚持实事求是的原则,清除失实材料,才不至于影响比较结果的客观性。即使在比较研究的分析、综合阶段,也要求准确、客观,不能带有偏见或框框来分析问题,否则就不可能实事求是地进行描述、解释、评价,最终将影响结论的准确程度。例如,在中国和外国图书馆分类理论的比较研究中,对于有些理论问题,如图书分类的思想性、科学性、实用性原则方面,我国曾一度片面地强调思想性,而忽视了科学性、实用性。若以这种认识来进行比较分析,比较的结果可能会出现偏差。再如,比较研究不同国家的图书馆法时,我们不能带着"图书馆法必然对图书馆事业发展有积极作用"的主观臆想来作比较,否则就看不清图书馆法在有些国家中所表现出的消极影响。比如中东、亚洲、非洲和拉丁美洲的一些国家,制订的图书馆法规定:丢失图书要由图书馆员承担经济赔偿;要求出版商过多地向国家图书馆递送"呈缴

---

① J. 珀利阿姆·丹顿著;龚厚泽译;陈鸿舜校.《比较图书馆学概论》.北京:书目文献出版社.1980.45 页

本”；书目记录要征税等等，这些规定显然对相关国家图书馆事业的发展产生抑制作用。所以，在比较研究中，不能凭主观想象，不能带有"框框"或以一定的"模式"来套比，只有把握住客观性原则，才会对研究的现象有所认识，否则比较研究将是徒劳无益的。

（四）完全性准则：如前所述，任何事物都与其周围事物相联系，因而，对研究对象的比较，既要把握关联性准则，还要强调完全性原则，即对研究对象的比较必须对其各相关方面进行完全的比较，不能只比较某些方面而忽略了其他方面，这样也会得出错误的比较结果。例如、美国、日本与中国图书馆图书经费的比较研究，不应只看绝对数字统一币制单位的比较，这固然是比较标准的要求，但是只做到这一步是不够的，还应结合社会实际消耗状况来考察经费和效益。比如要考虑图书馆工作人员的工资、书刊价格、社会实际生活水平、投资效益、现代技术的消费等等方面的差别。同样的一笔经费，用于中国的图书馆和用于美国、日本的图书馆可能效果会不同的。因而在比较时还要注意对研究对象的相关方面进行完全的比较。

（五）动态准则：其实质是辩证唯物主义关于事物是运动发展理论在比较图书馆学研究中的运用，即用发展的观点看待事物，看待图书馆事业。因此，世界图书馆事业的各种现象间存在着相互联系、相互作用，总要推动图书馆事业不断发生变化和发展。相互联系、相互作用是普遍的、客观的，发展也是普遍的。把握动态原则，也就是要求在研究过程中，要看到任何具体的图书馆现象都不是绝对的、永恒的，都处在发生、发展和消亡的过程中。例如，古代图书馆是社会文明发展到一定阶段的产物，同时它又必将随着社会的发展而消亡。此外，把握动态准则，还要求我们要有正确的历史观点，这是由于任何一种图书馆现象都有一个发展的过程，因而无论研究什么问题，都需要具备历史的观点，不能割断历史，倘若忽略了历史的侧面，则是不明智的。如同我们比较研究中外图书馆学家及其图书馆学思想时,既要看到其作用,又要看到其不足以及历史局限性。只有这样,才能有正确的认识,也才能获得科学的比较结论。再如,在比较研究同一时期或相同阶段上、不同环境中的图书馆现象,如希腊文化、古罗马文化与中国殷商文化时期的图书馆起源的比较;或者是比较研究不同环境的不同时期或不同阶段的图书馆现象,如北美地区、欧洲与中东、亚洲、非洲、拉丁美洲等的图书馆法的比较,不仅要作静态的分析,更主要的是进行动态研究。在搜集、整理、论述资料的基础上对不同环境的图书馆现象进行分析,这是静态分析阶段。比较研究不能停留在这一阶段,更主要的是以此为比较基础,进行对比、综合,揭示其发展趋势,勾划出演变的轨迹,从静态进入动态的研究阶段,才能对一些基本的问题作出回答。

比较方法在比较图书馆学研究中占据特殊的地位,但也不能过高地估价比较方法的作用。在运用比较方法时,还应看到比较方法作为科学方法之一,尽管人们已经作了大量的研究工作,但还不能说已完全确立了方法论的体系。随着科学的发展,方法论还在不断完善,还在发展着。因而,在比较研究中,应尽量避免出现下列情况:

1. 在对比较对象没有充分了解的情况下,即着手比较研究;

2. 不审慎、自觉地应用比较方法,没有把握住比较方法的要点;

3. 没有按所选择的比较研究模式的要求,进行比较;

4. 没有发挥比较图书馆学研究方法系统"兼容并包"的优势。

总之,我们探讨比较方法的准则,目的是为了在比较图书馆学研究过程中,实现比较方法的优化问题。也就是说,能够更好地、更合理地运用比较方法,发挥其在认识比较对象中的积极作用,得出正确的、合乎实际的比较结果。但是,只做到这一步是不够的,这是由于使用比较方法要求以其他方法为基础,孤立地运用比较方法是行不通的,这是由比较方法的客观基础所决定的。比较方法所研究的客观对象具有相似性和差异性,如果不运用其他方法积累丰富材料,是无法进行比较的。同时,比较图书馆学研究的范围和内容十分宽泛,涉及到图书馆实践与理论的各个领域,及其与他学科的关系研究。只靠单一的研究方法也是不能透彻的,因此,我们还要注意到运用科学方法的综合复用性的不可单用性,以及比较图书馆学研究方法系统的多样性、配伍性。我们运用观察法、调查法、统计法,甚至比较法,若不同分析与综合法相结合,其研究只会停留在初级水平。在比较图书馆学的具体研究中,要达到对事物本质认识的深化,必须发挥比较图书馆学研究方法系统的"兼容并包"的优势,以马克思主义哲学方法为指导,运用分析与综合法,总结所归纳出来的典型去识别事物的本质,才能揭示事物的发展规律,也才能实现比较图书馆学的终极目标。

第六章 比较图书馆学的研究程序

6.1 一般程序

　　开展比较图书馆学研究,应当从哪里起步? 要完成哪些步骤和程序? 探讨这个问题,我们不妨征引丹顿在《比较图书馆学概论》中对比较图书馆学研究程序的阐述:"科学程序,其与我们有关、引起我们注意的特点是,第一,它是关系到事实的,而不是关系到信念或无根据的观点;第二,它以经验的证据去检验提出的论点和判断;第三,它在每一点上都力求客观;第四,它旨在通过分析关于已知现象的特征和联系的材料,来作出精确的描述;最后,它寻求通过把各种一般性判断系统化,来得出解释。"①"事实上,几乎每一个社会科学的比较学者都论述过这两点;作为比较研究的第一步,精确搜集、仔细描述和分析事实是绝对必须的;这种搜集和描述自身并不构成比较。"②"只有对事实的分析和处理,以及这种分析使人们得以抽取出来的结论和解释,才能使人名正言顺地称

---

　　① J.珀利阿姆·丹顿著;龚厚泽译;陈鸿舜校.《比较图书馆学概论》.北京:书目文献出版社,1980. 84 页

　　② J.珀利阿姆·丹顿著;龚厚泽译;陈鸿舜校.《比较图书馆学概论》.北京:书目文献出版社,1980. 107 页

某件作品是研究。"①据此,我们可以将比较图书馆学研究的过程概括为准备阶段和比较阶段。这两个阶段又包括确定课题、搜集资料、类分表述、提出假设、比较分析、形成结论 6 个程序,下面分别作一简要介绍。

一、确定课题:即选择比较研究的课题。选择课题是比较研究准备阶段要完成的最重要的任务。它是比较研究过程的战略起点,是研究者成功的决定环节,也是出成果、出人才的重要因素。因此,对课题选择的重视与否,以及重视程度如何,能否提出有价值、有意义的课题,是研究者科学修养高低的表现。所以每位比较图书馆学的研究人员都不能对此掉以轻心。因而,我们首先介绍选择课题的方法。

西方学者乔治·J·英利(Geonge J. Mouly)在探讨大学生学位论文的选题时,提出五项标准,即:

"(1)论文主题对学生应具有吸引力;

(2)论文应具有'充分的独立见解',避免'令人厌烦的雷同';

(3)论文应经得起研究的检验,即论文适应于一个准则,应作为一种可试验的关系来陈述;

(4)论文应有可能作为一门科学或学科以提高图书馆事业现有知识水平,切不可纠缠于繁琐的小问题上;

(5)论文的选择应是力所能及,即学生在现实条件下能获得所需的资料。"②

另一位学者赫伯特·戈德霍尔(Herbert Goldhor)对这个问题

---

① J. 珀利阿姆·丹顿著;龚厚泽译;陈鸿舜校.《比较图书馆学概论》.北京:书目文献出版社,1980.109 页

② 理查德·克尔齐斯,加斯顿·利顿著;周俊译;江康校.《世界图书馆事业——比较研究》.北京:书目文献出版社,1990.45 页

也提出下列建议：

"(1)选择你感兴趣的或有经验的某一个领域或某一个研究地区；

(2)重复一个以前有兴趣的研究主题或者这个研究主题的结论似乎是可疑的(博士学位论文通常不接受这种研究主题)；

(3)检查论文的最后章节，旨在找出需要进一步研究的图书馆事业的领域；

(4)检查现有研究资料以便决定是否有可能提出一个更好的假设；

(5)选择一个通用的实际设想并对之验证；

(6)大量阅读有关世界图书馆事业方面的资料。"[①]

显然，上述两位学者都阐述了他们对学位论文选题的标准，以及选题过程应注意问题的认识，这些意见对于比较图书馆学研究的课题选择仍然具有参考价值。然而，两位西方学者都没有涉及到课题选择的目的性问题，不能不说是一个遗漏。因为，比较图书馆学求助于比较研究，总是围绕着一定的目的的，其主攻目标是非常明确的。从这个角度考虑，课题的选择首先是确定课题的实际需要问题，也就是说，在选题时，要以满足图书馆学、比较图书馆学迫切需要解决的问题为原则。这一原则既体现了研究的目的性，又体现了研究课题的科学价值。它包括两方面的内容，一方面是理论的需要；另一方面是实践的需要。

(一)从理论的需要选择比较研究课题的角度来分析，比较图书馆学的母体学科——图书馆学，以及作为图书馆学分支学科的比较图书馆学，在理论研究方面，不同程度地存在着一系列的有待研究、探讨的问题。如需要解决学科基础理论的问题；需要解决某

---

① 理查德·克尔齐斯,加斯顿·利顿著;周俊译;江康校.《世界图书馆事业——比较研究》.北京:书目文献出版社,1990.44 页

个存在争议的问题;需要寻求共同规律和特殊规律的问题;或者拟鲜明地说明某一论点等等。就图书馆学的基础理论而言,国内外不少图书馆学者已从不同角度对图书馆学理论基础、学科体系结构等问题作了大量的研究,提出了各种不同的看法,但至今尚未形成共识。同样,在比较图书馆学的基础理论问题上,也存在着界定研究对象、研究范围、研究模式的争议。有的认为其研究对象必须是"多国度、多文化";有的认为可以包容"一国之内不同环境";有的认为其研究模式可以是"地区研究、跨国研究、典型研究";有的认为是"影响研究、平行研究";还有的认为是"区域研究、问题研究"等等,诸如此类的有待深入一步探讨的理论问题还有不少。倘若我们变换一下研究方法,以自觉的比较意识将各国的争论问题作深入的研究,剖析一下各种观点的相同与差异,探讨一下它们之间的区别和联系,比较一下孰优孰劣,可以肯定,从中会获得合理的、科学的结论。因此,从理论需要的角度来选择研究课题,其成果不仅能够促进图书馆学、比较图书馆学理论体系的完善,而且能够推动学科自身的发展。这既是学科发展的实际需要,也是研究者义不容辞的职责。

(二)从实践的需要选择比较研究课题的角度来分析,比较图书馆学作为图书馆学的一门分支学科,它既具有学术性,也有明显的实用价值。图书馆事业的实践领域也给比较图书馆学提出大量的研究课题。例如,高等学校图书馆的用户教育问题。图书馆用户教育在国外通常称为图书馆利用教育、文献教育、用户教育;在国内则通称为文献检索与利用、情报检索等。尽管其称谓有别,但功能是一致的。然而,就其教学规模、教学内容、教学方法、教学模式、理论研究的侧重点在国内外却有明显的差异。当我们面临着开拓图书馆用户教育的新局面时,如果"自觉地"比较研究中外图书馆用户教育还是很有意义的。再如,在图书馆实践领域里,也存在着各种检索语言、各种情报数据库的判断和选择问题等等,都是有必要认真研究的。可见,图书馆事业的实践领域有着十分广泛、复杂多样的问题,需要我们从"新的角度"来探讨和解决。而且,源于图书馆实践需要的课题是最富有生命力、最有现实性的课题。因此,这类课题也是比较图书馆学研究的选择重点。

比较图书馆学研究的课题,除了以实际需要为原则来选择、确定之外,还应遵循科学研究选题的一般原则,即选题的科学性、创造性、可行性。在这里,选题的科学性是指选题要有科学的事实根据和理论依据。凡是违背辩证唯物主义原理的课题不可选,违背客观规律的课题也不应列入;选题的创造性是指研究者辨识课题要符合先进性和新颖性的要求。当然,这并不是说研究者一定要追求全新的、与众不同的、标新立异的课题。这里指的是选题应具有独创性、突破性并能为学科研究增添新的知识、新的内容,它体现了研究的价值意义。遵循创造性原则能使所确定的课题在理论上有所发展,从而保证研究成果具有一定的学术意义或实用价值;选题的可行性是指选题在具有科学性、创造性的前提下,还要考虑到可行的条件,研究者有办法、有能力去完成的课题才可选。可行性原则体现了选题的条件性,这一原则对于跨国的、多国度的研究课题尤为重要。从某种意义上讲,创造性原则是由选题的需要性原则引申出来的一个重要原则。没有创造性的课题,就失去了需要性和价值性。同时,只有坚持创造性原则,才能符合需要性原则。所以比较图书馆学研究者选题时,都应格外注意这一根本原则。然而,课题选择是否有创新,却与多种因素有关。实践告诉我们,要作到这一点,要求研究者富有创造力和洞察力,拥有"独具慧眼"的辨识能力,以及掌握"发现什么是值得研究的东西的窍门"。①

---

① 哈里特·朱特曼著;周叶谦,冯世刚译.《科学界的精英——美国诺贝尔奖金获得者》.北京:商务印书馆.1979.177页

总之,选择课题的四项原则,反映了研究的目的、性质、根据和条件。它们在选题中是既相互区别又相互联系的。因此,应根据实际情况,综合运用四项选题原则。需要性原则规定了研究是为图书馆实践与理论发展的需要服务的根本方向和目的;科学性原则体现了选题是以科学的事实和理论为依据;创造性原则显示了研究是探讨新现象和新规律的本质特征;可行性原则表征了研究必须具备的条件,是实现研究目标的保证。所以,要作到选题正确,必须综合运用以上四项根本原则。

二、搜集资料:即围绕研究课题搜集有关资料。在确定课题之后,就需要用丰富、全面而又确凿无疑的资料去研究它、证实它或否定它。因而,搜集资料对于研究者来讲,不仅是必须的,而且还需付出大量时间。正如德国的未来学者哈根·拜因豪尔所言:"今天一个科学家,即使夜以继日地工作,也只能阅读本专业的全部出版物的5%。"[①]美国科学基金委员会、凯斯工学院研究基金会以及日本国家统计局的初步统计,"一个科研人员在一个研究项目中,用于查找和阅读情报资料的时间要占完成该项研究课题时间的50.9%,而计划思考时间占7.7%,实验和研究时间占32.1%,编写研究报告的时间占9.3%。"[②]可见,查找、搜集、阅读资料占用了研究人员的大量时间。研究人员面临浩瀚的文献资料,如果搜集方法不科学,将会耗费更多的时间。因此,搜集资料需要掌握科学方法。在比较图书馆学研究中,资料的收集一般采用观察法、调查法、文献法等,通常更多地使用参观访问、实地调查、文献检索与分析的方法。

由于比较图书馆学研究的多国性、多环境性、多学科性,因而其研究必须建立在大量的情报资料的基础上。一般说来,其资料

---

① 夏禹龙等编著.《软科学》.上海:知识出版社,1982. 85 页
② 夏禹龙等编著.《软科学》.上海:知识出版社,1982. 85 页

来源往往通过直接途径和间接途径来获取。

（一）直接途径：是指研究人员参与到现场中所获得的情报资料，如参观访问、实地调查都是搜集情报资料的直接途径。研究人员可以通过参观访问、实地考察研究对象，从而获得第一手感性的资料。例如，在图书馆的阅读指导问题上，中外有不同的方式。中国强调了解读者的阅读兴趣，掌握读者的阅读范围、阅读内容，并加以指导。而在国外，或者是采取"不干预"的作法，或者为维护读者的阅读权利而"保密"其阅读范围等。中外图书馆所采取的不同方式，必然出现效果的差异。要弄清这个问题，如果采用实地考察、访问、交谈等方式搜集资料，显然会比通过问卷调查得到更理想的和可信的效果。

（二）间接途径：是指研究人员通过查阅文献而获得情报资料的途径。这种途径所收集到的一般是属于第二手资料。比较图书馆学研究课题的范围相当广泛，因此，在查找、搜集文献资料的对象域应尽可能地拓宽。一般来讲，它往往通过阅览报刊文献、查阅文献检索工具以及引文的回溯检索等三个渠道来获得。在阅览报刊文献方面，除了常见的图书馆学、情报科学专业性的刊物、专著、论文集、会议录等原始文献外，还可以借助于辞典、手册、文摘、索引、书目数据等工具书，检索与研究课题有关的情报资料。在引文的回溯检索方面，通过这种方法，也可以获得一批相关文献，从中可窥测前人研究的思路。

值得注意的是，由于比较图书馆学研究的对象涉及到社会现象的诸多方面，所以有关社会科学领域的统计、数据资料也有重要价值，因而应尽量避免完全依赖单一专业情报源的倾向，充分地利用各方面的情报来源，注意进行全面地搜集。在附录中，我们介绍了一些比较图书馆学研究中经常利用的英文期刊和工具书，可供参考。

综合上述，资料搜集是比较图书馆学研究程序中的基础性步骤之一,只有搜集到必要的资料,才能进行研究工作。要有效地发挥资料的作用,应注意到所搜集的资料是否有用,也就是资料搜集的有用性原则,遵循这项原则才能保证所搜集到的资料符合研究课题的需要。其次,搜集资料要尽可能多样化,既要有现代资料,又要有适度的历史资料;既要有正面的,也要有适当的反面资料;既要查找与专业有关的资料,也要有一定数量的相关专业的资料。因此,从资料的内容上应尽可能的丰富些、更多样些。再次,要综合利用各类型的文献资料,不能仅限于图书或几种杂志,还应充分利用其他类型的文献以及不同载体的资料。此外,还要注意搜集最新的资料,才能提高研究的时效性和成果的实用价值。最后,对所搜集的资料要进行鉴别,也就是对前面收集的资料进行一番"去伪存真"的工作,从中找出真正符合客观事实和客观规律的资料来。上述原则,是搜集资料的一般性原则,也是更好地利用资料的方法,只有这样,才能为研究课题提供完整的资料,才能取得既有理论价值又有实用价值的研究成果。

三、类分表述:即将搜集的资料加以整理、类分、记述和解释。由于研究人员按照课题所搜集的资料往往是既繁多又"无序"。这里所说的繁多与"无序"是相对而言的,是指在特定课题范围内的"多"与"杂"。因此,研究人员必须对资料进行整理,使其简化为系统、有序,便于使用、分析的形式。就比较图书馆学研究而言,资料的整理通常可以采用按课题内容进行类分的方法,将相同性质的情报资料集中在一起,为资料的鉴别、记述、解释和分析作好准备。

类分资料,可以根据课题的内容,设置几个类目,再把搜集的资料按类目加以梳整。例如,比较研究中外图书馆学教育时,可以按照中国与外国的图书馆学教育的历史和现状、教育规模、发展速度、培养目标、教育结构、教学内容、教学手段、教学方法等进行类分。当然,这种类分级次的详简程度,取决于课题内容所涉及的范围。有时还有必要进一步细分。比如,考察不同国家的图书馆事业发展的相关因素的课题。在这里,为了便以说明问题,我们征引哥伦比亚大学图书馆学院的课程大纲,作为归类的依据,其大纲如下:

"Ⅰ.主要的历史和政治因素

Ⅱ.地理与气候

Ⅲ.人口因素

　　A.居民总数

　　B.种族与民族构成(主要的)

　　C.性别与年龄(成人、学龄儿童、六岁以下儿童)

　　D.教育水平(受教育年数、文盲范围)

　　E.城乡人口的分布

Ⅳ.经济因素

　　A.国民总收入及人均收入

　　B.主要行业和工业

Ⅴ.文化因素

　　A.语言和方言

　　B.主要宗教

　　C.其他(如种族隔离、性别隔离等)

Ⅵ.政府机构(中央的、州的、地方的)

　　A.中央集权的程度

　　B.税收及其他收入的来源及数量

Ⅶ.教育因素

　　A.教育体制

　　B.成人教育和基本教育的机构和计划(如农业区教育、图书馆宣传运动等)

Ⅷ.现有的传播形式

　　A.报纸数及发行量

B. 书籍、杂志的出版与传播

C. 电影摄制与观众

D. 广播与电视"①

上述这个大纲,可以作为资料归类依据,将所搜集的资料按其纲目归纳,使资料有序化。可见,在整理资料时,可以根据研究课题设定一些可能进行分析比较的类目,从而把各种材料归纳在一起,使其条理化。资料类分只是整理程序的第一步,在此基础上,还应对其内涵作出详细的、客观的记述和解释,这就是系统地描述。描述,除了以文字叙述的形式进行表述外,还应根据课题的需要,结合使用描述性统计资料。在比较研究中,往往会采用表格展示法。尤其是在描述的过程中,研究者更加关注现象的描述,此时,如果配合运用表格展示方法,效果会更好些。例如,日、美、英、前西德、法国信息化指数(Index Informationlization)的比较研究,在描述时,由于其内容所涉的范围会与 4 组变量,11 个因子的信息专用指数发生关系,所以采用表格展示法表述,这些变量及因子则一目了然。1965 至 1973 年日、美、英、前西德、法国信息化水平见下表。(见 219 页)

这种表格展示法往往会获得文字描述所不可取代的效果。因此,它广泛地应用于比较研究领域。比较图书馆学的研究课题,无论是单变量、双变量还是多变量,许多资料都可以采用表格展示法。

① 转引自:理查德·克尔齐斯,加斯顿·利顿著;周俊译;江康校.《世界图书馆事业——比较研究》.北京:书目文献出版社,1990. 58~59 页

日、美、英、前西德、法国信息化指数比较

国别	年度	信息量				装备率			通信主体水准		信息系数	
		每人每年发出邮件流通数（次）	每人每年通话次数（次）	每100人每天发出报纸数（份）	每1万人每年出版书籍数（种）	每100人中电话机台数	每100人中电视机台数	每1万人中计算机台数	在就业人口中第三产业占的比重%	每100人中大学生数（人）	个人消费支出中杂费占比例%	信息化指数
日本	1965	97	314	45	2.74	11	18	0.17	45	1.14	29	100
	1973	121	416	52	2.93	32	23	2.16	50	2.06	33	221
美国	1965	375	620	31	2.79	48	36	1.35	63	2.84	41	242
	1973	414	894	30	3.88	65	52	6.33	67	4.25	41	531
英国	1965	204	127	48	4.82	19	25	0.22	50	0.42	35	117
	1973	207	267	53	5.93	34	31	1.51	56	0.95	37	209
前西德	1965	157	107	33	4.23	15	19	0.32	40	0.61	28	104
	1973	168	227	29	6.54	29	30	1.85	45	0.97	32	211
法国	1965	156	50	25	4.36	12	13	0.27	44	1.04	41	110
	1973	225	136	23	4.74	22	24	1.76	49	1.30	46	210

资料来源：卢大奈．信息人与信息心理法则. 情报学报，1989（3）

此外,还有一种形象描述方法,即图示法。这种方法也经常地用于比较研究中,如前提及的中美高校情报用户教育教学研究规模的比较研究,通过图示对比3种刊物,报道中美两国该专题的文献数量,采用图示法可以清楚地展示出中美两国在这个领域研究活动的发展状况,而且明显地反映了中国该专题文献量呈连续上升的趋势。1983至1987年3种刊物报道中美该专题文献量比较见下图。

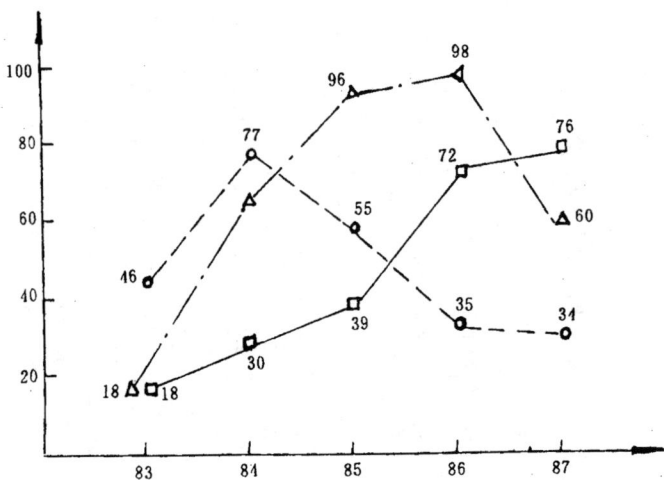

说明:

○ — — ○ 英国的《图书馆和情报科学文摘》(LISA)
报道的美国有关该专题的文献量

△ · △ 美国的《情报科学文摘》(ISA)
报道的美国有关该专题的文献量

□———□ 中国的《全国报刊索引》报道的
本国有关该专题的文献量

资料来源:蒋永新. 中外高校情报用户教育的宏观比较. 情报学报,1989,8(2):95

总之,在资料类分的表述阶段,无论类分级次的详简程度,无论是文字的表述,或是表格展示法、图示法,都是为了把搜集、鉴别的资料进行再加工,使其系统化,为下一阶段,即形成假设打下基础。

四、提出假设:假设的提出是比较图书馆学研究过程中不可缺少的程序,也是一种重要的研究方法。因为,在确定课题,并围绕课题搜集、整理、记述资料之后,便进入了解决问题的理论认识阶段。在这个阶段,需要进行一系列的思维加工活动,人们往往借助于各种逻辑方法和形象方法,而理论认识主要采用的则是假设方法或称为假说方法。

这里所说的假设,是指对问题的一种推测性的或一种可能性的说明。也就是研究者在初步探索性研究的基础上,为了对所要研究的问题得出逻辑的或经验推断而作出的、需要验证的尝试判断和解释。这种解释虽是用来说明未经实践证实的命题,但假设的提出是在占有大量资料进行解释、分析的前提下产生的。因而假设是有一定根据的,也是科学研究中普遍采用的方法。恩格斯在《自然辩证法》中曾说过:"只要自然科学在思维着,它的发展形式就是假说。"[1]恩格斯的这句话也同样适用于社会科学,适用于一切科学研究的理论认识过程。所以,人们在探索未知领域,揭示事物发展规律时,往往以已经认识并已掌握了的科学理论和事实为依据,运用创造性思维,对某些尚未被认识的事物作出假定性的推测,经过研究而解释已知的经验事实,或预见未知的事实,并加以验证。假设在比较图书馆学研究中是允许的,也是研究过程中必不可少的重要环节。例如,在图书馆事业建设方面,我们提出其建设原则,其中一条是:图书馆事业的发展必须与经济、教育、科学文化事业同步。这种认识的正确性难道不是通过我国与各国图书

---

① 《马克思恩格斯全集》. 北京:人民出版社,1971. 第 20 卷,583 页

馆事业的比较研究而证实的吗？有关图书馆事业建设原则的研究对于比较图书馆学来讲,至少有两点贡献:其一,表明了验证假设所运用的比较研究的精确性;其二,把验证假设导出一定的规律作为比较图书馆学的一项任务明确起来。这就是说,比较研究方法成为与自然科学的实验相媲美的方法,通过假设的验证,使比较图书馆学研究成为探索图书馆发展规律的强有力的手段。再如,美国的理查德·克尔齐斯以及加斯顿·利顿在记述、解释、分析了世界9个地理地区的图书馆事业的11个方面之后,形成了假设。以其研究的第一方面为例,即"书目控制",他们提出假设一:"书目控制即是发达国家的一个特征";假设二:"书目控制指数的增长直接与版本法实施的程度成正比"。①

这种假设的形成是有前提条件的,一方面,它具有一定的科学依据,假设并不等于胡乱设想,不是没有科学依据的胡编乱造,也不是简单的推测或幻想。它必须建立在已有的基础性理论和事实材料的基础上,是一种基于背景知识和事实的、符合逻辑的思维成果。如同《世界图书馆事业——比较研究》的作者,他们正是在考察全球9个地理区域有关书目工作现状的基础上,才形成假设的。第二方面,假设应具有推测性。假设的基本内容是有科学依据,并经过理论思维推论形成的,是否符合实际,还有待于进一步验证,因而和已被证实的理论是有区别的。它不仅应以客观事实为依据,而且含有原有理论不能解释的新发现。同时,还应具备进一步验证的可能性。上述两方面,表明了假设的科学性与假定性的统一,缺少这两个条件的任何一个都不能成为假设。这点在提出假设时应有足够的重视。

应当注意的还有假设的提出有可能是正确的,也有可能是错

---

① 理查德·克尔齐斯,加斯顿·利顿著;周俊译;江康校.《世界图书馆事业——比较研究》.北京:书目文献出版社,1990. 207 页

误的。判断其正确与否,要经受实践的检验,并且随着实践的发展而发展。就其发展前景而言,每一种假设的提出,都有可能出现如下三种情况:

(一)假设推翻:假设提出后,与新发现的事实产生根本矛盾,足以推翻原有假设。例如,西方有的学者提出,发达国家与发展中国家的图书馆实践与理论不存在比较研究的价值。显然,这种假设已被事实所推翻。

(二)假设修正:提出的假设与新的事实基本一致,但在某些具体的细节上有一定的矛盾,需要对原有的假设进行修正。例如,图书馆的经费是图书馆事业发展的决定因素。这种假设在某种情况下是有一定价值,但并不是图书馆事业发展的决定因素。因此,若把它作为图书馆事业建设的基本原则来考虑,那么它是要得到修正的。如果我们考察一下丹麦、瑞典和美国的图书馆事业,就会证明这一点。几十年来,丹麦和瑞典政府一直重视公共图书馆系统,并给予巨大的财政资助,其经费远远超过美国。但与美国相比,在公共图书馆现代化方面,上述两国还没有取得重大突破,远落后于美国。可见,图书馆经费并不是图书馆事业发展的决定因素,那么这种假设就要进行修正。

(三)假设确认:由于发现了前所未知的事实,进一步验证了原有假设,并丰富和补充了原有假设,甚至产生了新假设。《世界图书馆事业——比较研究》这项成果,其假设的形成和论证,就是一个很好的例子。

以上三种情况,无论哪一种,都表征了理论认识的一种进步,可以说都是假设的发展。即使实践证明是错误的假设,也要进行历史的、辩证的分析,给予恰当的评价。概观图书馆学的发展过程,就会发现即便是某些错误的假设,也曾经产生过一定的积极作用。例如,西方曾有人提出"图书馆消亡论",这种假设至今尚未成为事实,然而,它却给图书馆事业建设提出了警告,使我们看到图书馆事业面临着"危机",深深地领会到,图书馆事业不改革必然被时代淘汰。可以说,这种假设仍然具有积极作用的一面。

五、比较分析:深入地比较分析,这是比较图书馆学研究的重要程序。当假设提出后,在已记述、类分、解释的基础上,作进一步的分析,能使比较的内容更加清晰,并为下一步的结论的形成奠定基础。这里,我们还以"书目控制"的假设为例,即以"书目控制是发达国家的一个特征",以及"书目控制指数的增长直接与版本法实施的程度成正比"。这两个假设形成后,就可以按作者设定的世界 9 个地理地域的区分,对世界的书目控制状况进行分析,比较其相同与差异,而后再作归纳。如《世界图书馆事业——比较研究》的作者,在对世界 9 个地理区域的版权法、版本法、版本法的实施、目录学的辅助学科知识、国家图书馆、全国书目这 6 个方面进行比较分析之后,发现"中东、亚洲、非洲、拉丁美洲和大洋洲地区,书目控制在大部分国家还有待实现;然而,在欧洲、美国和加拿大以及澳大利亚和新西兰,书目控制已经实现,实现的程度从良好到优秀不等"。① 同时,他们也发现"一部版本法的制订一般说来是书目控制取得成就的一个不可少的要素"。此外,还发现有例外的情况存在,例如,瑞士没有版权法,但他们却已实现书目控制,这是由于瑞士通过出版商和国家图书馆之间达成"君子协定",使出版物送交指定的图书馆,因此瑞士出现了"例外"。通过这种例外现象比较分析、形成了这样的概念,即"没有版本法的,可以用具有法律约束力的社会力量来代替。"② 显然,这种比较分析,对于结论的形成是必不可少的,也是有益的。

---

① 理查德·克尔齐斯,加斯顿·利顿著;周俊译;江康校.《世界图书馆事业——比较研究》北京:书目文献出版社,1990. 207 页
② 理查德·克尔齐斯,加斯顿·利顿著;周俊译;江康校.《世界图书馆事业——比较研究》. 北京:书目文献出版社,1990. 223 页

六、形成结论:这是比较图书馆学研究的最后程序。结论的形成和比较分析是分不开的,只有在分析比较之后,才能作出结论。事实上,结论的形成是对所提出的假设进行一种初步的验证,如果掌握的事实、情报资料与假设吻合,那么,假设即成立。也就是说,在此过程中结论也随之形成了。我们仍然以"书目控制"假设的比较分析为例。作者经过了世界 9 个地理地区的书目工作的 6 个方面进行比较分析之后,已证明其假设的成立,即使有瑞士特例的存在,但也有了合理的解释。因此,"书目控制是发达国家一个特征,而且要取得任何令人满意的成就就要依赖每个国家以下 6 个要素的存在:(1)版权法,(2)版本法,(3)版本法的实施,(4)具有目录学这门辅助学科的知识,(5)国家书目,(6)国家图书馆。"书目控制指数的增长与版本法实施程度成正比。""对书目控制的假设与理论,除有关其目的和需求外都已证明是正确的。"①"世界书目控制(UBC)仍是一个世界图书馆事业未能实现的目标;然而我们不是悲观地说世界书目控制无法实现,而是可以乐观地断言世界书目控制可以实现;不过根据图书馆迄今在试图实现其目标中所得到的教训来看,这将需要严格地应用国际标准书目著录的原则。实现国际标准书目著录的第一步将是把所有文字,非拉丁化和拉丁化的文字,音译成用拉丁字母系统表示的形式。""我们有关书目控制、相互作用的变化以及发展阶段的理论已被证实是有效的。"②作者还展望全球性图书馆事业,指出:"随着全球性图书馆事业的发展,在我们图书馆专业方面将要发生许多重要变化。毫无疑问,最明显的变化将实现世界性书目控制。通过世界性书

---

① 理查德·克尔齐斯,加斯顿·利顿著;周俊译;江康校.《世界图书馆事业——比较研究》.北京:书目文献出版社,1990. 223 页

② 理查德·克尔齐斯,加斯顿·利顿著;周俊译;江康校.《世界图书馆事业——比较研究》.北京:书目文献出版社, 1990. 223~224 页

目控制,将以一种统一的技术来准确、快速并且不断地记载每个国家的所有出版物。而这种非常实用的技术只是最终为读者提供检索世界所有文献资料(书目和收藏地点)方法的一种手段。"①

通过上述比较研究后所得出的结论,事实上还含有假设的成分,是否正确尚待验证。如上例,作者"乐观地断言世界书目控制可以实现"之后指出:"不过根据图书馆迄今在试图实现其目标中所得到的教训来看,这将需要严格地应用国际标准书目著录的原则。"显然,这一结论是正确的,也已被各国的图书馆实践所证实。然而,作者还提出:"实现国际标准书目著录的第一步将是把所有文字,非拉丁化和拉丁化的文字,音译成用拉丁字母系统表示的形式。"这一结论还有待进一步分析、比较和验证。也就是说还可以对中国、日本以及东方一些国家的国际标准书目著录的有关文字的情况进行检验,看看这些国家是否必须将"非拉丁化和拉丁化的文字,音译成用拉丁字母系统表示的形式。"②可见,作者提出的这一结论,很明显含有新的假设成分,也就是结论中出现了"潜在课题"。至此,我们的研究又回归到比较图书馆学研究程序的第一步骤了。

综合上述,比较图书馆学研究程序的各步骤是相互关联的,如果没有确定课题,不能按特定研究领域实现资料搜集,也不能进入资料的整理、类分、表述这一阶段。同时,研究者如果缺乏研究课题的知识,也不懂得如何进行表述解释,便不能形成适当的假设,也不懂得怎样进行比较分析资料,就难以验证假设,作出科学的结论来。可见,各研究步骤是一个相互依赖的整体。整个研究过程

① 理查德·克尔齐斯,加斯顿·利顿著;周俊译;江康校.《世界图书馆事业——比较研究》.北京:书目文献出版社,1990. 253 页

② 理查德·克尔齐斯,加斯顿·利顿著;周俊译;江康校.《世界图书馆事业——比较研究》.北京:书目文献出版社,1990. 223 页

用循环图表示如下。

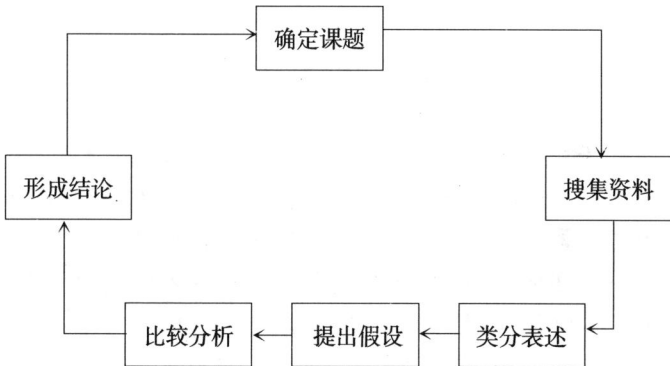

从上图可见,比较图书馆学的具体研究是从第一步骤即确定课题进入循环过程的,经过搜集资料、类分表述、提出假设、比较分析,直至形成结论。至此,已完成比较研究的程序,研究人员有可能停止研究。然而完成第六步骤之后,事实上并不表明已经完成研究任务。因为,在研究过程的每一步骤中,还有可能出现尚待研究的课题,这就需要研究者认真对待。例如,在假设论证时,由于资料不全,不足以证明假设的成立,致使研究没有达到或只是部分地实现研究者预期的目标。这时研究者必须退回到已走过的步骤,重新进行研究。所以,只有当研究的结果,即所获得的结论经得起实践的检验时,其研究成果具有充分的说服力和有效性,才可以说,所确定课题的研究全部完成。

6.2 知识准备

比较图书馆学不仅是一门研究范围、内容涉及面很广的学科,而且也是一门需要运用多种方法来进行研究的学科。因而,从事这门学科研究的人,既要有宏观的眼光和远见卓识,又要具备多方面的知识和经过多种训练。例如,比较图书馆学研究人员要开展影响研究,就应具有世界性图书馆事业的历史知识,应经受历史科学方法的训练;为了使比较图书馆学的研究具有"学科性",还应掌握图书馆学的学科知识,培养自己的学科素养。总之,作为比较图书馆学的研究者,需要从各个方面充实自己,使自己具备有开展比较图书馆学研究的"知识装备"。法国比较学者艾金伯勒教授在构设一个"理想的比较学者"时曾指出:"我希望我们的比较学者……除了受到一个历史学学者应受的训练外,我也希望他受到一个社会学学者应受的训练……。是的,我希望我们的比较学者尽可能博学多闻;我甚至希望他也具有百科全书编纂者那样的雄心,狄德罗那样的雄心。"①显然这是一种"理想",是对比较研究者的"理想",但对于比较图书馆学研究者来说,这种"理想"的要求,其基本精神是可以接受的。因为,比较图书馆学研究者所从事的学科研究是具有跨越国家界限、跨越民族界限、跨越语言界限、跨越学科界限的特性,因而要求他熟悉众多的知识内容,这是一方面;另一方面,比较图书馆学者所开展的研究是从世界各国的图书馆事业的历史沿革、现状以及各学科间的关系方面进行的。因此,比较图书馆学的研究者需要"博学多闻",需要掌握多方面的知识。他们除了具备一般的图书馆学研究的知识条件外,还应具有从事比较研究所必需的知识准备。比较图书馆学研究者应有的知识装备至少有如下几方面:

一、掌握新的科学理论与方法。比较图书馆学研究者需要不断学习、掌握新的理论和方法,这是学科自身发展的需要及其特性

---

① 艾金伯勒.比较文学的目的、方法、规划.见《比较文学研究译文集》.上海:上海译文出版社,1985.106 页

所决定的。从学科理论建设看,比较图书馆学的形成与发展,已经进入到追求完善学科理论体系的阶段;从学科的开放性征看,又使它具有善于吸收各种新的、有价值的理论与方法,学科的内容又不断丰富和完善。这就要求比较图书馆学研究者要有充分的知识准备,要不断学习新的理论和方法。在理论学习方面,首先,要学习马克思主义哲学。比较图书馆学研究是以马克思主义、毛泽东思想为指导,科学地分析、比较、综合研究世界图书馆事业中所出现的各种复杂问题。马克思主义哲学为各门学科研究提供了正确的世界观和科学的方法论。比较图书馆学作为一门新兴学科也不例外,只有正确地运用辩证唯物主义和历史唯物主义,才能使我们透过变化万千、错综复杂的图书馆现象的表象去揭示其规律,探索其本质。为了使比较图书馆学建立在科学世界观的基础上,为了保证这一学科沿着正确的、健康的方向发展,要特别重视马克思主义哲学的学习,其重要性是不容忽视的。

其次,要学习、掌握比较图书馆学的基础知识和基本原理。比较图书馆学在我国的复兴,也只是近十年的事情,在这期间里,比较图书馆学的研究有了较大的进展,但也存在一些问题。如果分析一下问题的根源,我们不难发现,比较图书馆学研究所出现的偏差,往往是由于对这门学科的认识误差所造成的。例如,历史比较方法和比较图书馆学的"自觉意识"的比较有什么区别?是否所有应用比较方法的图书馆事业研究都列入比较图书馆学的范畴?能否笼统地将"一国"之内图书馆实践与理论的比较都包容在比较图书馆学的研究领域内?同一国家的不同图书馆学者的图书馆学思想的比较研究是比较图书馆学的研究内容吗?诸如此类。这些问题的出现,不能不使我们注意到对于比较图书馆学基本原理、基础知识的学习和探索,在当前具有何等重要的意义。我们不能满足于比较图书馆学的复兴,不能停留在自发式的研究阶段。比较图书馆学研究要进入自觉阶段,也就是在正确的理论指导下,进行科学研究的实践。

再次,要学习其他相关的比较学科的理论与方法。比较科学是一门充满生机、具有丰富内涵的科学。它也历经孕育、形成、发展的过程。至今,已形成了众多分支学科所组成的学科群体。在这个群体里,既有社会科学的比较学科,也有自然科学的比较学科。他们的学科理论与方法都有大量的,以资比较图书馆学接受、消融、借鉴、移植、吸收的成分,诸如比较教育学、比较文学、比较法学、比较语言学等等。作为比较科学群体中年轻成员的比较图书馆学,学习这些相关的比较学科的理论与方法,尤为重要,尤为迫切。

二、要有图书馆学学科的知识,它包括图书馆学原理、中外图书馆学理论知识、中国图书馆史、外国图书馆史、中国图书馆学史、外国图书馆学史等。我们知道,从事比较图书馆学研究,只有在了解、掌握本国、本民族和某国、某地区、某民族的图书馆实践与理论,以及世界若干国家、若干地区、若干民族的图书馆实践与理论的基础上,才能进行深入的比较研究,因而,这种知识准备是必须的。这里,有必要强调的问题是,对于中国的比较图书馆学研究者来讲,从事比较研究应以本民族、本国的图书馆实践与理论为"根本",所谓"根本"有以下几层含义:首先,它要求研究者以本国、本民族的图书馆实践与理论为核心,其研究立足于中国的图书馆实践与理论,深深扎根于中华民族的图书馆事业的土壤中,这样的中外图书馆实践与理论的比较研究,才会对我们中国的图书馆事业,乃至世界的图书馆实践与理论作出贡献。否则,研究时会因失去参照物的支撑点而带来研究的困难。其次,它还意味着应避免民族沙文主义的情绪。比较图书馆学的使命之一是加强各民族之间的图书馆实践与理论的交流、借鉴,促进全球性图书馆事业的发展,在这个问题上,没有"二等公民"的存在。各国、各民族的图书馆实践与理论,不论资历、不论大小国家、民族,一律平等。我们所提倡的是以本国、本民族的图书馆实践与理论为根本,表明的是我们研究者的立场和出发点是自己的国家、民族,并不是提倡民族主义、沙文主义。正因此,我们开展比较图书馆学研究必须反对各种形式的沙文主义、民族主义,才能使比较研究具有客观性和科学性,才能促进中外图书馆实践与理论的比较研究的发展。

三、要有广阔的知识视野。由于图书馆现象是涉及到一个极为复杂的社会现象,比较和研究这种现象,就必然要涉及到极其广泛的社会科学知识。如同杰克逊在题为"比较图书馆学与非工业化国家"的论文中所言:"比较图书馆学这门学科领域从众多的社会科学中获取数据,如从历史、地理、政治、行政管理、人类学、社会学、经济和教育等。"①可见,开展比较图书馆学研究时,要以比较对象的众多背景材料为依托,因而它必然要求比较研究者具备广博的社会科学知识。同时,图书馆学不仅在社会科学范畴内与其他学科相互渗透、有所交叉,而且与自然科学、应用技术也出现交融。因而,从事比较图书馆学研究,所涉及的知识范围就更为广泛,不仅要熟悉图书馆与社会,还要对比较对象所处的地理环境、自然因素有所了解。例如,比较研究图书馆建筑,没有建筑学知识,不了解比较对象所处的地理环境、气候条件、民族习俗,显然作不好这项研究的。再如,要对中国图书馆事业发展状况作出正确评价,如果通过多国度比较研究,我们除了掌握中国图书馆事业的发展过程及其现状外,还应了解比较对象国的人均国民生产总值、教育水平、科学文化素质、城市文化水平等方面的情况。可见,只有图书馆学单一学科的知识是不够的。比较图书馆学研究者应具有宽泛的知识面,这是不言而喻的。

四、要掌握获取信息的手段。为此,各种搜集情报资料的素养

---

① M. M. Jackson. Comparative Librarianship and Non – Industrialized Countries. International Library Review, 1982, 14 (2)

和训练是必要的。首先,要掌握、熟悉比较图书馆学的有关信息源。其次,为了进行跨国度、跨民族的研究,比较研究者应当熟悉、精通多种语言。虽然这对于中国的比较图书馆学研究者一时难以实现,但是在精通母语之外再掌握一至两门外国语言,应该是基本要求。会一门或数门外语,对于成功地进行中外图书馆实践与理论的比较研究,是十分重要的。因为,不具备这种知识条件,难以阅读外文资料,不便进行国际间交往,也无法进行比较研究了。这一条件是出于比较图书馆学研究的特殊性的需要。因为,比较研究者只有懂得外语才能直接阅读有关比较对象国的第一手资料。当然,我们不否认世界上存在着大量不同国家、不同民族有关图书馆实践与理论的资料,而人的精力总是有限的,不可能掌握各种外语后再去阅读原文。研究者往往是通过翻译材料来阅读外国的图书馆实践与理论的资料,了解他们的图书馆事业状况。但是,译文毕竟是有限的,而且若没有外语基础,也就无从分辨原著与译文之间的差异,既不能体会到不同国家、不同民族图书馆现象之间的影响联系的特点,也不能透彻地认识不同国家、不同民族的图书馆实践与理论之间的差异,所以,比较研究不能立足于依赖他人翻译的二手资料,否则会使比较图书馆学研究缺乏准确性和科学性。因此,从事比较图书馆学研究至少要懂得一门外语,这样可以帮助研究者先阅读原文及有关资料,以便有成效地研究中外图书馆实践与理论的特点。这就是说,在精通自己本国语言的基础上,再熟悉、掌握其他国家、民族的一至两种语言,就成为开展比较图书馆学研究的一种重要知识准备。

需要指出的是,比较图书馆学研究者除了具备上述知识条件之外,在开展比较研究的过程中,要力求避免失误,避免那些研究过程中容易出现的偏差。例如,需要认真鉴别比较研究中所依据的各种资料、数据的可靠性,包括审查资料来源的可信度、内容的真实、完整情况,资料的时间性、适用范围等。同时,还要坚持可比

232

性原则,坚持比较标准前后一致性,统一某些名词术语的内涵,决不能望文生义,想当然。要注意消除隐蔽性的失误,不能将表象误认为本质,将偶然当作必然、以特殊性代替共性。此外,还要摒弃各种偏见,包括摆脱政治情感投射上的差异,先入为主的成见与其他某些因素形成的局限。最后,研究者要避免传统思维定势,要从宏观角度去比较研究图书馆现象,打破时空界限,把图书馆学研究置于世界范围,按照比较图书馆学研究的准则,寻求图书馆实践与理论的可比现象,培养自觉的比较意识,提高自觉比较的能力。

第七章 比较图书馆学的历史和现状

7.1 比较图书馆学研究阶段的划分

比较图书馆学与其母体学科——图书馆学一样,有它的渊源、产生与发展的历史。考察其形成、发展过程,我们不可能逐年地记述,也不能人为地断定其形成、发展阶段。对于比较图书馆学研究阶段的划分,可以其学科本身的研究状况为依据,也就是根据人们对比较图书馆学科的基本理论认识的程度,一定时期内从事比较图书馆学研究人员的数量,以及比较图书馆学作为一门课程进入高等学府的程度等方面来考察。同时,比较图书馆学作为图书馆学的一门分支学科,图书馆学的形成与发展过程,必然孕育、促进比较图书馆学产生和发展,因而其形成与发展必将延续着"母体学科"的轨迹。此外,比较图书馆学作为一门学科,它在科学知识总体系中占有一席之地,人们对这门学科的认识与科学的整体发展是相呼应的,因而,它也遵循着学科形成所必然经历的三个阶段,即史前阶段、形成阶段以及成熟阶段。

一、学科的史前阶段,这是比较图书馆学形成前必然要经过的准备时期。这一时期,人们对比较图书馆学的研究对象、研究范围、研究内容、研究方法还没有明确的认识,也没有围绕比较图书馆学的基础知识形成系统理论。可以说,此时研究者的比较意识是自发的,不自觉的,其比较多半是简单的、零散的、局部的、肤浅

234

的,或者说这时的研究只注意到不同国家、不同地区的图书馆现象间的差异、相似,并无理论上和方法上的自觉。它是比较图书馆学科形成前的孕育阶段,有时也称为学科的史前时期。

二、学科的形成阶段。这是比较图书馆学从孕育、准备阶段步入了学科确立、逐渐成熟的时期。这时期,人们开始认识到比较图书馆学作为一门学科,需要对其基础理论问题进行探讨,并在一定的理论指导下,开始有目的地、系统地进行研究。只有当人们对比较图书馆学的基础理论问题开始探讨,并对它有所认识,进而提出一定的观点之后,比较图书馆学在准备时期所出现的零散的、局部的、肤浅的、相互无关联的知识,才能系连起来,逐步形成了它的理论体系,从而拉开了独立学科史的序幕。

对于比较图书馆学学科的建立,我们很难准确地说清其日期,但它的发展无疑是一个渐进的过程。确认比较图书馆学作为一门独立学科是否成熟,可以从以下几方面来考察,一是考察它的基本概念是否逐渐形成;二是考察它在实践的基础上理论概括的深度,抽象化的水平;三是考察学科的基本规律是否已被揭示出来,并有一套严谨的理论体系;四是考察它的研究是否有一套系统的研究方法。按照上述这些标准来衡量,可以说,当前比较图书馆学尚处于学科基本形成并进入日趋成熟的阶段。因此,从某种意义上讲,学科成熟的标志,可视为比较图书馆学研究的方向和任务。基于这种认识,我们在阐述比较图书馆学的历史和现状时,将分述学科的史前史和学科的形成过程,而学科的成熟标志是作为比较图书馆学研究者的任务和方向来展示的。

7.2 比较图书馆学的史前史

从古代至 11 世纪,是比较图书馆学的史前时期。在这一漫长的历史时期里,无论是东方或西方,大都是先有图书馆学中的比较,再有比较图书馆学的产生;先有它的实践活动,才有它的名称,才有它的系统阐述。而且,比较图书馆学的实践活动和理论认识,也是以经济发展、文化交往为基础的。随着不同国家、不同民族间的物质交流,文化交往,彼此之间有关图书馆活动的文献搜集、整理、利用和交流、模仿、借鉴、对比、评述也才成为可能。同时,当人们对文献搜集、整理和利用的知识还是广义的认识时,图书馆学知识的比较与比较图书馆学的比较模式、比较成分也大都夹杂在古代的文献典籍之中。而且对其记述往往是随机的、片断的,既无系统科学的理论,也非"自觉的"比较意识。然而,当我们浏览古代文献典籍时,从混杂、附属于其他学科的文献中,确实能够清晰地觉察到客观上存在着为数不少的、自觉或不自觉的比较研究的实践活动。如果仔细考察图书馆的起源、形成以及发展过程时,同样也会发现人们常常多方位地、综合地观察图书馆活动,而把不同地区、不同国度、不同民族的图书馆现象放置在一起。从这个意义上讲,比较图书馆学几乎同图书馆活动一样,其渊源可追溯到遥远的古代。事实上,当某位图书馆领域的实践者,发现在他自己的国土、自己掌握的母语、他所处的文化领域之外,还有他的同行存在时;当人们看到某种图书馆建筑模式在不同地区反复被采用时;当人们觉察到某种图书馆学思想,或一部著作从一个民族、一个地区、一个国家流传到另一个民族、另一个地区、另一个国家时,可以说,比较成分已经出现了。而且,当图书馆实践者意识到他们所关心的问题有相同之处、也有着差别时,换句话说,在他们自己的活动领域里存在着可比较的现象时,可以说比较图书馆学作为衡量知识的标准也已产生了。所以,比较图书馆学的实践活动并不是近代才发展起来的。比较研究的模式——借鉴、模仿、影响在古代图书馆起源、形成的过程中早已存在。这一点,我们可以根据古遗物的发掘记录,以及现有文献的记载来推测和判断。例如,从艾尔

236

弗雷德·赫塞尔(Alfred Hessel)的论述中,可以推测出尼尼微图书馆和亚历山大图书馆之间,已出现了仿效、影响现象。赫塞尔在研究图书馆发展史时指出:"在尼尼微和亚历山大图书馆之间存在着不可否认的明显的相似点,两者都是由执政君主创建并带有普遍性的机构,还应该指出古希腊图书馆的内部组织不只在一个方面使人想起亚述图书馆,并且在这两个地方,除了书写材料不同以外(在尼尼微是粘土书板,在亚历山大是莎草纸卷轴),在个人文稿作品处理过程中甚至有更多的相似点。然而,在我看来,现在要坚持认为亚历山大和尼尼微之间建有直接的联系仍是太冒险了。它们之间时间相差四个世纪,在地理位置上又处于米底亚(Medo)——波斯(Persia)王国之间。众所周知,这些君王对图书馆是根本不感兴趣的。要揭示现在仍不清楚的联接线索必须留待将来了。"[1]如果说赫塞尔的论述还不能证实亚历山大图书馆有着模仿因素,那么,我们或许还可以从亚历山大图书馆的建筑设计来证实这一点。大家知道,亚历山大图书馆是在古希腊学者法利龙的德米特利乌斯(Demetrius of Phalerum)的筹办下建立的。这是根据他在雅典所见到的图书馆样式仿造的一所图书馆。虽然,亚历山大图书馆几经破坏,其建筑结构已难以知晓。然而,我们可以从与其相媲美的珀加蒙(Pergamum)图书馆的古迹发掘中反观其建筑模式。19世纪发掘的珀加蒙的古迹,给我们揭示了古代希腊最典型的图书馆建筑的模式,同时也表明了罗马对希腊化时代图书馆建筑模式的借鉴和模仿的事实。赫塞尔在介绍古希腊图书馆的典型布局时指出:"在雅典娜神殿附近,发掘出一个露天庭院,带有一个两层回廊和四间邻接的房间。在最大的一个房间中发现了雅典娜的大塑像以及在塑像上的有关小亚细亚著名作家的铭

---

① Alfred Hessel, A History of libraries Translated with Supplementary Material, by Reuben Peiss, New Brurswick, N. J. ;Scarecrow Press, 1955,P. 2

文,其中一篇是荷马所写的韵文。在这里我们看到了古代图书馆的典型布局:有顶的回廊作为读书室,用塑像装饰的进门大厅,其他房间则用于藏书——所有这些都紧挨着一个神殿。"①这种图书馆建筑模式影响了古罗马的图书馆建筑。另一位学者伯恩特·格茨(Berent Götze)在描述这种情况时提到:"……书库没有门廊但有一个作为装饰用的圆柱和一个建在室外的楼梯。维特鲁维亚(Marcas Vitruvius Pollio)②极力主张,房间应面朝东方来利用早晨的阳光,……特别是为了防止纸莎草纸卷轴受潮,经常要在内墙四周再砌一垛外墙,这样在两墙之间就有一条窄狭的通道。……图书馆都像那时的其他雄伟的建筑物一样。很可能总有一尊伟人的塑像放在大厅深处,与之在一起的还有其他不朽的学者和作家的半身塑像和圆形浮雕。……图书卷轴,外面挂有书名标签放在有格的木橱中。这些木橱经常是对称排列,镶在墙内几英寸。需要时可以上下有几排。最高的一排可以达到圆柱支撑的回廊。"③据此,理查德·克尔齐斯,加斯顿·利顿在《世界图书馆事业——比较研究》一书中,作出如下的结论:"我们可以推断出,在古代就有两种基本情况存在:(1)比较原则在图书馆事业中的运用,(2)图书馆建筑式样和图书馆事业概念的借用。"④显然,他们的推断是有一定道理的。此外,历史资料也反映了古罗马人虽然"征服"了希腊人,但在文化方面,古罗马人却是希腊文化的"被征服者"。他们在文化领域都把古希腊视为模仿的对象。在这个问题上,还

---

① Alfred Hessel. A History of Libraries Translated with Supplementary Material, by Reuben Peiss. New Brunswick, N. J.:Scarecrow Press. 1955,P. 5

② 维特鲁维亚,公元前1世纪罗马建筑学家。

③ 理查德·克尔齐斯,加斯顿·利顿著;周俊译;江康校.《世界图书馆事业——比较研究》. 北京:书目文献出版社,1990.13 页

④ 理查德·克尔齐斯,加斯顿·利顿著;周俊译;江康校.《世界图书馆事业——比较研究》. 北京:书目文献出版社,1990.13 页

可以从谢拉的《图书馆学引论》中的记述得到进一步的证实,谢拉认为:"罗马文化来自希腊。事实上,早期的罗马文化只是晚期希腊社会的复本而已。罗马在其历史上的头 500 年期间,无一处图书馆,也几乎没有文字记载的资料。"①到了第 5 世纪,罗马却有了公共图书馆 28 所,所藏图书不下 10 万余卷。显然,"罗马文化受惠于希腊文化者良多。在图书馆方面,藏书内容、管理方式以及馆舍建筑结构都继承希腊的衣钵。"②

此外,这种模仿、借鉴的比较模式,也表现在中世纪的修道院图书馆。谈到中世纪的修道院图书馆,往往会涉及到意大利学者卡西奥多勒斯(Magnus Aurelius Cassiodorus, 490 ~ 约 585),他在意大利南部创建维瓦姆里(Viarium Monastery)修道院图书馆,它"是模仿拜占庭修道院图书馆修建的"。③ 为了使古代手稿能够留传后世,他创建了抄写室,并要求将搜集到的希腊文稿译为拉丁文。谢拉认为"古典文化引进了西欧"应归功于卡西奥多勒斯。可见,他的功绩还在于传播了古希腊文化,自觉或不自觉地将古希腊文化传入西欧,成为古希腊文化的传播者。与卡西奥多勒斯同时代的另一位意大利教士圣·本尼狄克(Benedict of Nursia, St. ,约 480 ~ 约 547),他于公元 529 年建立蒙特卡西诺修道院,培养了大批僧侣,并让他们到西欧各地传教,所到之处都兴建修道院及其图书馆和抄写室。特别是从爱尔兰到北欧的传教士圣·哥伦巴(543 ~615),先后在瑞士圣盖伦州的吕克瑟尔,德国的符兹堡、萨尔兹堡和意大利的博比奥创办了修道院及其图书馆和抄写室。这些传教活动在客观上承担了"传播媒介"的角色,起到了"传播途

① 杰西·H·谢拉著;张沙丽译;张舒平校.《图书馆学引论》.兰州:兰州大学出版社,1986. 7 页

② 杨子竞编著.《外国图书馆史简编》.天津:南开大学出版社,1990. 14 页

③ 理查德·克尔齐斯,加斯顿·利顿著;周俊译;江康校.《世界图书馆事业——比较研究》.北京:书目文献出版社,1990. 14 页

径"的作用,所产生的"影响"是不可低估的。

中世纪图书馆理论领域的比较成分,在伯里的《爱书》里充分地表现出来。该著作不仅是"欧洲中世纪图书馆学思想发展的顶峰",而且"是传播欧洲文化黑暗世代一千年之久的寺院图书馆发展的结晶"。[①] 被谢拉称为"是一篇具有文学价值的珍品"。[②] 在这部不朽的著作里,作者运用了比较的方法,他说:"就像历史的记录者总需以前人的记载为前提,没有这点就无法叙述前人的事一样,我们料想科学家立论著书也是如此。没有谁只靠自己能把任何学科向前推进一步,因为从最早的学者到近世的学者之间还有过许多学者。以这些中间学者的成就与我们的时代相比,他们可以说是古老的,但若以他们的时代与打基础的时代相比,他们又可以说是现代的,而且我们认为这些人都是最有学问的学者。如果古罗马最杰出的诗人维吉尔(公元前70~19)的主要作品《埃涅伊德》,不是'猎取'了公元前三世纪的希腊诗人狄奥克里塔,公元前一世纪的罗马哲学家、诗人卢克莱修及公元前一世纪的希腊盲诗人荷马,如果不是使用他们的小牝牛来耕耘,可能有什么成就?若不是他一再熟读流畅到难以模仿的古希腊诗人帕斯纽斯及格律严谨的平达的著作,又会如何呢? 一言以蔽之,若整个古罗马的写作队伍未曾读到希腊人,包括雅典人的大量杰出水平的创作,还能有何作为? 罗马不正是受益于希腊清泉的浇灌而及早产生了类似希腊人的哲学家,后来又以同样情况哺育出一批正教的神学博士。我们歌颂的教义信条中凝聚了希腊人的汗水,这些教义信条即由

---

① 黄宗忠编著.《图书馆学导论》.武汉:湖北省高等学校图书馆工作委员会,武汉大学图书情报学院.1985. 186 页

② 杰西·H·谢拉著;张沙丽译;张舒平校.《图书馆学引论》.兰州:兰州大学出版社,1986. 21 页

他们教法会议所颁布,是建立在许多殉道者的贡献上的。"①特别值得指出的是,在该书的第十一章,还出现了明显的跨学科比较研究成分。作者在该章里对法学与其他学科知识作了对比,他对"为何我们爱文科书籍胜过法学书籍"作了解释,他认为:"尽管我们的头脑自幼即已充满对书的热爱,阅读的喜悦曾经是我们唯一的喜悦,但是民法方面的书籍就较少得到我们的喜爱。因此我们只花了很少的精力和经费去采购法学书。正如亚里士多德所说,法律书就像解毒剂中使用的蝎子。我们注意到,法律与科学在性质上有着明显的区别,所有科学都是愉快的,愿意将它们的内部向人们开放,展示它的原理的核心,露出使它们发芽开花的根部,这样,它们的发展的源头就可以为所有的人看见。它们与真理同一源头的光华会将科学的整体全部照亮,不留任何黑暗之处。法学则相反,它仅仅是保持人类社会稳定的法规,或仅是君主加在臣民颈上的轭,不能按平等公正的标准来衡量它,因为法律本身较理性判断带有更多的专断性。因此,多数博学者认为法律这一主题不宜进行讨论。事实上,法律的力量大多来自习俗,而不像文科科学那样来自必需的演绎法。"②现在,我们虽难以考证《爱书》的作者是否自觉地运用了比较方法,但是从上述引文,可以说明伯里确确实实地在该著作里,对"今人"与"前人"、古罗马文化与古希腊文化、法学与其他学科知识进行了比较,因此,说它已含有比较成分是言不过誉的。以上是西方比较图书馆学孕育的简要概况,那么,东方的中国又是如何呢?

  在中国,考察比较图书馆学研究的渊源时,首先应对比较图书

---

  ① 袁咏秋、李家乔主编.《外国图书馆学名著选读》.北京:北京大学出版社,1988. 215~216页

  ② 袁咏秋、李家乔主编.《外国图书馆学名著选读》.北京:北京大学出版社,1988. 217~218页

馆学的"母体学科"有个总体的认识,有必要弄清中国图书馆学理论发展的某些特点。在中国古代漫长的岁月里,图书馆学始终处于知识积累阶段,这一时期,图书馆学知识呈现出以下特点:一是经验描述、总结多于理论概括;二是其论述多散见于其他学科的著述中;三是尚未形成完整独立的体系;四是萌发于古代文献搜集、整理与图书馆管理活动之中;五是图书馆管理知识虽有突出的成就,但就其总体来看,这比其他学科的发展缓慢。中国古代是高度发展的自给自足的农业社会,尽管它也曾与外域展开过经济、文化交流,但中国古代有关文献的搜集、整理的知识较为完整、系统,而且当时中国又在这一领域处于领先地位,因而缺少有文献搜集、整理知识的交流,以及同外域展开规模较大的横向比较,因而这一方面表现得相当的薄弱。不过,在图书馆学的著述里,也隐现了比较成分,其中有些内容对于今天的比较图书馆学研究仍具有某些有益的启发。

其次,在考察比较图书馆学在中国的孕育史,有必要明确以下几点:第一,比较方法虽是比较图书馆学的主要研究方法,然而,仅仅有"比较"并不等于是比较图书馆学。例如,郑鹤声著述的《中国史部目录学》,是我国目录学论著集大成之作。在该著作里,作者大量地运用了比较方法,如第四章"史目正录"中,作者列表说明《隋书·经籍志》等中国古代的十五部大型藏书目录,并作了比较分析;在第五章"史目别录"里,分析比较了《遂初堂书目》、《玉海艺文目》等十九部目录。同时,作者还对史部正录、史部别录、史部变录的各目录加以对比,分析诸书目的相同部分与不同之处,阐述了正录、别录、变录的特点,探讨了正录与别录的关系。显然,作者采用比较的方法在书中是多处可见的。因而,《中国史部目录学》被誉为中国"迄今为止唯一的跨年度广阔的史部专科目录,作为专科目录学有很多创新,有很多其它专科目录可以借鉴的东西。"①然而,这类"比较"都局限于中国书目范围内,不是对不同国家、不同民族的藏书目录作比较研究。虽然作者的研究目的并不在于此,我们也不应苛求。但是,这种没有超越国界的比较与现在意义上的比较图书馆学研究相距甚远。

第二,比较图书馆学研究的特点之一是具有图书馆学的学科性,它不是外域图书馆史,因此,对外国图书馆实践与理论的介绍不等于是比较图书馆学,因为他们都不符合比较图书馆学的不同国家、不同民族图书馆现象的比较研究,这点是不言自明的。

第三,中国比较图书馆学的渊源,离不开中外不同民族之间文化交流这样一个大背景。历史事实也表明,中外文化交流的几次高潮时期,也带来了外域的图书馆知识和方法,并对中国产生了影响。所以对比较图书馆学作历史探讨,无论是对其渊源的钩稽,还是对其作学科史的描述,都会与中外文化交流有密切的联系。

综观中外文化交流史,我们可以看到比较图书馆学孕育时期的中国,正值古代文明发展的辉煌时期。相继问世的造纸术、印刷术、火药和指南针等四大发明,以及外来文化——佛教文化的传入与接受,曾出现大规模的中外文化交流,它为中国古代比较图书馆学的渊源的发展,提供了丰富的条件和基础。

魏晋南北朝时,随着印度佛教的传入,佛经典籍也涌入,译经不断产生,各种传本纷繁复杂,有全译本,也有零星摘译的佛经片段,还有可靠的佛经真本,此外,还夹杂有伪作。而且目录信息也详简不一,除了一部分有明确译者姓名及翻译时间之外,其余大量的佛经译者、译时都不明。从而出现了译经与原作的鉴别,形成了一种比较译经、译本的浓厚气氛,产生了对佛经、译经进行整理考定的佛经目录。可见佛经目录隐含着比较的成分。

---

① 桑良知.专科目录学著作——《中国史部目录学》.图书馆学刊,1984(2)

东晋孝武帝宁康二年(公元 374 年),道安编成的《综理众经目录》一卷,是我国第一部综合性的佛经目录。从比较图书馆学研究的角度考察,它具有比较成分的表现在以下两方面:一方面从编制体例看,该目录的编制体例是以译人年代为次序,并著录完整的好译本。这种体例是在佛学渊源探讨的基础上形成的,不仅反映了佛学的发展沿革,而且使其成为了解、研究佛学发展脉络的重要途径。另一方面,从著录内容看,由于当时佛经译本较多,又往往各有不同,因而该目录对不同译本又作了比较,严定真伪,收录完整的好译本,分别著录了失译经、摘译经、疑经、注经、杂经。因而,从辨别佛经译本的意义上讲,《综理众经目录》是具有比较成分的,这点是应给予肯定的。尽管该目录早已失传,但从《出三藏记集》中,可以了解其概貌。《出三藏记集》十五卷,是中国现存最古的一部佛经目录,它是梁代僧佑在《综理众经目录》的基础上增辑起来的。它是以僧佑独创的"总经序"为特色,而"总经序"又是在查考各译经之经过、内容、地点、年月的基础上形成的。同时,其体例也是按"一撰缘起,二铨名录,三总经序,四述列传"编制的。这里的"缘记"即指佛经及译经的起源;"名录"即指历代出经名目,是以时代撰人为序。"经序"即指各经的前序及后记;"列传"即指译经者的生平传略,共录三十二人,成为现存最早的僧传之一。上述种种,都表明了该目录对佛学译经的渊源探讨的比较成分。

此外,还有一些佛经目录,如《魏众经目录》、《齐众经目录》、《梁众经目录》等也都不同程度地出现了佛经目录所萌生的比较图书馆学研究的成分。我们从梁启超对佛经目录在我国目录学史上所产生的重要作用的评价也可以证实这一点。梁启超在总结佛经目录的优点时曾指出:"一曰历史观念甚发达:凡一书之传译渊源、译人小传、译时、译地,靡不详叙。二曰辨别真伪极严:凡可疑之书,皆详审考证,别存其目。三曰比较甚审:凡一书而同时或先后译者,辄详为序列,勘其异同得失。在一丛书中抽译一二种,或在一书中抽译一二篇而别题书名者,皆一求其出处,分别注明,使学者毋惑。四曰搜采逸甚勤:虽已佚之书,亦必存其目,以俟采访,令学者得按照某时代之录而知其书佚于何时。五曰分类复杂而周备:或以著译时代分;或以书之性质分。性质之中,或以书之函义内容分,如既分经律论,又分大小乘;或以书之形式分,如一译多译,一卷多卷等同一录中,各种分类并用;一书而依其类例之不同,交错互见,动至十数,予学者以种种检查之便。"①可见,我国古代的佛经目录已萌生了比较成分。

综合上述,比较图书馆学学科建立之前,无论在中国或是国外,古代的图书馆活动中,都出现了比较图书馆学模仿、借鉴、渊源、媒介等研究模式的痕迹。然而,这些痕迹毕竟是零散的、不易察觉的,有的还是附属于其他学科的著述之中,即使是中国佛经目录、外国的《爱书》,也只有简略的、零星的资料,只表征了古代学者曾经采用过这种研究方法,而且他们的比较意识也是相当微弱的。但是,以比较学者的眼光看,这些痕迹尽管是不易察觉的,却是有意义的,因为正是从这些微弱的痕迹,才有了后来比较图书馆学的形成和发展,也正是这些零星的、片断的资料才丰富了比较图书馆学建立的知识储备。比较图书馆学正是以此为基础,谱写了学科历史的篇章。

7.3 比较图书馆学的学科史

比较图书馆学作为一门独立学科,其形成和确立是有它的历史背景和文化背景的。16 世纪,由意大利开始的资产阶级文艺复

---

① 梁启超.佛家经录在中国目录学之位置.图书馆学季刊,1926 年 3 月创刊号

兴运动,以及18世纪发生的启蒙运动,席卷了整个欧洲,促进了各民族、各国之间的文化交流,对图书馆现象进行比较研究的意识也逐渐明显。这种意识的增强无疑是与资本主义的发展密切联系的。马克思和恩格斯在《共产党宣言》中精辟地指出:"资产阶级,由于开拓了世界市场,使一切国家的生产和消费都成为世界性的了。……过去那种地方的和民族的自给自足和闭关自守状态,被各民族的各方面的互相往来和各方面的相互依赖所代替了。物质的生产是如此,精神的生产也是如此。各民族的精神产品成了公共的财产。民族的片面性和局限性日益成为不可能,……"①资本主义社会经济的发展,开拓了世界市场,打破了封建自给自足的闭关自守的状态,不仅使一切国家的生产和消费具有世界性,而且民族精神产品也趋向世界化了。这种世界化的思潮对于比较学科的形成与发展提供了重要的前提条件。

15世纪下半叶至18世纪上半叶,是自然科学发展的早期阶段。伴随着自然科学的发展,比较学科进入了创立前的准备阶段。早期自然科学处于经验自然科学阶段,因而极为重视材料的搜集,在对各种材料分门别类的整理分析中,比较方法首先应用于天文、生物等领域,并取得了成果。1555年法国的博物学家皮埃尔·贝隆(Pierre Belon)出版的比较解剖学的图像集,为科学的比较研究拉开了序幕。18世纪下半叶至19世纪末,近代自然科学获得发展,并进入了成熟阶段,比较学科得以确立,逐步完成了从自然科学到社会科学领域的应用。在自然科学领域里,出现了第一批以"比较"命名的新学科,如比较解剖学、比较生物学、比较胚胎学、比较医学等等。比较方法的引入,对自然科学的发展产生了重大的推动作用,继而又深刻地影响了社会科学。在社会科学领域里,也涌现出比较语言学、比较文学、比较哲学、比较法学、比较教育学

---

① 《马克思恩格斯选集》.北京:人民出版社,1972.第1卷,254~255页

以及 20 世纪初的比较史学、比较图书馆学等。正是在这样的历史背景下,比较图书馆学随着比较学科体系的完善、比较研究领域的扩展,与其他学科先后从萌芽状态进入了形成时期,开始谱写它的学科发展历史。有关比较图书馆学的学科史,我们从两个大方面即中西方来作介绍。

一、在西方,人们一提到加布里埃尔·诺德,即刻会联想到 1627 年他撰写的《关于创办图书馆的建议》一书,该著作被誉为世界上第一本"图书馆学概论",这是众所周知的事情。然而,作者在该书中采用了比较方法,却鲜为人所提起。克尔齐斯和利顿编写的《世界图书馆事业——比较研究》一书中,明确指出:"据我们所知,在已出版的书中,他的那本书首次在图书馆文献中采用比较方法。"并认为:"这就标志世界图书馆事业研究发展的第二个阶段,我们在本书中称之为一篇以比较方式论述图书馆事业的专题论文的出现,"[1]他们指出诺德以比较方式从事图书馆事业研究"并不是偶然的,"[2]"这种情况符合于时代也符合其本人。"[3]我们可以把他们的提法,作为一种"假设",这个"假设"是否成立,还有待于作进一步的验证。如果考察诺德所处的时代、经历及其所从事的图书馆实践活动,我们完全可以同意这个"假设"的成立,理由有如下几点:

(一)从诺德所处的时代背景看,当时正值文艺复兴运动席卷欧洲,人文科学繁荣,新兴资本主义生产力发展,学术研究昌盛的时期。这一时期出现了许多著名学者,如机械唯物论学者霍布斯

---

[1] 理查德·克尔齐斯,加斯顿·利顿著;周俊译;江康校.《世界图书馆事业——比较研究》.北京:书目文献出版社,1990. 17 页

[2] 理查德·克尔齐斯,加斯顿·利顿著;周俊译;江康校.《世界图书馆事业——比较研究》.北京:书目文献出版社,1990. 17 页

[3] 理查德·克尔齐斯,加斯顿·利顿著;周俊译;江康校.《世界图书馆事业——比较研究》.北京:书目文献出版社,1990. 17 页

（Thomas Hobbes，1588～1679），物理学家、天文学家伽利略（Galileo Galilei，1564－1642），天文学家刻卜勒（Johannes Kepler，1571～1630），自然科学家、历史学家培根（Francis Bacon，1561～1626），哲学家、数学家、自然科学家笛卡儿（René Descartes，1596～1650）等等。这些学者对诺德的学术思想必然产生影响，为诺德提供了效仿的榜样，这点是不可忽视的。正如谢拉所言："要理解诺德的精神，我们应该认识他的一生与格罗提斯、霍布斯、伽利略、刻卜勒、培根、笛卡儿所开创的新纪元恰巧在同一时期。……正如诺德自己说，他有一些光辉的榜样可以遵循。"①

（二）从比较学科看，尽管这一时期比较学科处于萌芽状态，但比较方法却开始引起学者们的关注，并运用于天文学、生物学等研究领域，如刻卜勒，正是在分析、比较、综合的基础上，提出了行星运动三大定律。再如贝隆1555年的比较生物解剖的研究成果，作为一名医科学生的诺德，不可能对这项成果不了解，也不可能不受其启发。从这个角度分析，诺德撰写《关于创办图书馆的建议》时，采用比较方法是完全有可能的。

（三）从诺德本人的经历看，正如阿契·泰勒（A·Taylor）为《关于创办图书馆的建议》英译本所撰写的导论中所提到的，诺德在罗马侨居了20年，先后为罗马红衣主教巴格尼、巴黎两名著名藏书家兼主教管理藏书。42岁时，他又受聘为法国首相及红衣主教黎塞笛管理藏书。黎塞笛逝世后，他又为法国首相及红衣主教马赞林构建图书馆。诺德热爱图书馆事业，重视藏书选购，他周游了法国、意大利、瑞士、荷兰、英国和德国，亲赴书业，从事购书活动。诺德的经历使他具备了将比较方法引入图书馆事业的条件。

（四）从《关于创办图书馆的建议》的内容看，诺德在这本专著

---

① 袁咏秋、李家乔主编.《外国图书馆学名著选读》.北京：北京大学出版社，1988.191 页

248

中叙述了他获取图书馆知识的方法,明确指出比较、综合是他的一个基本作法。在《关于创办图书馆的建议》的第一章"致赞助人红衣主教梅斯姆"里,他指出:"阁下,如果我斗胆提出这些评论和规程,那并不是因为我过高估计自己的判断力以致把工作带到如此巨大的困难之中……使您满意的唯一原因就是我想做些重要工作的强烈愿望使我把各种见解结合起来(重点为作者所加),这些意见对许多学者来说是极普通的、是图书中载有的、也是若干最有名的图书馆员各自实践过的(重点为作者所加)。我把上述意见加以综合加上我个人有限的学识与经验,向您呈上作为人们必须遵循的原则和实践的建议,以便能继承这个崇高而伟大的事业。"①诺德在谈到创建图书馆模式时,极力主张借鉴、并以古代的图书馆作为比较的"蓝本"。他说:"除非您另有宏图拟把图书馆办得与梵蒂冈图书馆或与红衣主教布罗米欧主教的安布罗斯图书馆藏书相媲美,否则,您就会安于现状,满足于拥有如此大量精选的图书,尽管您的图书馆并没有其他图书馆那么大的规模,然而,它不仅充分满足您个人和您朋友的需要,而且,由于在您的图书馆中拥有各主要学科的所有最重要的图书,还配备有其他常用专题和罕见主题十分有用的基本藏书。您的图书馆是法国一所使用最方便、藏书最丰富的图书馆的声誉早已广为流传。"②在第二章"为何要建立图书馆"中,阐释他创建图书馆的思想时,列举了过去值得仿效的图书馆创办者:"一般说来,他们能够公认不仅创办者能从办得

---

①　理查德·克尔齐斯,加斯顿·利顿著;周俊译;江康校.《世界图书馆事业——比较研究》. 北京:书目文献出版社,1990. 18 页

②　Gadriel Naudé. Advice on Establishing a Library. Berkeley, Calif. :Liniversity of California Press, 1950. P. 3~4

好的图书馆受益,诸如伯里①、贝萨里昂②、匹奈利。阁下的曾祖父亨利·梅斯姆、英格兰骑士包德利、已故议长德索等许多人,还有一些抱负最不凡者,总乐意以图书馆作为他们光荣业绩的最崇高的象征,就像拱顶上端的拱顶石给整个建筑增添光彩。为说明我的观点,在此略举几名古代君王,遐尔闻名的创业者及统治者如波斯国王泽克西斯(B. C519? ~465B. C)、罗马第一任皇帝奥古斯都(B. C. 63 ~ A. D. 14)、法兰克王查理曼(742 ~ 814,800 ~ 814 为西罗马帝国皇帝)、西班牙亚拉冈王阿丰索,均曾刻意寻求大量图书并建立精美完善的图书馆。"③此外,诺德还倡导仿效的比较模式,也反映在诺德对收集和研究图书馆藏书目录的建议中。他认为:"在仿效其他图书馆时,除非研究其已编好的书目,否则便什么也做不成(重点为作者所加)。"④以上种种,都充分地表明了在《关于创办图书馆的建议》这部组织、建设图书馆的指南里,浸透着诺德的比较意识。因而"当我们考虑到诺德的启蒙运动倾向,他对图书馆事业的热爱,他对旅游的爱好和在国外学习……,我们开始理解为什么诺德会信奉图书馆事业比较研究的概念,并通过其著名的专著《关于创办图书馆的建议》来促进这种概念的发展是完全可信了。"⑤至此,我们可以说克尔齐斯、利顿的"假设"是成立的,他们的结论对于比较图书馆学研究是很有价值的。

---

① Thomas Bray, 1658~1730,英国圣公会的牧师,1695~1704 年在马里兰等各州设立了 70 多所教区图书馆。

② Johannes Bessarion, 1403~1472,希腊人,长期居住意大利,担任红衣主教,计划建立一所世界最大的希腊文图书馆。

③ 袁咏秋,李家乔主编.《外国图书馆学名著选读》.北京:北京大学出版社,1988. 229~230 页

④ 理查德·克尔齐斯,加斯顿·利顿著;周俊译;江康校.《世界图书馆事业——比较研究》.北京:书目文献出版社,1990. 20 页

⑤ 理查德·克尔齐斯,加斯顿·利顿著;周俊译;江康校.《世界图书馆事业——比较研究》.北京:书目文献出版社,1990. 17 页

翻开 19 世纪的世界图书馆事业史的记录,我们必然会注意到英国的两位著名图书馆学家,即安东尼·帕尼齐(Anthony Panizzi,1797～1879)和爱德华·爱德华兹(Edward Edwards,1812～1886)。从他们的图书馆实践以及著作中,都反映出他们的比较意识。安东尼·帕尼齐是意大利人,由于政治原因于 1832 年移居英国,曾任不列颠博物馆馆长。在此期间,他广泛参观欧洲大陆图书馆,并将他们的图书馆活动模式引入英国,把当时被誉为欧洲最佳图书馆的法国皇家图书馆作为英国不列颠博物馆的参照对象。他认为应当把不列颠博物馆发展成为与英国的国际地位相适应的国家图书馆,极力主张不能单纯地仿效,应有所超越,有所创新,决不能居于巴黎的皇家图书馆之下。为此,他在欧洲参观后返回英国时,向议会特别委员会提供了有关外国图书馆的大量比较统计数据,敦促议会特别委员会研究不列颠博物馆的建设。[1] 此外,帕尼齐的比较意识还反映在他对不列颠博物馆的建筑设计的构思上。他借鉴了 1851 年万国博览会以铁制骨架结构建造的水晶宫来修建圆顶阅览室和铁制书库,从而使图书馆建筑向近代化迈出了具有划时代意义的第一步,并以"铁制图书馆"闻名于世。从此,许多国家以它为蓝本,纷纷模仿其建筑格式来设置阅览室和书库。"铁制图书馆"的影响所涉及的范围是相当广泛的,如斯德哥尔摩的皇家图书馆(1866 年)、巴黎的皇家图书馆(1868 年)、美国的国会图书馆(1897 年)、普鲁士的皇家图书馆(1914 年)等等,都有着"铁制图书馆"的影响痕迹。

与帕尼齐同时代的爱德华兹,既是一位"英国公共图书馆运动的精神之父",又是图书馆事业比较研究的积极倡导者。爱德华兹具有渊博的知识,通晓多种语言,从而使他具有较为宽阔的视

① Philip H·Ennis, Howard W·Winger. Aspects of Librarianship: A Trace work of History. Chicago : University of Chicago Press, 1962 , P. 29

野。其眼光不局限于不列颠博物馆,而着眼于推动英国公共图书馆运动的开展,终究成为图书馆界的泰斗。爱德华兹在当时的英国议会成立的公共图书馆委员会上,介绍了欧洲大陆各国图书馆的发展状况,阐述了建立公共图书馆的意义,因而赢得了议会通过关于建立公共图书馆法。1847年他发表了《伦敦与巴黎的公共图书馆》(Public Libraries in London and Paris);1848年又发表了有关欧洲公共图书馆的统计资料。他在掌握大量外国公共图书馆资料的基础上,撰写了《图书馆纪要》(1859年出版),该书分为"图书馆史"和"图书馆经营"两大部分。在前部分里,他介绍了古代图书馆的状况,从希腊与拉丁文献中节选了17位名人有关图书馆的论述,如西卡拉斯、斯特拉博、普卢塔尔克、卡休斯、阿瑟诺斯、西塞罗、维特鲁佑斯、塞内卡、普利尼、修托纽斯、盖柳斯等。在中世纪的图书馆这一章里,他对西欧各国修道院的图书馆进行广泛叙述,介绍了英国、德国、法国、意大利、瑞士等国修道院和教会图书馆,并且还涉及到英国修道院图书馆与学术研究的关系。在近代图书馆部分,不仅介绍了英国、美国的图书馆,还对欧洲大陆的法国、意大利、德国、比利时、荷兰、瑞士、瑞典、丹麦、挪威、波兰、匈牙利、俄国、土耳其、西班牙、保加利亚等国的近代图书馆分别作了介绍,在此基础上,他以"过去、现在、未来"为标题,阐释了作者对未来图书馆发展的信念。

有必要指出的是,爱德华兹并不是单纯地介绍各国的图书馆,而是在该书的第一部分,以世界各国图书馆的过去和现状为基础,进行图书馆实践和理论的探讨;在第二部分,即图书馆经营里,把各国图书馆事业作为一个整体来认识,从相互影响的联系中,展示各国图书馆事业纵横交错的联系和影响,从而导出了作者的图书馆学"管理"思想。此外,爱德华兹还以哲学与实用的原则,分析、比较了许多图书分类法。这一切不仅显示了爱德华兹以其广博的学识对图书馆的"超国境性"进行了研究。而且也反映了作者所具有的比较意识。这种比较意识的深化,集中表现在 1896 年他撰写的《英、法、德、美的城镇免费图书馆及其形成、管理和历史》(Free Town Libraries, Their Formation; Management and History in Britain, France, Germany and America)的论著里。在著述中,爱德华兹发表了他所搜集的大量的外国图书馆资料,并在此基础上进行对比、分析,阐释了城市免费图书馆的沿革及其管理。因而谢拉的学生克尔齐斯称它为"图书馆事业比较研究领域方面的第一部专题著作"。①

19 世纪 70 年代以后,美国的图书馆事业进入了世界先进行列。美国不仅借鉴、接受了欧洲各国的图书馆实践与理论,而且赋与新意,并有所创新。1876 年,美国成立了图书馆协会,创办了《美国图书馆杂志》,这些对外国,尤其是欧洲形成了巨大的影响波,催化了英国图书馆协会的诞生(1877 年),促进了图书馆国际会议的召开。因而于同年的 10 月份在伦敦召开了第一次图书馆员国际会议。这次会议有英国、美国、比利时、丹麦、法国、意大利、希腊和奥地利等 8 个国家的 140 所图书馆的 218 名馆员参加。会议期间,在英美双方商定下,《美国图书馆杂志》成为英美两协会的会刊,改名为《图书馆杂志》,编辑部成员两国各占一半,开创了跨国出版图书馆学专业刊物的范例。这次会议还讨论了图书馆员正式培训问题,"……所探讨的主题是有关代表团如何横渡大西洋。"②在讨论中,查尔斯·安米·卡特(Charles Ammi Cutter, 1837~1903)阐述了他的观点,他认为:"一位图书馆员应在一个图书馆中工作,不然的话,有一些事情他将永远不会懂得。但是任何人

---

① 理查德·克尔齐斯,加斯顿·利顿著;周俊译;江康校.《世界图书馆事业——比较研究》. 北京:书目文献出版社,1990. 23 页

② 理查德·克尔齐斯,加斯顿·利顿著;周俊译;江康校.《世界图书馆事业——比较研究》. 北京:书目文献出版社,1990. 26 页

如果仅作为助手受雇于一个大图书馆,他很可能被分配到某一个特定的部门工作,他也只能对这个部门的工作有所了解。即使他的上司注意让他干各种各样的工作,他也只能学到一种固定职务的工作方法而已;此外,在他去那儿工作之前,这些方法很可能早已定好,他只能死记硬背地学习,除非他深通哲理,否则他永远不会去想做这些工作的道理。任何一个人如果他没有从事过一些比较研究,如果不想一想做一件事的道理,那么他就不可能完全适合负责一个图书馆的工作(重点为作者所加)。"①这段引文,表明了卡特对比较方法在图书馆员培训中的重要性的认识。

另一位美国现代著名的图书馆学家巴特勒撰写的《图书馆学引论》(An Introduction to library Science)于1933年出版。对于这部杰作,图书馆学研究者是比较熟悉的。但是,从比较图书馆学的角度来研究它,恐怕又有点陌生了。我们认为,巴特勒的《图书馆学引论》可以从各种角度来研究,既可以从图书馆学的基础理论的角度研究,也可以从比较图书馆学形成的过程来探讨。从后一角度进行研究,我们可以看到它在比较图书馆学研究发展过程中所产生的作用。在该书的第一章至第五章里,作者分别以"科学的问题"、"社会学问题"、"心理学问题"、"历史问题"、"实际问题"为题,阐发了图书馆学与其他学科的关系。如在"社会学问题"一章里,巴特勒把知识称为社会的精神作用或社会的拟似精神,试图从全社会的知识活动来考察图书馆。他明确指出图书馆与社会、文化和历史有着密切联系;在"心理学问题"里,他认为应研究读者的读书行为、研究读书对读者的心理影响、社会对读书活动的影响等等。他指出读书行为最重要的问题不是读书的动机问题,而是心理学分析的主要对象。总的说来,该著作充分地反映了

---

① 理查德·克尔齐斯,加斯顿·利顿著;周俊译,江康校.《世界图书馆事业——比较研究》.北京:书目文献出版社,1990. 26~27 页

巴特勒试图探寻图书馆与社会的关系,从而涉入了图书馆学与哲学、社会学、心理学等学科关系的研究,把跨学科研究导入了图书馆学领域。这种研究尽管显得肤浅,而且不易觉察,但为比较图书馆学学科史的研究,提供了跨学科研究模式存在的事实。如果说巴特勒的《图书馆学引论》的比较意识是不易察觉的,那么,1903年莫里斯·佩利森(Maurice Pellisson)的《法国和外国的公共图书馆》①则显示了自觉的比较成分。作者在该论著中,分别介绍了美国、英国、德国、法国以及其他欧洲国家的公共图书馆的情况之后,用一章的篇幅比较、分析、综合了上述国家,尤其是美英两国公共图书馆之间的差异,并作出了有创见性的结论;此外,还有1908年欧仁·莫勒尔(Eugene Morel)发表的《图书馆:关于两个社会的公共图书馆及出版业的发表的论文集》,②该书涉及到法国、德国和美国等国家的主要图书馆类型,就图书馆管理、编目、预算、建筑、服务诸方面进行了比较研究。该论著以其多国度性和丰富、全面的材料的比较、综合、解释,成为比较图书馆学研究的优秀成果。再有1924年恩里克·斯帕恩(Enrigue Sparn)发表的《藏书五万册以上的图书馆及其在世界上的分布》③一书。作者撰写该著作时,正值在科学院图书馆工作。他选择藏书在五百万册以上的图书馆为比较对象,按洲、国家和图书馆类型分别加以对比、分析,其研究范围涉及到全世界。此后不久,"比较图书馆学"这个术语在西方也开始出现了。1936年,挪威奥斯陆大学图书馆馆长威廉·芒森

① Maurice Pellison. Les Bibliothèues Populaires à l'Étranger et en France. Paris: Im – primerie Nationale, 1960

② Eugène Morel. Bibliothèques; Essai sur le Développement des Bibliothéques Publiques eted la Librairie dans les Deux Mondes. Paris: Mercure de France,1908

③ Enrigue Sparn. Las Biblotecas Con 50. 000 y mas Volumenes y Su Distribucion Geografica Sobre la Tierra. Cordoba: National Academy of Science, 1924; Miscellaneous Publications, Vol. 3 , no. 8

（Wilhelm Munthe）应卡内基公司董事长弗雷德里克·P·凯倍尔（Frederick P. Keppel）的邀请，访问美国、加拿大，并对北美的图书馆事业进行评价，其评论发表在题为《从一个欧洲人的角度看美国的图书馆事业》著作中。虽然丹顿认为这部论著"几乎完全没有真正的比较"，"不是一个好的比较研究"。① 但是丹顿忽略了芒森在这一著作中"创造'比较图书馆学'（Comparative Library Science）这个术语"，"此书是首次提出'比较图书馆学'这个术语的。"②然而遗憾的是芒森对自己提出的创建这个学科时却又产生了疑问，失去了信心。他说："也许要创建比较图书馆学这样一门学科是永远不可能的。"西方图书馆学研究者也接受了芒森的这种导向，从而将刚刚萌生的"比较图书馆学"的研究引向了图书馆事业的比较研究。此后，出现了一些"国际的"或"比较的"文献。这时期的图书馆学比较研究的论著，大都和国际的描述性文章、调查和考察报告混杂在一起，符合现在意义的比较图书馆学研究的成果却为数不多。

直到 20 世纪 30 年代，图书馆学的比较研究的论著才逐渐增多，尽管其中不免夹杂着从严格意义上讲不符合比较图书馆学研究概念的论著，但是研究者已意识到在图书馆学领域"可以从比较的角度加以研究得到好处。"③尤其是从 50 年代中期以来，西方比较图书馆学界无论是在基础理论领域或是应用研究领域都取得了引人注目的成果。在基本理论研究方面，出版了一些颇有影响的论著，如 1954 年戴恩的《比较图书馆学》（Comparative Librarian-

---

① J. 珀利阿姆·丹顿著；龚厚泽译；陈鸿舜校.《比较图书馆学概论》. 北京：书目文献出版社，1980. 61 页

② 理查德·克尔齐斯，加斯顿·利顿著；周俊译；江康校.《世界图书馆事业——比较研究》. 北京：书目文献出版社，1990. 31 页

③ Chase Dane. The Benefits of Comparative Librarianship. The Australian Library Journal 3, July 1954

ship)、《比较图书馆学的益处》(The Benefits of Comparative Librari-
anship);1958 年柯林斯的《比较图书馆学》(Comparative Librarian-
ship);1965 年福斯克特的《比较图书馆学》(Comparative Librari-
anship)、1976 年的《比较图书馆学读本》(Reader in Comparative
Librarianship)、1979 年的《比较图书馆学引论》(Introduction to
Comparative Librarianship);1966 年肖尔斯的《何为比较图书馆
学》(Why Comparative Librarianship?)、1970 年的《比较图书馆学：
理论研究》(Comparative Librarianship：A Theoretical Approach);
1969 年哈里逊的《国际与比较图书馆学》(International and Com-
parative Librarianship);同年杰克逊的《比较与国际图书馆学:论文
与问题集》(Comparative and International Librarianship:Essay on
Themes and Problems)、1982 年的《比较图书馆学和非工业化国
家》(Comparative Librarianship and Non - Industrialized Countries);
西姆索娃和麦基 1970 年合编的《比较图书馆学手册》(A Hand-
book of Comparative Librarianship)、1972 年的《比较图书馆学研
究》(Studies in Comparative Librarianship) 、1974 年的《比较图书
馆学:一门理论学科》(Comparative Librarianship as an Academic
Subject)、1982 年的《比较图书馆学入门》(A Primer of Comparative
Librarianship);1973 年哈威的《国际与比较图书馆学的界定》
(Toward a Definition of International and Comparative Library Sci-
ence)、1977 年的《比较与国际图书馆学》(Comparative and Interna-
tional Library Science);1973 年丹顿的《比较图书馆学概论》(The
Dimentions of Comparative Librarianship);1980 年库莱西的《比较
图书馆学和国际图书馆学:一种分析方法》(Comparative and Inter-
national Librarianship:An Analytical Approach);1981 年范的《比
较图书馆学导论:近期评议》(International and Comparative：A
Current Assessment);1985 年王秦的《比较图书馆学简编》(A
Brief Introduction to Comparative Librarianship)等等。上述众多的

论著,阐述了比较图书馆学的定义、学科性质、体系、研究范围与方法等基本问题,初步构筑了比较图书馆学作为一门独立学科的基础理论框架。

在这一时期,比较图书馆学应用研究方面也取得了进展,就其成果看,也出现了颇有见地的论著,如 1955 年阮冈纳赞的《标目与格式:五种编目规则的比较研究》(Headings and Canons:A Comparative Study of Five Cataloguing Codes)和 1957 年的《图书馆图书类法绪论》(Pralegomena to Library Classification)。前者是阮氏在比较分析了 5 种主要编目规则所采用的标引词选取法的基础上,总结出标引词的选取原则;后者是对 7 种分类体系进行比较研究的成果。以上这两部著作都得到了丹顿的称赞,认为这"两本书是纯粹的比较研究",也就是说,它们是符合现在意义上的比较图书馆学概念的成果。此外,还有 1966 年奥弗杜因(P. G. J. Overduin)的《若干欧洲国家及德兰士瓦的教育图书馆学》(The Education Librarianship in Some European Countries and in the Transval)。该论著是对英国、挪威、瑞典、丹麦、荷兰以及德兰士瓦的学校图书馆及其管理学的比较研究。作者在对上述 6 国的学校图书馆的办馆方针、管理、藏书、馆员及其地位与培训、图书馆规模等方面进行对照比较,阐述其差异,进而提出建设性的意见;1967 年哈森弗尔德(Jean Hassenforder)发表的《十九世纪下半叶(1850～1914)法国、英国和美国公共图书馆发展之比较》[Développement Comparé des Bibliothéques Publiques en France, en Grande – Bretagne, et aux États – U – nis dan s la Seconde Moitié du XIXe Siécle (1850～1914)]也被称为是一部"符合优秀的比较研究的所有标准"①的著作。在应用研究领域,特别值得提及的是,1983 年克尔齐斯和利顿的

① J. 珀利阿姆·丹顿著;龚厚泽译;陈鸿舜校.《比较图书馆学概论》.北京:书目文献出版社,1980. 79～80 页

《世界图书馆事业——比较研究》(World Librarianship : A Comparative Study)一书。该成果的取名已明确表明了作者的宗旨是开展世界性、多国度的图书馆事业比较研究。事实上,该论著不仅探讨了比较图书馆学的渊源、形成与发展,比较图书馆学的研究方法与程序等基本理论问题,而且还采用比较方法对世界5大洲图书馆事业的11个方面进行分析、比较与综合。阐释了"超图书馆事业"(metalibrarianship)和"全球图书馆事业"(globa librarianship)的内涵,即"图书馆发展到这一阶段,特征应为作出任何决定时其目的在于满足整个人类的情报需求,而不是仅仅满足某个地区或国家的需求。"①或许我们可以这么理解,作者试图以"全球图书馆事业"、"超图书馆事业"向读者展示比较图书馆学研究的终极目标——寻求"世界图书馆学"的原理。无疑的,这是一个大胆的尝试。

1989年日本的《情报管理》杂志刊登了寺夏生和水上政之的《科学技术数据库生产和流通的日美欧比较》。在此之前,早在1939年,日本的加藤宗厚发表了《比较分类概说》;1969年中村初雄的《比较分类法》;1985年竹内悊的《论比较图书馆学——理查德·克尔齐斯的观点》等,都反映了日本的比较图书馆学研究的状况。

与此同时,在西方还成立了比较图书馆学的学术机构,创办了刊载比较图书馆学研究成果的刊物。前者如1964年美国匹兹堡大学图书馆和情报学院成立的"国际图书馆情报中心"(International Library and Information Center – ILIC),它着力于有关国际与比较图书馆学的研究活动,以及开展国际交流和比较研究合作项目;1966年英国第一批选修比较图书馆学课程的几名学生,自发

---

① 理查德·克尔齐斯,加斯顿·利顿著;周俊译;江康校.《世界图书馆事业——比较研究》.北京:书目文献出版社,1990.序言2页

地组织并成立"英国图书馆协会国际与比较图书馆学研究小组"（International and Comparative Librarianship Group of the LA—LA/ICLG），该小组 1968 年成为图书馆协会的正式小组，积极开展国际和比较图书馆学研究领域的活动。ICLG 至 1978 年已扩展到拥有 70 多个国家、1600 余名成员的学术团体。随着比较图书馆学研究的开展，到 1980 年从事比较图书馆学研究活动的国际性组织已从 1976 年的 41 个增加到 59 个。越来越多的学术团体、国际性组织涉入了比较图书馆学的研究活动（参见附录 4）。

在专业刊物方面，1968 年 LA/ICLG 定期出版其小组刊物，即《国际与比较图书馆学要闻》（Focus on International and Compara-tive Librarianship）。此外，还有《图书馆与情报学文摘》（Library and Information Science Abstracts），该刊物自 1971 年起单独设立了"比较图书馆学"条目，《图书馆文献》（Library Literature）、《国际图书馆评论》（International Library Review）、《图书馆学教育杂志》（Journal of Education for Librarianship）、《联合国教科文组织：情报学、图书馆学和档案管理学杂志》（UNESCO：Journal of Informantion Science，Library，Archives Administration），《图书馆历史杂志》（The Journal of Library History）等，以及一部分图书馆学专业刊物上也刊登有关论文。与此同时，还有一些学术出版社也出版有关国际与比较图书馆学的著作（参见附录 3）。

在比较图书馆学教育方面，自本世纪 50 年代以来，西方许多国家已陆续开设了比较图书馆学课程。1956 年柯林斯在哥伦比亚大学图书馆学院举办了一个入门性的比较图书馆学研究班。此后，1961 年丹顿在美国加利福尼亚大学伯克利分校主持了比较图书馆学博士研究班。1963 年北美已有 5 所大学开设比较图书馆学课程,到 1975 年,开设该课程的学校增至 56 所。① 在英国,1966年已开设该课的主要有阿伯里斯威思图书馆学院、利兹工艺学院图书馆学系、北伦敦工艺学院、伦敦大学、谢菲尔德大学等。该课程在英国不仅列入两年制的有学位或无学位的教学计划中,而且研究生以及更高层次的进修,都将比较图书馆学作为选修课。同时,对该课程的教学内容、教学方法以及成绩评定上也都有了较成熟的经验。此外,加拿大、澳大利亚、德国、丹麦、尼日利亚等国也纷纷开设比较图书馆学课程或举办讲座。上述这一切都标志着比较图书馆学作为一门独立学科在西方已逐渐形成并确立。

二、在中国,正当比较图书馆学在西方逐渐有了新的进展时,东方的中国也出现了比较研究蓬勃兴起的热潮。从比较图书馆学开创的历史看,比较图书馆学学科的产生和确立在欧美,而不是在中国,中国的比较图书馆学研究的开展比起西方要晚一段时期。这是由于当时中国正停滞在封建社会的晚期,从明代一直沿袭下来的"海禁"、"文禁"等闭关锁国的国策,严重地扼杀与阻碍了中外交流,使原有的中国早期图书馆活动隐含的比较成分,失去了存在和发展的条件与基础。直到本世纪初,中国的社会、政治、文化态势,社会思潮发生剧变,游学欧美和东洋的学者,从海外归来,他们对外有了深切的感受和了解。他们学识渊博,又接受了西方文化思潮,对外国和本国的优劣短长都能有一个较客观的认识,他们自然会将外国的图书馆实践与理论拿来和中国作比较。同时,他们希望从外国的图书馆实践与理论中吸取、借鉴、移植、接受对本国图书馆事业有益的理论、方法,借以丰富中国的图书馆学的营养,推动中国图书馆事业的发展。因而,中外相互比较,发现差异,

---

① Marth Boaz. The Comparative and International Library Science Course in American Library School. In J. F. Harvey ed. Comparative and International Library Science. Metuches. N. J. ;Scarecrow, 1977

取人之长、补己之短也就成了顺理成章的事了。这一切使比较图书馆学的研究有了滋蔓的土壤和气候,比较研究模式在图书馆实践与理论研究上出现了一批成果,有了新的突破。

我们这种认识,是从比较图书馆学的广义概念出发的,即以沿用外国图书馆实践与理论来研究图书馆学,以把中国同外国图书馆实践与理论参照对比研究,以有意识地介绍外国的图书馆实践与理论来影响、变革中国的图书馆事业等方面为标准的。如果这些研究活动可以认为是迈开了比较图书馆学研究的第一步,那么,我国的比较图书馆学研究的成果和进展,归纳起来,至少有以下几方面的表现:

(一)随着西方资本主义势力侵入中国,西方的资产阶级思想、科学技术也渐渐传入。中国一些向西方寻求真理的知识分子,在严复、梁启超等人翻译、介绍的外国社会科学、自然科学理论和资产阶级政治思想的著作影响下,对于书目工作的认识也有了变化。其研究视角从局限于《七略》、《隋书·经籍志》、《四库提要》等中国藏书目录的范围,扩展到外域的书目活动,开始注意到"西学与中学"、"新学与旧学"的对比,形成了一个历史上从未有过的崭新局面,这种中外文化的比较研究,对中国近代书目工作产生了巨大影响,推动了中国书目工作的发展,其影响明显地表现在康有为《日本书目志》和梁启超《西学书目表》编制的主导思想和体例上。康、梁正是在对"西学与中学"、"新学与旧学"的比较研究中,开始了他们的目录学活动的。可以说这两部书目是接受外国分类方法的影响、仿效和创新的产物。从陈超的《晚清目录学初探》可以证实这点。陈超认为:"康有为的《日本书目志》,在图书分类法上根据新书的内容,吸收日本分类法的新成果,打破由来已久的四部分类法,进行创造性的图书分类……",肯定其类目"是从日本输入的"。① 这种接受外来影响的现象在梁启超的《西学书目表》也有所反映。从著录事项看,该书目著录了圈识、书名、撰译人、刻印处、本数、价值、识语等七个著录事项。现将《西学书目表》摘录如下:

	书 名	撰译人	刻印处	本数	价值	识语
	算学	由浅入深故先以数学先理后法故次以几何凡诸形学附焉次代数通行之算也微分积分非深造不能语故以终焉				
00	笔算数学	狄考文 邹立文	益智书会本	三本	一元	用俗语教学童甚便惟习向太繁
	西学启蒙	爱奴士		一本	一角	太浅不必读
000	数学启蒙	伟烈亚力	上海印本	二本	六角	数理精蕴之节本极便初学
000	几何原本	利玛窦 徐光启 伟烈亚力 李善兰	金陵刻本	与则古昔斋算学重学三种合刻共二十本值二千七百		初学宜先读前六卷

资料来源:艾克利.试论梁启超前期的书目实践活动及其目录学思想.图书馆学刊,1984(2):70

从上可见,《西学书目表》在一定程度上反映了作者的比较意识,为使读者对"某科当先,某科当后,某书为良,某书为劣,能识抉择"②,而在著录内容上先进行分析比较再著录。我们可以这样来认识,《西学书目表》的著录,正是对目录信息进行比较分析和选择的过程。需要指出的是,在著录项目的选择上,也反映了其接

---

① 陈超.晚清目录学初探.图书与情报.1985(1)

② 梁启超.《东籍月旦·叙论》

263

受外来影响的比较成分,如本数和价值这两个著录事项,前者是由于中西图书装潢的差异,因而"凡西学图书"均著录本数以取代卷数;而后者,价值这一事项,则明显地反映了该书目接受外来书业出版目录的影响。当然,这些成果还没有遵照比较研究的原则和要求,因此还不能说是名副其实的比较图书馆学研究,而且康、梁的初衷无意于比较图书馆学研究,然而他们的书目活动却涉入了比较图书馆学研究领域。因此,把它视为我国近代比较图书馆学研究的"序幕",也许是更加符合实际的。

(二)在图书分类上,这一时期也出现了大规模的模仿、接受杜威图书分类理论与方法的现象。19世纪末20世纪初,伴随着西方思想的传入,西方图书馆学著作也相继介绍进来,无疑对中国图书馆学的形成产生了深远的影响。特别是1909年孙毓修在《东方杂志》上撰文介绍了美国杜威十进制图书分类法。成为影响中国近代图书分类理论与方法嬗变的"媒介",从此,中国图书馆学界开始接触并接受了杜威的图书分类方法,在其影响下,中国图书馆学者纷纷编制图书分类法,兴起了一股不小的"仿杜热"。

率先模仿杜威分类法的,当以1917年留美归来的沈祖荣、杜定友合编的《仿杜威十进分类法》。继后陆续出版的图书分类法有1921年洪有丰的《图书分类法》、1922年杜定友的《世界图书分类法》、1924年查修的《杜威书目分类法补编》、1928年王云五的《中外图书统一分类法》、1929年刘国钧的《中国图书分类法》、1934年皮高品的《中国十进分类法》等等,形成了中国近代图书分类法史上有名的"仿杜"、"补杜"、"改杜"的接受热潮。对此《理论图书馆学教程》一书是这样评价的:"它们之中,或是西方图书分类法的翻版,或是《杜威十进分类法》的模仿,或是它的变种,是西方图书馆学对我国图书馆直接影响的结果。"并认为"引进西方技术,学习和模仿西方图书分类法,特别是深受《杜威十进分类法》的影响,是这个时期中国图书分类法的特点。"①可见,在当时杜威的分类方法对中国图书馆界的影响是相当大的,而中国也具备了接受条件。因而,仿效杜威十进分类法渐渐形成气候。与此同时,在模仿的层次上也日渐成熟,所推出的分类法已不再是模仿的初级作品,而是呈现出"创新"的态势。例如,刘国钧的《中国图书分类法》,正因其"模仿"富有新意,因而博得了中国图书馆学界的好评,并得到了广泛的应用。有关刘氏的《中国图书分类法》,我们在第四章第二节中已作介绍,这里不再赘述。之所以说"刘氏法"是富有新意的模仿,是因为该法既有"杜威法"的影子,又有刘氏的创新因素,无论是编制动机,或是分类法的基本结构,都说明了这点。就其编制动机而言,刘氏在该法的导言中已申明:"编者深感四库分类法不能适用于现在一切之中籍,且其原则亦多互相刺谬之处,不合于图书馆之用;而采用新旧并行制,往往因新旧标准之无定,以致牵强附会,进退失据,言之似易,行之实难;至于采用西人之成法,则因中西学术范围方法问题不同者太多,难于一一适合,勉强模仿,近于削足适履。故决定采新旧书统一之原则,试造一新表。"②就其基本结构而言,"刘氏法"的类目充分地反映了它的模仿现象。它也将人类知识分为 10 大类,以 10 个阿拉伯数字表示,而以 0 为总类,其他 1 至 9 个数字分别代表 9 大类,每 1 大类又分为 10 小类,共 100 个小类。现将"刘氏法"与"杜威法"的十大类类目列表对照如下:

"刘氏法"类表	Dewey Decimal Classification
Main Classes	First Summary

---

① 南开大学图书馆学系等编.《理论图书馆学教程》.天津:南开大学出版社,1986,116 页

② 刘国钧.中国图书分类法.见:《刘国钧图书馆学论文选集》.北京:书目文献出版社,1983.54 页

The 10 Main Classes

0 总类 Generalities	0 Generalities
1 哲学类 Philosophy	1 Philosophy and Psychology
2 宗教类 Religions	2 Religion
3 自然科学类 Natural Science	3 Social Science
4 应用科学类 Applied Science	4 Language
5 社会科学类　Social Science	5 Pure Science and Mathematics
6~7 史地类 History and Geography	6 Technology（Applied Science）
	7 The Arts
8 语文类 Litnguage and Literature	8 Literature and Rhetoric
9 美术类 Arts	9 Geography and History

　　以上类目的对照,"刘氏法""仿杜"、"改杜"的痕迹是历历可见的。然而,"刘氏法"并不限于低层次的"模仿",而是在吸收、融合"杜威法"的精华的基础上,加以改进,使其成为一个富有新意的图书分类法。从比较图书馆学的意义上讲,"刘氏法"不失为"成熟模仿"的范例。

　　伴随着"杜威法"的传入,杜威的图书馆学思想也在中国传播开来,对中国近代、现代图书实践与理论也产生了"导向"作用,其影响极为深远。杜威的图书馆学思想,无论是对中国图书分类法的变革,或是对 20 世纪中国图书馆学教育的走向都产生了非同一般的影响,可以说,它对后来中国图书馆实践与理论向"实用性"倾斜,也有着直接或间接的作用。

　　(三)本世纪 30 年代,比较图书馆学作为这一学科的专用术语,以及比较图书馆学的应用研究在中国出现。1935 年,程伯群编著、杜定友校定的《比较图书馆学》专著由世界书局出版。该书的问世,从比较图书馆学研究的角度考察,其价值至少有如下几方

266

面:其一,从作者的意图看,正如作者所言:"中西各有所长……,取名比较图书馆学,所以示其纲领而作综合之比较,以为研究图书馆学之门径。"①如此明确地倡导比较研究,在中国图书馆学史上当属首创。其二,从该书的命名看,书名取为"比较图书馆学",在当时图书馆界也是一件引人注目的事。与程伯群的《比较图书馆学》同年出版的张鸿书写的《比较图书馆》②也对中国、英国、美国和苏联的目录和流通工作进行了比较,并指出其优劣。还有王晓初的《杜威、卡特、王云五分类法的比较》,徐旭的《民众图书馆学》,后者在"民众图书馆教育之必要"这一章里,也把中国的民众图书馆教育同美国、丹麦、日本、苏俄作了比较。虽然他们都没有效仿程伯群采用"比较图书馆学"的提法,但从实质上分析,他们的研究方法已涉入了比较图书馆学的研究领域。在当时只有程伯群将其专著定名为"比较图书馆学"。根据目前所掌握的资料,可以说,该书是中外首次以"比较图书馆学"命名的专著。其三,从研究方法看,该书所运用的研究方法如同崔竹溪在该书序中所说:"然图书馆之处理,中外多有不同,各家学说方法互异,非有综合研究,不足以定选择。程君有鉴于此,……著比较图书馆学一书,内分图书馆行政,图书馆技术,分类编目学及书志目录学四编,兼收各家学说,比较而研究之。"③可见,作者倡导并运用了比较方法。综观全书内容,程氏的《比较图书馆学》不仅有对中外图书馆事业的宏观比较,又有微观比较;也注意到由中外图书馆事业比较延伸到对中外图书馆学教育的比较,还把比较研究拓展到图书馆学与其他学科关系的研究。关于这一点,作者陈述写作目的时也反映出来,他说:"本书……采取东西图书馆学之所长,说明图书

①　程伯群编著.《比较图书馆学》.上海:世界书局,1935,书中"自序"
②　张鸿书.比较图书馆.文华图书馆专科学校季刊,1933.7(1)137～143
③　程伯群编著.《比较图书馆学》.上海:世界书局,1935.崔竹溪序

馆之行政管理,比较各家分类方法,兼述图书馆学与书志目录学之关系"。此外,程伯群在书中还对中西图书馆学的内容作了比较,指出其差异,提出中国图书馆学过去主要研究的是"目录、版本、校勘之学等等,结果成了书志目录学",而"西洋各国图书馆发达之后,对于编目、分类、登记、索引、标题等,很注重科学的整理,造成了图书馆学。"①虽然,作者在该书中没有系统地论述比较图书馆学的基础理论,然而,他却把握住比较方法的应用,确确实实地将中西图书馆之所长作了比较,阐述了中西图书馆学之差异。从现在比较图书馆学的意义上看,程伯群的《比较图书馆学》为比较图书馆学的应用研究构筑了一个基本框架,应归属于比较图书馆学的应用研究范畴。在此之前,这种应用研究在中国也已出现过,不过未题为"比较图书馆学"而已,如 1921 年戴志骞的《图书馆学术讲稿》。② 这是戴氏在北京师范大学演讲的大纲,它介绍了美国的图书馆实践与理论,并把重点放在出纳、分类和编目三个环节上。在讲述分类时,"历举布朗氏、杜威氏、克特氏,美国国会图书馆、日本东京帝国图书馆,及清华学校图书馆之法,而比较其短长。"③再如,1927 年李小缘的《图书馆学》,④全书十二章,每章都进行国内与美国图书馆工作的对照比较研究。上述种种都表明了在中国近代图书馆学史上,比较图书馆学的应用研究也有过"辉煌"的景象,出现了应用研究的集大成者。

比较图书馆学应用研究的集大成者当推中国著名图书馆学家刘国钧,他是我们探讨比较图书馆学在中国形成过程中必然会涉及到的典型人物。刘国钧自 1925 年留美回国后,一直投身于中国

---

① 程伯群编著.《比较图书馆学》.上海:世界书局,1935. 书中"自序"
② 戴志骞讲. 图书馆学术讲稿. 教育丛刊,1923,3(6)
③ 戴志骞讲. 图书馆学术讲稿. 教育丛刊,1923,3(6)
④ 李小缘.《图书馆学》.1927 年 9 月至 1928 年春国立第四中山大学(后改名江苏大学)陆续出版。

的图书馆事业。刘国钧的图书馆实践与理论研究,对于中国图书馆学界是颇有影响的。然而,却很少有人从比较图书馆学的角度来研究刘国钧的图书馆学思想。从现在意义上的比较图书馆学考察,我们认为,刘国钧的贡献至少有以下五方面:

1.积极著文介绍、引进、传播外国的图书馆实践与理论。这方面的活动主要有两项:一是比较图书馆学的传播媒介,即翻译活动。这里需要说明的是,我们着眼于刘国钧所翻译和引进的外国图书馆理论与方法,而不作"译著"、"译本"的比较研究。这是基于我们对中国比较图书馆学的历史与翻译活动有着密切关系的认识,从这点出发来考察刘国钧的译介工作。刘国钧先后翻译了美国、苏联的许多图书馆学论文和专著,如:1929年发表的"三十年来之美国国会图书馆"、"十进分类法中之自然科学部与应用科学部"、"特藏之搜罗与管理"、"图书馆对于大学教育之贡献"、"图书馆学校中之特别编目法",1931年的"哥德齐黑图书馆之东方部"、"亚克地亚大学之巡回书车",1932年的"图书馆设计中之刚性与弹性"、"图书馆中光线问题"、"学校内之图书馆学时"、"指定参考书闭架制公开制",1953年的"关于大众图书馆读者目录的组织"、"关于苏联共产党第十九次代表大会资料的著录法",1956年的"莫斯科大学图书馆的目录体系",1957的"图书分类目录编制法"、"苏联图书馆目录体系"、"字顺目录编制法",1959年的"苏联图书馆事业四十年(论文集)"等等。刘国钧已发表的译著有40多篇(种),未发表的也达20多篇(种),这些译介当属传播媒介之列。二是,刘国钧通过教学途径,积极传播外国图书馆学理论与方法,讲授过多门专业课程,多次举办讲座,如1925年,在中国图书馆协会主办的暑期学校,他讲授儿童图书馆工作及编目工作;1931年,在四川省教育厅举办的中等学校图书馆人员讲习会讲授有关中学图书馆建设的课程;1932年,在河北省教育厅在天津举办的图书馆学讲习班主讲图书分类学等。自1951年在北京大学图书馆学系任教后,主讲了"图书馆目录"、"中国书史"、"西方图书分类介绍"等,并编写了多部教材,如"图书馆目录"、"中国书史简编"、"现代西方主要图书分类法评述"等。在上述教学活动中,刘国钧无不注意到系统地介绍外国图书馆的新技术、新思想,并为沟通中外图书馆实践与理论的"传播渠道"作出了贡献。无疑地,这一切为中外图书馆事业的比较研究起了引导作用,为"比较优劣、取其精华、弃其糟粕"奠定了基础,促进了中国图书馆实践与理论的完善和发展。

2.在图书馆学研究活动中,积极推行对比分析的研究方法。刘国钧在他的论著中,大量地运用分析对比方法,如"图书馆目录"中有关主要款目的认识,是以分析对比法来剖析西文、俄文、中文图书编目方法的异同,阐释中文图书编目法采用书名款目为主要款目的原由,指出这种选择是符合中国图书馆目录的实践需要以及当时读者的检索习惯。此外,在 20 年代初,刘国钧撰写了"图书目录略说"一文,在该文中,他在分析历代目录学家对目录的认识的基础上,对比研究了中外图书目录的发展,指出要对书目(Catalogue)、书志(Bibliography)和著述史(Literary history)三者加以区分。他提出"则就某所藏书而为之记录者,无论其详细与否,皆为书目(现通译为图书馆目录)。泛录图书名目,或记载其历史或表著其内容,凡以记载书籍之本身与内容之情况为目的,而不限于一定之书藏者,无论其精详与否,皆所谓书志也(现通译为书目)。至于著述史则著眼于学术之发展,其所讨论者特重著者之思想,固已离开书籍之本身矣。"①并指出:"欲明目录之性质,当先

---

① 刘国钧.图书目录略说.见:《刘国钧图书馆学论文选集》.北京:书目文献出版社,1983. 39~40 页

审著述史、书目、书志之别。"①刘国钧所运用的这种分析对比的研究方法,在其论著中是多处可见的。从严格意义讲,这种研究固然还不能纳入比较图书馆学的研究模式,但是,就其研究方法而言,反映了刘国钧已具有比较研究的意识。如果说从上述的论著中还无法判断他在撰文时是否已接触了比较图书馆学这一学科知识,那么,我们可以综合考察刘国钧的经历与活动,从中可以发现他的比较意识是与他对外国图书馆事业的熟悉和对中国图书馆发展道路的探索紧紧地结合在一起的。或者说,正是这种探索的需要才产生了他的比较意识,使他对比较研究的意义和价值的认识逐步深化,从而使其研究渐渐自觉地趋向比较图书馆学的范畴。

3.在研究内容方面,刘国钧也采用了平行比较的模式。他于1962年发表的"分类、标题和目录"一文,在分析比较了标题法和分类法的异同之后,指出各自的特点,进而阐释了两者之间的关系。他明确提出:"标题法中含有分类法的因素、在分类法中含有标题法的因素。"对于这种研究方法,我们可以这样认识,即刘国钧以其比较意识涉入了平行比较模式。虽然这种研究模式并非刘国钧的本意,但是,从现在意义上的比较图书馆学的角度来考察,其研究毕竟已涉入了平行研究模式。

4.对西方的图书分类法的影响作了渊源性考证。从刘国钧的遗著、侯汉清整理的"现代欧美图书分类法的渊源"②论文中,可以看到,作者从古代东方及希腊罗马时期的图书分类、中世纪卡西奥多尔的科学知识分类体系的影响、文艺复兴时期的学科分类同图书分类的结合、培根的知识分类体系对西方图书分类法的影响,一

---

① 刘国钧.图书目录略说.见:《刘国钧图书馆学论文选集》.北京:书目文献出版社,1983. 39~40 页

② 刘国钧遗著;侯汉清整理.现代欧美图书分类法的渊源.图书情报工作,1990 (6)

直考察到杜威十进分类法体系的形成。在此过程中,文章记叙了培根的知识体系、莱布尼茨的分类大纲、布罗的分类体系、布鲁涅分类法、罗托尔普的图书分类、阿梅龙和卡姆斯的分类大纲、哈利斯的图书分类法,从而导出了杜威十进分类体系的源头。这种溯流考源,富有逻辑性推论显得颇有说服力。可以这样说,该论文是作者对现代欧美国书分类法所作的渊源性探讨的成果。它给人们展示了一个合乎逻辑的渊源发展过程,为我们留下了有关杜威图书分类法"源头"的宝贵记载。

5.开展了比较图书馆学的应用研究。在《现代西方主要图书分类法评述》论著里,充分反映出刘国钧从事比较图书馆学应用研究的成分和内容。在书中,他分别对欧美各国图书馆流行的、受到中国图书馆界关注的 7 种分类法,按其体系结构、编制方法作了区分,并比较其差异。这 7 种分类法是杜威的十进制图书分类法(DC 或 DDC)、卡特的展开制图书分类法(EC)、美国国会图书馆图书分类法(LC)、国际十进制图书分类法(UDC)、布朗的主题图书分类法(SC)、阮冈纳赞的冒号制图书分类法(CC)以及布立斯的书目用图书分类法(BC)。作者首先依据上述 7 种图书分类法的体系结构的差异,区分为三个系统:"(1)十进法系统,即 DC 和 UDC;(2)展开法系统,即 EC、LC 和 BC;(3)主题法系统,即 SC 和 CC。"其次,再依分类法的编制方式,区分为三类:(1)DC、EC、LC 为列举式的等级体系;(2)SC 和 CC 为组配式的分面体系;(3)UDC 和 BC 则介乎列举和组配之间的一种折衷形式。此外,还总结出影响图书分类法变化和发展的因素,以及确定分类法类目、体系的条件。明确提出"研究一种图书分类法的时候,必须加以分析。首先要研究它的实质,即它的类目和体系的理论基础、它的指导思想,它的阶级立场和政治、哲学观点,以及它所要解决的主要问题。这些都是图书分类法最主要,最本质的东西。再进而分析它的继承和创造关系。它因袭了一些什么,创造了一些什么,解决了一些什么问题,产生了一些什么影响,找出它的来源和它的特点。这样才能认识它的历史地位。也要研究它的编制技术:它是怎样来实现它的意图的。它使用了一些什么手段,怎样来编排类目次序,使用了什么标记来表达类目,如何运用类表处理图书,有一些什么帮助运用类表的方法。分类法技术不是分类法的本质,但是它的重要方面,影响着它的实用价值。当然还要检阅一下它的实际效果:它能不能解决管理和使用图书的问题,是不是符合当时的政治、科学水平,会不会满足读者的需要、方便他们的学习与研究。经过这样的分析研究,才能予以恰当的评价。"①这一段引文正是作者辨析外国七种图书分类法的步骤和方法的表述。也可以说,它表达了刘国钧对于比较图书馆学应用研究的理解。

综上所述,刘国钧的《现代西方主要图书馆分类法评述》对外国图书分类法的研究,基本上符合于比较图书馆学研究的标准。作者不仅在"导言"、"渊源"、"最近趋势"、"结束语"等部分都运用了比较研究方法,而且在其各部分的"简短评论"中,对各种分类法也作了评述,提出经过比较研究后所获得的结论。从现在意义上的比较图书馆学来衡量,该论著虽不尽完美,然而这种研究模式,无疑的是图书分类领域研究方法上的一大突破,也是对中国比较图书馆学理论的一大贡献,至今仍有参考价值。综观刘国钧所从事图书馆事业的活动、评介外国图书馆理论与方法、研究中外图书馆实践与理论的关系、探讨图书馆学与其他学科的关系等各方面所作的努力,客观上都对比较图书馆学在中国的形成起到了积极的作用,为80年代比较图书馆学的复苏奠定了基础。

(四)80年代,比较图书馆学研究在中国复兴。"文化大革命"期间,由于众所周知的原因,以及图书馆学理论上的偏激,比

---

① 刘国钧. 现代西方主要图书分类法评述:导言. 见:《刘国钧图书馆学论文选集》. 北京:书目文献出版社,1983. 349

较研究的文章几乎绝迹。直到 70 年代末 80 年代初,才呈现出蓬勃复兴之势。刚刚步入 80 年代,书目文献出版社即推出了丹顿著、龚厚泽译的《比较图书馆学概论》。这一译著的出版,为我国比较图书馆学理论研究拉开了序幕。这部译著是我国出版的第一本有关比较图书馆学基本理论的出版物,它以"术语、定义与范围"、"目的与意义"、"出版研究与教育"、"方法论"这样的体系来构筑全书,无疑是恰当的。在该书中,作者对比较图书馆学的定义、性质、任务、历史、方法等诸方面作了系统的理论阐述与总结。因而使它成为颇有影响的比较图书馆学的奠基著作,也是至今仍有影响的入门性教材。然而,由于它的材料都来自西方,作者又缺少精细爬梳,内容与观点也有瑕玷。即使如此,该论著仍在比较图书馆学的基础知识上,为读者提供了一个较为清晰的轮廓,使我们有机会了解西方比较图书馆学研究的动态及其学术观点,对于这门新兴学科在中国的复苏,无疑起到了"催化"作用。这一时期,比较图书馆学在中国的复苏,表现出以下三个特点:其一,比较图书馆学研究开始探讨其基本原理,发展颇为迅速,涌现出一批论文和译著。这些研究成果集中探讨了比较图书馆学的定义、研究对象、范围、方法等基础知识,从而突破了 30 年代以来局限于"应用研究"格局,这是一方面;另一方面,也应看到在其理论研究上,由于刚刚接触到比较图书馆学的基本原理,而且研究者的角度也不尽相同,所以在论文中反映出众说纷纭的论题,诸如什么是比较图书馆学,比较图书馆学研究包括哪些内容,一国之内不同环境的图书馆实践与理论是否包容在比较图书馆学的研究领域,最先提出比较图书馆学是在中国还是西方等等。对这些问题的讨论虽至今仍未取得共识,但却给研究者留下了进一步思考、探索的空间。其二,比较图书馆学的应用研究已初具规模,推出了一批应用研究的论文、译文和译著。在其内容上,既有宏观的比较研究,如"关于我国图书馆事业发展状况的评价——兼与国际的比较",①又有微观的比较研究,如"中美高校图书馆之比较",②不仅有多国的比较研究,如"中美苏三国图书馆教育的比较",③又有影响研究、渊源研究、平行研究、跨学科研究等多种模式的比较研究,如"试谈《UDC》组配方式对《中图法》的影响",④"现代欧美图书分类法的渊源"、⑤"类书与百科全书的比较",⑥"公关学与图书馆科学研究"⑦等。此外,比较研究还涉入了图书馆现代化检索网络,如"美国 DIALOG 和欧洲 QUEST 国际联机检索系统功能比较",⑧"联机情报市场的分析与比较"⑨等。90 年代初出版了《世界图书馆事业——比较研究》⑩译著,该著作反映了美国学者的观点,是比较图书馆学应用研究的成果。它的汉译本的出版,无疑对中国比较图书馆学研究提供了多国度的、多方面的图书馆实践与理论的比较研究范例,它将促进比较图书馆学在中国的发展。其三,图书馆学、情报科学的专业刊物,在外国图书馆、图书馆学理论栏目中,刊登了一些比较图书馆学理论与应用研究的论文、译文。与此同时,比较图书馆学作为图书馆学的分支学科,其基础理论也纳入了图

① 王维新.关于我国图书馆事业发展状况的评价——兼与国际的比较.山东图书馆季刊,1990(3)

② 刘景会.中美高校图书馆之比较.广东图书馆学刊,1988(4)

③ 徐勤,孙荣林.中美苏三国图书馆学教育的比较.江苏图书馆学报,1989(3)

④ 张靖安.试谈《UDC》组配方式对《中图法》的影响.图书馆学刊,1990(6)

⑤ 刘国钧遗著;侯汉清整理.现代欧美图书分类法的渊源.图书情报工作,1990(6)

⑥ 冯以新.类书与百科全书的比较.图书馆,1987(3)

⑦ 李广德.公关学与图书馆科学研究.中国图书馆学报,1991(2)

⑧ 路晓村.美国 DIALOG 和欧洲 QUEST 国际联机检索系统功能比较.情报学刊,1986(3)

⑨ 周智佑.联机情报市场的分析与比较.情报科学,1988,9(30)

⑩ 理查德·克尔齐斯,加斯顿·利顿著;周俊译;江康校.《世界图书馆事业——比较研究》.北京:书目文献出版社.1990(1):57

书馆学原理的教材内。1986年南开大学出版社出版的《理论图书馆学教程》，以一章的篇幅介绍了比较图书馆学的定义、研究对象、范围、方法，以及比较图书馆学在中西方的形成和发展过程。这些内容在中国图书馆学基础教材中出现，还是第一次。此外，北京大学、武汉大学、南开大学、南京大学、中山大学、兰州大学、河北大学等校，都相继开设了比较图书馆学课程或举办专题讲座。从某种意义上讲，上述这一切都表明了80年代在中国，比较图书馆学研究无论是理论研究或是应用研究，都已逐渐成为图书馆学研究领域的热点，也已形成了一股力量，这种现象的出现，可以说是本世纪20至30年代比较图书馆学研究的继续和复兴。

当我们粗略地浏览了中外比较图书馆学的形成与发展过程后，可以清晰地觉察到，研究者从不自觉到渐渐自觉地开展比较图书馆学研究；基础理论研究与应用研究并行不悖；图书馆学科领域内的比较研究逐渐延伸到与其他学科关系的跨学科研究；比较图书馆学作为高等学校的课程的开设，已由西方延展到东方的中国。上述种种，都显示了比较图书馆学作为一门独立学科在世界范围内已逐步确立。虽然芒森在1939年曾预言："也许要创建像比较图书馆学这样一门学科是永远不可能的。"①然而，历史却展示了"比较图书馆学早已在图书馆的专业领域里筑起了自身的学科体系"。② 在中国，现在意义上的比较图书馆学的形成与发展，虽不能说与西方同步，但是，中外比较图书馆学研究的差距正在缩短。可以预料，只要中国的比较图书馆学研究者继续努力，借鉴创新，开拓进取，比较图书馆学在中国将以崭新的姿态迅速发展。

----

① 理查德·克尔乔斯，加斯顿. 利顿著；周俊译；江康校.《世界图书馆事业——比较研究》.北京：书目文献出版社，1990.31页

② S.西姆索娃著；肖力译. 比较图书馆学：一门理论学科. 大学图书馆学报，1990（1）：57

7.4 我们的任务

当我们约略地考察了比较图书馆学的演化过程后,对于比较图书馆学在中国的形成与发展,会形成一个总体的认识。

比较图书馆学是一门历经孕育、形成、发展过程的独立学科;

它是一门远未成熟,尚处于"初级状态"的学科;

它的学科名称始于中国,并以"应用研究"为比较图书馆学研究拉开了序幕。20世纪初,它犹如一棵幼苗,刚刚滋芽,尚未苗长,即经受风雨,直至70年代末80年代初,始得复苏。经过近十几年的努力,中国的比较图书馆学无论是理论研究或是应用研究,都已获得了引人瞩目的进展;

它的研究队伍不断壮大,在年龄上,既有长者,也有在他们影响下培养出来的年轻研究人员。他们的涉入,无疑地给比较图书馆学的研究注入了新的活力,比较图书馆学发展的重任也必然地落在他们的肩上;

它的研究领域,在80年代已突破了向应用研究倾斜的格局,并展现出理论研究和应用研究并举的态势。即便如此,当代比较图书馆学研究者仍然面临着方向性的选择;是专门从事理论研究还是其他。要对这个问题作出回答,有必要先辨识一下学科的趋向,再作抉择。

比较图书馆学和其他学科一样,是人类某种实践的总结,它的产生和发展决非偶然。它是随着客观世界和人们实践活动的发展、人们认识能力的提高而不断推向前进。

比较图书馆学是一门跨民族、跨语言、跨学科界限的图书馆学研究,所以,它的形成与发展必然与全球意识和宏观意识系联着的。当人们对于图书馆活动的认识还没能突破民族的氛围时,比较图书馆学的产生是不可能的。只有在人们意识到了各国、各民族的图书馆活动的相互影响、相互联系在一起时,才有了比较图书馆学滋生和繁衍的条件,所以,资本主义生产方式的发展、资本主义世界市场的形成,人们的视野也随之超越了国家、民族、语言的界限,萌发了全球意识,并影响了图书馆学研究,比较图书馆学的产生、形成也就成为必然了。

进入 20 世纪,地球上的所有国家的政治、经济、文化孤立的时代已开始变化了。特别是 50 年代以后,科学技术迅速发展,世界经济趋向整体化,世界正以整体的形态展现在人们的面前。正如美国未来学家威沙德(Willian Van Dusen Wishard)对人类社会的整体化趋向的描述:"今天的技术将地球上的人类如此紧密地连结在一个'链锁系统'内,以至无论发生在哪一个国家的行为都可能对整个地球直接发生影响。"[①]这一现象无疑地也反映到图书馆活动中,在图书馆学术研究、图书馆学教育课程设置里,都已表明完全用民族观念来研究图书馆事业的发展正在成为过去。人们正以全球意识和综合思考来考察、研究图书馆活动,这种现代的学术研究方式导致了比较图书馆学在新的历史条件下,以新的意识、新的研究方式向前发展。

文化交流的广泛性和扩展性,是比较图书馆学形成、发展的先决条件。从某种角度看,比较图书馆学研究属于文化交流范畴,它与文化交流有着密不可分的联系。有了文化交流,才有各民族间图书馆活动的相互联系、相互影响,也只有在文化交流的背景下,才出现了比较的对象,产生了比较研究的意识。当代的文化交流已经在世界范围内广泛地进行,任何一个民族、一个国家都不可能维持"闭锁"状态。在观念上,人们也已倾向于摒弃那种认为信

---

① W. V. D. Wishard. Challenges for the Twenty – First Century. The Futurist, 1987,21(5):60

息、知识、情报可由本国"自给自足"的观念,摒弃以这种观念为基础的研究方法,取而代之的则是突破国家、民族界限的图书馆实践与理论研究,因而比较图书馆学的发展必然要到来。

20世纪以来,世界各国的图书馆实践与理论的研究进入了一个新的阶段。各种学科知识相互切入、渗透、融合,世界趋向综合化,客观形势要求图书馆学研究必须突破"闭关自守"、划地为界的状态,必须沟通自然科学与社会科学、哲学、图书馆学等的界限。这种沟通将为图书馆学研究输入新的生命,提出新的课题。而其中大量的问题则属于比较图书馆学的研究领域。事实上,图书馆学界也在探索自然科学领域中的新理论,如耗散结构理论、系统论、信息论、控制论等运用于图书馆学研究的可能性。这种科际整合的研究,也吸引人们对图书馆学与心理学、图书馆学与社会学、图书馆学与语言学的关系的探讨。与此同时,还出现了图书馆学分支学科的研究者纷纷向比较图书馆学研究靠拢的景象。从事图书馆学基础理论的研究者、致力于中外图书馆学理论研究;从事图书馆事业研究的,也注意到中外图书馆形态、发展道路的比较研究,并对中外图书馆学家、著作的比较研究也有了兴趣。上述种种迹象表明,从图书馆学本身发展来看,比较图书馆学这一分支学科的形成是图书馆学发展的需要和必然的结果。

综合上述,比较图书馆学成为一门学科,是伴随着全球意识、宏观意识的形成与发展的;各种学科知识的相互交叉、渗透、融合,使综合思考成为当代思维方式的特征。这种思维方式促进了人们认识水平和认识能力的提高,比较图书馆学的确立、发展是新条件下的必然结果;世界范围内频繁、空前活跃的文化交流的形势,为比较图书馆学的发展创造了条件。图书馆学研究领域的日渐拓展、图书馆学体系结构的日益完善、图书馆学的日趋成熟,也把比较图书馆学的研究推到了一个引人瞩目的地位。因而,比较图书馆学也是图书馆学自身发展的需要和结果。可以这么说,比较图书馆学的形成与发展是历史发展的必然。

中国的比较图书馆学研究者,面临着这样的形势,处于这样的"历史阶段",应该怎样迎接这一趋向呢? 我们的任务是:

一、明确指导思想。一门学科的建设,最关键的是指导思想。正确的指导思想是比较图书馆学得以健康发展并具有高度科学性的根本保证。比较图书馆学科建设的指导思想不能离开正确的世界观。我们的指导思想是马克思主义,它给我们指出了正确理论、路线和方法。也就是说,比较图书馆学研究必须坚持马克思主义的观点、立场与方法,这样,我们的研究就有了科学的指南和正确的方向;必须坚持社会主义方向,坚持为社会主义服务,须臾不可偏离;要学习、借鉴外国的经验、但借鉴不为奴,求知又创新。在马克思主义指导下,我国的比较图书馆学研究必然走上康庄大道。

二、确定研究取向。作为比较图书馆学研究的两大组成部分,即理论研究与应用研究。在本质上是相辅相成的,而且是同步互补的。理论研究指导应用研究的开展,理论的发展为应用研究提供新的认识动力。新理论的涌现,必将对比较图书馆学的具体研究注入新的活力。正如平行研究、跨学科研究的提出,开拓了比较图书馆学应用研究的纵深层次。然而,理论若不与实践相结合,则成了无源之水、无本之木。比较图书馆学应用研究的发展,能够为理论研究的发展开拓广阔的视野,又为检验理论的科学性提供有效途径。所以,比较图书馆学的理论研究不能取代应用研究。从中外比较图书馆学研究的现实和前景看,理论与应用研究都应一视同仁,同样重视。同时,我们也应抛弃只重视理论研究而忽视应用研究的观念,既注重学科的理论研究,又不放松应用研究的开展。理论与应用研究应互相促进,相互沟通,这才是我们明智的选择。

三、作一点扎扎实实的工作。当前,可以着手以下 4 项工作:
1. 由于比较图书馆学研究涉及到多国度、多民族、多语言、多学科,所以仅有个人的努力是不够的。目前组织专门研究机构、研究室的条件还不具备,可以借助于图书馆学会的优势,开展学术研究活动。因为学会会员的人数多、语种多,利用这种有利条件,可以在专业学会的组织形式下,开展东方与西方、中国与外国、中国各民族间的图书馆学思想、图书馆学理论以及图书分类理论与方法等的比较研究。还可以进行图书馆学与其他学科的整合研究等等。2. 开展比较图书馆学的教学研究与教材建设,培养有合理知识结构、良好素质的青年研究者。因为比较图书馆学的完善和发展与研究者的努力是分不开的。青年研究者是一支充满朝气、富有活力的队伍,而学科发展的重任也已落在青年研究者的肩上。他们必然会以独特的学术敏感性,投入这一大有作为的、蕴含丰富的研究领域。为此,高等学校应尽快开设比较图书馆学课程,编写教材,介绍比较图书馆学的基础知识、基本原理,培养学生"自觉的比较"意识,使他们具备开展比较研究的素质。3. 总结经验与成果。总结中国比较图书馆学研究的经验和成果,这是一项需要靠我们自己来作的事情。由于语言障碍,我们的传统、成果与经验,外国了解不多,甚至是极少。他们既不知道中国古代图书馆活动所积累的丰富知识,也不了解中国近现代图书馆学家在图书馆学理论探索中所作出的努力和取得的成就。通过中外图书馆实践与理论的比较,既可以使我们看到自己有特色的东西,也使世界了解我们,比较图书馆学正是在这方面可以发挥它的特殊功能。因而,我们不仅要引入、翻译国外的图书馆学研究的成果,还要把我们自己的成果介绍出去,让中国的图书馆学研究进入世界。4. 积极开展国际间的学术交流。比较图书馆学的宗旨之一是倡导各国、各民族图书馆实践与理论的相互交流和借鉴。那么,比较图书馆学也存在着相互比较,发现差别,取他人之长,补自己之短的必要。积极沟通比较图书馆学的传播途径,为中外比较图书馆学研究者创造相互沟通、相互了解研究情况的机会,以促进中外比较图书馆学的发展。

最后,掌握比较图书馆学的发展脉络,正确认识时代所赋予、所允许比较图书馆学研究者完成的任务。否则,所有努力的结果,不是重复过去的研究模式,便是不着边际的"幻想"。因为,比较图书馆学还处于"初级状态",还很不完善、不成熟,学科的研究对象、范围、内容等等迄今还没有形成统一的认识,即便是最基本的学科名称,也还没有得到一致的认可。从客观条件看,历史与时代没有给今天的比较图书馆学研究提供丰厚的"财富",还没有形成一套系统的理论,也没有成熟的研究方法、准则可遵循。而且,我国的比较图书馆学和世界一些国家相比,还落在后面。然而,我们的研究,无论是理论或应用研究方面,却是踏踏实实地前进着。比较图书馆学作为一门独立学科在中国形成和确立,格外引起人们的关注,不少研究者都对开展比较图书馆学研究有着浓厚的兴趣。因而比较图书馆学在中国的发展也是势在必行,是顺应了世界潮流的。我们面临的不仅仅是追赶世界潮流,而应竭尽全力推动潮流向前进。

比较图书馆学是一门国际性学科,它为中国的图书馆实践与理论和周围世界的沟通架起了一座桥梁。从而促进世界图书馆学界理解、接受中国的图书馆实践与理论,同时也将增进中国的图书馆学研究走向世界。无疑的,比较图书馆学这一诱人的研究领域是值得我们付出毕生精力在此耕耘的。可以预料,随着世界政治、经济的发展,文化交流的繁荣,随着比较图书馆学研究者认识水平与认识能力的提高,比较图书馆学将会有更加广阔、更加美好的前景。

第八章　比较图书馆学应用研究事例

上面1至7章,我们探讨了比较图书馆学的基础知识,分别阐述了比较图书馆学的定义、研究对象、研究范围、研究模式、研究方法以及学科的形成与发展过程。本章以若干比较实例,展示比较图书馆学的应用研究。

8.1　中西图书馆起源的比较

中西方图书馆起源已成为遥远的历史,至今,我们不仅难以弄清它的准确年代,而且也不可能再现它的具体形态。正如美国现代著名图书馆学家谢拉(Jesse H. Shera)在《图书馆学引论》(Introduction to library science)中指出的"由于无文字记载,图书馆起源至今还是一个谜。我们唯一能依据文字记载,仅是一些残缺不全的粘土板书。即使这些幸存下来的东西也只能作为参考而已。"①我们凭借历史的著述的和已发掘的古代遗物,也只能依稀地辨识图书馆起源和形成的大致轮廓。

考察图书馆的历史起源,我们不难发现,就图书馆起源时间而

---

① 杰西·H·谢拉著;张沙丽译;张舒平校.《图书馆学引论》.兰州:兰州大学出版社,1986.2 页

言,西方图书馆起源约于公元前三、四千年,比起中国大约要早一千多年;在地理方位上,中西方地理位置相隔遥远,各民族之间也大多互不往来,相互隔绝。然而,在图书馆孕育时期,中西方图书馆无论在起源的地域条件、活动形态或是社会职能上,却存在着惊人的雷同。难道这是偶然的巧合?还是有其社会历史原因?此外,中西方图书馆起源也出现种种歧异现象,这些歧异又是从何产生?弄清这些问题,将有助于我们探讨、总结图书馆起源的规律性问题。

雷同及其原因

西方学者埃尔默·约翰逊(ELmer Jonson)在论述图书馆起源时指出:"很难说准西方世界的第一座图书馆是在埃及还是在美索不达米亚,但可以肯定在公元前4000年至3000年当这些地区出现文明时,文字产生了'图书',而保存了足够数量的图书就形成了一个图书馆。"[①]这段引文表明了文字、文献的产生,为图书馆起源提供了必要的条件,图书馆是人类文明的产物。人类在劳动和社会交往的过程中,创造了语言和文字,以其表达思想,交流知识经验。文字一经记录在一定的载体上,即形成文献。当文献积累到相当数量的时候,产生了收集、整理、贮存、利用文献的专门机构,形成了最初形态的图书馆。如果以文字的产生作为图书馆起源的前提条件,文献的聚集作为图书馆起源的标志,那么我们可以这样来认识,中西方在相似的前提条件下,经历了相同的起源过程。倘若我们再深入一步考察中西方图书馆的历史起源,可以窥见其相似的踪迹。

一、地理环境的相似:中西图书馆的发源地均位于大河流域。

---

① ELmer Johnson. A History of Libraries in the Westen World. N. Y. : Scarecow Press. 1965. P. 21

埃及的尼罗河流域、巴比伦的两河流域、中国的黄河流域、印度的印度河流域，那里土壤肥沃、水源充足、人口密集，是古老民族聚集的地域，也是文明的摇篮，人类的"一切"的起源地域。可以说，大河流域培育了中国、埃及、巴比伦、印度，不仅使他们成为世界四大文明的古国，也成为图书馆的发源地。

公元前3500年左右，古埃及已有了象形文字以及供书写用的纸草书，具备了图书馆起源的条件。1887年，在泰尔埃尔·阿马拉发现了以收藏古埃及文献而闻名于世的埃及阿马拉王室图书馆，反映出美索不达美亚地区在公元前3000多年已有了楔形文字和泥版书。最著名的收藏泥版书的图书馆是国王亚述巴尼拔（Ashurbanipal，公元前668～前631）在亚述（Assyria）首都尼尼微（Nineveh）创建的亚述巴尼拔图书馆，它是底格里斯河和幼发拉底河流域早期繁盛文化的产物。

图书馆在中国的起源，可追溯到遥远的古代。公元前4000年左右，中国也已有了半坡象形文字，至公元前13世纪，形成了系统的甲骨文。它是巫师和史官对王室活动和占卜所作的记录。据文献记载和考古发现，中国殷商时期，在黄河流域不仅有了甲骨文献，而且也出现了收藏、管理甲骨文献的机构和人员，可以说，这是中国藏书机构的雏形。1889年在河南安阳小屯村殷墟遗址发掘出来的甲骨文献，给我们提供了一个有力的佐证。

二、载体取材的同一：中西方古代文献载体系天然物质，其加工、记录手段极为落后，生产数量少而笨重。

古埃及的纸草书取材于尼罗河三角洲盛产的纸莎草。它是采用纸莎草茎制成，加工时需去其外皮，将内部柔软部分切制成细薄条状，再趁其潮湿状态敲击、紧压、晾干，而后用芦管沾墨汁书写。亚述诸国的泥版书则是用方头铁笔在湿泥版上刻写，经晒干或焙烧而成。而古罗马的皮纸书是用羊皮、牛皮或其他兽皮洗净后晒干，以一端削尖并压成刷状的木杆沾墨汁书写而成。此外，石片、陶片、木简、腊版、石牌等天然物质,也都成为书写载体。

在中国,这一时期所采用的文献载体有龟甲、兽骨、青铜、竹木等材料。春秋战国时,竹木成为盛行的文献载体。这种载体是选用竹子或木材制成狭长的小片,以毛笔书写,每根小竹片即简,可书写20字左右,而后用麻绳丝线或皮带将简一根根编连起来而成书。

可见,无论是中国的甲骨、兽骨、青铜、竹木,或是西方的泥版、纸莎草、羊皮等,均取自天然物质。书写工具虽各具特色,但记录手段原始,文献生产必然数量稀少,因而来源极为匮乏,管理也受其笨重的载体形态所制约,方法简单,文献收藏也未能形成制度。

三、图书档案融合:图书馆和档案馆浑然一体,图书档案"同源"。图书馆起源时期,文献收藏的主体是社会活动记录,包括历代皇帝的法令、法律文书、宗教活动、征收赋税、接纳贡物等。例如,古埃及阿马拉的王室图书馆所藏"阿马拉文书",内容涉及到第18王朝国王阿蒙霍特普三世、阿蒙霍特普四世与古巴比伦米坦尼、亚述等国的外交文件;早在公元前1800年,记录庙宇历史、宗教活动的神庙档案室也已存在。再如,从考古发掘的泥版书也可以看到其内容所涉及到的大多是宗教铭文、僧侣卷宗、商业记录、王室信件、政府档案、医学典籍等。这些材料的记录,形成了早期的档案,也成为最早的藏书。

中国殷商时代的甲骨文献记录的不仅有贞人占卜、祈祷的记录,还有王室征伐、狩猎、宫廷生活、王位继承等方面的记录。这些既是宗教活动的记录,也是社会生活的记载,都是档案文献。

可见,无论是中国或西方,图书馆孕育时期,文献收藏机构兼有图书馆和档案馆性质。只有社会发展到了物质劳动和精神劳动分工,精神产品增多以后,图书馆才渐渐淡化了档案馆的痕迹,实现了"同源分流",逐步形成具有独立意义的图书馆。

四、文献生产与收藏协同:文献的生产和收藏联系致密,文献收藏成为图书馆孕育时期的社会功能和活动内容。

这一时期,中西方文献生产技术水平低下,文献均出自于手工书写,文献收藏人员兼有抄写任务。如尼尼微图书馆设有抄写室,由20多名书吏抄写和保管泥版书;再如,古埃及王室图书馆也设有书写室,书吏长作为"国王的圣器的主管者"陪同国王参观书写室。

中国殷商时代,文献收藏除皇室、奴隶主垄断外,由于文化知识基本操纵在巫师手中,文化成为宗教的附庸。巫师和掌管文献的史官没有分工,因而他们既是文献的制造者,也是保管者。春秋战国时期,社会大动荡,诸子百家蜂起,文献数量增多,设置史官掌管典籍,他们不仅是文献保管人员,也是帝王文书的记录者。如周朝的史官,既掌管官府典籍,记录朝政事务,同时还创作诗歌等。

显然,中西方图书馆起源时期,王室图书馆、寺庙图书馆的文献收藏记录,都源于客观的需要。收藏文献内容也出于王室维护自身的统治地位,需要税收和贡品,保护财产私有权,而制定相应的税收法案;契据和财产均用文字说明合法性归入官方档案。此外,还收藏各种法律、法案、合同、条约和外交书信、文件以及宗教活动的记录等文书档案。收藏目的都为了治国辅政,以便日后查考,以及为保持社会活动连续性所作记录的收藏。因而其使用对象只能是极少数的国王、廷臣以及僧侣等。文献收藏有十分明确的目的,保存文献成为图书馆孕育时期的原始功能,中西方皆然。

由上可见,中西方的图书馆起源,其存在形式和活动内容有着惊人的雷同。那么,为什么会出现如此相似的现象?其原因何在?我们认为这要以存在决定意识、物质生产决定精神生产的唯物主义原理去探寻其原由。

马克思在《〈政治经济学批判〉序言》中指出:"物质生活的生产方式制约着整个社会生活、政治生活和精神生活的过程。"①图

---

① 《马克思恩格斯选集》.北京:人民出版社,1972.第2卷,82页

书馆孕育时期,中西方均处于奴隶社会,生产方式都异常落后,生产力水平低下,生产工具简陋笨重。文献收藏活动均源于奴隶主、王室的统治需要。文献是用于记录帝王统治经验、法令、政令等政府档案,其参考和利用价值十分明显。这种相似的社会形态、生产水平、物质条件和功利目的,决定了中西方图书馆孕育时期文献的载体条件、收藏内容、收藏活动形成原因的雷同。中西方图书馆起源的共同性,完全是由于图书馆孕育时期中西方物质生产和社会形态上的一致性所形成。精神生产取决于物质生活的生产方式,这是客观存在的。尽管中西方地域相隔甚远,相互往来甚少,但两者仍然存在着不可否认的雷同。

差异及其特点

如前所述,中西方图书馆起源有着许多相似之处。但是,由于中西方的地理环境、文化背景、政治、经济水平、民族特性等方面存在着差异,终使它们呈现出某些歧异现象,表现出不同的特点。

一、起源时间的差异:中西文明进程不同,导致图书馆起源的时间差异。人类文明的摇篮孕育、培植了图书馆。据现存的资料看,我们可以推断,公元前三、四千年,埃及和美索不达米亚平原的文化繁荣时期,已经有了象形文字、楔形文字以及纸草书、泥版书等,从而形成了文献收藏机构,并设置专职人员管理文献。目前虽没有确切的文字记载图书馆的起源地,但无论图书馆是起源于埃及或美索不达米亚平原,都说明了人类在走向文明的道路上孕育了文明社会的产物——图书馆。尽管它的产生带有一定的偶然色彩,然而,正是这种偶然中包含着历史的必然。正如恩格斯在《家庭、私有制和国家的起源》中所指出:"一种社会活动,一系列社会过程,愈是越出人们的自觉控制,愈是越出他们支配的范围,愈是显得受纯粹的偶然性的摆布,它所固有的内在规律就愈是以自然的必然性在这种偶然性中为自己开辟道路。"①同样充分说明图书馆是文明的产物,它是随着社会的产生、经济、文化的发展而发展,并与文明同步。

公元前2000多年以前,在黄河流域和长江流域,中华大地已产生了熠熠生辉的文化。公元前16世纪至11世纪的商代是强盛的奴隶制时代,农业生产已逐渐占据主要地位,经济显著发展,国家机器日趋完善,文化事业日见发达。不仅出现了专门从事文化活动的脑力劳动者,如"巫"、"史"、"贞人"等,而且甲骨文趋于成熟。《尚书·多士》记载:"唯殷先人,有册有典"。这种典册可谓中国文献的起源。随着王室政事的日益复杂,要查考政令文件,形成了文献收藏场所和保管史官。这一切虽表明文明古国的中国在殷商王朝已有了图书馆的原始形态,但与西方图书馆起源时期相比,在时间的序列上,已有了一定的距离。

从历史进程看,中国文明的起源比起西方要晚,作为文明产物的图书馆,在其起源时间上,中西方没能同步也是合乎规律的。中西方图书馆起源时间上虽有先后之别,然而,图书馆一经建立,就为人类文明作出了不可磨灭的贡献。

二、文献载体的差异:中西地理环境的差异,导致了图书馆孕育时期中西方图书馆收藏文献载体上的差异。

在漫长的历史长河中,人类为寻找书写材料和工具,试遍了各种易得的、耐用的资源,如石头、树皮、树叶、兽骨、木片、陶片、金属、纸莎草、泥版、兽皮等。采用了不同的书写工具,如刻刀、刷、椎、翎毛等。虽然当时人类的创造能力有限,生产力水平极为低下,中西方选用的书写材料及工具虽都仰仗自然,依附于原始手段,然而在文献载体的选择上,中西方是有所不同的。

纸草纸,这是一种应用时间较长、应用地域较广的文献载体。

---

① 《马克思恩格斯选集》.北京:人民出版社,1972. 第4卷,71页

选用这种载体是由于古埃及尼罗河三角洲盛产纸莎草,人们往往利用这种自然资源加工制成纸草纸,再将芦苇加工成书写工具。书写后的纸草纸一张张地首尾相接地缀连起来,卷在木杆上,形成卷轴,因而卷书成为古埃及的书籍形态。一般说来,其收藏方式通常是存在陶罐中,数量多的则收藏于壁龛里或排放在架上,外部或顶部标记主题词。

被选用的文献载体还有泥版,这种载体是用泥土作为原料加工而成的。由于美索不达米亚平原不出产纸草、竹木,而泥土却是当地易得的天然资源。因而苏美尔人在公元前 3000 年代开始采用泥土制成大小薄厚适宜的泥土版,以金属、象牙、木材削制成尖笔状作为书写工具,将楔形文字刻写在泥土版上,再将其烘烤,成为泥版书。其数量取决于文献篇幅,长者须刻几版或数十版,每版分别编号,一篇记录为一组,再依组存放在篮子里或书架上,在架上通常标明简略的主题词,以备查检。

再有羊皮纸,这种载体的推广与埃及禁运纸草纸有关。公元前 3 世纪至 2 世纪,正值珀加蒙国势兴盛时期,创建了珀加蒙图书馆。埃及国王托勒密七世为了阻碍珀加蒙收藏文献,禁止纸草纸输往珀加蒙,因而迫使珀加蒙就地取材,选择羊皮作为书写材料,以替代纸草纸。虽然羊皮纸的应用并非始于珀加蒙,但埃及的禁运却促进了羊皮书的发展。羊皮纸的质地、外表与纸草纸不同,而其形式、功能则与纸草纸相同。羊皮纸光滑,书写方便,经久耐用,在相当长的历史时期里与纸草纸同时在西方广为选用。

此外,还有龟甲和兽骨,这是中国殷商时代的主要文献载体。由于这种材料难以大量获得,因而春秋战国时期,竹简、木牍取代了甲骨。竹简的推广与中国南方的自然条件有关,因南方气候温暖多雨,盛产竹子,而且竹木也易于加工,所以人们以此为书写载体,通常将书写后的竹简编连成册。一部书常有多册,为便于保存,外加竹制或棉制的外皮包裹起来成为一帙。此外,为利于长期使用,还将整理后的书简依文献内容按类编排,存放在"筐"、"缥囊"中,并设专人保管。

总之,图书馆孕育时期,在西方普遍使用的文献载体是纸草纸、羊皮纸、泥版等。而在中国却是龟甲、兽骨、竹木等;在文字方面,西方文字是表音文字,中国文字则是表意的;在文献编排方面,西方多选择主题,而中国则以分类;在文献管理方面,也由于载体形态不同而有所区别。西方有存放于陶罐、壁龛里,也有存放书架上。而中国大多排放于架上。在这个时期,中西方文献载体表现出同中有异,尽管取材均系天然资源,然而由于材质的不同,导致其形态、管理方法均有所差别。这些都是因中西方地理环境、自然条件的差异所致。

三、职能上的差异:图书馆起源时期,中西方政治环境的差异,导致了图书馆职能的不同。这一时期,中西方都处于奴隶社会,文化知识掌握在统治阶级手中,文字只能在统治阶层中间流通,广大人民处于被奴役地位,不可能接受文化知识。尽管中西方图书馆的起源均缘于功利目的,但双方的政治环境还是有所差别的。古代中国的统治阶级为了巩固其地位,牢牢地把持文化知识,皇帝手下设有专门从事文化,宗教活动的"巫"、"贞人"、"史官",他们成为当时主要的脑力劳动者,也成为写作者和保存文献的收藏者。而且,当时的社会事务简略,文化活动单一书写材料始终受制于王室,私人著作、学术作品也无法产生。如周朝的皇室藏书主要是建邦大典、王家世系谱、百官升迁赏罚的法令与记录、天子与诸侯联络的文书、治国治民的法令。这些都是巩固统治阶级地位的档案资料,无一是学术方面的文献。周朝的皇室藏书相当于官府的档案库,其建立的目的很明显是政治上的需要,因而其特性内向、藏书内容单一,致使以后相当长的历史时期里,中国的藏书机构始终处于封闭状态,仅承担文献收藏、保存的职能。

然而,西方早期的文献收藏,除收有王室信件,外交文件、商业档案之外,还收藏历史、地理、数学、医学、天文学、文学以及神学经典等文献。从内容看,尽管政府档案占主要地位,但也有学术性著作。此外,"古埃及统治者曾设立专门的低级学校与高级学校培训书吏。高级学校除设有图书馆外,还向学生传授各种主题的背景知识。"①可见,在图书馆起源阶段,西方图书馆是具有研究、教育的积能。相对来说,古代西方统治者较为开明,亚述巴尼拔是位博学多才的统治者,在创建尼尼微王室图书馆时,下令僧侣书吏到各地搜集文献,以供奴隶主、官吏、神庙供职人员、学者使用;希腊化时期的亚历山大图书馆,所收藏的文献不仅有希腊文的手稿,还有埃塞俄比亚文、波斯文、希伯来文和印地文的各种手抄本,因而吸引了各地的学者聚集在那里,进行研究、学习,呈现出自由的学术气氛,直接地促进了该地区的科学文化事业的繁荣;古代罗马,波利奥(Gaius Asinius Pollio,公元前 76 ~ 公元 5)继承恺撒(Gaius Julius Caesar,公元前 102 ~ 前 44)修建图书馆的遗愿,于公元前 30 年代建立了罗马史上的"第一个公共图书馆"。② 这种图书馆是专供学者使用的,仍然很少对平民百姓开放。凡此种种,表明了西方图书馆在起源阶段,即使收藏的文献也有政府档案,但其收藏中学术性著作占有相当的比例。他们把学术的交流与繁荣作为建立图书馆的一种基因,从而使西方图书馆最初时期即呈现出开放态势,成为学术交流的产物而独立发展。

四、类型上的差异:中西方图书馆起源时期,由于政治经济、文化背景的差异,导致图书馆类型上的不同。

考察中西方图书馆的发展史,不难发现在起源时期双方图书馆的类型有着明显的不同。中国早期的图书馆有官府、私人、寺观、书院等形态。而西方则以寺院、政府、私人、商业图书馆为突

---

① 杨子竞编著.《外国图书馆史简编》.天津:南开大学出版,1990.2 页
② 杨威理著.《西方图书馆史》.北京:商务印书馆,1988. 30 页

出。尤其是寺院图书馆,在这一时期的西方图书馆事业中占有举足轻重的地位。这是缘于宗教活动在西方社会中占据重要位置所致。正如约翰逊在其所著的《西洋图书馆史》一书中所指出:"首先要讨论的是寺院图书馆,因为寺院图书馆是原始的图书馆的一般范例。"①图书馆起源时期,社会生产力极为低下,人类在大自然面前倍感软弱无力,因而寄托于神灵给以庇护,产生了图腾崇拜,即原始宗教。随着宗教观念的复杂化,出现了专职的僧侣和僧侣集团,他们成为神与人之间的中介。他们拥有庞大的宗教机构以及教规教义,产生了宗教经典。与此同时,以书本形式记录宗教仪式、颂歌、祈祷文以及僧侣对它们的解释等。随着宗教的盛行,为确立正统的宗教信仰以及满足僧侣传经布道的需要,宗教文献日益增多,寺院图书馆也就应运而生了。在埃及、巴比伦、罗马、希腊,寺院图书馆在当时确实占有突出的地位。

中国殷商时期,宗教也产生过巨大的影响,人们极端重视神权,凡是王室所有的举动,从国家大事到日常生活,事事要经占卜,并将所问之事记在卜骨上,以备日后验证。这些宗教活动的记录是为政治服务的。在中国,宗教本身没有成为统治思想,因而也没有形成寺院图书馆产生的基因。直到印度佛教传入中国之后,宗教活动与统治阶级维护其统治的目的相一致时,中国的寺观藏书才得到发展。

虽然,中西方在早期都有寺院图书馆,但其产生的时间、目的、运行机制以及在社会生活中的地位,也因各自的政治、经济、文化背景的不同而各具特色。

就中西方的官府、私人藏书来讲,这两种藏书机构的形态虽有极相似之处,但是,中国的官府藏书从图书馆起源之时起,一直在中国的早期文献收藏活动中占据主流,成为中国藏书机构中最完

---

① ELmer D. 约翰逊;尹定国译.《西洋图书馆史》.台湾学生书局,1983

整、最系统的图书馆形态。考察其缘由,大致是由于中国的图书馆发端于政治统治的需要;而西方则出于拓展学术交流的需求。

商业图书馆是西方图书馆早期特有的一种类型,它是西欧社会经济、文化发展的产物。当时在埃及、腓尼基、巴比伦、亚力山大、雅典、罗马等地,已出现了这种图书馆的初级形态。这与西方注重农业和贸易有关。而且,政府所在地和宗教中心往往设于人口稠密地带或贸易通道。随着经济的发展,增进了商业活动,简单的易物交换已不能满足社会的需要,因而出现了货币。商业活动结束了以物易物的交换形式,产生了有关财产、货物、价格、贸易、税收等的记录,出现了保存、整理商业档案的客观需要,从而为西方商业图书馆的产生奠定了社会基础。

战国以来,中国的社会经济都以自给自足的农本经济为主,"重农轻商"的观念在中国的统治阶级思想中占据重要位置,人们不屑于经商。在中国的历史上虽有过商业的繁荣,然而城市经济始终受制于农村。因而,在中国缺乏西方那种形成商业图书馆的土壤。社会历史条件决定了中国在图书馆起源时期不可能产生商业图书馆。

相关的启迪

从以上中西方图书馆起源的比较中,可以获得图书馆发生、发展过程中带有启迪性的认识:

一、文字、文献的产生是图书馆起源的前提条件。文字发明之前,存在着一个漫长的文字酝酿时期。人类历史上的"童年时代",生产水平低下,没有产生文字的条件。随着生活、生产经验的积累和传播,人类寻求延伸大脑记忆功能的体外记录,如结绳,刻木、绘制图像、符号等来替代口耳相传的交流方式,经过不断探索,终于创造了文字以及记录载体,从而产生标志人类过渡到文明时代的文献。随着文献数量的增多,文献内容日趋复杂,社会集团和个人感到依靠自身能力与条件难以有效收集与利用文献资料。同时,为了集中保管与整理文献,便产生了专门收集、整理、贮存文献典籍的机构和专职人员,形成了最初形态的图书馆,可以说,图书馆的产生是历史的必然。

二、社会的需要塑造了图书馆的形态,它的存在与发展取决于社会的总体条件。概观图书馆的流变,可以看出,图书馆是人类社会实践活动的结果,是人类文献信息增加到一定数量的必然产物。它的起源顺应了特定的社会需要,同时也表明了图书馆的发生与发展都和社会的总体条件息息相关。

(一)生产力的发展是图书馆产生、发展的动因。社会的发展程度取决于生产力的水平,当社会生产力发展达到能够为社会分工、为人类认识自然提供物质基础、为人类社会的知识的形成和积累提供必要的条件时,也为图书馆的形成开辟了道路。图书馆一经出现,社会的生产水平、生产方式又决定了图书馆的发展,并决定图书馆活动内容及其方式。

(二)社会的需要是图书馆产生、发展的基础。人类社会发展到一定的阶段,突破了口耳相传的交流方式,进入了文字的记录阶段,从而产生了文献。文献是人们表达思想,保存记忆,交流经验的工具。它不仅为同时代人相互交流、表达思想感情提供了工具,同时还为后人传递前人的文化信息。在社会活动过程中,人类逐步认识到文献的社会信息存贮和传递功能,出现了文献收藏活动。这种活动是图书馆起源时期的存在方式和活动内容,它的形成,一方面是由于文献数量的增多,客观上需要有集中整理、保管文献的需要;另一方面是为日后多次重复利用的目的。可见,社会的需求构成了图书馆产生、发展的基础。

(三)经济的繁荣是图书馆产生、发展的条件。图书馆的产生只能在社会经济达到一定的水平,人类才有条件挖掘、选择易得、耐用的书写材料、书写工具以及贮存的场所,并为文字记录的长久保存提供经济保障。

（四）政治的稳定是图书馆产生和存在的保障。图书馆从其产生之日起,就和社会政治活动发生了密不可分的联系,政治的需要导致它的产生,政治的动荡又带来毁灭性的冲击。就需要而言,王室图书馆是早期图书馆的一种主要形态,它的产生是为了吸取统治经验、维持和巩固已有的社会经济而保存、继承前一代皇室的各种记录的。这些社会记录是维持和延续一个政治的统治所必需的。因而,稳定的政治能够保证社会记录收藏活动的正常进行。在历史上,也不乏存在政治动荡、战争烟火摧毁图书馆的事例。如古波斯波塞波利斯城的阿柏丹拉王室藏书,毁于马其顿的亚历山大一世的入侵。再如,兴旺时期长达200多年的亚历山大城图书馆,在当时是世界上首屈一指的图书馆,其主要部分也是毁于罗马入侵的战火中。可见社会环境的稳定与否是图书馆存在和发展的保障条件。

三、发端于奴隶社会的早期图书馆,尽管其形态已难以复现,但至今仍有彰明较著的研究价值。探索图书馆的起源过程,其目的并不在于复现其历史起源的最初形态,重要的是拂去历史的尘埃,透视图书馆产生、发展的社会联系,从起源过程来把握图书馆与社会的最初联系,探寻图书馆发展的社会机制,揭示图书馆活动的社会本质,为图书馆与社会的研究课题提供科学的、历史的起点。因此,从图书馆发展史的角度看,图书馆起源始终是值得深入研究、探索的重要课题。正如美国著名图书馆学家巴特勒(Pierce Butler)所言,要真正完全理解和认识图书馆活动,必须通过认识它的历史起源。[①] 这句话是很有道理的。

（钟守真）

---

① Pierce Butler. An Introduction to Library Science. Chicago. 1933

8.2 中美信息产业的跨国比较

引 言

本世纪 70 年代某年冬天,在一次中外贸易活动中,一位外宾随手从口袋里掏出一个精巧的纸盒,从中取出了一个巧克力样的黄褐色的物体,放在一只空盘上,用打火机点着了它。这物体发出蓝色的火焰和淡淡的清香,轻轻一吹,便无烟地熄灭了,作为主谈的我国某部的一位副部长立即意识到这就是闻名于世而在我国仍是一项空白的优质固体燃料! 活动结束后,他马上将那未燃尽的"信息"派人送往某研究所化验。经测试分析,弄清了这种燃料的结构、成分、工艺流程等,并在此基础上多次试验和革新,终于研制出了我国自己的固体燃料,填补了我国燃料的一项空白。

1979 年 5 月,美国一位取得过物理学学士学位的记者在报纸上公开发表文章,声称原子弹氢弹易得。文章介绍了原子弹氢弹的化学成分、制造方法、制造程序等。这不禁使专家们愕然。后来,人们得知,他的文章的素材完全来自于公开发行的报纸! 报纸上的信息加上他 4 个月的苦心钻研,使他揭示出了原子弹氢弹的实质!

1981 年,地处山区、建厂十年连年严重亏损、濒临倒闭的某县水泥厂来了一位新厂长。他搜集情报,搞调查研究,弄清了亏损的原因是进口外地原料成本太高,并了解到当地的一种废渣就是一种极好的原料,于是大胆地变进口外地原料为利用当地废料,结果第二年就创造了纯利润 20 万元的奇迹。真可谓:"有宝不识宝,运渣千里跑,一则新信息,废物变成宝。"

......

无数事实都向我们展示了"信息"对现实生活与未来生活已经产生或将要产生越来越大的影响。至今,世界各国都不同范围、不同规模、不同程度地卷入了信息革命的浪潮,进入了信息社会。在这个信息社会里,谁拥有更多的信息,谁就会拥有更大的取胜把握;反之谁信息贫乏,就可能被淘汰,就可能一败涂地。在信息社会里,信息已成为比物质、能源更为重要的资源,这一点,越来越被人们所认识,在现实社会中,它也越来越发挥着重要的作用。

中美信息产业情况分析

信息(Information),通俗地说,就是消息。信息论的创始人克劳特·申农(C. E. Shannon)将信息定义为"两次不定性之差"。事实上,随着生物的进化、社会的发展,信息的概念也越来越复杂和深化了。它可以是烽火台上的烟火,它可以是人类的语言和文字,它可以是红绿交错的信号,它可以是按照一定程序经计算机处理、加工之后得出的有一定规律性或目的性的数据……。总之,信息不是事物的本身,而是由事物发出的消息、情报、指令、数据、信号等当中所包含的内容。

进入20世纪90年代,世界各国几乎都跨入了信息社会(Information Society)。所谓"信息社会"是与工业社会相对而言的,是以信息价值的生产为中心的社会,是对信息的生产、贮存、加工、传递、处理(包括图书馆事业)为主要产业,使社会文化和经济都发达起来的社会,是服务和信息为核心产业并在经济上占有越来越大的比重的社会。在信息社会中,从事信息的生产、创造、分配和服务的行业即信息产业(Information Industry)。信息产业是新技术和新生产力的代表,是技术发展、经济增长、对企业进行技术改造和提高个人生活水平的前提条件,是决定明天、决定未来的关键因素。

1956年,对美国来说,是一个经济繁荣、生产力旺盛、工业大幅度增长的年头,也是具有历史意义的年头,这一年,美国从事技术、管理和事务工作的白领工人的人数第一次超过了蓝领工人。它作为信息产业成熟和发展的标志,宣告了一个时代的结束和新时代的诞生。

1957年,苏联发射了世界上第一颗人造地球卫星,它标志着全球性信息革命的开始。从此,信息产业飞速发展。1980年,美国已有总劳动力的51%从事信息产业;[①]1985年,世界信息产业的贸易额已接近2000亿美元;[②]有研究报告认为,到2000年,信息产业在世界产业中所占的比重将上升为40%。

一般来说,产业结构的变化在一定程度上反映了一个国家经济发展水平的变化。在渔猎时代,生产力水平十分低下,不具备社会分工的条件,因而也就形不成近现代意义上的产业;农牧时代,生产力实现了第一次飞跃,农业独立出来,成为先进的产业;蒸汽机时代,开始了机器大工业的生产代替人体手工操作的时代,社会上逐渐形成了第一、第二、第三产业,而工业化程度高低则成为一国是否先进和强胜的标志;到了信息时代,电子计算机的出现和应用成为这个时代的标志,先进的工业国都逐步地实现了由工业化向信息化社会的过渡,而且那些已经完成信息革命、实现了信息产业赶上、甚至超过其他产业的国家,其劳动生产率飞速增长,科学技术突飞猛进,教育科学文化事业蓬勃发展,从事信息产业的劳动力远远超过其他产业。

下面,让我们剖析一下美国四产业就业结构的变化情况。

---

① 马克·波拉特.《信息经济论》.长沙:湖南人民出版社,1987
② 葛伟民.《信息经济学》.上海:上海人民出版社,1989

美国四产业就业结构历史情况

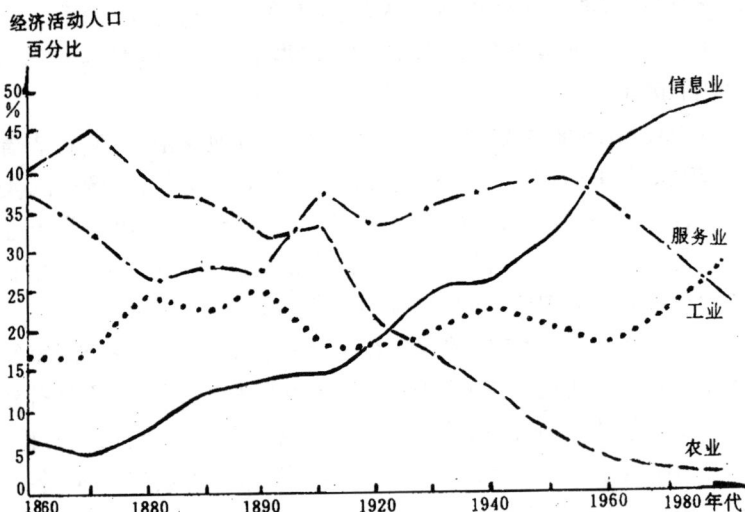

资料来源：Paul L. Katz. . The Information Society, Vo 1. 4, no. 4

  从上图可以看到，20世纪前的美国是一个纯粹的农业国，经济活动人口的30%以上从事农业，在美国四大产业中占明显的优势。到1906年，美国开始了从"农业化"向"工业化"过渡发展时期。这一时期，从事农业的经济活动人口明显下降，服务业趋于平稳，信息业有所上升，但工业上升的幅度最大，工业的经济活动人口已成为社会的主要从业人员。1957年，美国经历了第二次大飞跃，工业和农业的经济活动人口开始大幅度下降，信息业和服务业人员大增，尤其是信息业发展极快。到了80年代，则进入了信息社会。这一时期，信息业成为美国的主要产业。据数据处理服务组织协会（ADAPSO）调查，美国信息业到1987年的营业额达770亿美元，从1982年至1987年的5年间，平均增长率达24%。这一时期,信息从业人员成为美国的主要经济活动人口。另外,从上图还可以看出,美国 1950 年信息业劳动力占经济活动总人口的 30.8%,1960 年占 42%,1970 年占 46.4%,1980 年占 51%,呈逐年上升之势。尤其是 80 年代以来,信息活动已渗透到居民生活和各个领域之中。信息技术和信息产品带来了工厂自动化、办公室自动化和家庭现代化。

与美国的情况不同,我国的信息产业刚刚起步,信息技术尚处于探索阶段。从我国的四产业就业结构图上也可以看出,我们信息产业的从业人员也极为有限。(见下图)

中国四产业就业结构历史情况

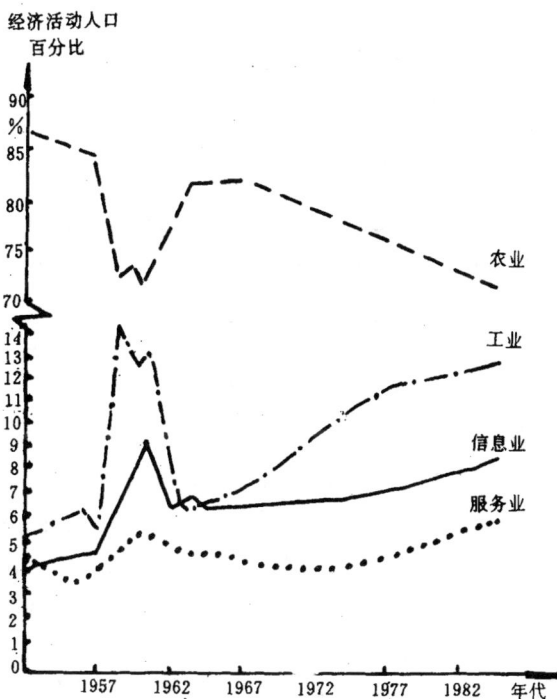

资料来源:葛伟民著.《信息经济学》.上海人民出版社,1989

从上图可以看出,虽然建国后我国的各行各业都取得了很大的成就,但农业一直是我国的主导产业。60年代后期开始,我国的农业从业人员有所减少,工业、信息业和服务业的从业人员有所增加。但到1982年,工业从业人员数在四大产业中仅占13%,信息业仅占8.8%,服务业仅占6.3%,而农业竟占71.9%,我国还没有实现"信息化",而且"农业化"向"工业化"的转变也远没有实现。值得一提的是,改革开放以来,我国的农业从业人员出现了平和和下降的趋势,工业则高速增长,信息业和服务业平稳上升。因此,可以预见,我国信息产业的发展走向是乐观的。

成因分析

如上所述,长期以来,我国一直处于"农业化"状态。那么,为什么美国已经进入了信息社会而我国仍在"农业化"阶段上徘徊呢?

从历史上来看,任何一个国家的发展都是从农业生产开始的,美国也不例外。20世纪前的美国也是一个农业国,独立战争和南北内战,解放了黑人奴隶,扫除了美国资本主义发展的障碍,使社会生产力获得了空前的解放,工业迅猛发展,以至于19世纪末20世纪初在美国历史上出现了一个经济、科学技术、文化教育发展的兴旺时期。这一时期,美国垄断资本攫取高额垄断利润,需要的已经不是简单的体力劳动者,而是更多有知识、有技能、头脑灵活、反应敏捷的工程技术人员和信息服务人员。而且,发达向上的资本主义经济也为实现这一目标创造了经济上的方便条件,从而促使美国很快地由"农业化"向"工业化"过渡,工业成为美国国民经济中最主要的部门。本世纪30年代,美国的工业已跃居世界第一位,超过了老牌的英、法等资本主义国家。两次世界大战,远离美国本土,美国又在两次世界大战中大做军火买卖,大发战争横财,从而为信息服务业的发展奠定了雄厚的物质基础。第二次世界大战之后,美国大量引进人才,并吸取了日本"教育立国"的策略,在教育上倾注了大量的人、财、物,为培养高技术、高科学人才创造了条件,为信息产业提供更多的劳动力奠定了根基。

表1　公共教育经费占国民生产总值比重①单位(:%)

国家和地区	1980 年②	1982 年	1983 年	1984 年	1985 年
中国					3. 7
美国	7. 0	7. 0	6. 8		
日本	5. 8	5. 6	5. 6		
苏联③	7. 1	6. 7	6. 6		
印度	3. 0	3. 2	3. 4	3. 7	3. 7

资料来源:国家统计局编,《中国统计年鉴1988年》,中国统计出版社出版

表2　居民文化程度构成(单位%)

国家	年份	25 岁和 25 岁以上人口总计(万人)	大学	中学		小学		文盲及文化程度不明确者
				初中	高中	肄业	毕业	
中国④	1982	100391. 0	0. 6	17. 8	6. 6	35.4		23. 7
美国	1980	13283. 6	31. 9	15. 5	45. 2	2. 6	3. 7	1. 0
日本	1980	3811. 1	14. 3		39. 7		45. 3	0. 4
苏联⑤	1979		8. 3	44. 8	10. 7			36. 2
印度	1981	28060. 0	2. 5	13. 7		11. 3		72. 5

资料来源:同上

---

① 公共教育经费包括公共教育支出和政府对私人教育补助支出。教育经费包括日常经费和投资支出。
② 教育经费占物资生产净值的比重。
③ 前苏联1980年或以前年度的数字。
④ 全部人口的构成。
⑤ 前苏联10岁和10岁以上的人口的构成。

从表 1 可看出美国公共教育经费占国民生产总值比重基本保持在 7.0% 左右,其在教育上的投资是相当多的。从表 2 数字反映出美国也培养了高于它国几倍的高级人才,从而促进了美国信息业的高速发展。

本世纪 20 年代以来,美国资产阶级独掌政权,彻底扫清了资本主义发展的障碍,大力发展资本主义经济。而这一时期,正是我国连年内战,政治上十分动荡的时期,无法稳步地发展我们的经济。建国后,虽然我们的经济有了很大的发展,取得了巨大的成就,但"左"的干扰,尤其是"文化大革命"十年使我们的经济遭到严重的破坏,几乎到了崩溃的边缘,使我们失去了发展经济,全面挖掘、开发和利用信息产业的许多宝贵时光。只是到了 1978 年,"科学的春天"重又回到祖国大地之后,我们才真正开始了科学的发展时期、经济的建设时期、信息服务业的开发时期。事实上,我们经济的起飞已经比美国晚了近半个世纪!薄弱的经济基础不仅不可能提供发展信息产业的财力和精力,而且也不可能提出发展信息产业的要求。这是我国长期处于"农业化"状态的第一个原因。第二,闭关自守的封建残余影响和帝国主义的长期封锁,使我们无法充分利用国外的技术成就,实现农业和工业的现代化,进而发展信息产业。第三,我国人口众多,而且一直是一个农民占全国人口 80% 以上的国度,工业基础十分薄弱。从表 3 可以看出,这种状况在我国一直延续至今,始终没有大的改观。(见 305 页)

第四,我国的教育落后,居民文化程度低、素质差也是成因之一。建国以来,我国的教育事业有了很大的发展,但同美国相比还有一定的距离。我国不仅教育投资低,而且教育结构也不甚合理,这些都是信息业发展的阻力。表 4、表 5 的数据正好说明了这点。(见 306 页)

表3　全国历年非农业人口(单位:万人)

年份	非农业人口总数	占全国人口%	农业人口	占全国人口%.
1949	9441	17. 4	44726	82. 6
1950	9137	16. 6	46059	83. 4
1951	8674	15. 4	47626	84. 6
1952	8291	14. 4	49191	85. 6
1953	8729	14. 8	50067	85. 2
1954	9229	15. 3	51037	84. 7
1955	9335	15. 2	52130	84.8
1956	10002	15. 9	52826	84. 1
1957	10618	16. 4	54035	83. 6
1958	12210	18. 5	53784	81. 5
1959	13567	20. 2	53640	79. 8
1960	13731	20. 7	52476	79. 3
1961	12415	18. 9	53444	81. 1
1962	11275	16. 7	56024	83. 3
1963	11584	16. 7	57588	83. 3
1964	16177	16. 6	58822	83. 4
1965	12122	16. 7	60416	83. 3
1966	12340	16. 6	62202	83. 4
1967	12637	16. 5	63731	83. 5
1968	12554	16. 0	65980	84. 0
1969	12403	15. 4	68262	84. 6
1970	12660	15. 3	70332	84. 7
1971	13350	15. 7	71879	84. 3
1972	13632	15. 6	73545	84. 4
1973	13992	15. 7	75219	84. 3
1974	14079	15. 5	76780	84. 5
1975	14278	15. 4	78142	84. 6
1976	14157	15. 5	79200	84. 5
1977	14674	15. 5	80280	84. 5
1978	15230	15. 8	81029	84. 2

年份	非农业人口总数	占全国人口%	农业人口	占全国人口%
1979	16186	16.6	81356	83.4
1980	16800	17.0	81905	83.0
1981	17413	17.4	82659	82.6
1982	17910	17.6	83631	82.4
1983	18378	17.9	84117	82.1
1984	19686	19.0	83789	81.0
1985	21054	20.1	83478	79.9
1986	20902	19.8	84819	80.2
1987	21592	20.1	85648	79.9
1988	22551	20.7	86427	79.3
1989	23375	21.1	87305	78.9

资料来源：国家统计局人口统计司.《中国人口统计年鉴 1990（China Population Statistics Yearbook 1990)》.北京：科学技术文献出版社,1991

表4　中美教育投资对照表

项　目 \ 国家 年份	中国		美国	
	1983	1985	1965	1983
人均国民生产总值（美元）	300	370	10400	14110
教育经费占政府支出的%	9.89	9.98	3.2	2.1
人均教育投资（美元/人）	8.1			869.3

资料来源：葛伟民著.《信息经济学》.上海人民出版社,1989

表5　中美学生入学比率对照比较

入学率% \ 国家 年份	中国		美国	
	——	1983	1965	1983
小学		110	118	100
中学		35	86	97
大学		1	40	58

资料来源：同表4

几点启示

比较的价值在于借鉴,如果不借鉴,就失去了比较的意义。通过中美信息业的跨国比较,我们可以从中获得如下启示:

首先,安定团结的社会环境是信息产业发展的根本,在一个动荡的社会里,要大力发展科技、发展信息业是不现实的。环境,是指某事物的发展过程中,那些能对其发生作用的周围条件和情况。信息产业的孕育、发展和成熟离不开社会环境的影响和制约。社会稳定,信息产业顺利发展,反之,则受挫。"文化大革命"十年,社会环境动荡不安,信息产业停滞不前;中共十一届三中全会以后,社会环境稳定向前发展,信息产业也随之稳步向前发展。

第二,只有经济相当发达了,才有可能为信息产业的发展提供物质保证,经济是信息产业发展的关键。信息产业的发展离不开经济力量的支持,经济力量的强弱是一国信息产业发展的基础。事实上,世界上没有哪一个国家的信息产业是在没有经济实力作保证的空中楼阁上建立和发展的,只有经济力量雄厚,才有可能保障信息产业发展所需要的物质条件,才有发展信息产业的客观要求。所以,经济是信息产业发展的决定的因素,而且,经济水平的高低决定了信息产业发展程度的高低。

第三,提高全民族的科学文化素质是信息产业发展的重要条件。只有提高全民族的科学文化素质,造就更多的高知识、高科学、高技术人才,才能为进入"信息化社会"提供合乎要求的劳动力,为"信息化社会"的实现提供前提条件。

第四,国际合作与交流是迅速发展信息产业的必由之路。信息产业不是一个孤立的系统,它是与国内的小环境、国际的大环境息息相关的。只有不断地吸取国内和国际的新知识、新思想、新技术、新情报,并不断地与外部环境进行交换,信息产业才永具生命力。

(钟守真 梁淑玲)

8.3 当代中美百科全书之比较研究

百科全书是各种知识之总汇,卷帙浩繁,是对科学文化知识给予系统、完备解释的大型参考工具书。

目前世界上经济比较发达的国家,都先后出版了多种百科全书。如:美国现在发行的 80 年代版本《美国百科全书》(Encyclo-pedia Americana),就是众多百科全书中影响最大、历史悠久、颇具特色的一部百科全书,也是美国第一部正规的百科全书。从 19 世纪起,美国的百科全书业基本上都是以这部书的出版和发展为主线的。

我国当代第一部百科全书是由国务院决定编辑出版的《中国大百科全书》。这部百科全书是中国进入改革开放、实现四化时代文化建设成就的重要标志之一,也是中国 80 年代在科技振兴中形成"百科热"的产物。

本文采用颇有影响的美国图书馆学家和教育家肖尔斯(L. shores)所提出的百科全书评价标准体系为主轴,以当代中美百科全书的可比性为原则,充分发挥比较研究的优势,对《美国百科全书》(80 年新版)与《中国大百科全书》(80 年初版)进行比较,以期为我国工具书进行科学的综合性研究起到"引玉"作用,对科学地评价我国的百科全书提供一些可行性的依据。在比较之前,我们有必要就肖尔斯的评价体系作一简要说明。肖尔斯的评价标准是在《图书馆学情报科学百科全书》(Encyclopedia of Library and Information Science)①撰写"工具书"条目中提出的,该标准是由以

---

① Kent A, Lancour H. Encyclopedia of Library and Information Science V. 25. New-York : Marcel Dekker Inc. ,1978. 146 ~ 148

下 6 个要素组成：

1. 权威性（Authority）

2. 内容范围（Scope）

3. 编排体例（Arrangement）

4. 内容处理（Treatment）

5. 装帧（Format）

6. 特点（Special Feature）

权威性

权威性是由编纂者的权威性来保障的。也就是说,以选择最合适的人撰写最合适的条目为原则的。

《美国百科全书》是由美国纽约百科全书格罗利尔（Grolier）出版公司出版的。现任主编凯恩（B. S. Cayne）是一位著名的学者。在他周围除了有执行编辑、艺术指导、出版监督编辑、总编助理、索引编辑主任、出版编辑、图片研究人员等一个精干的团体外,还有一支实力很强、有 50 多人组成的顾问编辑队伍,其中一部分成员是从国外聘请来的。担任顾问编辑的都是学有专长、有一定影响的自然科学和社会科学的教授。他们帮助编者遴选各个领域、各门学科的专家、权威人士为全书撰写有关条目,以保证该书的质量,全书撰稿人数达 6500 人。可见,《美国百科全书》的国际性和代表性归功于撰稿人的权威性和普泛性。

《中国大百科全书》是由北京中国大百科全书出版社出版的。总编辑委员会及其下设各学科卷的编辑委员会主任及委员,他们都是由各个学术领域的权威人士组成,代表着全国尖端学术水平。国务院批准的中国科学院各学部委员,是我国科学界出类拔萃的人物,他们大都参加了编纂工作。如:数学物理学部有学部委员 79 人,参加编纂工作的有 68 人,占 86% 。他们主持一个分支学科甚至整个学科卷的编纂工作,或参加框架设计,或撰写条目、审阅稿件,身兼数任。由于全国第一流学者的主持或参与,保证了全书质量上的权威性,这是一方面;另一方面,据文献记载,明代参加修纂《永乐大典》的文人学士2169人,被认为是旷世盛事,而《中国大百科全书》动员范围之广,罗致人才之众,则是史无前例的。据统计,参加已出版的40个学科卷的撰稿人数已超万人,全书的撰稿人数合计约有1.5万人,其中还得到不少国外学者的帮助。参与人数之浩大,是当代百科全书之最,显示了资料来源渠道的广泛。

在编纂中,中美百科全书都十分注重条目资料的权威性,均把权威性放在同等的首要位置上。

内容范围

内容范围主要是指知识领域的覆盖面,不畸轻或畸重。在这方面,从中美百科全书对条目内容的揭示上来看,都力求达到全面性和客观性。

《美国百科全书》的第一任主编利培尔(Francis Lieber)在1829年曾说过:"我的愿望不是强加意见,而是提供事实。"①从总体上看,《美国百科全书》对于各类条目一直都是采用摆事实供参考的办法。他们对那些在学术上争论不休,在政治上分歧很大的问题,或是一时很难作出令人信服的定论的问题,采取有系统地陈述各种不同见解;或者说明这些问题暂作悬案;或只罗列问题而不作阐述的办法。也就是说,全书强调的是事实,对知识公正无偏,而不是展开辩论或是明断是非。例如,对待象"共产主义"、"马克思主义"这一类阶级性、政治性很强的条目,全书是采用把几种不同的观点都列入的方式。在其条目所提供进一步研究的参考书目中,也多是并列、选择地包括代表不同见解的文献和著作,从而保

---

① Cagne B S. Encyclopedia Americana V. I. Danbury: Grolier Inc. ,1980

证了全面性。恩格斯在仔细研究了狄德罗(Diderot)的《百科全书》及其影响后,对百科全书的作用给予了高度评价:"法国的唯物主义者没有把他们的批评局限于宗教信仰问题;他们把批判扩大到他们所遇到的每一个科学传统或政治设施;而为了证明他们的学说可以普遍应用,他们选择了最简便的道路:在他们因以得名的巨著《百科全书》中,他们大胆地把这一学说应用于所有的知识对象。"①这正是百科全书不同于其他工具书的最显著特征。

《中国大百科全书》同样力求客观公允。以《中国大百科全书·外国文学》卷作为抽样比较,便可见一斑。

该卷对于文学发展过程中所出现的各种学派、文学思潮,作了全面的、实事求是的介绍。既介绍浪漫主义、现实主义,同时也不忽视介绍曾经产生过、或现在正在产生重要影响的其他流派。对于文学中比较复杂的问题提供并综合各家的观点。既介绍进步的、革命的文学,也不排斥介绍各种带有相反倾向并且有一定影响的文学观点。这两者总是相比较而存在、相斗争而发展的,客观地反映着整个文学发展的概貌。

就地域和语种来说,该卷将世界所有重要地区和语种都包括在内。从文学发展史来考察,该卷从古至今,按照各国在世界文学中所处的地位,系统地介绍了它们的全貌。书中不但以比较多的篇幅叙述了各国的古代文学,而且也力图反映各国当代文学最新发展的现状及发展趋势,时间的下限大部分止于 20 世纪 70 年代。

再如,《中国大百科全书·哲学》卷总字数为 348 万字,条目数为 2301 个,包含了古今中外 1600 位哲学家的信息,载有 6400 个哲学的概念、命题、流派、学说的知识。

---

① 《马克思恩格斯全集》.北京:人民出版社,1965. 第 22 卷,352 页

编排体例

由于中美早期的索引在发展过程中就各具自己的特色,即美国善编字顺索引,我国善编分类索引。所以,这就使中美百科全书在编排方法上表现出明显的差异性。

从 1974 年开始到 1983 年为止《美国百科全书》(共 30 卷)在全世界百科全书编排方法——体例结构方面,被认为是自 17 世纪以来百科全书的一场真正的革命。该书创造了全新的编排体例——整套书分为三部:一是《百科类目》,它既是知识分类大纲,又是全书核心即《百科详编》的索引(第 30 卷)。《美国百科全书》采用的是主题集中的分析索引,在编辑部中,设有主编专门从事此项工作。二是《百科详编》,集各大条目(即选条的框架多以一些大学科、大主题或上层次概念写成系统的大条目)而成,它学术性强并具有权威性,按字顺编排,强调系统性。三是《百科简编》,它以小条目(即把大条目尽量加以分解;对大学科或上位类概念尽量加以主题揭示)为主,强调检索性。就好像是一部独立的而又简明的百科全书。《百科简编》所收载的 10 万余条目又是《百科详编》的分析索引。其条目本身还建立了参见系统,成为一种快速参考的工具书,使读者很方便地进入到书的海洋中去。这种编排体例一反传统的就编排而编排的方式,很快就获得了世界声誉与同行专家们的认可。目录、提要和参考系统三位一体化体现了《美国百科全书》编排体例上的一大特色。此外,每年还对《美国百科全书》进行补编,出版《美国百科年鉴》。

分类编排与字顺编排是相对应的,是当代百科全书检索性的主要表现形式之一,也是联系读者与知识的重要纽带。

初次编纂的《中国大百科全书》采取大类分卷出书的做法。它的检索系统可以说是我国现今为止出版的工具书中最完备的。设有 9 个检索渠道。1. 音序检索。全书各卷条目按汉语拼音字母顺序排列,采用汉字本位音序法。它是检索者的大门或是"入口"。2.笔画检索。全书各卷均有"条目汉字笔画索引",供不熟悉汉语拼音或不熟悉个别汉字读音的读者使用。3.分类检索。全书各卷正文前均有"条目分类目录",供读者从学科分类的角度检索条目之用;读者可以从中了解学科的知识构架,找到自己所要阅读的条目和相关条目。以上三项检索途径均列有全部条目,是完备的检索渠道。4.内容检索。全书各卷书末附有"内容检索",这种检索除列有全部条目外,还列有条目释文中隐含的知识主题,内容索引主题词相当于条目数的4~7倍;人名附有生卒年,外国人名附有原文,是全书最详尽的综合检索渠道。5.外文检索。除了纯中国内容的学科卷(如《戏曲·曲艺》卷)以外,其他卷部附有"条目外文索引",供熟悉外语的国内外读者使用。如《天文学》卷共有条目1074条,列有条目外文索引1042条(纯中国内容,外文无定译的条目未列),占97%,比重很高。6.时序检索。全书各卷都刊有各该学科的"大事年表"。年表所提到的人、事、物,凡没有条目的均排成楷体字,循此可以检索有关条目。7.图片检索。全书各卷均有"彩图插页目录",作为检索彩色插图之用。以上5、6、7三项为辅助性检索手段。8.参见检索。全书各卷的参见系统是由以楷体字排印的"参见词"构成的。"参见词"把不同条目联缀起来,相互贯通,从一个条目释文可以得知本书所收的上下左右以及其他各种相关的条目。9.书目检索。全书重要的条目都列有"参考书目",向进一步研究的读者提供线索。此外,每年还出版《中国大百科全书》的补编《中国百科年鉴》。

内容处理

肖尔斯的这种独特提法的含义指的是全书的文字表达与可读性、深浅度及其精确性和客观性结合。

为了达到符合各层次读者需要的目的,中美百科全书在这方面可谓匠心独具。

《美国百科全书》力求做到雅俗共赏,以扩大发行量。总的来说,美国百科全书出版业目前所面临的局面并不景气。这是因为知识发展得很快,而大套百科全书的编辑出版工作往往费时很长,加上社会、经济等方面因素的影响,形成了出版成本高涨和销售市场减弱这一突出的矛盾。为了打开销路,出版商正在努力向海外寻求市场,特别是向欧洲、中东、南美和亚太地区扩大销路。为此,从1974年版开始,《美国百科全书》有了国际版,增设了科学技术方面的内容和国际范围内的有关条目;另一方面,出版商们也要求条目的撰写人,无论条目涉及哪一个学科领域,是物理学的、太空技术的,还是戏剧的、体育运动的,都注意到这个条目不仅仅是为专门研究的读者而写,而是要更多地考虑到普通读者,力求使文字清晰、直观,释文简明、生动,使全书成为专家与普通读者之间的桥梁。一般情况下只要具有高中文化程度的人对全书的大部分条目基本上都能理解。

《中国大百科全书》注重中国内容,具有民族特色。具体表现在三个方面,一是编撰纯中国特色的学科卷,如:《中国文学》(2卷)、《中国历史》(3卷)、《中国地理》卷、《传统医学》卷、《戏曲·曲艺》卷。二是在一个学科内着重介绍中国的成就。象《考古学》卷,以全卷3/4的条目和篇幅系统详尽地介绍了中国考古方面的成就。三是在条目设置上和条目释文中侧重于中国内容。例如:《天文学》卷中的"天文学史"分支,有一半以上条目是介绍中国天文学史的。另外,为了适应社会主义现代化建设的需要,在《中国大百科全书》规划的学科框架中,科学技术的比重比社会科学所占的比重更大些。按卷统计,超过50%,而《美国百科全书》中的科学技术部分只占30%强,这样做是与我国科技专科性辞书比较缺乏有关。例如《天文学》卷问世后,它既是整部《中国大百科全书》的组成部分,又具有专科性百科全书或专科辞书的功能。而且,这种做法还可以适应读者的购买力,读者可根据需要购买,选择感兴趣的某一卷或几卷。

由此可见,中美百科全书在内容处理上,都是以读者为首位,结合本国国情扬长避短,各得其所。

装帧

装帧是外在的、易于鉴别的项目。工具书从使用者的角度来说有两方面的根本要求:一种是阅读感觉的效果;另一种是耐繁检的牢固度。前一种涉及到印刷的清晰度、字体号、版式与疏密度、标题的醒目与简洁;后一种取决于纸质、装订(开卷平整而不致自动掩合)、封面的耐磨性等。书脊的标识(如卷次,起止字母等)的易于识别,可见,既有检索性的意义,又有装帧技术上的问题。

在这方面,中美百科全书均符合这些较高水平的装帧技术要求,可以说是相互匹敌,不分上下。这说明各国对能够展现一国文化、科技、艺术、经济等状况起"窗口"作用的百科全书,无论是在编纂水平上还是在出版质量上都是十分重视的。况且,这两部百科全书同样都在追求版面上的生动活泼,极力考虑各类读者的趣味,讲究彩色插图的精美、恰到好处和编排的新颖、巧妙,有的甚至接近于画报版面编排,灵活而华丽;字体变化也较多,醒目而有层次,概言之,即"图文并茂。"

特点、结论

肖尔斯把百科全书的修订方式和读者服务作为百科全书特点的内容,他赞许百科全书采取的连续修订制和向购书的读者提供无偿的百科知识咨询服务。

在修订方式方面,《美国百科全书》自 1967 年以来,每年约修订全书 10%的内容,并已形成制度。初版的《中国大百科全书》目前处于正在陆续出版阶段,还未涉及修订方面的问题。

在读者服务方面,《美国百科全书》对全书的持有者提供咨询解答服务,凡是购买了此书的读者,可在十年间向出版公司研究部每周提一个问题。《中国大百科全书》出版社目前还没有与读者或购买者建立直接联系的渠道。这方面的差异性,是由于中国当代百科全书编纂工作起步较晚,编纂和出版工作尚未制度化和系统化等多种因素所致。

综合以上几大要素的分析比较,根据《格罗利尔学术百科全书》(美)提供的资料①进行归纳,对《美国百科全书》(以下简称《美国全书》)与《中国大百科全书》(以下简称《中国全书》)的差异性试作出以下结论:

1.《美国全书》侧重美国、加拿大两国内容,《中国全书》侧重中国内容;

2.《美国全书》按字顺统编成书,《中国全书》按类组织编排、分卷出版;

3.《美国全书》相互参照完备、易检,《中国全书》检索系统灵活、多样;

4.《美国全书》选条相对宽泛,《中国全书》选条相对细腻;

5.《美国全书》力求通俗易懂、大众化,《中国全书》单卷可兼作专科性辞典。

总之,通过对当代《美国百科全书》与《中国大百科全书》整体化的比较研究,可以从一个侧面看到两国工具书的发展状况与水平是受到两国政治、经济、文化等社会因素制约的。而且,是与两国不同的文化历史为背景的,这也是对百科全书等工具书进行比较研究的基点。

（刘　佳　钟守真）

---

① Cayne B S. Academic American Eecyclopedia V. I. Danbury:Grolier Inc. ,1989. 165

8.4 比较研究中美法苏科学技术数据库系统

数据库是现代信息产业的基本建设,其形成是由于各种社会的、技术的因素综合作用的结果。因而,一个国家拥有多少数据库,能够提供什么服务,是衡量其信息产业现代化和国家现代水平的主要标志之一。

纵观世界数据库事业的发展历史和现状,竞争局面咄咄逼人,竞争浪潮此起彼伏。在竞争浪潮中,美国、法国和前苏联①的科学技术数据库系统以各自独特的历史背景和社会条件,迥然不同的发展战略和具体步骤,引起世人瞩目。

本文试图比较研究美国、法国和前苏联的科学技术数据库系统,探寻他们之间的差异优劣,并以其为参照系,对比我国数据库系统现状,提出借鉴国外系统建设的经验与教训的设想,以利于我国的数据库事业发展,使其成为既符合我国国情,又具有一定世界水平的系统模式。

美国、法国和前苏联的科学技术数据库系统

一、科学技术数据库及数据库系统

科学技术数据库通常可分为数值型、事实型、文献型以及全文数据库等多种类型。世界上最早的数据库建于 60 年代中期,即美国医学图书馆生产的 Index Medicus 的机读形式 Medlars。

美国是世界上数据库生产起步最早的国家,并在整个世界数据库事业发展进程中所占的优势经久不衰。至今,全世界 486 家

---

① 关于前苏联的科学技术数据库系统情况,由于前苏联的解体,在领属关系和机构上有所变化,但基本设施变化不大。本文是以 1991 年前的基本状况作为参考。

联机情报检索服务机构提供的 3169 种数据库检索服务,其中三分之二是美国生产的。可以说,美国既是数据库和联机服务的最大提供者,也拥有最广阔的市场。

法国是欧洲数据库生产起步较早的国家。1968 年建立的 THERMODATA 数值型数据库和 1973 年建立的 PASCAL 文献型数据库至今仍在世界上遐迩闻名。据统计,法国的商用数据库大约在 350~400 个之间①,占世界商用数据库总数的 10-15%。

与西方国家社会制度和历史背景大相径庭的前苏联在 1991年之前是另一个佼佼者。它的数据库生产起步于 70 年代初,比西方晚十年,但发展速度很快。80 年代末 90 年代初,已建成大型综合自动化情报系统(АИСВИНИТИ)。该系统拥有磁带式机读数据库和专业配套远程访问数据库。截止到 1986 年,磁带数据库收录 412. 9 万个记录,远程访问数据库已有 10 个②。

数据库系统是数据库生产的延伸和深化,从具体结构上讲它由硬件、软件和数据库组成,从功能上讲,其实质是一个数据库服务系统。

美国的科学技术数据库系统始终处于世界前列。目前,美国拥有数据库系统 60 多个③,其中以 DIALOG、ORBIT、BRS、MED-LINE、CAS 和 PRISM 等最为著名。在著名系统中 DIALOG 堪称为美国数据库系统发展水平的标志。DIALOG 系统原是美国洛克希德飞机与导弹公司的下属机构,因研制 DIALOG 人机对话情报检索软件而得名。该系统作为联机检索服务系统正式独立于 1981年,1988 年 10 月又易主于美国 Knight - Ribber 公司。目前为止,

① 沈迪飞. 法国的科技数据库系统. 情报科学,1988,9(5):88

② A. H. Михайлов, АВТОМАТИЗОРОВАННАЯ ОБРАБОКА ИНФРМАЦИИ ВВИНИТИ. МОСКВА,СТР. 5

③ 何翠华等编.《国际联机检索概论》. 天津:南开大学出版社,1990,11 页

该系统拥有用户 5 万多个,遍布世界 70 多个国家和地区、200 多个城市①。至 1991 年该系统已有数据库约 560 个②,并建立高标扫描(TRADE – MARKSCAK)数据库,成功地打响了图像检索第一炮,使数据库建设进入新的发展阶段。为了保证系统的可靠性和服务质量,DIALOG 系统采用双机工作方式,保证国内外用户 24 小时内不间断检索。同时系统不断更新硬设备(表 1),改进和开发软件功能。

表 1　DIALOG 系统主机更新情况表

年份	主机型号
1979	IBM　3032　　IBM　3033
1980	NAS　AS　900　　IBM　3033
1981	NAS　AS　900　　IBM　AS　900
1982	NAS　AS　9080
现在	IBM　3303　　IBM　3302

资料来源:何翠华等.国际联机检索概论.天津:南开大学出版社,1990. 11 页

DIALOG 系统现有主机三台,为 IBM3302,IBM3303 和 NA-SAS9080,总运算能力 114MIPS。外存设备为 15 台 IBM3301 型磁盘机和 14 台 IBM2321 型磁卡机,输出打印采用 3 台 XEROX – 9600/9700 型快速打印机。截止 1988 年 10 月,DIALOG 系统的固定资产已超过 3 亿美元。

美国的其他著名系统,虽然在实力与技术方面不能与 DIALOG 系统相提并论,但它们都各具特色(见表 2)

---

① 何翠华等编.《国际联机检索概论》.天津:南开大学出版社,1990. 11 页

② PRICE LIST DIALOG, DIALOG Information Services. Inc. ,1991

表2　美国著名科学技术数据库系统

系统名称	上属机构名称	主机型号	软件	数据库特征
DIALOG	knight Ribber 公司	NAS AS 9080 IBM 3303 IBM 3302	Lock-heed	·检索功能强 ·专业范围广 ·文档560个
ORBIT	PERGAMON 公司	IBM 大型机	SDC ORBIT	设置独特石油、建筑方面的文档
BRS	TBG 尖端科技信息集团	IBM 大型机	BRS/SEARCH	·设置独特标准方面的文档 ·23个全文文档 ·After Dark 服务项目
MEDLINE	美国国立医学图书馆	IBM 370/158	ELhiLL	335万篇有关医学临床、理论研究等文献
CAS/on-Line	美国化学文摘社	IBM 370/158	Easynet Engine	240万个化合物及其有关资料
OCLC/PRISM	美国国立图书馆	IBM 3090Xerox Sigma	PASS-PORT	2000多万条记录的大型书目数据库

　　法国的全国320个数据库是分布在42个数据库系统进行服务,形成42个信息中心,其中拥有5个或5个以上数据库的对外服务中心有13家。法国的数据库服务的代表性系统是TÉLESYSTEMS – QUESTEL。该系统是法国 TELESYSTÉMES 公司(数据处理和工程公司)的下属机构,是法国最大的数据服务中心。QUESTEL 系统拥有对外服务数据库63个,其中50%是文献型数据库,其余为数值型和事实型数据库。系统不仅集中法国的自建数据库,而且购入国外数据源,特别是具有实用价值的美国数据库。截至1985年底,该系统已收录国内外文献4000万条,专利1100万份,化合物结构信息750万种。[1] 学科范围涉及科技、社会、人文科学、医学、商业和法律等,并以化学、医学和专利数据库

①　沈迪飞.法国的科学技术数据库系统.情报科学1988,9(5):88页

为强项。该系统通过网络为全法国和世界各国提供服务,开展系统分析、电子邮件和建立个人数据库等多种服务项目。目前世界上已有 5000 个以上的机构使用 QUESTEL 服务。该系统在 11 个国家(美国、日本、加拿大等)设有代办处。QUESTEL 系统的运行是由多台法国 BULLS 公司生产的 Dps 8 大型计算机支持,使用的软件是 QUESTEL PLUS,通过国际和各国数据通信网络均可进行检索。该系统还开发了化合物结构处理软件 Darc 系统,将美国化学文摘社 CAS – Online 数据库中的 650 万种化合物结构信息和美国科学信息研究所(ISI)的 170 万种有机化合物结构信息引入国内。如果将 QUESTEL PLUS 软件同 Darc 软件有机地结合起来便可以处理多种类型数据库(图 3)。

图 3 　　　　QUESTEL PLUS 和 Darc **软件有机结合**

Darc 结构检索系统

↓

化合物结构信息

QUESTEL PLUS 文献检索系统

↓

参考文献

QUESTEL PLUS 参照检索

↓

专利文献

法国科技情报研究所(INIST)生产的 PASCAL 综合数据库是 QUESTEL 系统中的重要部分。该库包括两部分,一是 PASCAL – M,该子库为多学科的综合数据库,每年存贮 30 余万条记录,内容包括数理科学、技术、生物学和医学,收录文献类型为期刊、学位论文、会议录等;二是 PASCAL – S,该子库为专业部门的数据库,每年存贮文献 8 万多条,内容包括情报科学、能源、冶金、焊接、建筑与公用事业、地学、食品、生物工程、脊椎动物学、天文学以及热带医学;文献类型包括灰色文献、特殊研究资料等。此外,该子库还包括国际建筑研究与文献理事会文献库(CIBDOC)、国际使用农产品的工业文献中心文献库（IALINE）、法国政府信息系统研究中心文献库（REDOSI）以及世界译文索引等。

除了 TELESYSTÉMES – QUESTEL 系统外，法国还有一些其他世界著名的专业数据库服务系统，例如 CATED 系统（建筑）、THERMODATA 系统（热化学）以及 TITUS 系统（纺织）等。

前苏联于 1970 年开始建立巨型综合性自动化情报系统，1971 至 1975 年用 МИНСК – 22 型、МИНСК – 32 型电子计算机建立第一个系统 АССИСТЕНТ – 1；1978 至 1980 年建立改善的系统 АССИСТЕНТ – 2；1980 年后进一步发展该系统 АССИСТЕНТ – 3 及其外围设施。现在 АССИСТЕНТ 系统采用 4 台电子计算机工作，2 台 МИНСК—22 型和 2 台 МИНСК—32 型。在 АССИСТЕНТ – 2 系统中还采用前苏联的第三代电子计算机 EC – 1050、EC – 1022 和 EC—1020。

磁带机读数据库是 АССИСТЕНТ 系统的服务项目。该库分 БК 和 БКР—БК 两种。БК160 个、БКР – БК 有 66 个数据库。1986 年初文献存贮量为 412.9 万个记录[1]。此外，前全苏科技情报研究所（ВИНИТИ）还同原民主德国化学情报研究所合作，建立化学事实型数据库，专业范围为化合物、化学物质性能及其反应，文献存贮量为 20 万条/年[2]。为了进行数据库的格式转换和批量制作，前苏科技情报研究所开发了数据转换系统，利用统一的程序，不仅将数据库制成 ТКФ（国内交换格式）和 МЕКОФ – 1、МЕКОФ – 2（国际交换格式）等多种格式，而且也制成符合 АСОД、АСМИД、ПОИСК – 1、2、ДИАЛОТ 等标准化应用检索软件包。中央科技情报数据库系统（ЦСБД—НТИ）是远程访问数据库系统。系统运行软件为标准对话式软件包 ИОИСК – 1、2（用于数

---

① ВИНИТИ，ИНДЕКС БАЗА ДАННЫХ，МОСКВА，1988

② ВИНИТИ，ИНДЕКС БАЗА ДАННЫХ，МОСКВА，1988

据输入和检索）、KAMA（远距离数据处理系统、6、1 版本）。该系统的外围设备为 MASVS 方案的 OCEC 操作系统，带虚拟存贮器的电子计算机 EC – 1055 型《РЯД—2》系列，ВИДЕОТОН、ЭЛЕКТРОНИКА 等型终端机以及容量为 100 和 200 兆位，总容量为 2.5 千兆位的磁盘。1986 年该系统通过通讯线路开始向用户提供 520 万条文献记录，除磁带数据库的全部内容外，还有三个专业配套数据库，即农业技术经济情报科学研究所（ВНИИТЭИСХ）的农业数据库；医学情报科学研究所（ВНИИМИ）的医学数据库；建筑情报科学研究所（ВНИИИС)的建筑和建筑技术数据库，回溯检索深度均为 5 年。截止 1990 年，该系统只有集体用户，主要是前苏联科学院下属的 50 个研究所，原 15 个加盟共和国的科技情报机构以及 7 个国外大型情报中心。

二、数据通信网络

美国用于数据库系统的数据传输通信网络完全是在商品经济和自由竞争的支配下建立和发展起来的。通信网络主要有二种：公共数据网络和专用数据网络。在美国前者是由专门提供公共数据通信网络服务的公司经营，规模最大的商业性公共数据通信网络有 4 个：Tymnet、Telenet、Autonet 和 Uninet（表 4）。其中以 Tymnet 和 Telenet 最为著名，它们是北美网络，但在欧洲和世界其他地区都有节点（例如布鲁塞尔、法兰克福、海牙、伦敦、巴黎、香港、马尼拉、新加坡等）。

表4　美国四大商业性公共数据通信网络

网络名称	所属公司	开始经营时间	节点数
Tymnet	Tyme share 公司	1970 年	400 个以上
Telenet	GT&E 公司	1971 年	350 个以上
Autonet	ADP 网络服务公司	1982 年	280 个以上
Uninet	Uninet 公司	1981 年	175 个以上

受到美国广大用户欢迎的专用数据通信网络是美国一些联机检索系统的经营公司为保证数据传输的速度和质量专门装设的私人数据网络。例如,美国 Lockheed 公司为 DIALOG 系统装设专用网络 Dialnet;系统开发公司为 ORBIT 系统设置专线;Compuserve 公司、Data Resources 公司和 Mead 数据中心的专用数据通信网络。这些专用网络为用户检索本系统的数据库提供了可靠的保证和方便。

法国的数据通信网络在欧洲堪称首屈一指。70 年代初,法国国内对建立数据传输网络的呼声很大,1975 年法国政府内阁会议决定建设全国数据通信网,其目的有三点:促进信息处理的发展和数据库服务;增进多种多样信息系统的相互连接;保证通信可靠、安全以及确定统一的收费标准。法国著名的 TRANSPAC 网就是在此背景下产生的。在技术上,TRANSPAC 网以二个分组交换试验计划为基础,即 1972 年的 RCP 计划和 1973 年的 Cyelades 计划。1988 年 12 月 TRANSPAC 网建成并运行。访问方式为直接连接和经由公用交换网连接二种。该网是世界上第一个数据分组交换网(图 5,见 317 页)。至 1990 年末,该网共有直接接口 75000个,每月传输的字符多达 25000(亿)个[①]。

90 年代初法国又推出一种更大众化的网络服务,叫做 Tete-tel。用户购买或租用一台 Minitel 终端,用一个专用插件接通电话

---

① 马树云.法国电信通信业.科技日报,1991. 5. 17

线,就可以检索 TRANSPAC 网上的所有数据库系统。

前苏联的数据通信网络建设与美国和法国相比,大约要落后近十年。纵观前苏联自动化情报检索系统的发展过程,以及前苏联政府制定的情报系统发展方向,其重点放在情报收集、加工、处理手段的现代化上。因此,到 1990 年底前苏联没有成熟的公共数据通信网络或专用数据通信网络。140 个终端用户由电话线与数据库沟通,国外用户则通过前苏联信息自动化处理中心(ВНИИПАС)实现检索,多数没有通信条件的用户得到科技情报研究所的终端机房直接进行检索。

图5 分组交换网

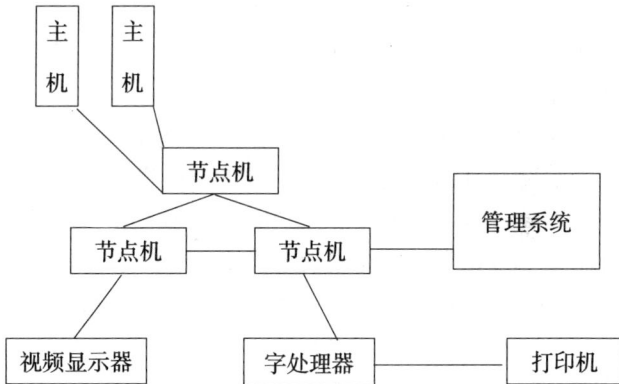

美国、法国和前苏联的科学技术数据库系统的分析比较

由上可见,在数据库生产、系统建设和通信网络三个方面,美、法、苏三国在发展和竞争的进程中,充分发挥了各自的实力,显示出各自不同的建设模式、发展方针、政策和服务方式。

一、系统建设模式

美国的科学技术数据库的建设模式基本上是分散型,并具有浓厚的商业化色彩。而法国的建设模式则是分散集中型。文献型数据库的生产是集中的,一律由全国科研中心(CNRS)的科技文献中心(CDST)和人文科学文献中心(CDSH)生产;数值型和事实型数据库由各专业部门分散建库。前苏联的科学技术数据库系统建设模式却是集中型,并且依附于行政建制。在建设初期具有投资集中、速度较快、规模巨大等特征。但由于管理体制过于集中以及追求大而全,致使系统在资金消耗方面背上了沉重的包袱。

二、系统发展方针政策

美国在数据库领域内是"超级大国",为保持其"大国"地位,一方面继续开发新技术,增强竞争实力,并不断向发展中国家输出影响;另一方面,采取垄断和控制的政策对付来自西欧发达国家的挑战,例如,加强数据和信息的保密制度,禁止对欧洲国家开放某些数据库等。

面对美国的控制和封锁,法国采取了"信息自立"政策。具体地讲:1.大量投资,收集和引进国外科技信息,建立自己的国产数据库,而后再面向国内外用户,同美国抗争。如引进 CAS online 数据库,自制 DARC 化学结构信息处理软件;2.自己创设生产计算机和开发软件,自建通信网络,冲破美国 Tymnet 数据通信网在"欧洲""独霸天下"的格局。如 BULL 公司生产的 Dps 8 大型计算机,TRANSPAC 网络,泛欧分组交换网 EURONET 等;3.优先建设为经济建设服务的、实用价值高、效益大的数据库。如最早建立的 THERMOTA 和 CATED 数据库系统是适应当时经济建设的迫切需求而创建的。

前苏联也采取了"信息自立"的政策来面对美国的挑战,其具体内容与法国的有所差异。它的"信息自立"的重点致力于建设一个以自建库为中心的国产数据库系统,以及一个以前苏联为中心的原经互会国家数据库体系。

326

三、系统服务手段方式

随着美国信息产业化的发展,美国数据库系统服务表现出一种新的特征,即信息产业中分工加细,数据库服务分散化,形成集中与分散并存的体系结构。如,美国的 Telebase 数据库服务公司,与欧美 DIALOG、QUESTEL、INFORLine 等数据库系统协议,将 60 多种数据库纳入自己的检索网。为了维护"大国"地位,美国不断采用新信息技术,推出新型服务和产品。如,各著名联机系统推出光盘、全文数据库和图像扫描检索。仅 DIALOG 系统就有各种全文数据库 33 种,光盘数据库 20 种[①]。

法国在系统服务方式上采用的是统一协调、专业分工的方式。如,THERMODATA 系统利用格勒诺布尔大学的 Dps 8 大型计算机提供对外联机服务。再如,法国科研中心只建设综合性文摘数据库 PASCAL 系统,而对外的联机检索服务则由 Questel 系统负责,网络建设由 Teléesysléms – Eurodia 来进行。三位一体,各具所长,形成系统服务的有机统一整体,这是既有效又经济的发展途径。

前苏联的系统服务是通过行政体制来贯彻实行的,服务方式以磁带数据库服务为主,因此与美国和法国有着根本的区别。前苏联的系统服务无个人用户,在管理上相对集中,服务方式相对简化。但在整个数据库生产过程中只重视了软、硬件和数据库前二个环节,而忽视了数据库通信网络建设后一环节,造成信息流通阻塞,致使系统服务在手段、方式、技术、产品等方面的发展受到了极大制约。

中国的科学技术数据库系统

一、数据库系统

当西方发达国家数据库事业进入稳定发展和产业化阶段,中

---

① DIALOG full – text Alpha List, USA. 1989

国的数据库系统建设才刚刚起步。由于采取了"洋为中用"和"自力更生"相结合的发展原则,目前在国内形成三种类型的数据库服务系统:以中国科技情报研究所为中心的国际联机检索系统;引进国外磁带数据库和 CD – ROM 数据库自建检索服务系统;完全自产自销的中文数据库检索系统。

(一)国际联机检索系统

80 年代初,中国建筑技术开发中心通过香港大东电报局,租用一个香港终端,与美国 DIALOG 系统和 ORBIT 系统进行远距离联机检索。1983 年中国科技情报研究所在联合国教科文组织协助下,由我国邮电部与意大利国际电报局(ITALCA – BLE)达成开展中意两国公用数据业务(分组交换业务)的协议,在北京电报大楼设立二台 9600 波特/秒的 CODX96 调制解调器(图 6,见 329页)。

1983 年中情所国际联机检索系统开通,标志着我国第一个国际公用数据库终端站建成。目前该所国际联机检索服务已安装三套用户数据传输终端。全国已有 71 个部门和单位设置国际联机检索终端。

此外,国际金融、贸易部门在北京、广州、上海、天津、南京、大连等地设立终端,直接与英国路透社 MONITOP 系统、美国花旗银行的全球报告(BLOBAL REPORT)直接联机。

(二)磁带和光盘(CD – ROM)引进自建数据库系统

磁带、光盘引进自建数据库在我国数据库系统中占相当比重,主要由北京、上海国家情报所和各专业部委情报所进行(表 7、表 8,见 330、331 页)。

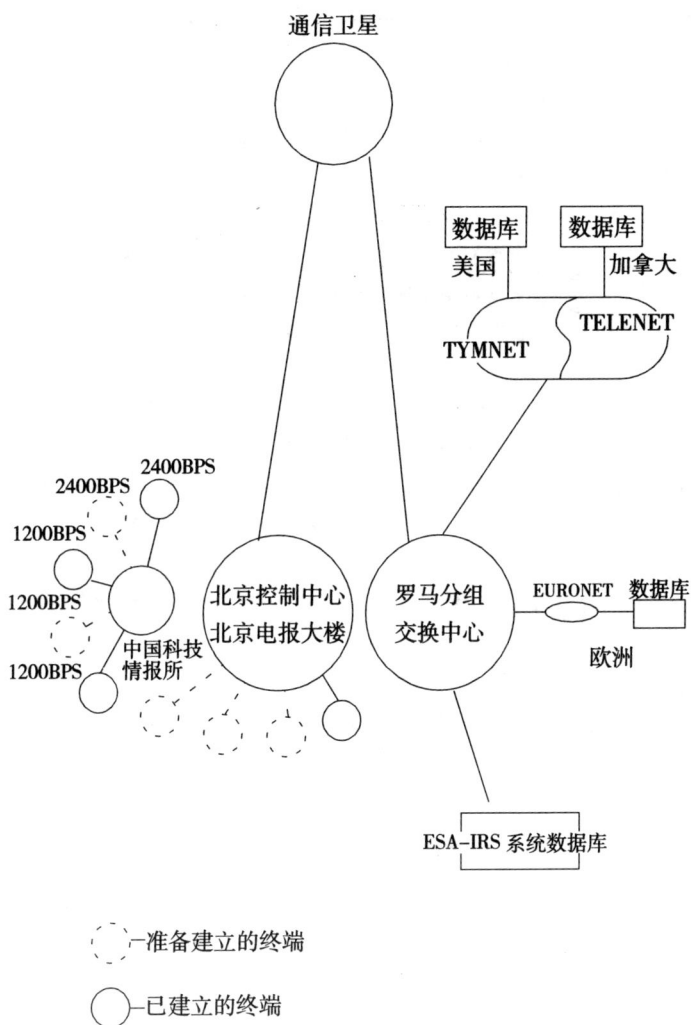

图6 ITALCABLE 协议示意图

通信卫星

数据库 美国

数据库 加拿大

TELENET

TYMNET

2400BPS

2400BPS

1200BPS

1200BPS

北京控制中心
北京电报大楼

罗马分组
交换中心

EURONET

数据库
欧洲

1200BPS

中国科技
情报所

ESA-IRS 系统数据库

准备建立的终端

已建立的终端

表7 引进自建光盘(CD-ROM)数据库

数据库名称	引进单位	数据库名称	引进单位
Ulrich's Plus (乌利希光盘)	上海图书馆 北京农业大学	NTIS（美国 政府研究报 告）	上海科技大学 北京图书馆 兵器科技情报所 中国气动力研究 与发展中心
BIBLIOFILE (美国国会图书 馆机读目录)	上海复旦大学图书馆 大连理工大学图书馆 清华大学图书馆 西北工学院图书馆 北京农业大学图书馆 北京大学图书馆 北京师范大学自动化 发展部 上海交通大学图书馆	MEDLINE (美国医学 文摘)	上海第二医科大学 上海医学情报所 上海第二军医大学 北京肿瘤研究所 新疆地方病防治 研究所 广东医学情报所 南京铁道医学院 河南医学情报所 第四军医大学 河北医学科学院 医学情报所 山东省医学情报所 军事医学科学院
OCLC Agricultural Series (美国联机计算 机图书馆中心农 业光盘)	北京农业大学		
ERIC(教育资源 情报中心数据 库)	兵器科技情报所 北京师范大学自动化 发展部 北京图书馆	ASFA（水科 学和渔业文 摘）	海洋科技情报所
UMI (生物题录)	北京医科大学		
BIP Plus (在版书目)	上海图书馆	LSC(生命科 学文选)	海洋科技情报所

资料来源:江秋明.国际联机检索服务的竞争与发展.科技情报工作,
1987(7):27

330

表8 引进自建磁带数据库

数据库名称	建库单位	数据库名称	建库单位
CA （化学文摘） NTIS	化工部科技情报所	COMPENDEX（工程索引）	机械科技情报所
（美国政府研究报告）	北京文献服务处		中国科技情报所
	上海科技情报所	BIOSIS（生物学文摘）	（已停建）
WPI （世界专利索引）	国家专利局	METADEX（金属文摘）	机械科技情报所
	北京文献服务处	EM BASE（荷兰医学文摘）	
	上海科技情报所	PTS（世界工业产品市场与技术概况）	
INSPEC （科学文摘）	机械科技情报所	MEDLINE（美国医学文摘）	医科院情报所
	中国科技情报所		

资料来源:同表7

（三）中文数据库系统

建设中文数据库系统突出了我国联机检索数据库系统特色，使之具备进入国际交流资格的重要途径。它的建立既开发了国内的信息资源，也弥补了国际信息源中中文信息的缺陷。目前，我国的《中国学位论文库》（英文版）和《中国产业学报库》已被纳入国际联机检索网络。《中国道路信息库》、《中国新能源库》、《中国高校学报论文库》等数种数据库也加入了国际交流行列。

归纳起来，当前我国的中文数据库有3种模式：（1）面向全国的大型综合性数据库；（2）面向全国的专题数据库；（3）面向本单位、本地区的专题文献库。

中文数据库从具体内容上看，还可分为以下若干类型：

1.中外文书刊联合目录（表9）

表9 自建中外文书刊联合目录数据库

数据库名称	建库单位名称	建库时间	数据库规模
全国中文科技期刊联合目录系统	中情所联合全国56个单位	1988	1万余条记录
武汉地区外文期刊联合目录系统	武汉市情报所	1985	6000余条记录
四川省外刊计算机管理系统	四川省情报所	1987	8025种外刊
中科院西文连续出版物联合目录	中科院文献情报中心	/	2万余条记录
北京地区西文图书联合目录	中科院,清华,北大等10所高校	1982	约8065种图书数据
全国农业外文及港台期刊联合目录	中国农科院	1989	/
天津市情报所馆藏外文文献检索系统	天津科技情报研究所	1983	1.8万余条记录
上海地区外文期刊联合目录	上海科技情报研究所	/	/
化学文献中文检索系统	中科院长春应化所	1983	5万余条记录

资料来源：卓香杉.我国自建计算机情报检索数据库综述.情报学刊,1990,11(2):118

2. 综合性中文文献数据库（表10）

表10 自建综合性中文文献数数据库

数据库名称	建库单位	建库时间	数据库规模	专业范围
中文科技期刊篇名数据库	中情所重庆分所	1989	10万余条记录	社科、自然科学
中国学术会议文献库	中情所	1985	4万余条记录	"
"星火计划"适用技术信息库	"	1986	1万余条记录	水产、禽畜饲养、果蔬、食品加工、电子建筑、纺织、矿业等
中国学位论文献库	"	1988	14000条记录	社科、自然科学
中国学会学报文摘数据库	"	1988	1000条记录	" "
中国高校学报论文数据库	全国高校	/	/	" "
中文图书资料检索管理系统	邮电部情报所	1984	1万余条记录	" "

资料来源：同表9

333

3. 图书馆流通、管理系统（表11）

表11 自建中文图书馆流通、管理系统

数据库名称	建库单位	系统功能
原版期刊管理系统	上海航天局	编目、检查、订购、管理等
中文期刊订购查重系统	山东省情报所	检索、查重、打印、统计、增、删、改等
图书采购管理系统	航天部二院	建库、维护、新出检收、统计、打印等
中文文献自动标引检索系统	武汉大学图书情报学院	自动抽词、关键词规范化、自动标引等
西文编目教学管理系统	武汉大学图书情报学院	识别分析各种错误、统计、归纳、分析、讲解等

资料来源：同表9

4. 专业文献数据库（表12）

表 12 自建专业文献数据库

数据库名称	建库单位	规　模	专业内容
中国计算机科技文献库	中科院计算所	6 万余条记录 每年增加一万条	6 个语种 600 多种 计算机期刊、会议录
中国稀土文献库	中科院长春应化所包头稀 土研究所	6000 余条记录	800 余种有关稀土文献
中国道路信息系统	交通部情报所	20 万条记录	中国道路科研信息
新能源数据库	中情所重庆所与西德合作	/	能源
计算机数据库	"	/	计算机
有机晶体结构数据库	中科院电子冶金所	/	有机晶体
中文化学化工文献数据库	化工部情报所	/	化学化工
中国化学文献数据处理系统	中科院上海有机所	每年 1 万余条记录	"
中国林业科技文献库	林业部情报所	4000 余条记录	林业、竹类、太行山绿化
海洋资料查询系统	国家海洋局情报所	/	海洋资料
中国地质文献库	地矿部	1 万余条记录	地质、"

（续表）

表 12　自建专业文献数据库

数据库名称	建库单位	规模	专业内容
矿业文摘数据库	煤炭部情报所	3 万余条记录	矿业
中国石油文献库	石油天然气总公司情报所	/	石油文献
中国铁路文献库	铁道部情报所	每年录入记录 4 千余篇	
铁路机车车辆损坏库	大连内燃机车	/	机车修理
运载火箭/导弹数据库	航空航天部	/	火箭导弹
航天器信息检索系统	"	/	航天器
工程信息系统 5 项情报	"	/	工程信息
中文食品工业文献库	广西情报所	/	食品科技
中文医学期刊题录库	湖北医科院情报所	5 万余条记录	中文医学
新华社新闻资料库	新华社,北京信息工程学院	11734 条记录	新华社新闻
中国职业卫生和安全库	上海医大·劳卫所	4 千余条	职业卫生和安全
工业机器人数据库	机械工业部	3 万余篇	工业机器人

资料来源:卓香柏.我国自建计算机情报检索数据库综述.情报学刊,1990,11(2):118

5. 专利、法规、科研成果数据库（表 13）

表 13 自建专利、法规、科技成果数据库

数据库名称	建库单位	建库时间	数据库规模	专业内容
中国专利文献数据库	中国专利局	1987	3849 条记录	中国专利
科技成果数据库	中科院	1984	6000 余条记录	科技新成果
国家级重点攻关项目计划管理系统	国家科委	/		攻关项目
中国专利、科技成果数据库	山东省情报所	/	13 万条记录	中国专利、科技成果
中国法制信息检索系统	全国人大、国务院等	1988	2500 多个文件	法规文件
涉外经济法规检索系统	上海市政府、上海交大	1987	6000 万字节	涉外经济法规

资料来源：同表 9

6. 数值型、事实型数据库（表14）

表 14 自建数值型、事实型数据库

数据库名称	建库单位	数据库规模	专业范围
红外谱图数据综合处理系统	中科院上海有机所	3.4 万个化合物标准红外光谱图；1.1 万个商品化合物谱图	红外谱图（化合物）
碳—13 核磁共振波谱数据库	中科院长春应化所	1.2 万张谱图	碳—13 核磁共振谱图
国防工业经济信息数据库	国防科技信息中心	2 亿字符的数据量	人、财、物、产品、成果、技术、状况、试验设施等数据
中国集成电路数据检索系统	原电子部情报所	16.7 万余个记录	数学集成电路、模拟集成电路
化学物质毒性事实型数据库	中科院生态环境中心	7 万种数据	化学物质毒性
湖北公路桥梁管理系统	湖北省公路管理局	／	大中桥梁数据
中国半导体器件数据检索系统	原电子部情报所	／	半导体器件
老年医学研究机构事实型数据库	解放军军医进修学院	／	老年医学研究所

资料来源：同表 9

338

7. 经济、金融和市场信息数据库（表15）

表15 自建经济、金融、市场信息数据库

数据库名称	建库单位	数据库规模	专业范围
计算机市场信息库	中科院计算所	1700余条记录	计算机市场信息
路透社MONIOR系统	中国国际信托有限公司	/	金融、商品行业信息
全国技术成果交易信息数据库	轻工部经济研究所	2.3万余条	技术成果
轻工部国际贸易数据库		15万条数据	海关统计
广东省产品名录	广东情报所	5000余条记录	厂家、公司企业名录
全国化工产品数据库	化工部情报所	/	化工产品
全国技术引进项目管理信息系统	国家计委	/	技术引进项目

资料来源：同表9

上述情况表明,我国的科学技术数据库建设已走出试验研究阶段,踏上实用化、产业化的道路。据统计,现在全国已在不同机种上建立不同规模的数据库 290 多个,录入文献记录约 1000 万条①。

二、数据通信网络

随着我国通信事业的发展,数据通信网络近年来也得到一定发展,并初具规模。国内微波通信网覆盖大部分省市,已有 6 个 A 标准地球站使用国际商用通信卫星(INTELSAT)。为了加快数据网络的建设,我国已开始建立公用数据网和专用数据网。在公用数据网方面是由电信部门组建。1983 年,意大利国际电报局赠送北京电信管理局一套数据分组交换设备(PAD),北京和罗马之间建起一个符合 X.25 协议规程公用国际联机检索系统。通过系统经罗马可与 DIALOG、ESA、STN 等国际联机系统联机。在使用罗马网的基础上,邮电部投资从法国 SESA 公司引进具有 80 年代世界水平的中国分组数据交换网(CHINAPAC)。1989 年该网正式使用。系统的主交换机为 Dps25 II 型机,网管中心(CMC)和国际入口局设在北京;广州、上海、北京分设三个节点机(NODE),远端集中器分别设在沈阳、天津、西安、成都、武汉、南京、深圳 7 个城市(图 16,见 341 页)。

北京的节点机有 64 个同步端口和 72 个异步端口,通信速率为 1200 波特~9600 波特。至 1990 年底,CHINAPAC 的覆盖范围扩大到各省会城市。此外,CHINAPAC 系统与美国 WORLDNET 和法国 TRANSPAC 建立直达卫星链路,经上述两个网络可直接转入加拿大、日本、荷兰、德国、香港等国家和地区的数据交换网。我国公用数据网上的用户还有路透社金融信息网和美联社美联资讯等。

我国的专用数据网是以点对点或点对多点的专线或专网,其

① 卓香栈.我国自建计算机情报检索数据库综述.情报学刊,1990,11(2):118

图 16　CHINAPAC 中国分组数据交换网

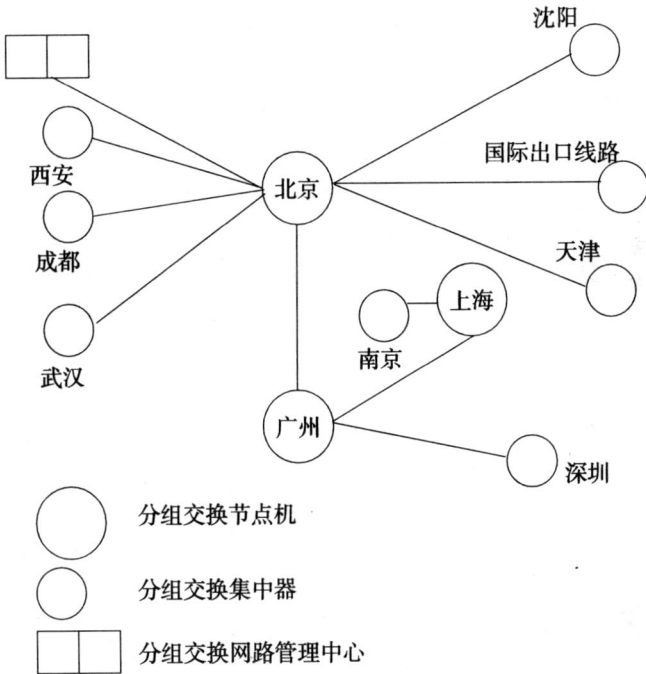

中包括新华社、中央气象局、国家专利局、工商银行等 10 家,传输速率为 2400—9600 波特,个别的可达 14.4K 或 16.8K 波特。

中国科学技术数据库系统发展进程中值得思考的几个问题

　　分析比较美、法、苏三国数据库系统的发展特征,对照我国的现状,尽管 4 个国家的国情有着根本的区别,进行系统建设的方针、政策、手段、方式各所不同,但所面临的问题,所需解决的环节是相同或相似的。因此,对照借鉴美、法、苏三国系统建设的事实,有些问题值得我们进一步思考:

一、系统建设模式：我国的系统建设模式目前实际是分散型的，但又有别于美国的完全在自由竞争支配下的分散式。这种分散式在系统建设初期，在管理和投资方面有一定的优点和方便，但也存在弊端：1.由于行政建制的垂直型以致缺乏横向联系，造成数据库建设交叉重叠、重复消耗资金，因而难以向纵深发展。以 CD－ROM 引进自建数据库为例，美国医学文摘（MEDLINE），全国引进自建单位不下 15 个，有的城市甚至有 3 个单位同时引进。2.信息资源大多依附于行政建制而缺乏相对独立性，难于统一协调，禁锢了信息资源的扩充和利用。我们认为，我国系统建设模式选择上，法国的集中分散型模式有一定的积极意义，可资借鉴。

二、数据库系统的生产和服务。1.在生产方面，我国同美、法和前苏联相比，存在很大差距。上述三国的科技文献出版基本达到全部文献数据库化，生产能力达到产业化规模。而我国的生产能力只相当于 60 年代初的世界水平。2.在系统服务方式上，目前我们实行自产自销方式，即数据库生产单位自己开展服务，从长远观点和经济效益上讲是不合宜的；从体制上看也是封闭的，不利于统一协调；从效益上看达不到资源共享目的，用户受到很大限制，显然不是优化的方式。3.美国和法国之所以能称雄于世界和欧洲，是与两国发达的通信技术分不开的。前苏联虽有数据库生产实力，但由于忽视了通信技术的重要地位和作用，致使发展速度受到限制。因而我们应注意到：提高数据通信技术水平是我国数据库系统建设和发展的技术支柱和关键。

三、信息消费和市场。信息消费和生产是相互制约和相互促进的，信息事业发达的国家信息消费必须是上乘的。据日本统计，美国的人均信息消费为 1130 日元，欧洲为 576 日元。而我国数据库服务市场尚未形成，有偿服务尚有阻力，信息吸收率和消费水平较低，这不仅仅有技术方面的，也有观念方面的差距。我们认为，在我国数据库系统建设进程中，不仅要提高系统的生产和服务能力,还应在观念方面逐步实现下列方面的转轨:1. 由崇尚经验向重视信息转轨,增强全民的情报意识;2. 由意识封闭、心理封闭和格局封闭向公开、流通和开放转轨,实现社会情报化;3. 由抑商观念向符合社会主义商品经济规律的情报有偿服务观念转轨,实行情报产品商品化和信息产业化;4. 由单一的传统思维方式向开放式、网络式和反馈式的思维方式转轨,培养创新和求实的时代精神。

四、数据库系统建设的方针政策

美国控制和封锁政策,前苏联和法国的"信息自立"政策以及他们致力于建设自己的数据库系统的事实,从两个侧面给我们以启示:中国的数据库系统的建设和发展必须实行"信息自立"的方针政策,这是基于:1. 我国作为拥有 11 亿人口的大国,在政治、经济上一贯奉行独立自主的政策,如果信息不自立,就谈不上彻底的独立自主。也就是说,"信息自立"是独立自主政策的组成部分;2. 概观我国数据库系统建设的现状,可以发现国际联机检索服务、引进磁带和 CDR – OM 数据库的服务的发展比起国内中文自建库的发展速度要快得多的事实,这也是当今世界信息领域内,西方与东方、发达国家与发展中国家之间合作关系上一种值得注意的走势。虽然输入、依靠和利用外国信息新技术和信息资源、与发达国家合作建库,或者加入外国数据库体系,对我国的数据库系统建设,对缩小与发达国家之间技术上的差距有促进和推动作用,但这不是长久之计,更不是唯一的发展途径。从长远的战略观点出发,我们应当清醒地看到,潜在的危机正在出现,对发达国家的依赖性正在增加;与发达国家的信息处理能力差距正在扩大;同发达国家之间利用信息的不平等关系正在加剧。

总之,我国是一个发展中国家,走"信息自立"的道路就意味着走一条不以发达国家或其他国家为转移的建设道路。特别值得指出的是,我国的"信息自立"政策与法国、前苏联的"信息自立"政策在起点、内容和方式上是不同的。当然在坚持"信息自立"原则的指导下,我们不杜绝外援,不闭门造车,而是在顾及本国经济、社会、政治和人员等诸因素的前提下,积极主动地引进和利用外国信息新技术和信息资源,建设一个既有实力又有特色的中国科学技术数据库系统。

(徐肖君　钟守真)

附　　录

附录一　比较图书馆学的德尔斐调查报告

英国自 1966 年开设比较图书馆学课程以来,至今即将步入第十个年头。这是我们稍作回顾并展望未来十年的好机会。

应该承认,在图书馆学领域里,对比较图书馆学的认识存在着诸多分歧,其争议大大地超过其他的任何课题。目前仍进行着大量深层次的探讨。这种理论性研究表现在两方面:以丹顿(Danton)教授的著作为代表,这是一方;另一方是以"国际与比较图书馆小组"(The International and Comparative Librarianship Group – ICLG)所属下的"政策调查附属委员会"的研究成果为代表。

在比较图书馆学研究中,我们为取得共识,采用了德尔斐方法。这种方法不仅可以用于对未来的预测,而且也适用于对目前状况的研究。德尔斐法的主要优点是在特定的范围内,可以了解到个人最为真实的见解。这是由于匿名的作法,他们可以毫无顾虑地、独立地表达个人的见解。不用担心会因伤害他人情感或是产生争议而对自己有所克制。因而,被调查的人其观点不会受他人或小组的影响。在德尔斐法进行的第二阶段,集体的观点是以客观的、摘要形式来表述的,从而使某些观点还有可能进行修正或就其他方面的见解展开讨论。

这次调查是在公开的、愉快的、真诚合作的气氛下进行的。在处理这些调查表的过程中,使人产生一种仿佛置身于一个最令人兴奋的研讨会之中的感觉。

调查表中的问题都是在我们编写《比较图书馆学手册》第二版所做的文献调查的基础上提出来的。每个问题的提出都有一篇文献作为依据,(本文不再一一列出)。但丹顿的建议除外,这些建议作为基本的问答资料纳入文内。当然,这并不是为了提及丹顿教授。

参加这次调查的专家小组的成员是从"英国图书馆学校协会"人名录中、"国际与比较图书馆学委员会"会员录和《国际与比较图书馆学要闻》杂志的投稿者、比较图书馆学方面的作者及少数学生中精选而来的。他们中间有 15 人居住在国外,79 人住在英国。大约有半数成员与图书馆学的教学工作有联系,另一部分成员则是图书馆的工作人员。他们都是"图书馆协会"的成员,其年龄构成也很合理,包括老、中、青三个层次。

在对公布的 94 位专家进行第一轮调查时,有 45 人填写了这份调查表的前一部分。在第二轮调查中,只收到 18 份答案,其中 12 份回答了所有的提问,另外 6 份只回答了最后一部分的提问。

下面分别介绍调查的有关问题。

比较图书馆学学科界限

对比较图书馆学定义的研究似乎是比较图书馆学研究者们首先要触及到的,因而成为调查项目中的第一个问题。

在这一问题中,要求参与者们对所排列的几组概念作出判断,以确定该组概念间的相互联系。首先提出的是关于比较图书馆学与图书馆学、比较方法的关系问题,并给出三种义项:前两种是表明比较图书馆学与图书馆学存在根本的联系;第三种是表明比较图书馆学与比较方法存在根本的联系。大约有 40% 的人对前两种义项投了赞成票,47% 的人赞成第三种义项。因而,这似乎表明了对比较图书馆学最基本的问题的看法,两种意见几乎是平分秋色。为了对这一问题再次核实,在第二次的调查问卷中,又重新提出了这一问题。在 12 位应答者中,16% 的人认为比较图书馆学与比较研究有着根本的联系;58% 的人认为比较图书馆学与图书馆学有着根本的联系。

第二个问题是用以了解比较图书馆学与国际图书馆学的关系。第一种义项是显示比较图书馆学和国际图书馆学是同一层次彼此独立的两个学科。而第二种义项则表明比较图书馆学是从属于国际图书馆学的。应答者中,赞成第一种和第二种义项的人各占 20%。因此,在这个问题上也似乎是两种意见不相上下。为了证实这一点,在第二次的调查问卷中,又再次把这个问题包括在内。33% 的人认为,比较图书馆学是从属于国际图书馆学的一门分支学科,8% 的人则持与此相反的观点,58% 的人对这一问题不作答复。至于在比较图书馆学与国际图书馆学是否存在着联系的问答中,16% 的人认为国际图书馆学与比较图书馆学是相互联系的,58% 的人认为比较图书馆学与国际图书馆学不存在必然的联系。

值得注意的是,只有 12 人回答了第二轮调查表中的问题,这种抽样调查的范围太窄了。到目前为止,所收集的有关依据还不足以作出定论。也许最有概括性的见解是调查表 No. 1/32:“这些评估表明,这种界限与联系完全是我们人为造成的……。”

时间界限

在比较图书馆学文献中,对于比较图书馆学研究所涉及的时间跨度,存在着两种截然相反的看法,87% 的人认为比较图书馆学研究的时间范围是现在,73% 的人认为是将来,64% 的人认为是过去。调查中有人认为时间界限的区分是一种人为因素所造成的。但调查表 No. 2/19 的评述中则指出:“某一特定研究的时间跨度应由研究课题的特点来决定。"

地域界限

这个问题涉及到两种截然相反的观点:一种认为比较研究应是跨国度的,另一种则坚持比较图书馆学应包括一国之内的地区研究。

71%的人认为比较研究不必跨越国界,27%的人则认为必须跨国界。调查表 No. 4/20 综合其主要看法:"跨地域界限不是比较图书馆学不可缺少的部分。我们用不着跨越地域界限也许更能够发挥比较图书馆学研究的优越性……。"

调查还表明,有关地区研究问题,76%的人认为地区研究应属于比较图书馆学,9%的人认为不应包括在内。调查表 No. 4/4 从实际出发来评价这种观点:"事先未曾对各自地区进行研究,要对它们进行比较研究是不可能的。"

理论与实践

比较图书馆学的著作屡遭抨击,是由于它们仿佛存在于过分脱离实际的真空中,"提出问题并为此提供某些经得起考验的严密的比较研究在哪儿呢?"

要求应答者们用附在这份调查报告上的"乐观性曲线图"来表示他们对上述质疑的态度。不赞成乐观性曲线图的占9%,20%的人持中立态度,44%的人不同程度地表明同意的态度。也许调查表 No. 5/1 代表了主要看法:"很难不同意上述观点,除非认为这也是正常的,即对于一个概念,在未曾对其作出严肃研究之前,能够突然冒出来,而且还能够提出解决这种仿佛置于脱离实际的真空中各种途径。"得出这一结论的两个主要理由是,这一学科还处于发展阶段,而且可供研究用的资料尚感不足。

动机

关于开展比较图书馆学研究的个人动机的调查中,67%的人认为他们是受理性思维和实际应用的两个方面的考虑所驱使,30%的人认为只是出于理性思维的动机,4%的人则认为是出于实际应用。一般来说,动机似乎因人而异,调查表 No. 6/4 或调查表 No. 6/17 的评论表达得更充分:"理性思维动机是为了我,就像图书馆学方面的一位学者及一位著者一样。这些实际应用的考虑是为了那些管理图书馆的人或对图书馆进行规划的人,他们很需要从他人的经验和教训中获益。"

比较图书馆学与发展中国家

在对比较图书馆学研究作出贡献的调查中,人们会惊异地发现,来自发展中国家的作者竟如此地罕见。对这些专家们的抽样调查表明,几乎没有来自发展中国家的作者,因而可以假设下面所提的问题是针对把发展中国家完全划为局外人的图书馆员们而提出来的。这个问题是:"来自发展中国家的图书馆员们会发现比较图书馆学对他们有用/无用,因为……"。对这一问题的最佳应答是 No. 7/9:"问问他们"。然而,调查这个问题的目的不是要寻求发展中国家开展比较图书馆学研究的事实,而是要了解比较图书馆学专家们对这个问题所持的态度。调查结果表明,67%的人认为比较图书馆学对发展中国家是有用的,9%的人认为这门学科对发展中国家没有用处。前者的理由可以调查表 No. 7/1 的回答为例,他认为:"发展中国家由此可以得知常见问题的解决办法,也能从别人的教训中受益。"还有人认为比较图书馆学有助于文化借鉴,如评论 No. 7/5。

比较方法

对这一问题的调查是要求应答者在调查表中指出比较图书馆学的理论范畴。以分析方法和解释方法所占的比例最大，分别是76%和80%；描述方法占62%；纯理论方法占42%。这份表格由于人为地造成的界限而受到批评："上述几种方法应分成两类，而不是四种。描述方法应单独列一类，至于评述对其他三种方法都是必不可少的。不受理论和解释方法支配的分析方法为另一类。"(No. 8/11)

在要求指出每一种方法其重要性的程度时，24%的人认为分析方法最重要，22%的人认为解释方法最重要，9%的人认为描述方法最重要，4%的人认为纯理论方法是最重要的。

对另一个问题调查表明该问题对于比较图书馆学研究是无关紧要的。然而，这个问题在其他比较学科中却存在着相同的争论：82%的人认为，比较图书馆学集中研究的是个别因素的个体性和总体性。调查表 No. 9/7 概括了总的看法："这两者都同样重要。整体的情况、或对整体情况的理解，要依赖于对个别因素的理解。这些个别的因素在各自独立时可能是有用的，而只有当它们置于整体之中时，才会变得更有价值、更有意义。"

然而，在比较图书馆学文献中出现的另一争论则是，关于直觉和科学方法的作用。调查要求应答者在一张图表上表示科学方法与直觉之间的合理比例。40%的人认为，科学方法应占支配地位；29%的人认为，科学方法与直觉所占的比重是相等的；9%的人认为，直觉应占支配地位。22%的人认为这是个令人困惑的问题而未作答复。有几位应答者将这一问题与社会学相提并论，No. 10/3 回答说："……连诺贝尔奖的得主们都承认直觉在研究过程中的合理性。"带有普遍的观点或许是正如 No. 10/15 所指出的："直觉和科学方法都重要，不要以为它们是机械的或呆板的。"

在比较图书馆学研究的著作中,正在形成比较图书馆学所特有的专用术语。对这些术语的抽样调查是把它们列在调查表中,要求应答者对这些术语进行随意性的构想。No. 11/1 作了最好的回答:"令人遗憾的是,完全有现成的英语可用而置之不顾,非要憶造或借用生硬难懂的词语";No. 11/8 回答说:"我相信,一门学科的产生完全没必要用一些憶想的术语来装饰而获取其地位。"

对这些应答者作更进一步的询问时,要求他们指出哪些术语被认为是最重要的。前三个最重要的术语依次是:假说占 20%,模仿占 16%,因果关系占 13%。

与其他的比较学科一样,在比较图书馆学的方法论中,关于比较对象间的同一性和差异性的认识也是存有争议的。49%的人认为,可以进行比较的两种事物应当基本上是具有同一性的;31%的人认为同一性和差异性应兼而有之;20%的人认为两种事物在本质上存在差异才可进行比较,这是有关方法论的较为明朗的观点。对它的似是而非之说,No. 2/18 作了完满地答复:在一次关于比较方法的讲课过程中,我要求一位学生把一块正方形的红色塑料块与"智能显示"作比较。我的想法是,通过给她一个不可能实现的比较来说明在比较中基本相似的重要性——像这样风马牛不相及的东西怎么能作比较呢? 她立刻对我的问题作出答复说:"这是很有意思的——它们一定是要证明某件东西!"

科学方法的一个重要方面就是包括客观性在内的科学态度。要求应答者回答,假设客观性是处在可能的和合乎需要的状况中,53%的人认为客观性是可能的;31%的人认为是不可能的。至于是否需要客观性的应答则是 76%的人认为是合乎需要的;70%的人认为是不合乎需要的。No. 13/2 的回答概括道:"科学方法中的客观性同整个社会科学中的其他学科一样是完全可能的。而合乎需要正如客观性也是可能的一样。"

最后一项有争议的问题是,在比较图书馆学的研究中,应该进行实际调查工作,还是进行"脱离实际"的理论性研究。50%的人认为,比较图书馆学应当二者兼之;31%的人认为应采用实际调查进行研究。没有人认为比较图书馆学可以脱离实际调查进行研究。No. 14/10 回答说:"我确信比较图书馆学这两种方法都需要。最好的人类学研究既有实际调查……,也有纯理论的研究。"No. 14/15 将这个问题与研究的水平联系起来,指出:"我们必须把教学和科研论文区分开来,这里的教学是指包括使学生从中能掌握科研技巧在内的培养;而科研论文则是包括科研人员运用科研技能去研究,并且找到有关研究课题的各种结论,并达到概括人类知识要素在内的成果。"

资料

有关比较图书馆学的公开出版物的评价是十分重要的。虽然No. 15/19 的评价是善意的,他认为:"(出版物)从不合格到很出色各档次都有。"然而,许多其他的评论则是更为严格的,如 No. 15/69 指出:"似乎有一种比较一致的看法:比较图书馆学的文献数量不够丰富,质量不够高,而且尽管在数量上有所改观,但在质量上却依然如故。"比较图书馆学的成果,由于存在着观点模糊、社会学的知识理解不透彻、西方式的偏见以及重描述、轻分析而受到应答者的批评。

有关比较图书馆学的资料工作的评论,从"非常贫乏"到"适合需要",各种观点皆有。No. 15/72 认为:"希望把比较研究者具有潜在价值的任何成果都归结到'比较'一词的名下是过于天真的想法。"No. 15/75 则指出:"图书馆学和情报学的资料工作是一团乱麻。这些资料要么残缺不全,要么是令人吃惊的资料堆砌。"针对这种状况所提出的建议是:"创办国际图书馆学与比较图书馆学文摘,聘用一名图书馆协会的成员专门负责比较图书馆学。"

对于非公开出版物的报道范围过于狭窄,这种状况是作为缺陷之一被提出来的。此外,还提出应对有关方法论的资料编制索引。在本调查报告里,还应提到 No. 8/15 所提出的建议,他认为应制定一个"国际标准图书馆著录"(International Standard Library Description)。

有关图书馆和档案数量的评议,No. 15/85 的认识也许是最好的概括:"在英国,目前收藏有关图书馆学文献的图书馆,其数量远远不够,虽然一些较大的图书馆已做出努力以改进有关外国图书馆的资料的收集工作。但是,这类资料所涉及的范围是相当广泛,系统收集重要的、非公开出版物的难度又如此之大,以至于还没有一所图书馆能够办到,更不用说某位研究者了(正如 No. 15/56 所指出的),有希望逐步建立内容全面、综合性的藏书。虽然由不列颠图书馆接替图书馆协会,在这方面已做了一些工作,也取得一定的成绩。但是,某种形式的合作采购、合作收藏的计划仍然是必需的。而且,在一个地区的范围内也许会很出色地完成。此外,还可以指定专家以更简便地方式从事这项工作。"

比较图书馆学的教育

被调查的 49% 的应答者认为,就比较图书馆学的教育来讲,无论把它作为一门独立的课程,还是把它溶于其他课程中,同样都是需要的,31% 的应答者主张把比较图书馆学作为一门独立的课程;13% 的人认为它只能与其他课程融合。至于接受该课程教育的学生层次,赞同为硕士研究生开设此课的应答者占 87%;大学本科生占 67%;预期达到专业水平的占 38%。

丹顿教授的建议

在比较图书馆学研究中,由于丹顿的建议是第一个明确地涉及到有关的政策问题,所以他的建议纳入了这份调查报告中。这次的抽样调查对于检验丹顿的建议是否概括了我们的认识，以及这些建议的基础是否是建立在我们的方针的基础上，可以说是个很好的机会。

1. 建立几个第一流的、带有研究倾向的图书馆学院，以及类似的机构，这些学院和机构应拥有足够的高级研究人员。教学和科研要能得到财政的保证。

80%的应答者认为这项建议是恰当的；11%的人认为不恰当。有关该建议的可行性，11%的人认为不可行。No. 17. 1. /23 代表了几位应答者的看法："这项建立是恰当的和可行的。研究工作应更密切联系实际。具备这种专业知识的人应该是，或最近一直是从事图书馆工作的人员。"对于这一领域资料收集的可行性，有的人持怀疑的态度，有的认为我们应采取更谨慎的态度。例如No. 17. 1. /25 评议道："有必要加强我们学校的理论研究，没有必要建立一些新的学校，我们宁可依赖现有机构的力量。"

2. 为中心级的图书馆(图书馆学校、研究机构)提供资料。

89%的应答者认为是恰当的，没有反对者。在可行性方面，73%的应答者认为是可行的；17%认为不可行。No. 17. 2./14 的观点，概括了真实的状况："经费是必需的，但是这些经费从哪儿来呢？肯定不会来自'地方教育机构'，或是'(英)大学捐款委员会'。"

3. 各地的图书馆学院和其他的图书馆教育机构应尽可能地开设国际与比较图书馆学课程，尤其要设置比较图书馆学课程。

80%的应答者认为这项建议是恰当的，11%认为不恰当的。在可行性方面，67%的应答者认为是可行的，11%认为不可行。No. 17. 3. /16 的表述击中要害："不证自明。"

4. 一些政府要承担这种特殊的职责，即通过现有的比较教育，或通过图书馆的机构来支持和促进比较图书馆学这门学科的发展。

69%的人认为这项建议是恰当的,13%认为是不恰当的。就其可行性,49%的人认为是可行的,18%认为不可行。No. 17. 4./2 持保留的态度:"……任何直接由政府承担的事情都将是最不受欢迎的,完全可以肯定,这样做的话,会被认为是按政府的旨意办事。"有几份应答指出,类似这样的建议不应纳入政府优先考虑的问题之列。"政府应该更专注于紧迫的问题,如石油危机等等……"(No. 17. 4./21)。一部分应答者认为,也许特殊的项目更有取得财政支持的机会。

5. 出版杂志。

58%的人认为这是恰当的,24%认为不恰当。在其可行性方面,53%的应答者认为这是可行的,70%认为不可行。这些评议一致认为,为了达到出版比较图书馆学杂志的目的,不需要有太多的杂志,目前可利用现有的杂志来出版该领域的成果。

6. 出版年鉴。

58%的应答者认为这项建议是恰当的,22%认为不恰当。在可行性方面,49%的人认为是可行的,11%认为不可行。应答的No.17. 6/15 认为:"年鉴的出版,将为综合报道比较图书馆学一年来的学术进展、在世界各地的发展状况,以及总体回顾和评价等方面的情况提供了可能。"也有人认为出版年鉴还为时过早,应当是在比较图书馆学研究即将进入的第二个十年。

7. 在少数几个国家中建立起类似于比较与国际教育协会这种机构的比较图书馆协会,不过最好将这种协会作为现有的图书馆协会的组成部分或分支机构。

71%的应答者认为是必要的,9%的人认为是不必要的。在可行性方面,67%的应答者认为是可行的,没有人认为是不可行的,33%的人未作答复。No. 17. 7./18 的应答代表了大多数人的意愿:"国际与比较图书馆学委员会应当为我们服务。"

展望

应答者在第二类调查表中随机性议题是："你如何预测比较图书馆学未来的十年的发展前景？'国际与比较图书馆学委员会'应发挥什么作用？你认为'国际与比较图书馆学委员会'提出的短期或长期政策是什么？"

我们不打算从这份调查的第一部分所概述的应答中作出结论。只有在获得更多的应答时，才能得出最终的结论。由于我个人没有参加这次调查，所以在应答中没有表述我个人的观点。现在，借此机会来阐述我个人的见解。

在图书馆学院各级学员的教育中，作为一种培养方法，比较图书馆学已取得牢固的地位。这种地位应继续巩固，而且其重点应逐步发展到更高层次的水平（即在比较图书馆学方面应有较高层次的学生），当然这一切不应以削减原来所作的工作为代价。

目前，比较图书馆学已进入成熟阶段，所以它应当寻求建立两方面的联系：一方面是与其他比较学科的联系；另一方面是与图书馆学研究的联系。这两方面的联系都将促进比较方法趋向更加严谨。而与图书馆学研究的各种联系将有助于我们带着课题去获取资料，因为研究图书馆学的人员都熟悉检索资料的方法。

也许我们可以在比较图书馆学领域里懂得严谨的方法论，并激起我们研究的热忱。因为通过图书馆学院的教育、会议以及出版物的传播，使各类图书馆的工作人员开始意识到比较方法的重要性，当这些人在研究过程中，尝试到利用外来文化益处时，他们便会有意识地应用这种方法。当前应广泛宣传、发展多种类型的国际学术活动，不断修正"国际与比较图书馆学委员会"的发展方向。

我们最紧迫的工作是改进书目资料的来源。如果明智的话，就应该和其他任何跟我们一样进行重复劳动的人合作，并优先考虑制订改进计划。作为一项政策,选择那些更具有雄心勃勃的计划,例如建立一所图书馆学院或许是可取的,因为这样可以用较少的经费、充分利用现有的设施来实现我们的目标。到目前为止,我们所取得成绩的特点都是小规模的计划。这些目标的实现所需的资金极少,用不着去筹备资金来购买大量的物资(例如,这份调查报告的完成,至多只不过花了几个通宵,另外弄坏了打字机上的几个螺丝,外加应答者的诸多帮助而已。如果我们等待科研资助的话,肯定至今还没有任何结果)。作为小组的一个整体,我们对比较图书馆学的书目资源的不足已深有感触,因而应该共同谋求制定弥补这些缺陷的计划。这个调查报告中已提出了一些建议,它们都是值得考虑的。

在比较图书馆学界限的探讨中,我们发现比较图书馆学和国际图书馆学之间有重叠的部分。就目前这种发展的状况看,由于逻辑上或整体上各自研究领域的稳定性,试图将比较图书馆学和国际图书馆学绝然地分隔开来的作法都是不明智的。这样作将导致资料的分散(人类资源是目前我们唯一可以确认的)。国际性研究需要很好的应用比较方法,国际图书馆学也不应因其非国际间的、而又是比较图书馆学的研究内容而排斥比较图书馆学,从而缩小了自己的研究领域。我认为现在成立比较图书馆协会和建立"国际与比较图书馆学委员会"都为时过早。我们不妨在同一名称下"各行其事"。

我们需要有发表我们文章的刊物,但我不赞成为此创办一种新的刊物。可以合理地调整现有的杂志的方向。此外,我认为出版年鉴的时机已成熟,它将成为填补空白的一本得力的检索工具。出版年鉴可以使研究人员查找到有关的大量资料。

回顾过去的十年,我们在没有资料来源的情况下,取得如此大的成就,主要依靠的是我们的热忱。假如我们的目标不是定得过高,不必过多地依赖金融机构;假如我们像过去十年那样,保持我们团结的特点,再加上良好的计划,在未来的十年里,我们将会取得更大的进步。

(刘佳编译　钟守真校)

附录二　美国图书馆学院开设比较与国际图书馆学课程的调查报告

　　1975年,博亚兹(Martha Boaz)向美国图书馆协会认可的62所图书馆学院调查开设比较与国际图书馆学课程的情况,有56所院校答复已开设该课程,还有一些院校也考虑增设此课。调查结果汇总如下:

　　一、比较与国际图书馆学课程设置简况:对该课程很感兴趣的研究机构有:芝加哥大学图书馆国际问题研究所(1953);匹兹堡大学国际与比较图书馆学研究所(1965);伊利诺斯大学国际图书馆学研究所(1966);俄克拉荷马大学国际图书馆学研究所(1969) [1][2][3][4]。与此同时,国际图联图书馆教育委员会曾召开有关比较与国际图书馆学共同纲领的会议、英国图书馆协会的比较与国际图书馆学活动小组、国际文献工作委员会都很关注该学科领域的教育问题。

　　图书馆的领导和学者们都很注意制定促进该领域的教学和研究计划。如,伯克利市加利福尼亚大学图书馆学院的丹顿(J. P. Danton);布鲁克林的图书馆学情报研究院普拉特研究所的萨拉费(Nasser Sharify);纽约市亨普斯特德的霍夫斯特拉大学图书馆服务部的哈维(John. F. Harvey);英国的弗兰西斯(Sir Frank Francis);伦敦大学教育研究所的福斯克特(Douglas J. Foskett)等。

　　作为一门正式课程来讲,比较与国际图书馆学的历史还很短,"只是近几年来,人们对比较图书馆学的关注才有所发展," [5] 丹顿教授指出,根据 1963 年《图书馆学教育杂志》按专业范围将美国和加拿大的图书馆学院所进行的分类,可以看出加利福尼亚伯克利和洛杉矶;芝加哥;哥伦比亚及威斯康星等 5 所图书馆学院均设置了比较图书馆学课程。1973 年已有 45 所学院开设此课。[6]确切地讲,这 45 所学院并不完全代表北美比较图书馆学的教学情况,此外,有些学院虽然没有列出所开设的全部课程,但他们收藏有关该领域的文献,或设有比较研究的机构。[7]

除美国之外,其他国家很少开设比较图书馆学课程。博恩(Bone)指出,拉美目前还没有开设这门课程[8]。此外,柏林洪堡大学图书馆学情报学研究所、哥本哈根的图书馆皇家学院、尼日利亚的伊巴丹大学图书馆学院、前苏联、捷克和斯洛伐克的几所图书馆学院也很重视比较图书馆学的教育。[9]

俄克拉荷马大学的卡罗尔(Laverne Carroll)提供了德国西部有关比较与国际图书馆学的教学情况。克鲁特指出,德国的图书馆学院,如汉诺威、法兰克福、柏林,收藏有关外国图书馆与比较图书馆学的资料,[10]柏林的图书馆学院开设的课程中,有关于丹麦和瑞典图书馆事业的介绍。还有的学院开设一学期的课程,用以介绍外国的图书馆事业。如,汉堡大学。哥廷根大学开设外国公共图书馆的课程。科隆的图书馆学院也开设比较图书馆学课程、举办讨论会、组织学习参观、撰写论文等活动。斯图加特也开设了国际图书馆学课程。此外,波恩大学也致力于比较图书馆学的教育和研究。

第三世界的国家几乎没有开设该领域的课程,即使有,其教学大纲也几乎都是借鉴或仿效其他国家的,肖尔斯(Louis Shores)认为这些国家是仿效英美模式开展比较图书馆学的教育。[11]

西姆索娃(Silva Simsova)和麦基(Monigue Mackee)认为"美国和苏联是长期以来一直重视比较图书馆学的两个国家。"[12]并注意到"即使苏联图书馆学院的教学大纲中没有比较图书馆学,但列宁图书馆正开展该领域的研究,并出版了《外国图书馆学》杂志。"[13]他们还指出比较图书馆学已进入了研究生教育。"列入了英国图书馆协会的两年制教学大纲和伦敦大学的图书馆学高级学位的课程。"[14]这是 1964 年福斯克特访美回国后所带来的变化。[15]北伦敦工艺学院于 1966 年开设比较图书馆学课程,这在英国可说是首创。此后,威尔士图书馆学院、[16]利兹工艺学院、谢菲尔德大学也都相继开设该课程。西姆索娃指出,在英国从事该课程教学工作的教师,每年聚集在"比较图书馆学研究小组",相互交流信息。[17]很多图书馆学院的教学计划将"比较与国际图书馆学"列入选修课。选修的学生在学习期间必须提交两篇有关的论文。

罗(John Roe)在考察了 1974 年英国图书馆学院有关国际化方面的资料后,[18]他发现如下现象:5 所学院有非英籍的教师;很多学院有外籍学生,如威尔士、伊灵、谢菲尔德、利物浦、伦敦、北伦敦工艺学院,外国学生占学生总数的 10%。英国有 10 所学院开设了国际图书馆学课程。此外,还有一些学院在专业教育中,也或多或少地涉及到国际图书馆学的内容。该课程允许外国学生带着本国图书馆方面的问题进行研究。有 8 所学院鼓励学生从事国际研究。2 所学院负责组织图书馆学领域国际问题的会议。教师们积极参加国际图联(IFLA)和其他国际性协会的活动,并发表有关该领域的论文。所有的学院虽都收藏有关国际图书馆学的资料,但没有一所学院建立综合性的馆藏。然而阿伯里斯特威斯的国际暑期学院所收藏的有关该领域的文献,颇为引人注目。

二、课程设置的目的和内容:

一般认为,比较与国际图书馆学的学习与研究不仅要以系统的理论为基础,而且更应突出其实用性目的。[19]柯林斯(Dorothy Collings)提出其目的应包括以下几方面:1.为本国或外国的图书馆规划提供指导;2.有助于对普遍存在的图书馆问题进行分析,制订解决问题的方案和措施;3. 协助审慎地考虑有可能实施和寻求解决图书馆各种问题的对策,以避免盲从;4. 为到外国图书馆工作、考察和进行援助活动提供背景资料;5. 推动国际间文献和信息交流;6. 通过考察不同文化环境中图书馆的发展和存在的问题,以改进图书馆学教育和培训的内容;7. 增进国际间的相互了解,促进图书馆规划与发展、图书馆间合作的开展。[20]

在研究目的方面,比较与国际图书馆学研究大致有以下几项:研究图书馆学国际性方面的问题;认识和了解图书馆服务的目的、价值和功能。一般来讲,在教学目的与内容方面,各图书馆学院有相似之处,从下面列举的几个有代表性的学院可以说明这点。[21]

哥伦比亚大学是把比较图书馆学的研究放在首要位置,其目标:1. 向学生介绍比较研究的概念和方法;2. 通过对与其他国家的图书馆理论与实践的比较研究来拓宽图书馆学的专业视野,以利于展望本国图书馆系统的发展趋势;3. 增进了解图书馆国际化方面的问题,促进馆际协作。课程内容包括比较图书馆学简史、概念、定义、术语、比较研究的方法论和技能、比较研究的类型和资料收集。

杰纳西奥的纽约州立大学的教学目的是:1. 研究具有参考价值的图书馆系统和有代表性国家的图书馆;2. 展望并深入认识本国的图书馆系统及其面临的问题;3. 增进国际间的相互了解,促进国际性的馆际协作的开展,课程内容包括与美国形成对比的其他国家的图书馆和图书馆学的现状与发展;国际关系;当代图书馆资源与服务;专业组织和国际机构的活动;世界文化;外国文献的出版与发行;国家与国际书目活动;国家图书馆;发展中国家图书馆事业的发展趋势。

从课程设置状况来看,印第安娜大学开设该课程也有相似的目标。其课程内容涉及到亚、非、拉美、欧洲和英联邦的图书与图书馆事业。具体地讲,包括这些国家的各类型图书馆和书目控制的历史与现状、文献工作、图书馆学教育、专业协会和国家规划等等。课程是以进行国际图书馆活动研究和世界性图书馆规划为结课的内容。

1975～1976年北卡罗来纳大学的课程内容包括有:欧洲和发展中国家的图书馆、情报系统的特点;图书馆组织和服务的世界趋势、国际合作等。莱斯特·阿什海姆(Lester. Asheim)认为,"重要的不在于一国一国地描述图书馆实践的内容,而是着眼于国际合作和文献交流中普遍存在的问题,强调美国图书馆员所担负的任务和美国图书馆事业在世界范围内应发挥的作用。"[22]他提出比较图书馆学研究的重心是文化撞击现象、深入了解社会需求、思想的影响以及其他民族的生活和图书馆实践。

匹兹堡大学的国际服务课程的培养目的是:1. 分析图书馆学、情报学、传播学的性质;2. 对同一国家中这3门学科进行比较;3. 为在世界范围内完善这3门学科提出建议;4. 以不同国家中这3门学科所具有的普遍性问题为基础,形成比较图书馆学研究原则;5. 帮助各国学生认识外国的图书馆活动、情报活动和交流活动;6. 为某一国家或某一地区的图书馆员、情报学家、传播学者提供所在地区有关这3门学科的背景资料。该大学在课程中明确提出一国之内影响图书馆学的相关因素是:历史背景、人口、教育、政府、文化、经济、地理、交通和通讯;影响图书馆事业发展的相关因素是:图书馆职业、图书馆员、专业协会、教育、历史背景、图书馆文献、财政支持、图书馆类型服务和发展规划。

罗萨里奥学院的比较图书馆学的培养目标是:为图书馆和图书馆学的国际组织机构提供调研报告和评估意见;研究特定国家或地区的图书馆系统、图书馆和书目服务、图书馆运行机制和图书馆教育。其课程包括以下3部分:国际的、欧洲的和亚洲的图书馆学。有趣的是为配合课程学习,从1975年起,该校还提供到日本、香港、台湾或檀香山任何一地考察的机会。

肯特州大学设有"欧洲图书馆学"的课程,有选择地介绍几个欧洲国家图书馆服务模式,其内容包括图书馆目的,城镇图书馆服务、财政,馆际协作与图书馆教育等方面具有国际性的课题。

芝加哥大学开设"国际书目组织发展"的课程,它涉及到系统化书目的国际评价问题。托罗多(Toronto)认为该课程是比较研究方法论应用于图书馆学研究的一种入门性教育。

俄勒冈大学举办了一个"外国图书馆"的研讨会,旨在考察世界各地的图书馆事业,促使人们从不同概念、程序等更为宽泛的角度来评估美国的图书馆理论与实践。[23]

图书馆学院开设比较图书馆学课程,其名称不甚一致,有称"比较图书馆学"、"国际图书馆学"、"比较与国际图书馆学"、"国际与比较图书馆学"等。也有的在上述名称后加"情报学"。还有的称"国际图书馆服务与资源"。没有开设此课的学院,是将其内容纳入其他课程,或举办研讨会。

很明显,上述这些课程大部分是介绍性和描述性的,仅是初级内容而不是专题研究,试图通过这些课程向学生展示外国图书馆的政策和实践,以便开展美国与外国的对比。课程虽强调进行一国图书馆的研究,但有些课程也介绍比较研究的方法论。其内容有:图书馆系统模式的鉴定和发展水平、书目控制状况、国际组织合作的研究、民族伦理的比较、图书馆目的、社会政治,经济诸因素对图书馆所产生的影响。

在教学大纲方面,丹顿在《比较图书馆学概论》专著中,提出了为期一年的教学大纲。[24]该大纲全面、系统、准确、安排合理。此外,萨布莱(Martin A. Sable)和戴约(Lourdes Deya)也提出了"国际与比较图书馆学导论"的课程模型。[25]

三、高级课程设置:

有些学院开设了比较图书馆学的高级课程,其内容包括:外文资料的搜集与采购;国际书目和情报源;国际文献和编目、分类与组织;外国图书馆与情报资料的索引和文摘编制;国际合作的图书馆服务与管理。上述内容可以再扩展或把它与某一特定的地区结合,形成一个新的课题,如亚洲资料采购、拉美书目的参考工具书研究等等。熟悉外语对于比较图书馆学研究是很重要的。这些课程的设置适合于要到外国图书馆工作的人员。[26]开设比较图书馆学的课程,一般认为,最好作为一门独立课程来设置,以便为难度较大的研究打下基础。

有的学院,如普拉特图书馆学院同时开设几门国际性课程:"图书馆员和情报人员必备的外语"、"国际组织的文献服务"、"国际书目比较"、"发展中国家的图书馆与情报中心的规划"等。再如,夏威夷图书馆学院开设的课程:"远东馆藏的技术服务"、"国际出版与书目控制"、"亚洲图书馆管理"、"亚洲参考工具书"、"图书馆发展的研究"。该院还给学生提供到亚洲参观、学习的机会,并设有亚洲情报工作研究所。德雷克塞尔图书馆学院于1964年暑期,为学习该课程的学生提供到外国图书馆考察的机会,这在美国比较图书馆学史上还是第一次。

匹兹堡大学设置4门相关课程:"比较图书馆学研究"、"拉美书目"、"亚洲书目"、"图书馆学情报学专业术语"。俄克拉荷马大学的卡罗尔(Carroll)建议增加一个为期一年的到外国进修的学习计划。[27]

杰纳西奥市的杰克逊(M. M. Jackson)提出了开设这类课程的意义:1. 了解其他国家的图书馆系统以及所面临的问题,拓宽专业视野;2. 参照外国图书馆实践与理论,以便进一步发现本国图书馆系统所存在的问题;3. 为将来到外国的图书馆工作、学习和参观提供背景知识。

神学院提出教育目标应包括:1. 有助于学生认识图书馆和社会发展之间的相互作用;2. 了解外国的图书馆学原理;3. 将外国图书馆存在的问题和解决方案与美国进行对比;4. 熟悉国际图协的

工作内容和性质;5. 从世界性的角度探寻图书馆学的总体内容。

加拿大达尔湖西市诺曼·奥罗克斯(Norman Horrocks)认为：这门课程不仅要强调比较方法,而且应由熟悉比较研究又具有实践经验的人来讲授。讲授内容应该有国际图书馆活动,这是很重要的,但只有加进比较因素,才使该课程富有挑战性和说服力。[28]

克尔齐斯(Richard Krzys)希望通过该课程的学习,将图书馆现象同国际的、跨国度或跨文化的背景联系起来,以便通过熟悉、认识和控制图书馆现象,达到深化图书馆学的目的,借助于比较研究世界各国的图书馆实践,实现改进图书馆服务的目的,通过审密地研究和规划增强图书馆学的社会功能。这课程能够使学生从多途径来研究、比较、分析图书馆学、情报学、传播学,从而形成总体概念来促进地区、国家或国际图书馆事业的发展;还能够使学生更准确地掌握图书馆系统的基本原理、结构和功能;通过跨国度、跨文化或跨社会的研究来选择图书馆学的研究课题。[29]

四、课程设置中需要探讨的问题

(一)课程设置中是否应包括一门或两门比较与国际图书馆学专业课程,或是采用在教学计划中所设置的课程内体现出国际性的教育,或者两者兼而有之? 多数学者建议兼而有之。他们认为向学生进行国际性教育要比开设一、两门比较图书馆学课程更为重要。他们强调仅讲授英美的图书馆学是不足取的。讲授内容也不能脱离所在地区的图书馆现行政策,否则学生将不能适应所在地区的图书馆工作,他们还认为实践与理论相比,理论更应具有国际意义。多数教师把国际问题融入教学内容时,都要审查其内容是否合乎教学的需要。

(二)这门课程是否适合初级水平的学生? 对于这个问题,大都认为只有在学生对本国的图书馆系统有了认识之后,才能更好地了解外国的图书馆事业。有的学院建议为硕士生或博士生开设该课程,但作为选修课。此外,也有建议在导论性的课程中为其增设一个章节来讲授,如《图书馆学导论》或编目课等。有的建议要在高级证书和博士生课程的设置中,开设比较图书馆学导论课和高级课程。福斯克特建议在学习的高级阶段开设此课;萨布莱认为在导论性课程和高级课程中都应开设;坎贝尔(H. C. Campbell)则提议在比较图书馆学的教学中结合进行国际性教育。[30][31][32]

(三)师资质量问题:调查表明,最合格的教师应是曾在外国图书馆工作并有教学实践者。丹顿提出合格的教师所应具备的条件:应掌握几门外语和熟悉外国文化;熟悉图书馆历史和图书馆学的知识;掌握社会科学的研究方法;具备有洞察图书馆产生、形成与发展,社会意识形态和社会力量的能力;应有到外国实地考察的经历,然而,几乎没有图书馆员具备上述的全部条件。[33]

(四)课程内容应是国际化还是比较方法?是强调解决图书馆的国际性问题还是研究方法?答案是,无论强调国际化,或是研究方法,两者都应有所兼顾。然而,很多课程内容往往偏重一方。事实上,比较方法只是国际图书馆学的一部分内容,两者对于全面了解图书馆和图书馆学都很重要。

(五)这门跨学科的课程对于国际图书馆学家有何意义?答案是肯定的,这是由于其他学科的国际性研究所取得的进展比起图书馆学更为突出,他们的研究已显示出实践价值。同时,对于图书馆学家来讲,不了解外国的政治、经济、文化和社会的发展过程就不能很好地认识所在国家图书馆的发展。

(六)学生论文的撰写要求:论文大都是描述性的,缺乏比较和分析。导师反应很难从学生论文中找到较好的比较研究论文。在这里,要说明的问题是,比较方法很难掌握,对学生的期望值不应过高。

(七)缺乏外国图书馆的系统性资料:[34]匹兹堡大学的学生来自世界各地,促使该课程成为一门特殊的教育和研究重点,也缓解了资料的缺乏现象。高尔万(Thomas Galvin)指出,匹兹堡大学的国际图书馆情报中心已成立,它收藏有 33 种语言,近 14000 件的文献。[35] 从某种程度上讲,世界各地学者都可利用该中心的文献。阿曼的普拉特研究所也有类似机构,即国际图书馆学研究中心。[36]

五、趋势、预测与建议:

越来越多的学院开设比较与国际图书馆学课程,值得注意的是,许多学院都纷纷增设这门课程。这种趋势表明图书馆学教育正朝着国际化方向发展。1966 年萨里费建议图书馆学院应注意国际化问题,并提出开设专门的课程。[37] 他的建议促进了比较与国际图书馆学课程的普遍设置。1972 年国际图联在布达佩斯召开会议,会上萨里费作了报告,他预测道:"由于科技在将来会更为广泛地发展,人们对国际信息的关注也将随之快速增长。"[38] "一些大学已意识到,如果他们的课程不注意国际倾向,他们就不能保持原有的优势。""到了 2000 年,大多数重点大学的课程很可能已经完全国际化了。到 21 世纪末,如果不讲授国际知识,大学就不能称为大学了。"

注释

1. Leon Carnovsky, ed. International Aspects of Libraianship. Chicago : University of Chicago press, 1954.

2. Nasser Sharify and Roland R. Piggford. "First Institute on International Comparative Librarianship," Pennsylvania Library Association Bulletin XXI (November 1965), pp. 73 – 80

3. Larry Earl Bone, ed. Library Education: An International Survey. Champaign: University of IIlionis, Graduate School of Library Science, 1968.

4. H. C. Campbell. "Internationalism in U. S. Library School Curricula," International Library Review II (April 1970), pp. 183 – 6.

5. J. Periam Danton. The Dimensions of Comparative Librarianship. Chicago: American Library Association, 1973, p. 4.

6. Ibid, p. 4.

7. Beverly Brewster, "International Library School Programs," Journal of Education for Librarianship IX(Fall 1968), pp. 138—43.

8. Bone, op. cit. , p. 27

9. Danton, op. cit. , p. 95.

10. Kluth, R. "Vergleichende Bibliothekswissenschaft in der Bundesrepublik Deutschland. "Grenoble, 39th General Council Meeting, International Federation of Library Associations, August 25 – 30,1973. (Mimeographed.)

11. Louis Shores, ed. "Comparative Library Education: Homework for a National Plan," Jonrnal of Education for Librarianship VI (Spring 1966), pp. 231—317.

12. Silva Simsova and Monique Mackee. A Handbook of Comparative Librarianship. 2nd ed. Hamden, Conn. ; Shoe String Press, 1975, p. 61.

13. Ibid, p. 62.

14. Ibid, p. 62.

15. D. J. Foskett. "Comparative Librarianship," in: Progress in Library Science 1965. Washington: Butterworths, 1965, pp. 142 – 5

16. Simsova and Mackee, op. cit. , p. 62.

17. Ibid, pp. 62, 71.

18. Roe, John. "Internationalism in British Library Schools," proceedings, Library Association, International and ComparativeLibrarianship Group, Gorebridge, Scotland, Conference, June 28 – Julyl, 1974, pp. 68 – 74

19. Silva Simsova. "Comparative Librarianship as an Academic Subject," Journal of Librarianship VI (April 1974) pp. 115 – 25.

20. Dorothy G. Collings, "Comparative Librarianship," in: Encyclopedia of Library and Information Science. New York: Marcel Dekker, 1971, Volume V, pp. 493 – 4.

21. Footontes are not used hereafter for excerpts from course outlines and bulletins fron the various library schools credit isgiven by using the name of the school. when excerpts are directly quoted, they are enclosed in quotation marks. This isdone to avoid repetitive notes. The author has obtained

permission form these schools to goute from their bulletins and course outlines.

22. Excerpt from a letter form Lester Asheim to the author, April 7,1975.

23. Excerpt from, a note iron P. D. Morrison to the author, April 19,1975.

24. Danton, op. cit. ,pp. 157 - 66.

25. Mhrtin A. sable and Lourdes Deya. "Outline of an Introduc - tory Course in International and Comprartive Librarianship," Internarional Library Review II(April 1970) , pp. 187 - 92.

26. Howard Winger. "Education for Area Studies," LibraryQuraterly XXXI (October 1965) ,pp. 361—72.

27. Frances Laverne Carroll. "International Education for Librarianship," International Library Review II (January 1970) ,pp. 19 - 39

28. Excerpt from a letter from Norman Horrocks to the author, April 14, 1975.

29. Richard Krzys. "Internarional and Conparative Study in Librarianship, Research Methodology," in ; Encyclopedia of Library and Information Science, New York : Marcel Dekker, 1971, Volume XII, pp. 327 - 330

30. D. J. Foskett, op. cit. ,p. 144.

31. Sable and Deya, op. cit. ,P. 187 - 92.

32. H. C. Campbell. op. cit. ,p. 184.

33. Danton, op. cit. ,p. 102.

34. The following title attempts to remedy this situation, in part : Jefferson, George. Piblic Library Administration ; An Examination Guidebook. Hamden, Conn. : Archon Books, 1969, pp. 28 - 44.

35. Excerpt from a letter written by Thomas J. Galvin to the author, April 15,1975.

36. M. M. Arran. "Pratt Institute Center for International Librarianship Studies," International Library Review I (October1969) ,pp. 469 - 86.

37. Nasser Sharify. "The Need for Change in Present Library Science Curricula," in : Larry Bone, ed. Library Educatopn : An International Survey. Champaign : University of Illinois, Graduate School of Library Science,

1968,pp. 171—96

38. Nasser Sharify. "Beyond the National Frontiers;The International Dimen-
sion of Changing Library Education for a Changing World. "Paper presen-
ted to the Committee on Library Education at the General Council Meeting
of the International Federation of Library Associations, August 30,1972, at
Budapest. (Mimeographed.)

参考文献

Asheim, Lester. Librarianship in Developing Coutries. Urbana; University of
Illinois press,1966.

Bone, Larry Earl, ed. Library Education; An International Survey, Cham-
paign; University of Illinois, Graduate School of Library Science,1968

Bowles, Frank, "American Responsibilities in International Education," The
Educational Record XIV(winter1964) , pp. 19 – 26.

Collings, Dorothy G. "Comparative Librarianship," in; Encyclopedia of Li-
brary and Information Science. New York; Mracel Dekker, 1971,
Volume V, pp. 492 – 502.

Danton, J. Periam. The Dimensions of Comparative Librarianship. Chicago.
American Libarary Association,1973.

Foskett, J. Douglas. Science, Humanism and Libraries. London; Crosby,
Lockwood,1964.

Krzys, Richard. "International and Comparative Study in Librarnship. Re-
search Methodology," in; Encyclopedia of Libaryand Information Sci-
ence. New York ; Marcel Dekker,1971. Volume XII, p. 330.

Parker, J. Srephen. "International Librarianship—A Reconnaissance," Jour-
nal of Librarianship VI (October 1974) , pp. 221—31.

Sharify, Nasser. "Beyond the National Frontiers; The InternationalDimension
of Changing Library Education for a ChangingWorld. "paper presen-
ted to the Committee on Library Education at the General Council
Meeting of The Internaltional Federation of Library Associations, Au-

gust 3 0,1972,at Budapest,(Mimeographed.)

Shores,Louis. "Why Comparative Ltbrarianship?" Wilson Library Bulletin
　　XLI (October 1966),pp. 200 – 206

Simsova,Silva and Mackee,Monique. A Handbook of ComprativeLibrarian-
　　ship. 2nd ed. Hamden,Conn. :Shoe StringPress,1975.

（津红、刘佳编译　守真校）

附录三　比较图书馆学的主要情报源

期刊

《大学与研究机构图书馆》College & Research Libraries. ALA,
1939 年 17 期。刊载有关美国大学和研究机构图书馆的采购、编
目、流通、管理等方面的论文及图书馆界的动态报道和书评。

《公共图书馆季刊》Public Library Quarterly · – Hawarth
Press,1980

季刊。刊载有关公共图书馆行政与管理、计划、技术以用有关
图书馆财政和行政等方面内容的论文,报导美国公共图书馆界的
动态。

《国际图书馆评论》International Library Review/George Chan-
dler · – Academic Press,1969

季刊。刊载有关图书馆管理、文献与资料的收藏、情报资料检
索服务等方面问题的文章和图书馆学研究的评论,其稿件来自世
界各国。

《科学计量学》Scientometrics · —Elsevier Scientific Publishing
Company,1978 Absorbed:Journal of Research Communication Studies

《联合国情报学、图书馆学、档案管理学杂志》Unesco Journal

of Information Science, Librarianship, and Archives Administration/
Unesco, 1979. Continues: Unesco Bulletin for Libraries（ 1947 –
1978）

　　季刊。该杂志用阿拉伯、英、法、俄、西班牙等五种语言出版,
报导世界各地图书情报界的进展。

　　《美国情报科学学会通报》Bulletin of the American Society for
Information Science/ASIS, 1974

　　《美国情报科学会志》Journal of American Society for Informa-
tion Science · —ASIS, 1975. Formerly: American Documenatation

　　年 10 期。刊载有关研究语言自动化处理、计算机检索、网络
与联机和情报资源的利用等方面的文章。除印刷型载体外,还以
缩微胶卷的形式出版。

　　《美国图书馆》American Libraries · —ALA, 1970. Formerly:
ALA Bulletin（1907 – 1969）

　　《情报科学杂志》Journal of Information Science. North – Hol-
land, 1979. Continues: Information Scintist

　　双月刊。刊载有关情报科学的论文,其内容包括情报知识及
其交流、情报来源、情报检索、情报传播、情报管理、机械化及与情
报科学相关的数学、语言学和经济学等。

　　《斯堪的纳维亚公共图书馆季刊》Scandinavian Public Library
Quarterly · —Scandinavian Library Center, 1968

　　《图书馆界》Library World · —Clive Bingley Ltd. , V. 1
（1898）—V. 73（1972）. Continued by New Libaray World

　　双月刊。刊载图书馆与情报资料工作的组织、设备、人员等方
面的动态报导。

　　《图书馆季刊》Library Quarterly · —the University of Chicago
Press, 1931

　　季刊。刊载图书馆科学与技术领域的论文和书评。

《图书馆历史、图书馆学和比较图书馆学杂志》Journal of Li -
brary History, Philosophy and Comparative Librarianship,1966

　　季刊。该杂志着重介绍图书馆历史的研究,有一定学术性。

《图书馆趋势》Library Trends · — University of Illinois Press
1952

　　季刊。刊载有关图书馆和情报科学当前和未来发展的研究、
实验、意见和国际发展等方面的文章。该杂志每年的最后一期附
全年索引,并制成缩微胶卷和平片版。年发行量约 6500 册。1/5
销往世界各地,其余在美国发行。

《图书馆事业进展》Advances in Librarianship · —Academic
Press,1970

　　年刊,该杂志除印刷型载体外,还出版缩微平片版。

《图书馆文献》Library Literature · — H. W. Wilson Company
1933

　　双月刊。图书馆和情报科学文献索引,分著者和主题两部分。
包括资料采购、分类编目、视听资料、目录学、图书馆建筑、图书馆
工作自动化、情报存储和检索系统、文献复制等方面的题录。每年
有一期年度累积本。

《图书馆学教育杂志》Journal of Education for Librarianship.
The Assotiation of American Library Schools,1960

　　季刊。该刊由以下三种出版物合并而成:The Reports of the
Meeting of the Association of American Library Schools,the AALS Ne-
wsletter,The AALS Directory 报导图书馆学与情报学教育和教学方
面的论文。

《图书馆学与情报科学文摘》Library and Information Science
Abstract · —Library Association Publishing Ltd. ,1969

　　月刊。由于 LA 的检索系统不甚完备,LA 和 Aslib 决定合作
出版 LISA。文摘以数字顺序排列,每期按分类顺序组织。附有著

者和主题索引,以及年度累积索引。该刊摘录各国近 200 种期刊中的有关图书馆工作与情报科学方面的文章,每期收录文摘 600 余条。该刊原名为《图书馆学文摘》(1950~1968)。

《图书馆协会记录》Library Association Record·—Library Association Publishing Ltd. ,1899

月刊。是英国图书馆协会的官方杂志。刊载有关图书馆业务各方面的文章,报道英国图书馆界和英国图书馆协会的动态。

《图书馆研究》Library Research·—Ablex Publishing Copmany,1979. Continues:Library & Information Science Research

《图书馆资源与技术服务》Library Resources & Technical Services·—ALA,1957

季刊。刊载有关图书馆资源的采购、编目、分类、管理、服务和自动化等方面的文章。

《图书馆学杂志》Journal of Librarianship·—Library Association Publishing Ltd,1969

季刊。刊载有关英国及其他国家图书馆管理业务等方面的文章,兼载书评。

《图书馆杂志》Library Journal·—Bowker Copmany, 1876

年 22 期。反映美国图书馆事业的现状,报道美国出版界的动态,评介新书和新刊,是美国图书馆界的重要刊物。每期设有书评、专业文献、购买指南等刊载专栏。每年还出版有关建筑和商业图书馆的专号,已推出计算机磁带版。

《威尔逊图书馆通报》Wilson Library Bulletin·—H. W. Wilson Copmany , 1914

年 10 期。刊载有关图书馆业务和组织等方面的文章,报道图书馆界的新闻与动态。除印刷型载体外,还以缩微胶卷的形式出版。

《文献资料工作杂志》Journal of Documentation·—Aslib, 1945

季刊。该刊是二战后第一部有关图书馆专业的杂志。范围广泛,报导文献资料的收集、分类、登记、加工与传播等方面的研究成果。每期设有书评、论文、书信、文献资料工作等栏目。

《英国专业图书馆和情报所协会会报》Aslib Proceedings . Aslib ,1927

月刊。刊载有关情报管理、图书馆学和情报学研究方面的论文,涉及文献分类、文献收藏、文献检索、情报加工、书目工作等领域,兼载动态报道;此外,还刊载 Aslib 的会议报告以及有关该协会的活动报道。

工具书

《比较图书馆学手册》A Handbook of Copmarative Librarian-ship/Mackee, M·—Clive Bingley Ltd. ,1983

《工具书指南》Guide to Reference Books/Sheehy,Eugene Paul. ALA,9th. ed. ,1976

西方最主要的工具书指南。1922 年初版。第 9、10 版由哥伦比亚大学图书馆参考主任希尔主编,以美、英、加等英语国家以及西欧各国出版物为主。全书分 5 大类。每版之间经常出版补编。

《科学引文索引》Science Citation Index/Gafield, E·—Institute for Scientific Information,1963

季刊。由三个独立而又相互联系的索引组成,即引文索引、来源索引和轮排主题索引。目前,SCI 的光盘版已出版,该刊是世界上综合性最强的电子版索引,收录 1100 多种科技期刊。光盘版还包括相关文献记录,能够显示出相关的书目记录和参考文献。

《社会科学引文索引》Social Science Citation Index/Institute for Scientific Information,1973

年 13 期。包括引文索引、来源索引和轮排主题索引三个部分。现已推出 SSCI 光盘版,收录 40 多门学科的 1400 余种国际社会科学期刊,可回溯检索 1981 年以来的社会科学所有引用过的文献,能提供相关的文献记录,用户无需去查找原始资料。

《世界图书馆和情报服务百科全书》ALA World Encyclopedia of Library and Information Services/Wedge, R · —Chicago：ALA,1980, ALA, Adamantine Press,1986,2nd.

全书共 7000000 个词,470 个条目,144 个统计表,约 300 幅插图。介绍了世界上 162 年国家的图书馆学的历史、现状,重点报道美国的情况。

《图书馆学百科全书》Encyclopedia of Librarianship/Landau, T. Bowes & Bowes Publishers, Ltd. ,1959

《图书馆学情报学百科全书》Encylopedia of Library and Informtion Science/Kent, A. , Lancour, H. , New York：Marcel Dekker, 1968

该书是图书馆学文献的精华,包括图书馆学及情报方面的知识。

《最新教育期刊索引》Current Index to Journals in Education. Oryx Press,1980

该索引可供检索约 800 种有关教育的杂志。每半年有累积索引。

（津红　刘佳　守真整理）

附录四　比较图书馆学的相关学术机构

富布赖特提案(Fulbright Resolution)委员会

1943 年,美国众议院通过了 Fulbright Resolution 支持美国加入维护世界和平的国际组织的工作。在委员会的组织下,Fulbright Act, Fulbright Exchange Program, Fulbringht Scholarship 等为

376

各国间学术交流和教育发展提供了保障。

福特基金会

（Ford Fundation）

1936 年由 Herity Ford 创立。它致力于美国国内外的教育、研究工作,为图书馆领域的藏书、设备改进和研究、服务工作提供资助。

国际大城市图书馆协会

（International Association of Metropolitan City Libraries – INTAM-EL）

1968 年在英国利物浦召开成立大会,所有人口在 40 万以上的城市的公共图书馆都有资格申请入会。该会的宗旨是促进世界大城市公共图书馆间的合作与交流,开展图书馆学的学术研究活动。出版物:INTA – MEL Newsletter.

国际图书馆情报中心

（International Library and Information Centre）

1964 年由匹兹堡大学图书馆和情报学院成立。其任务是:收集和交换世界各地的图书馆学、情报学资料;为研究者提供国际与比较图书馆学资料;提供国际交流与比较研究合作的项目与条件。该中心自成立以来,对国际与比较图书馆学的有关问题进行了大量的深入研究,其研究成果代表了世界各地图书馆学家和教育学家以及专业研究人员的学术研究水平。

国际图书馆协会联合会

（International Federation of Library Associations – IFLA）

简称:国际图联。是促进和加强图书馆管理工作与文献编目工作国际合作的国际组织。1927 年 9 月 30 日在英国的爱丁堡成立,总部设在荷兰海牙皇家图书馆。开展有关国际互借、图书馆教育、编制联合目录等项研究。出版物:IFLA Annual, IFLA Papers, Congress Proceedings.

国际文献工作联合会

(Internationae Federation of Documentation – IFD)

成立于 1895 年 9 月,秘书处设在比利时的布鲁塞尔。原名
"国际文献编目学会"(IIB),1938 年改为现名,秘书处也全部迁
至荷兰的海牙,该联合会是促进和发展文献编目工作的国际组织。
出版物:《文献与图书馆的研究与发展项目》双月刊,《IFD 新闻通
报》月刊等。

国际与比较图书馆学研究小组

(International and Comparative Librarianship Group)

1967 年由英国的一批学者自发组成,1968 年成为 ALA 的正
式小组。它不断发展壮大,目前已成为拥有 70 多个国家,1600 余
名成员组成的有相当影响的图书馆学研究机构。出版物:Focus
on International & Comparative Librarianship.

卡内基公司

(Carnegie Corporation)

1911 年由安德鲁·卡内基建于纽约,作为教育基金会。该会
投资兴建了许多图书馆,并支持开展图书馆学研究和图书馆工作。

联合国教科文组织

(United Nations Educational, Scientific, Cultural Organization –
UNESCO)

1946 年 11 月 16 日成立于伦敦,12 月成为联合国的专门机
构,总部设在巴黎。其宗旨是促进各国间教育、科学、文化方面的
合作,以期对世界和平和安全有所贡献。该组织的文化局设有图
书馆、档案馆和文献资料部门,负责制定图书馆学情报学领域的国
际计划及有关活动的协调工作。

美国国际通讯局

(United States International Communication Agency – USICA)

该局所属的 129 个图书馆和情报中心遍及世界各地,它的活

动范围很广,包括学术、文化交流以及国际广播、出版等。出版物:
Columbia Journal of World Business, Brooking Papers on Economic
Activity.

美国教育署

(Office of Education)

1867 年成立,独立的教育单位,其宗旨是收集、反映教育发展
状况的统计与事实的资料及教学方法,以促进全美教育水平的提
高。

美国情报科学学会

(American Society for Information Science – ASIS)

1937 年成立。该学会研究解决有关情报的编辑、出版、组织、
检索、传递等问题。经常召开学术会议。出版物:Journal of the A-
merican Society for Information Science, Annual Review of Information
Science and Technology, ASIS Newsletter, etc.

美国图书馆协会国际关系委员会

(International Relations Committee of the ALA)

1900 年建 ALA 国际合作委员会,1957 年改为国际关系委员
会,总部设在芝加哥。它的工作重点在于馆员教育的研究,同各国
学者进行交流。出版物:Newletter, Libraries in International Devel-
opment.

美洲国家组织

(The Organization of American States – OAS)

1890 年由西半球 32 个国家组成,总部设在华盛顿。该组织
是最早的区域性国际组织,设有政治和技术两种机构。其中的技
术机构负责发展教育,解决科学、文化、经济和社会事物等方面的
问题。它们包括图书馆、档案馆、文献中心、出版、收藏、缩微等范
围的广泛领域,以及相关的先进信息技术。

图书馆资源委员会

(Council on Library Resources)

1956 年成立。福特基金会为其提供财政上的支持,该委员会的工作重点在于帮助图书馆解决财政上的困难。出版物:Annual Report, Recent Developments.

英国图书馆协会

(Library Association – LA)

1877 年成立。原为联合王国图书馆协会(1877 – 1896)。设有国际与比较图书馆学研究部。出版物:Journal of Librarianship, The Library and Information Bulletin, Library and Infoirmation Science Abstract.

英国文化委员会

(British Council)

1934 年成立。旨在促进英国和其他国家之间的文化交流和相互理解,促进科学研究活动。该委员会同许多国家的研究机构保持联系,并为多国支援图书、期刊等文献资源。出版物:British Medical Bulletin, English—Language Teaching, Higher Education in the United Kingdom.

英国专业图书馆和情报协会

(Association of Special Libraries and Information Bureaux – ASLIB)

1924 年在英国成立。目前世界上已有 70 多个国家加入,堪称是一世界性组织。其活动领域很广,包括有关工业和文献情报方面的内容,以促进图书情报的理论研究和实践活动。出版物:Aslib Proceedings, Aslib Booklist, Aslib Directory.

(津红　刘佳　守真整理)

参考文献

1. 艾克利. 试论梁启超前期的书目实践活动及其目录学思想. 图书馆学刊,1984(2)

2. 安邦建、韩喜运. 比较图书馆学的几个理论问题剖析. 文献情报学刊,1990(9)

3. 陈超. 晚清目录学初探. 图书与情报,1985(1)~(4)

4. 陈传夫. 国外比较图书馆学简述. 图书馆研究与工作,1982(2)

5. 陈传夫. 倡导创立中国式的比较图书馆学理论——比较图书馆学体系初探. 图书学研究,1983(5)

6. 陈传夫. 略论图书馆学比较研究的基本原则. 图书与情报,1984(4)

7. 陈海虹. 科技情报研究中的比较方法. 科技情报工作,1989(1)

8. 程伯群编著. 比较图书馆学. 上海:世界书局,1935

9. 程磊. 关于"比较图书馆学"的困惑,图书馆工作与研究,1987(2)

10. 程亚男. 关于图书馆学比较研究的几个问题. 图书馆理论与实践,1990(3)

11. 杜元清. 论比较图书馆学. 图书情报知识,1988(2)

12. 傅季重. 比较——思维、认识的科学方法. 哲学研究,1980(8)

13. 韩喜运. 关于比较图书馆学的几个理论问题的探讨. 图书馆学研究,1992(1)

14. 黄葵. 刘国钧对我国文献编目理论与实践的贡献. 图书情报知识,1990(3)

15. 黄学军. 十年来我国比较图书馆学研究述评. 图书馆,1991(6)

16. J. 珀利阿姆·丹顿著. 比较图书馆学概论. 北京:书目文献出版社,

1980

17. 来新夏等著. 中国古代图书事业史. 上海:上海人民出版社,1990

18. 理查德. 克尔齐斯,加斯顿·利顿著. 世界图书馆事业——比较研究. 北京:书目文献出版社,1990

19. 李万健,赖茂生编. 目录学论文选. 北京:书目文献出版社,1985

20. 李正耀. 比较图书馆学的研究方法. 图书馆学研究,1984(2)

21. 梁冲珍. 关于比较方法的思考. 学术交流,1989(3)

22. 林德龙. 比较图书馆学的产生及其意义. 福建省图书馆学会通讯,1984(4)

23. 林康义,康永强. 比较、分类、类比. 沈阳:辽宁人民出版社,1985

24. 林瑟菲. 国际图书馆学与比较图书馆学. 图书馆工作与研究,1981(1)

25. 刘国钧. 现代欧美图书分类法的渊源. 图书情报工作,1990(6)

26. 刘景会. 谈谈比较图书馆学的资料开发问题. 图书馆学研究,1988(1)

27. 刘荣. 比较图书馆学在中国. 图书馆学研究,1982(5)

28. 刘元亮等编著. 科学认识论与方法论. 北京:清华大学出版社,1987

29. 刘迅. 介绍一种新学科——比较图书馆学. 吉林省图书馆学会会刊,1980(4)

30. 刘耀灵,方子丽. 比较图书馆学浅说. 图书馆学研究,1984(2)

31. 马芳. 谈谈我国的比较图书馆学研究. 津图学刊,1990(1)

32. 马秀萍,姜洪良. 比较图书馆学与国际图书馆学. 图书馆学刊,1989(4)

33. 奈缪丁·库莱西著. 比较图书馆学和国际图书馆学:一种分析方法. 青海图书馆,1984(2)

34. 南开大学图书馆学系等编. 理论图书馆学教程. 天津:南开大学出版社,1986

35. 钱建国. 当前比较图书馆学研究状况. 图书馆工作与研究,1986(4)

36. 邱卓英. 有关世界图书馆事业发展的一些因素的比较研究. 图书馆学研究,1987(6)

37. 沈煜峰. 试论比较图书馆学的研究对象. 图书馆研究与工作,1983(4)

38. 史永元,张树华. 刘国钧图书馆学论文集. 北京:书目文献出版社,

1983

39. 舒志红. 我国比较图书馆学研究综述. 湖北高校图书馆,1988(3)

40. 佟富. 比较图书馆学综述. 图书馆学通讯,1989(2)

41. 王崇德编著. 社会科学研究方法要论. 学林出版社,1990

42. 王红,毛惠. 浅谈比较图书馆学的定义和学科范围. 河南图书馆学刊,1987(3)

43. 王秦. "比较图书馆学"研究述略. 陕西图书馆,1986(2/3)

44. 王志华. 对"关于比较图书馆学的困惑"一文的几点看法——与程磊同志商榷. 图书馆工作与研究,1988(4)

45. 文南生. 试论比较图书馆学. 图书馆学研究,1987(2)

46. 文南生. 理清比较图书馆学研究的脉络. 中国图书馆学报,1992(3)

47. 吴慰慈. 比较图书馆学的特征、目的、内容和方法. 大学图书馆通讯,1987(1)

48. 西尔维亚·西姆索娃·比较图书馆学:一门理论学科. 大学图书馆学报,1990(1)

49. 肖力. 比较图书馆学研究现状综述. 大学图书馆学报,1989(2)

50. 肖永英. 试论比较图书馆学的目的和意义. 图书馆,1986(5)

51. 杨威理著. 西方图书馆史. 北京:商务印书馆,1988

52. 杨子竞编著. 外国图书馆史简编. 天津:南开大学出版社,1990

53. 余庆蓉. 论比较方法和比较图书馆学. 图书馆,1.987(3)

54. 曾玪. 比较图书馆学与不发达国家. 广东图书馆学刊,1985(2)

55. 张北泉. 近些年比较图书馆学的研究——国内外主要理论观点综述. 山东图书馆季刊,1990(1)

56. 张建忠. 我国比较图书馆学的现状和对策. 图书情报论坛,1992(2)

57. 张靖安. 开拓比较图书馆学的研究范畴. 图书馆学研究,1985(6)

58. 张俊滨. 比较图书馆学方法论. 广东图书馆学刊,1987(3)

59. 张力平. 比较图书馆学简介. 赣图通讯,1985(3)

60. 张立勤. 对比较图书馆学研究的一点看法. 贵图学刊,1990(3)

61. 张天俊. 从比较说开去:也谈比较图书馆学的一些理论问题. 四川图书馆学报,1987(1)

62. 张志伟. 中西书目发展史(公元前~1919 年)比较研究. 图书馆学通

讯,1990(2)

63. 郑挺. 概论比较图书馆学. 图书馆理论与实践,1988(1)

64. 钟守真,倪波. 比较图书馆学导论. 津图学刊,1986(2),(3)

65. 周俊. 比较图书馆事业研究的方法论. 广东图书馆学刊,1986(2)

66. 周启付. 为什么要研究比较图书馆学. 图书馆学研究,1983(5).

67. 周启付. 怎样研究比较图书馆学. 四川图书馆学报,1984(1)

68. 朱定华. 试论比较图书馆学的研究对象和方法. 安徽高校图书馆, 1987(1/2)

69. 朱静雯. 西方目录学的传入及其影响(1896~1949). 图书情报知识, 1987(4)

70. 朱立文. 我国比较图书馆学的复兴及其走向. 江苏图书馆学报,1992 (3)

71. Anderson. C A. Methodology of Comparative Education. International Review of Education,1961/62(7):1 ~ 21

72. Asheim L. Librariaship in the Developing Countries. Urbana: University of Illinois Press, 1966

73. Bereday G Z F. Comparative Method in Education,N. Y. :Holt, Rinehart and Winston,1964

74. Bevis D. Libraries and People – worldwide. Journal of Education for Librarianship, 1970 (10)

75. Busha C, Harter S P. Research Methods in Librarianship: Techniques and Interpretation, N. Y. :Academic Press, 1980

76. Butler P. An Intreduction to Library Science. Chicago: University of Chicago Press,1961

77. Cleeve M. International and Comparative Librarianship Group 1967 ~ 1968. International Library Review, 1969 (1)

78. Collings D G. Comparative Librarianship. In Encyclopedia of Library and Information Science. N. Y. :Marcel Dekker, 1971(5)

79. Dalen D B V. Understanding Educational Research. N. Y. :McGraw – Hill,1966

80. Dane C. The Benefits of Comparative Librarianship. Australia Library

Journal 3 ,July 1954

81. Danton J P. The Dimentions of Comparative Librarianship. Chicago: A-merican Library Association,1973

82. Foskett D J. Comparative Classification. In his Science, Humanism and Libraries. London : Lockwood, 1964

83. Gates J. Introduction to Librarianship. N. Y. ;McGraw – Hill,1968

84. Goldhor H. An Introduction to Scientific Research in Librarianship. Champaign:Illini Union Bookstore, 1969

85. Harrison K C. International and Comparative Librarianship. International Library. Review . 1969 ,1

86. Harvey J F. Toward a Definition of International and Comparative Library Science. International Library Review. 1973 ,5

87. Harvey J F. Scayecrow N J: Comparative and International Library. Science. Metuchen (N. J.) : Scarecrow. 1977

88. Hassenforder J. Comparative Studies and the Development of Public Libraries. UNESCO Bulletin for Libraries,1968(2)

89. Jackson M M. Comparative Librarianship and Non – Industrialized Courtries. International Library Review,1982,14(2)

90. Jackson M M. Libraries Abroad. The Journal of Library History,1966 (1)

91. Johnson E. A History of Libraries in the Western World. N. Y. ;Scarecrow Press, 1965

92. Katz P L. Measurement and Cross – national Comparisons of the Information Work Force. The Information Society, Volume 4, Numbaer 4

93. King E. Other Schools and Ours: Comparative studies for Today. Fifth ed. ,London: Holt, Rinehart and winston,1979

94. Kochl R L. Methods and Evidence in, Comparative Studies, In W. L. Williamson ed. ,Assistance to Libraries in Developing Nations: Comparative Studies. Madison ; University of Wisconsin Library School, 1971 : 5 ~ 14

95. Krzys R , Litton G. World Librarianship; A Comparative stady. N. Y. : Marcel Dekker, 1983

96. Mallinson V. An Introduction to the Study of Comparative Education. 2nd ed. , London; Macmillan, 1960

97. Noah H J, Eskstein M A. Toward a Science of Comparative Education, N. Y. ; The Macmillan Company, 1969

98. Qureshi N. Comparative and International Librarianship; An Analytical Approach. UNESCO Journal Information Library Archives Administration. 1980, 2(1):22～28

99. Roe J. International and Comparative Librarianship Activities. Library Association Record, 1970(72)

100. Sable M H, Lourdes D. Outline of an Introductory Course in International and Comparative Librarianship. International Library Review, 1970(2)

101. Shera J H. The Foundations of Education for Librarianship. N. Y. : Backer and Hayes, 1972

102. Shores L. Why Comparative Librarianship? Wilson Library Bulletin, 1966(4)

103. Shores L. Around the Library World in 76 days; An Essay in Comparative Librarianship. Berkeley, Calif. ; Peacock Press, 1967

104. Shores L, Jackson M M. Comparative Libraranship; A Theoretical Approach, In Comparative and International Librarianship; Essays on Themes and Problems. Westport(Conn.) ; Greenwood, 1970

105. Simsova S. Studies in Comparative Librarianship. III. In Studies in Comparative Librarianship; Three Essays. Presented for the Sevensma Prize, 1971. London; The Library Association, 1973

106. Simsova S. Comparative Librarianship as an Academic Subject. Journal of Librarianship, 1974, 6(2)

107. Simsova S. A Delphi Survey of Comparative Librarianship. International Library Review, 1975, 7(4)

108. Simsova S. A Primer of Comparative Librarianship. London; Clive Bingley, 1982

109. Simsova S, Mackee M C. A Handbook of Comparative Librarianship. 2nd. ed. , London : Clive Bingley, 1975

386

110. Thompson A. Towards International Comparative Librarianship. Journal of Librarianship, 1972 (4)

111. Wang C. A Brief Introduction to Comparative Librarianship. International Library Review, 1985,17:107 ~ 115

112. Warwick D P, Oshersen S. Comparative Research Methods, Englewood Cliffs,N. J. ;Prentice – Hall, 1973

113. Wertsman V F. The Librarian' s Companion. N. Y. ; Greenwood Press,1987

114. White C M. Comparutive study of Library Sytems. In Bases of Modern Librarianship,ed. by C. M. White. Oxford:Pregamon Press,1964:13 ~ 26

后　记

　　比较图书馆学是 20 世纪的一门新兴学科,它在图书馆学学科体系中具有重要意义。作为图书馆学的分支学科,它的历史还很短,迄今所能见到的这方面教材为数不多。因此,系统地、全面地研究比较图书馆学是必不可少的。笔者试图通过对比较图书馆学的定义、研究对象、范围、模式、方法、程序以及它的历史发展的论述,以明确比较图书馆学的基础理论和学科历史。这些内容构成了本书的核心部分,即理论研究;与其对应的是比较图书馆学的应用研究,通过若干篇比较研究的论文,向读者展示了比较图书馆学的研究模式。因而,理论与应用研究兼容并包成为这本教科书的特点。

　　这本教科书是笔者在反复修改讲稿的基础上编写而成的,既有自己学习心得的总结,也有国内外名家见解的综合。从这层意义上讲,这本教材是向各位学者们学习的成果。在编写过程中,参阅了国内外有关著作和论文,数量较多,不便一一注明,在此特加说明,并向有关作者表示深切的谢意。

　　出版比较图书馆学教科书,在国内尚属初始,虽有众多同行的鼓励,以及南开大学出版社的支持和帮助,但限于个人水平,资料欠缺,时间仓促,难免有错误与缺点,希望有志于开展比较图书馆学研究的师友、广大读者赐教,以便今后进一步修订。

钟守真

一九九二年二月

388